浩荡两千年

中国企业
公元前7世纪—1869年

十年典藏版

吴晓波 著

中信出版集团 · 北京

图书在版编目（CIP）数据

浩荡两千年：中国企业公元前7世纪—1869年 / 吴晓波著．-- 3版．-- 北京：中信出版社，2017.12（2025.7重印）
ISBN 978-7-5086-6072-1

I. ①浩… II. ①吴… III. ①商业史－研究－中国－公元前7世纪-1869年 IV. ① F729.2

中国版本图书馆CIP数据核字（2017）第255587号

浩荡两千年：中国企业公元前7世纪—1869年

著　　者：吴晓波
策划推广：中信出版社（China CITIC Press）
出版发行：中信出版集团股份有限公司
（北京市朝阳区东三环北路27号嘉铭中心　邮编　100020）
承 印 者：北京盛通印刷股份有限公司

开　　本：880mm×1230mm　1/32　　印　　张：11.75　　字　　数：300千字
版　　次：2017年12月第3版　　印　　次：2025年7月第16次印刷
书　　号：ISBN 978-7-5086-6072-1
定　　价：58.00元

总序

“历史没有什么可以反对的”

1958 年秋，时任团中央书记的胡耀邦到河南检查工作。一日，他到南阳卧龙岗武侯祠游览，见殿门两旁悬挂着这样一副对联：“心在朝廷，原无论先主后主；名高天下，何必辨襄阳南阳。”胡耀邦念罢此联后，对陪同人员说：“让我来改一改！”说完，他高声吟诵：“心在人民，原无论大事小事；利归天下，何必争多得少得。”

历史在此刻穿越。两代治国者对朝廷与忠臣、国家与人民的关系进行了不同境界的解读。

中国是世界上文字记录最为完备的国家，也是人口最多、疆域最广、中央集权时间最长的国家之一，如何长治久安，如何保持各个利益集团的均势，是历代治国者日日苦思之事。两千余年来，几乎所有的政治和经济变革均因此而生，而最终形成的制度模型也独步天下。

在过去的十多年里，我将生命中最好的时间都投注于中国企业历史的梳理与创作。在 2004 年到 2008 年，我创作并出版《激荡三十年》上、下卷，随后在 2009 年出版《跌荡一百年》上、下卷，在 2011 年年底出版《浩荡两千年》，在 2013 年 8 月出版《历代经济变革得失》，由此，完成了从公元前 7 世纪“管仲变法”到本轮经济改革的整体叙述。

2017 年年底，我完成《激荡十年，水大鱼大》，又对刚刚过去的十年企业史进行了记录和不无偏见的解读，在这期间，中国成为全球第二大经济体，它的强大引起了普遍的惊叹和恐惧。

就在我进行着这一个漫长的写作过程之际，我们的国家一直处在重要的变革时刻，四十年的改革开放让它重新回到了世界舞台的中央，而同时，种种的社会矛盾又让每个阶层的人们都有莫名的焦虑感和“受伤感”。物质充足与精神空虚、经济繁华与贫富悬殊、社会重建与利益博弈，这是一个充满了无限希望和矛盾重重的国家，你无法“离开”，你必须直面。

如果把当代放入两千余年的历史之中进行考察，你会惊讶地发现，正在发生的一切，竟似曾相遇，每一次经济变法，每一个繁华盛世，每一回改朝换代，都可以进行前后的印证和逻辑推导。我们正穿行在一条“历史的三峡”中，它漫长而曲折，沿途风景壮美，险滩时时出现，过往的经验及教训都投影在我们的行动和抉择之中。

我试图从经济变革和企业变迁的角度对正在发生的历史给予一种解释。在这一过程中，我们将一再地追问这些命题——中国的工商文明为什么早慧而晚熟？商人阶层在社会进步中到底扮演了怎样的角色？中国的政商关系为何如此僵硬而对立？市场经济体制最终将以怎样的方式全面建成？

我的所有写作都是为了一一回答这些事关当代的问题。现在看来，它们有的已部分地找到了答案，有的则还在大雾中徘徊。费正清曾告诫他的学生说，“在中国的黄河上逆流行舟，你往往看到的是曲弯前行的船，而没有注意到那些在岸边拉纤的人们”。我记住了他的这句话，因此在我的著作中，有血肉、有悲喜的商业人物成了叙事的主角，在传统的中国史书上，他们从来都是被忽视和妖魔化的一群人。

即便走得再远，我对历史的所有好奇，也全部来自现今中国的困顿。因为我发现，中国的经济制度变革，若因循守旧，当然不行，而如果全盘照搬欧美，恐怕也难以成全，中国改革的全部难处和迷人之处，即在于此。所以，与历史修好，在过往的经验中寻找脉络，或许是解读和展望今日及未来中国的一条路径。能否在传统国情与普世规律之中探寻出一条中国式的现代化之路，实在是我们这代人的使命。

我不能保证所有的叙述都是历史“唯一的真相”。所谓的“历史”，其实都是基于事实的“二次建构”，书写者在价值观的支配之下，对事实进行逻辑性的铺陈和编织。我所能保证的是创作的诚意。20 世纪 60 年代的“受难者”顾准在自己的晚年笔记中写道：“我相信，人可以自己解决真善美的全部问题，哪一个问题的解决，也不需乞灵于上帝。”他因此进而说：“历史没有什么可以反对的。”既然如此，那么，我们就必须拒绝任何形式的先验论，必须承认一切社会或经济模式的演进，都是多种因素——包括必然和偶然——综合作用的产物。

对于一个国家而言，任何一段历史，都是那个时期的国民的共同抉择。

是为总序。

吴晓波

2017 年 12 月，杭州，大运河畔

题记

当这个时代到来的时候，锐不可当。万物肆意生长，尘埃与曙光升腾，江河汇聚成川，无名山丘崛起为峰，天地一时，无比开阔。

——2006年1月29日，中国春节。
写于38 000英尺高空，自华盛顿返回上海。

目 录

第三部　公元 1368—1869 年 （明）　（清） 超稳定的夕阳期

前言

企业史就是一部政商博弈史

一个西方人对于全部中国历史所要问的最迫切的问题之一是，中国商人阶级为什么不能摆脱对官场的依赖，而建立一支工业的或经营企业的独立力量？

——费正清《中国与美国》

一

我曾经在中国国家博物馆的一个展柜前足足伫立了一个小时。在恒温的玻璃大柜里，柔和、迷离的灯光之下，一只来自3 000多年前的庞然大物如精灵般默默地与我对视。它似乎不是物体，而是一个巨大的问号。

它的重量达833公斤，高133厘米，长110厘米，宽79厘米，即便在今日，也是一个巨型容器。它的家乡是河南安阳，诞生于遥远的商朝，是迄今出土的、体积最大的商代铜鼎，也是当今世界上发现的最大的青铜器，名叫司母戊大方鼎[①]。

站在它的面前，作为一个企业史的研究者，我实在有太多的问题想要请教：那个把鼎铸造出来的总工程师到底是一个怎样的人？在那个古远的年代，他组织了一支怎样的制造团队来完成这个任务？他通过怎样的管理章程，以保证鼎的质量和制造的效率？

大鼎不会说话。离开博物馆后，我查阅了很多论文、专著，终于发现，我不是第一个提出这些问题的人，甚至有些专家已经给出了部分的答案，北京大学历史系的学者们在《商周考古》一书中便如此描述司母戊大方鼎的铸造流程：

第一，它的铸造者是一位化学家，对铜与锡的调剂比例应十分娴熟，大方鼎的铜比例为84.77%，锡为11.64%，这是一个非常恰当的合金配比。第二，他应该是一位工业美术设计师，能够勾画出精美绝伦的铜鼎图案。第三，他必须是一位风力机械工程师，铸造大方鼎的铜要到1 200℃才能熔化，所以必须有某种鼓风助燃的设备。第四，他还一定是冶炼家，大方鼎必须在较短的时间内连续灌注才能成功，当时使用的炼埚是熔铜量为12.7公斤的“将军盔”，以它800多公斤的重量，需80个以上的“将军盔”同时进行熔化，这需要高超的冶炼技巧。第五，他肯定是一位优秀的管理学家，如果一个炼埚配备3~4个人，则共需250人左右同时作业，从场地上看，一个炼埚占地起码20平方米，因此其工作场地至少是2 000平方米的大平台。专家们得出的结论是：要铸造司母戊大方鼎，必须组建一个300~400人的工匠团队，进行科学的工种分配，协同操作，掌握好火候、精炼程度、铜液灌注时间，以保证质量。

也就是说，这是一个技术密集型的制造工厂，司母戊大方鼎是工业化的宁馨儿。那个领导了数百人的工匠团队的“总工程师”，如果我把他看成是爱迪生或亨利·福特式的企业家，大概没有人会强烈反对。

---

① 2011年3月28日，原司母戊大方鼎改名为后母戊大方鼎。——编者注

所有这一切，均已不可确考，它们只是后人站在那只大鼎前，震撼与惊叹之余的一丝遐想。

而当我们以这只3 000多年前的司母戊大方鼎为出发点，前去探寻漫长的中国企业史的时候，你常常会被失落、惭愧和羞耻缠绕。因为，在此后相当长的时间里，我们一直没能超越这只沉默的大鼎。

二

在世界工商文明史上，中国无疑是最早慧的国家之一。

中国人是一个善于经商——而且是特别善于并乐于经商的民族。在远古时期，人们就追求世俗生活，乐于此道，并以“商”为国号，此后历代，都有工商繁荣的记录。早在汉代，哲学家王符就说自己所处的时代，从事工商业者十倍于农民，商业流通之盛达到“牛马车舆，填塞道路”的程度。[①] 明清以降，“儒贾合流”，连知识精英也不再耻于言商。晚清的龚自珍记录说：“五家之堡必有肆，十家之邨必有贾，三十家之城必有商。”因此，说中国人“轻商”实在是一个莫大的误会。

从经济要素上分析，中国有发展工商经济的无数优越条件。这里有最早也是维持时间最长的统一市场，与欧洲中世纪之前的封闭分割、自给自足式的地方领主经济全然不同。也正因此，中国早在唐宋时期，就拥有当时世界上最大的城市群，长安、洛阳及临安都是人口过100万的超级大城市；在同时期的欧洲，人口最多的城市不过10万人。中国有举世闻名的四大发明，科技水平遥遥领先于其他地区。这里还发生了最早的农业生物革命，宋代水稻和明代棉花的普及造成了人口的大爆炸。中国是第一个人口过亿的国家，庞大的内需市场为工商生产和流通创造了得天独厚的环

---

① （汉）王符，《潜夫论》：“今举世舍农桑，趋商贾，牛马车舆，填塞道路……浮末者什于农夫。”

境。中国还在工商制度创新上拥有很多世界纪录，元代出现了世界上的第一张纸币，宋代出现了第一批合股公司和职业经理人阶层，清初则出现了粮食期货贸易。此外，中国还有非常健全的乡村自治体系，有世界上最富有、人数最为众多的商帮集团。

在相当长的时间里，中国是工商经济最为发达的国家，是世界经济的发动机。早在10世纪的宋代，GDP（国内生产总值）总量就占到了全球的三分之一，到明清时，中国仍然保持着经济规模世界第一的地位，拥有最高的粮食产量，棉纺织业的生产规模是英国的6倍。

然而，无比悲哀的是，如此早慧而发达的工商经济，却保持了长达千年的“高水平停滞”。当世界进入到工业革命时期之后，它竟远远落后，受各国欺凌，成为一个名副其实的“东亚病夫”。

生于1930年的许倬云是一位注重实证和量化数据的历史学家，抗日战争时期，他曾随家在中国各地流浪，目睹农村之真实景象，后来撰写《汉代农业》一书。据他的观察，“在1949年以前，中国的农村变化不太大，我当时看到的农村基本上跟汉朝相差不多”。各地农村所用的机械类农具，如水排（水力鼓风机，约早欧洲1 000多年）等都是在汉代就已经发明出来了。

在工商方面，改变也许比农业要多很多，不过在一些关键产业，进步仍然是让人汗颜的。以农耕及工业革命时期最重要的产业——铸铜冶铁业为例，早在商代，已能够组织300人以上的作业团队铸造重达833公斤的巨型铜鼎，从日后出土的汉代冶铁作坊看，其规模已可达千人以上，然而到清朝末年，冶铁作坊的规模也与此相仿，几乎没有扩大。另据计算，西汉时期每户家庭的用铁量将近4公斤，这与1949年之前农村家庭用铁的实际情况大体一致，也就是说，两千多年来，中国家庭的用铁量没有增加。①

---

① 见彭曦《战国秦汉铁业数量的比较》，《考古与文物》，1993年3期97—103页。

在城市经济方面，最繁荣的大都市出现在宋代，而进入明清之后，城市规模竟有所缩小。据台湾学者赵冈的研究，中国在唐宋两朝，城市人口占到总人口比例的20%以上，而到1820年的晚清，竟只有6.9%。

更让人困惑的是，在全球经济规模第一的国度里，从事工商业的商人阶层却成了一个被妖魔化、边缘化的族群。他们的政治地位和社会地位极其低下，自《史记》之后，正史之中几乎没有完整的记录。甚至连司马迁也因在《史记》中专写《货殖列传》一章，而遭到后世学者的诟病。以工商业最为繁华的宋代为例，有名有姓的商人寥寥无几，在史书上，连妓女的名字都远远多过商人。在清代，山西商帮控制了中国的盐业、边贸和金融业，其财富总和相当于中央财政收入的两倍，可是在536卷的《清史稿》中，被记录在案的晋商仅一人而已。商人阶层的懦弱和缺乏自主精神，更是让人印象深刻。

1932年就到了北平城的美国学者费正清，一生以中国为研究对象，商人阶层当然是他关注的一个群体。在《中国与美国》一书中，他充满困惑地写道："一个西方人对于全部中国历史所要问的最迫切的问题之一是，中国商人阶级为什么不能摆脱对官场的依赖，而建立一支工业的或经营企业的独立力量？"为了更形象地描述看到的景象，费正清用了捕鼠的比喻："中国商人具有一种与西方企业家完全不同的想法：中国的传统不是制造一个更好的捕鼠机，而是从官方取得捕鼠的特权。"

为什么中国的商人不是去制造捕鼠机，而是去追求捕鼠的特权？为什么中国经济会在一个高起点的水平线上长时间地徘徊？为什么高度发达的工商文明中无法孕育出资本主义？到底是什么因素导致了这些情况的发生？

20世纪初，马克斯·韦伯在《新教伦理与资本主义精神》一书中，也以东西方工商文明的差异展开他的思考。该书序言中的第一句话就是："为什么在西方文明中，而且只有在西方文明中，出现了一个（我们认为）其发展具有世界意义和价值的文化现象，这究竟应归结于怎样一些环境呢？”

而一个与上述诸多疑问相关且更具现实性的问题是：导致这一情况发生的因素是否已经彻底地排除，中国的工商企业是否仍然可能陷入历史的宿命之中？

三

对商人的蔑视，对工商从业者的蔑视，在相当长的历史时期里，曾经是东、西方世界的共识。

哈耶克在《致命的自负》一书中描述说：“对商业现象的鄙视，对市场秩序的厌恶，并非全都来自认识论、方法论、理性和科学的问题，还有一种更晦暗不明的反感。一个贱买贵卖的人本质上就是不诚实的。财富的增加散发着一股子妖邪之气。对生意人的仇视，尤其是史官的仇视，就像有记录的历史一样古老。”

当然，哈耶克所说的景象发生在中世纪之前的欧洲，自工业革命之后，西方世界开始正视商业的力量，有人对资本主义的正当性进行了理论上的澄清，更有人将之看成是“一个国家的事业”。然而，在东方，特别是在中国，哈耶克所描述的景象仍然顽固地存在。

要解释这一现象，就必须要在一个更广泛的历史视野中去寻找答案。正如制度经济学所提示的，政治权力制度在更宏观的层面上为经济运行规定了一种基本环境，形成了所谓的统率性规则。美国学者查尔斯·林德布洛姆在《政治与市场：世界的政治－经济制度》一书中便认为：“一个政府同另一个政府的最大不同，在于市场取代政府或政府取代市场的程度。所以政府与市场的关系，既是政治学又是经济学的核心问题。”

这显然是一个适当的、研究中国企业史的学术角度。

1955 年，国学家钱穆在他创办的香港新亚书院专讲《中国历代政治得失》。他的课程共分五讲，分别是汉唐宋明清，最后为一“总论”。在

“总论”中，钱穆提出“从这两千年的历史中，我们可以对以往传统政治，找出几条大趋势”。他共指出四条，其中第一个关键词是“集权”——“中央政府有逐步集权的倾向”，第二个关键词是“抑商”——“中国传统政治上节制资本的政策，从汉到清，都沿袭着”。

若在今日，有人专讲《中国历代经济变革得失》，其“总论”的两大关键词恐怕也逃不出钱穆所谓的这两条——“集权”与“抑商”。

在集权与抑商的背后，是一个无比强悍的政治权力制度安排——高度专制、大一统的中央集权制度。中国从公元前7世纪开始，以“管仲变法”为标志，开始探索国家积极干预产业经济的试验，此后多有演进，到公元前221年秦始皇灭六国，逐渐成为一个中央集权制国家。

这种中央集权、大一统的帝国模式并非一日建成，它经历了一个漫长、血腥和充满探索的历程。对于专制者来说，想要维持集权统治，必须在四个方面完成制度建设，包括中央与地方的权力分配模式、全民思想的控制模式、社会精英的控制模式，以及与之相配套的宏观经济制度模式。

中国历史上的众多制度创新，从本质上来说，都是为了实现这一目标，其历代创新蔚为壮观，最终形成了四个基础性制度，它们共同构成了支撑起集权政体“大厦”的四根“支柱”——

郡县制度：为了保证帝国的稳定，在政治上必须保证中央的人事任命权，避免地方割据势力的滋生；

尊儒制度：封杀“百家争鸣”的学术传统，以实现全民在意识形态上的大统一；

科举制度：通过公平的考试制度，将优秀人才吸纳到体制之内，为我所用；

国有专营制度：在经济上，实行重要资源的国营化垄断，以控制国计民生。

这些制度历经上千年的打磨和探索，日渐趋于精致完善，在明清时期达到巅峰。正如梁启超所言："中国为专制政体之国，天下所闻知也。虽然，其专制政体，亦循进化之公理，以渐发达，至今代而始完满。"在这个意义上，中国实在是大一统制度的"故乡"。

在上述四大基础性制度中，唯独"不如人意"的是国有专营化的经济制度。在长达一千多年的时间里，中国人始终没有找到一个与"唯我独尊"的大一统中央集权政体相适应的、能够维持长久持续发展的经济发展模式。历代多次著名的"变法"，均与此有关——而这也正是本书内在的叙述逻辑。自宋代"王安石变法"失败之后，中央政府彻底放弃了整体配套体制改革的变革路径，进入明代之后，转而实施闭关锁国的政策，并推广男耕女织的社会经济形态，中国的经济能量向乡村猛烈下沉。而在同一时间点，西方则走出中世纪，开始了轰轰烈烈的文艺复兴、航海大发现、工业革命。历史的大分流由此而生。

四

在高度专制的中央集权制度下，中国的这一部企业史，归根结底是一部政商博弈史。

当政府为了政权稳定，全面控制了重要的生产资料之后，它实际上已经成为一个经济组织，它必然有自己的利益需求，用后世的话讲就是"保证国有资产的保值增值"，必然会制度性地压抑民间工商业。由此，出现了四个非常具备中国特色的"经典困境"。

其一，国有资本与民营资本"楚河汉界"，前者垄断上游的资源型产业，后者则控制中下游的消费生产领域，中国的市场经济出现"只有底层，没有顶层"的奇特景象。

法国年鉴学派的费尔南·布罗代尔是这一规律的揭示者之一。他把市场分为两类，一类是低级市场，包括集市、店铺和商贩；另一类是高级市场，包括资源性产业、交易所和交易会。在他看来，纵观各国历史，"在初级市场这个阶梯上，最完善的经济组织当属中国，那里几乎可以根据确定的地理位置量出市场的数量”。可是，在高级市场上，中国从来实行严格的政府管制，不允许自由贸易的存在，“在中国，商人和银行家不能在受法律保护和受国家鼓励的公共事业中进行投资……政治等级能够压倒其他一切等级。每当资本主义利用机遇有所发展时，总是要被极权主义拉回原地”。[①]

为了保持垄断和支配的地位，政权与国有资本集团必然对财富的集中度非常敏感，民间资本因而不被允许做大，所谓的“抑商”政策从来是出于政治性的要求。正如钱穆所观察到的，“中国传统政治向来就注意节制资本，封建势力打倒了，没有资本集中，于是社会成为一种平铺的社会”。当社会被打成散沙后，就不能有民间的力量了，从而专制的权威不会受到挑战。中国的史家常常说“均贫富”，其实，在“均”的前提之下，“均贫”还是“均富”是一个被忽略了的问题。现代民主社会是“均富”，传统集权国家则是“均贫”。在客观上，中央集权制度必须把民间财富打散，以维持在“均贫”的平衡点上。在这个意义上，“均贫富”也是集权之需要。

其二，政府与民间没有形成对等的契约关系，民间资本的积累缺乏制度性保障。在皇权制度及其法权体系中，人民的财产合法性建立在“皇恩浩荡”的前提之下，因此，政权对人民财产的剥夺带有不容置疑的正当性。

在长达两千年的时间里，受统一市场之赐，中国民间的商品交易极度活跃，初级市场如毛细血管般发达，而民众之间的契约关系也非常清晰，从流传至今的各代契约文件可见，双方对买卖的权益合法性、准确性及责任认定，都有十分明确的规定。然而，影响工商业进步的最大困扰是，政府与民众之间的对等契约关系从来没有被确立下来过，国家机器对于工商阶层及其一切财产，拥有不受契约精神约束的处置权，常常以“均贫富”

① 参见费尔南·布罗代尔，《资本主义论丛》，中央编译出版社，1997 年版。

的面目出现，通过政治运动的方式重新分配社会财富，而实施之目的和结果，则是为了增加财政收入，并最终保持政权的稳固。这一景象从中央集权制度初步生成的汉武帝时期就初露端倪，唐宋两代并不乏见，而进入明清之后，皇权专制更为强悍。

就中国的个体商人而言，他们不缺乏通过风险投资而追逐更大商业利润的欲望，也不缺乏如马克斯·韦伯所称道的新教伦理式的勤奋节俭和以财富积聚为生命目的的观念。与其他国家的民族相比，中国的工商阶层在商业智慧和商业伦理上毫不逊色，甚至称得上是杰出的一族。但是，一旦涉及市场与统治权力的关系时，中国商品经济难以获得最终发展的原因就立刻非常强烈地凸现了出来。财产在法律上的“权界”及其不可侵犯性，从来只存在于民众彼此之间，根本不可能存在于自上而下的统治权力与“子民”之间，统治者对国民人身和财产权利拥有任意宰割的无限威势。

其三，权贵资本横行，寻租现象历代不绝，财富向权力、资源和土地猛烈地聚集。社会资产不是在生产领域积累放大，而是在流通领域内反复地重新分配，技术革命几无发生的土壤。

政府在确立了国有专营制度后，必设立国有企业体系，而因产权不清晰、授权不分明等缘故，又一定会诱生出权贵经济，当权者以国家的名义获取资源，以市场的名义瓜分财富，上下其手，攫取私利。在中国历史上，几乎所有的腐败或官商勾结，无一例外地发生在“顶层”。从汉唐到明清、民国，历代晚期都是权贵资本猖獗肆虐之时，往往出现“双首现象”——国家的首相同时是国家的首富。2001 年，美国《华尔街日报》亚洲版评选千年以来世界上最富有的 50 个人，中国入选的有 6 个人，分别是成吉思汗、忽必烈、和珅、刘瑾、伍秉鉴和宋子文，除了广东商人伍秉鉴，其余都是政治人物。

与此同时，天性趋利的民间商人通过寻租的方式进入顶层以牟取暴利，从而催生出一个制度性的官商经济模式。自宋之后，特许授权、承包经营日渐盛行，进入明清之后愈演愈烈，当时出现的几大著名商帮，如晋商、徽商和广东十三行商人，其财富来源大多与授权经营垄断产业有关，官商经济模式从而根深蒂固，不可逆转。商人阶层对技术进步缺乏最起码的热情和投入，成为一个彻底依附于政权的食利阶层，他们的庸俗、归附，与大一统中央集权制度的强悍与顽固，构成一个鲜明、对应的历史现象。

其四，在国有资本和权贵资本的双重高压之下，民间商人危如累卵，惶惶不可终日，出现强烈的恐惧心理和财富幻灭感，产业资本从生产型向消费型转移，经济成长从而失去创新动力。

早在公元前2世纪，史家司马迁就指出了当时工商界出现的两个财富积累特征，一是“农不如工，工不如商”，二是“以末致财，用本守之”。到了唐代，产业资本无法在实体经济领域有效积累的景象已非常普遍，唐史专家刘玉峰在《唐代工商业形态论稿》中分析了唐代工商资本的五个流向：奢侈消费、结交权贵、土地购买、转化为高利贷资本以及囤积货币。自唐以降，这一景象几乎没有更改，晚明以及清代中期之后的奢靡之风更远胜过前朝，商人在致富之后，即把大量资金从生产领域撤出，用于日常消费，大肆添置土地及修筑极尽豪华的庄园别墅，无数能工巧匠把毕生的才智投注于雕砖、刻木、制瓷、镂玉，在手工业的精致上越走越远。

历两千年以降，中国商人尽管创造了无数的物质文明，某些家族及商帮在某一时代也积累过惊人的私人财富，可是，他们从来没有争取到独立的经济利益和政治地位，也不能在法理上确立自己的财产所有权不容统治权力侵犯。所谓“富不过三代”，并不仅仅因为中国的商人没有积累三代财富的智慧，而是因为，财富的积累必托庇于拥有者与政权的关系，而这一关系则必然是脆弱的和不对等的。因而，财富的可持续积累和安全性，不完全地操于拥有者之手。在财富传承这一命题上，产业的拓展和资本积聚能力，远不如政商关系的保持能力重要。

这四个经典困境构成了中国企业史的基本特征。政府与工商阶层的对立、紧张关系，贯穿于整整两千年的帝国时期，已俨然成为一种类似胎记般的传统，那种不对等的、没有契约精神的原则似乎从来没有被尖锐地打破过，对工商业的压抑及异化是一种顽强的中国式传统。在这一过程中，知识分子阶层从来是政府的同谋，这得益于科举制度的有效护卫。

叙述至此，我们就可以回答“费正清之问”了——为什么中国的商人不是去制造捕鼠机，而是去追求捕鼠的特权？答案其实是明显的：如果没有获得捕鼠的特权，再高效的捕鼠机都无法工作。而特权在谁之手？政府也。

这样的结论在中外学界似乎是个公见。布罗代尔在《世界史纲》中就很简洁地说：“中国社会，政府的权力太大了，使富有的非统治者不能享有任何真正的安全。他们对任意征收的恐惧始终挥之不去。”费正清在研究中也给出了类似的答案：“绅士家庭最好的保障并不仅仅在于依靠占有土地，而是依靠土地所有权和官吏特权的联合。家庭财产并不是一种保障。”而中国历史学者王亚南、傅衣凌早在20世纪40年代也断定：“秦汉以后的历代中国商人都把钻营附庸政治权力作为自己存身和发财的门径。”前些年，中国社科院哲学所的王毅在《中国皇权制度研究》中给出同样的结论：“托庇于官僚政治之下，是制度环境对于中国商人生存出路的根本性规定。”

在一个中央集权的体制下，一旦中央统治的正当性和控制力出现下降之后，会迅速地——往往以出乎人们预料的速度——蔓延出一股强大的无政府主义浪潮，而对之的控制，需要经历一次大的社会动荡，最终以又一次的威权专制来终结。在这样的过程中，商人阶层常常成为最早被侵害的族群，因为人们对统治者的愤怒，将首先倾泻到那些生活在他们身边的有产者身上——在他们看来，正是这些人的富有造成了社会的不公平，相对于高高在上的统治者，人们更容易痛恨身边的有产者。而更让商人阶层痛苦的是，在历史的爆裂点上，他们的处境往往是两难的：集权体制从根本上侵害他们的利益，可是当体制崩溃的时候，他们又是首当其冲的受害者。

在经济史上，历朝历代从来有先开放后闭关的规律，汉唐明清莫不如是。一开放就搞活，一搞活就失衡，一失衡就内乱，一内乱就闭关，一闭关就落后，一落后再开放，朝代更迭，轴心不变，循环往复，无休无止。我们这个国家，只要没有外患内乱，放纵民间，允许自由从商，30 年可出现盛世，50 年可成为最强盛的国家，可是接下来必然会重新出现国家主义，必然再度回到中央高度集权的逻辑之中，必然造成国营经济空前繁荣的景象。无数英雄俊杰，在这种轮回游戏里火中取栗，成就功名，万千市井繁荣，在这个历史搅拌机里被碾成碎片。

世界上最大的贪婪，其实是制度的贪婪。制度对权力的贪婪之大，超过任何个人。在中国，这种最贪婪的制度是高度集权的统治模式。正是在这一制度之下，中国的宏观经济和工商文明呈现出早慧而晚熟、先盛而后衰的发展态势。历代中国统治者，无论曾有过怎样的意识形态“外衣”，最终，都会露出中央集权的“内核”。这一点，在经济领域，反映得尤为突出。

因而，我们可以得出一个重要的结论：两千余年来，国家机器对商业的控制、干扰及盘剥，是阻碍工商文明发展的最重要因素。政府如何在经济活动中端正自己的立场与角色，工商业者如何与政府平等相处，迄今是一个危险的，甚至仍然带有某种禁忌性的话题。

五

活在当代的每一个中国人都对自己的历史有一种疏隔感。思想的流浪从我们投胎于这个国家就已经开始了，它或许真的没有结束的那一天。

一个又一个的朝代更迭，已经将“轮回”变成了老生常谈，它们被一再重复，直到变成化石和泛黄史书上的一行行文字，就这样循环往替，接下来的是冗长的疲惫和冷漠。在过去的两千多年里，每一个朝代都随着一个皇姓家族的灭亡而画上句点，可是，这个国家的进步却缺乏这种自然的结局。

文明与文明的比较，可触知的是文物，可阅知的是文字，可感知的是制度。

在《激荡三十年》和《跌荡一百年》两部书中，我一再探寻国家与资本、政府与商人阶层的关系，在这部《浩荡两千年》中，我仍然沉浸在这一主题之中。我想，我确实找到了一些前人未必明见的事实。

本书记录的是一个基本上已经失去或被遗忘的世界。在书中出现的工商人物，要么默默无闻，要么在另外的历史叙述中被脸谱化、妖魔化，当我从众多的正史、野史和地方志记中将之一一挖掘出来的时候，其数量之众多，面目之变形，命运之诡异，每每让我充满讶异，更多的时候是有点儿沮丧。

在沉浸于创作的那些昼昼夜夜，我的脑海中每每出现一个又一个身影模糊的工商业者——我们可以称之为商人，或企业家。他们行走在广袤的国土之上，或疾行，或踯躅，或彷徨，在他们身后的时空幕景上，是一出连续上演了两千多年的砍杀史。在所有的历史时刻，这些人从来没有当过主角，甚至在所有的史料记载中，他们要么被忽略不计，要么就躲在最后的那个黑暗角落。不过在另外的意义上，正是这些工商业者在改变着人们的生活，从一把池盐到一块麻布，从一把铁刀到一座城池……

我无意为他们代言，我只是完成一次漫长的陈述。我所希望做到的是，以活在当代的立场，书写昔日的国家，与发生过的历史重建关系，与已逝的前辈沟通，并试图以私人的方式诠释中国的企业史。

逝去的人们已不再归来，正在出发的我们却需要寻觅到自己的记忆。

第一部

公元前 7 世纪—公元 588 年

（春秋战国）（魏晋南北朝）

集权帝国的奠基期

第一章

商人出身的“千古一相”

仓廪实而知礼节，衣食足而知荣辱。

——管仲

公元前685年，一位叫管仲的失意商人拉弓满弦，向公子小白射出凶猛的一箭，镞羽响处，只见小白应声倒下。

这一年，地处山东半岛的齐国发生内乱，齐襄公被弑，朝政一时出现权力真空。他的两个兄弟——公子纠和公子小白此时都被流放在外地，谁先赶回都城临淄，谁就最有可能登基。纠和小白的身边各有一位商人出身的谋士，一个叫管仲，一个叫鲍叔牙。

小白接受鲍叔牙的计策，向莒国借了兵车，日夜兼程回国。辅佐纠的管仲见此情景，就自告奋勇率三十乘兵车到半途去截击小白。在即墨城附近，管仲一箭将飞驰中的小白射倒。然而，这一箭只射中了战袍上的带钩，死里逃生的小白及时归国掌权，是为齐桓公。

▲管仲

当了国君的小白论功行赏，想拜鲍叔牙为相，同时还要宰了管仲。谁知鲍叔牙对他说：“我的才能只能让齐国平安，如果您要称霸天下，一定得拜管仲为相。”

鲍叔牙与管仲其实是一对常年合伙做生意的好朋友。

管仲（？—公元前645年），名夷吾，字仲，出生于颍上（今安徽颍上县）一个没落贵族家庭。他在哪一年出生颇多争论，分别有公元前716年、前723年、前725年及前730年之说，不过无论如何，他在当时算是长寿之人。他少年时替人牧过马，后来结识了年长于他、家境颇好的鲍叔牙，两人合伙做皮毛生意，有地方史志载，他们游走于燕、赵、齐三国之间，曾在现今河北省的蠡县一带规划过三十个大小不等的皮毛集市（时称圩），一直到今天，那里仍是北方最大的皮毛市场之一。

管仲早年的名声似乎不太好，是一个爱占小便宜和贪生怕死的家伙。他与鲍叔牙合伙做生意，本钱大多是鲍出的，可是赚了钱以后，管仲却要分大头，鲍的仆人们很不忿，鲍叔牙却说：“这没什么，管仲家里穷，又要奉养母亲，多拿一点没有关系。”他们的生意后来破产了，西汉刘向在《说苑》一书中说管仲“三辱于市”，也就是说他多次经商失败，不是一个特别成功的商人。管仲还十分热衷于功名，曾到处去求官，可都干不了几天就被罢官了。他和鲍叔牙一起去当兵，每次打仗总是逃跑在前，大家就骂管仲是胆小鬼，鲍叔牙又站出来替他说话：“你们误会管仲了，他不是怕死，他得留着命去照顾老母亲呀！”到了后来，他们就分别投靠了公子纠和公子小白。

鲍叔牙向齐桓公举荐这样一个人，实在是奇怪的事情，不过更奇怪的是，齐桓公居然言听计从，真的把管仲拜为国相。

在中国历史上，第一个具有完备的经济思想的人正是管仲，他辅佐齐桓公成就了春秋时期的第一个霸业。

管仲拜相的公元前 7 世纪，正是礼崩乐坏的年代。

华夏文明是地球上历史最为悠久的文明之一。大约在公元前 21 世纪，在黄河中游产生了第一个国家政权——夏王朝，约 400 多年后，商汤灭夏，建立了商王朝，又过了约 600 年，在公元前 1046 年，周武王灭商，建立周王朝。

周王朝实行的是封建制，即“封土建国”，周天子将土地及居民分封给亲戚及功臣，各诸侯有权管理封地内的一切资源，并拥有军队。诸侯对天子定期进行朝贡。周朝建立之初，分封了 1 000 多个诸侯国。

民国学者钱穆在《国史大纲》一书中称，“中国为世界上历史最完备之国家”。① 以史书记载论，从公元前 841 年开始，中国就明确有年可以考据。当时的天子是周王朝的第十代周厉王，他任用佞臣，导致国人暴乱，厉王被迫出逃，朝政由大臣召穆公、周定公同行政，号为共和。公元前 771 年，“烽火戏诸侯”的周幽王被犬戎杀死，西周终结，周平王迁都洛邑（今河南洛阳附近），是为东周。

从迁都的公元前 770 年起，到公元前 476 年，史称春秋时代。在这 290 多年间，周天子的权威日渐丧失，社会风雷激荡，战火连天。仅据《春秋》记载的军事行动就有 480 余次。司马迁在《史记》中称，春秋时期，被杀的国君有 36 位，被灭亡的国家有 52 个，很多诸侯四处奔走而不能保全自己的国家。② 在这期间，一些诸侯国脱颖而出，先后称霸，最著名者有“五霸”，齐桓公正是五霸之首。

---

① 不过同时，钱穆又认为“中国最近，乃为国民最缺乏国史智识之国家”。也就是说，尽管中国的历史很悠久，人们却缺乏从历史中汲取经验与教训的能力。

② 《史记·太史公自序》：“弑君三十六，亡国五十二，诸侯奔走，不得保其社稷者，不可胜数。”

齐国在众诸侯国中并不是最显赫的一个，它的祖先不是周王后裔，而是辅佐武王灭商的姜尚。齐国的疆界不大，“东至海（黄海），西至河（黄河），南至穆陵（今山东临朐县），北至无棣（今山东无棣县）”，所以司马迁称之为“区区之齐在海滨”。

管仲兴齐，靠的并不是兵戈征伐，司马迁如此评论他的当国之道：“其为政也，善因祸而为福，转败而为功，贵轻重，慎权衡。”也就是说，管仲最擅长的是配置资源，提高效率，以妥协和谨慎的方式重建各种秩序。这些特征无疑很有点“企业家的精神”。

这位在商场上滚过“烂泥”，在战场上当过逃兵的政治家不喜欢开天辟地式的创新，而是往往以“循古制”的名义来进行改革，他注重秩序和政策的延续，是一个天生的保守主义者。他在经济上的创新很多，其中最值得记载的是三项：四民分业、贸易兴国和盐铁专营。

管仲主张把国民分成士、农、工、商四个阶层，按各自专业聚居在固定的地区，是为“四民分业”。把社会各阶层按职业来划分管理，管仲是历史上的第一人，这种专业化的商品经济模式，两汉以来都被尊奉为基本形态及指导原则。与现在稍有不同的是，管仲当时所谓的士，主要指军士。

职业化的分工及其成熟，是一个社会进步的标志。在殷商时期，就已有专业的工匠出现，文献记载为“百工”，这些人都是被政府直接管理的奴隶，没有独立的人身自由，所谓“工商食官”，他们的职业世代相传，不允许改变。《左传》记载：“在礼……民不迁，农不移，工贾不变。”职业的世代相传，自然有利于工艺的传承和进步——在没有公司制度的年代里，家庭无疑是最具有组织形态的经济基础单位。很多工匠最终以职业为姓，流传至今，如陶氏是制陶的工匠、施氏是旗工、繁氏是马缨工、樊氏是篱笆工、终葵氏是锥工等等。进入周朝后，职业化分工的趋势越来越明显，范文澜在《中国通史简编》中断定，“商亡国后，周分商遗民六族给鲁，分七族给卫，十三族中至少有九族是工”。另据我国第一部有关制造科技的著作《考工记》记载，西周的官营手工业达30种之多，仅专业的木匠（“攻木之工”）就分为七种，分别是轮、舆、弓、庐、匠、车、梓。细致的职业化分工及其世代相传的制度安排，是中国早期文明领先于世界的重要原因之一。台湾学者赵冈认为：“中国的社会职能分工比欧洲早了至少 1 000 年，主要的传统生产技术（工业革命前的非机器生产技术）在中国出现的时间也比欧洲早 800~1 000 年。”[1]

管仲认为，“四民分业”有四个好处：一是“相语以事，相示以功”，同一行业的人聚居在一起，易于交流经验，提高技艺；二是“相语以利，相示以时”，“相陈以知价”，对促进商品生产和流通有很大作用；三是养成专业气氛，人人安于本业，不至于“见异物而迁焉”，从而造成职业的不稳定性；四是无形中造成良好的社会教育环境，从小就耳濡目染，父兄的教导不须严厉督促也能教好。[2]

专业分工、父子相袭的制度让齐国的制造业技术领先于其他国家。《考工记》对齐国手工业作坊有很多记录，以丝绸为例，我国最早出现的丝织中心就在齐国首都临淄。当时，临淄生产的冰纨、绮绣、纯丽等高档丝织品，不仅国内供给充分，还大量畅销到周边各国，乃至“天下之人冠带衣履皆仰齐地”。

按《国语·齐语》中的记载，齐国有士农之乡 15 个，工商之乡 6 个，每乡有 2 000 户，以此推算，全国有专业军士 3 万人，职业的工商臣民 12 000 人（均以一户一人计算）。此外，在野的农户有 45 万户。管仲认为，这些人构成了“国之石民”，他说，“齐国百姓，公之本也”。

“四民分业”表面上看是对殷周古制的继承，其实却有很大的差别，其根本性的不同是，把“工商”与“士农”并列，同视为“国之石民”。

---

① 社会分工：赵冈认为，“明清以前的产品商品率未必就比明清时期低”，这意味着，中国工商文明的专业化及商品率在近古时代实际上是倒退的。参见赵冈、陈钟毅合著的《中国经济制度史论》，新星出版社，2006 年版。

② 《管子·小匡》：“少而习焉，其心安焉，不见异物而迁焉，是故其父兄之教不肃而成，其子弟之学不劳而能。”

古人对工商的态度有过数度戏剧性的转变。

远古的中国人似乎并不轻商。早在殷商时期，人们是乐于和善于经商及从事手工制造业的，这从近世出土的、精美绝伦的商代青铜器可见一斑。武王灭商之后，把商朝的旧贵族迁聚于洛邑，该地很快成为全国商业最发达的地方，“富冠海内”。司马迁在评论洛阳人时说，他们的习俗是，致力赚钱的产业，投身于工商业，以追逐十分之二的利润为目标。①

不过，周朝的建国者们在反思商朝灭亡的教训时认为，殷商之亡就是因为民众热衷工商而荒芜了农业，造成民心浮躁，国基不稳，因此，转而推行鄙视工商的重农政策。在周制中，工商业者的地位变得非常低贱，“百工”常与处于奴隶地位的臣妾（男女奴隶）并列。从有限的文字记载中常常可见类似记载,《易·恒卦》曰,“君子以远小人，不恶而严”。《逸周书·程典》曰，“士大夫不杂于工商”。《礼记·王制》曰，工商“出乡不与士齿”。也就是说，士大夫必须远离商人，绝对不能与工商业者混居在一起，工商业者离开居住地则不得与士大夫交谈。在《周礼·地官·司市》中还规定，贵族们不能进入市场进行交易，否则就会受到惩罚。

到了春秋时期以后，好商之风再起——这也被一些道学家看成是“礼崩乐坏”的一部分。在史料中出现了大量专业的自由商人，他们往来于各国之间，近购远贩，获取利润，年轻时的管仲和鲍叔牙无疑属于此类。西周时期的工商业，都是为贵族阶层服务的，民间商品都是农民以剩余生产物进行交换，如《诗经》中所吟咏的“抱布贸丝”“如贾三倍”，从事交换的人不是严格意义上的商人。到了春秋时期，专业的自由商人开始大量涌现，其工商业发展的特点表现在许多“金玉其车，交错其服”的富商大贾在中国历史上第一次出现了，这意味着商业资本的出现，一个新兴的阶级诞生了。

然而，把工商业者抬升到与“士农”并列的地位，在当时的士大夫

① 《史记·苏秦列传》：“周人之俗，治产业，力工商，逐什二以为务。”

阶层并非共识，《战国策》中记载姚贾与秦王对话时，就说“管仲，其鄙人之贾人也”，对管仲的商人经历颇为鄙视。管仲之所以能在齐国推行重商政策，除了他自身的经历及有超越当时的见识之外，还与该国的传统有关。《史记》记载姜尚建国之时，齐国土地贫瘠，人口稀少，却有近海之利①，于是，姜尚就根据当地的习俗，简化礼数，扶持工商，发展捕鱼和煮盐业。因此，当代史家李剑农依据《史记》《国语》《左传》中的记载断定，中国商业之开化，当以齐为最早。②

四民并列的另外一个重要意义在于，管仲从国家战略的层面上发现了工商业的赢利性。在西周时期，“工商食官”制度是从生产的角度来设计的，官属工匠的职责是制造大型祭祀器皿和贵族专用器具，所以，可以做到美轮美奂，却没有成本的概念。而到春秋，工商业为民间服务的趋势已然生成，而其赢利能力又大于农业，管仲显然敏锐地发现了这一点。

除了“四民分业”和抬举商人地位之外，管仲还是一个自由贸易主义者。

齐国地处海滨，渔业和煮盐业一向发达，管仲规定，鱼盐可以自由出口，关隘只登记而不予征税，以便利诸侯各国。其他的出口商品也实行单一税制，在关隘征过了的，在市场上就不再征了，反之亦然。③

对于前来齐国做生意的商人，他更是大开国门，无尽欢迎，提出“空车来的不要去索取税费，徒步背东西来的不要去征税，这样来的人就会越来越多”。④他还专门设立了招待外国商人的客舍，每三十里有一处，来一

---

① 《史记·货殖列传》：“地潟卤，人民寡……齐带山海。”

② 《史记》论述姜尚治齐，“太公至国，修政，因其俗，简其礼，通商工之业，便鱼盐之利，而人民多归齐”。李剑农的观点参见其《先秦两汉经济史稿》，中华书局，1962 年版。

③ 《国语·齐语》：“通齐国之鱼盐于东莱，使关市几而不征，以为诸侯利……征于关者勿征于市，征于市者勿征于关。”

④ 《管子·问》：“虚车勿索，徒负勿入，以来远人。”

乘车的外商供给本人饭食，来两乘车者供给马的食料，来三乘车者更要供给仆人的饭食。从此，“天下之商贾归齐若流水”。

为了活跃市井，管仲甚至首开国营色情业。他在都城临淄办了七间官办的妓院（“女市”），每一间有妓女（“女闾”）100 人，共 700 人，后来又增加到 2 000 人。管仲以此吸引他国商旅，并大收其税。后来的色情业者因此奉管仲为保佑平安的“产业始祖”，清代纪晓岚在《阅微草堂笔记》中便称，“娼族祀管仲，以女闾三百也”。

如果从管仲的自由贸易政策进而推断认为他是一个自由主义经济学的信奉者，那就大错特错。事实上，**管仲是中国最早的中央集权主义实践者，在放活微观的同时，他十分强调政府对经济的宏观管制，而其手段则是从财政、税收和价格三方面入手。在这个意义上，管仲实行了中国历史上的第一次经济大变法。**

管仲对后世影响最大的制度创新是盐铁专营，它几乎成为中国式中央集权制度的经济保障。

齐桓公与管仲多次切磋富国之策，齐桓公建议对房屋楼台、树木、六畜、人口征税，管仲一一否定，在他看来，税收是有形的，直接向人民收取财物，自然会招致人民的不满。最好、最理想的办法是取之于无形，使人不怒。[①] 据此，管仲提出了“寓税于价”的办法，把税收隐蔽在商品里，实行间接征收，使纳税者看不见、摸不着，在不知不觉中就纳了税，不至于造成心理上的对抗。在具体的办法上，管仲给出了简单的七个字：“唯官山海为可耳”——只要把山、海的资源垄断起来就可以了，山上出铁矿，海里产海盐，是为盐铁专卖制度。

在农耕时期，盐和铁是最为重要的两大支柱性产业，无一民众可以须

---

① 《管子·国蓄》：“民予则喜，夺则怒，民情皆然。先王知其然，故见予之形，不见夺之理。”

臾离开。更重要的是，这是唯一的工商合营产业，其原料得自天然，有垄断经营的优势，从业者一面自制商品，一面自行贩售，商业资本与产业资本辗转变化，繁殖累积，其财势不可阻挡，古往今来，中西方各国，这都是产生巨富的产业领域。自西周以来，就有一些诸侯国将盐铁经营收归国有，然而从来没有人将之视为国策，绝大多数的治国者仍然以征税——特别是农业税为国家最主要的收入，其区别仅仅在于，是按家庭人口征收还是按土地面积征收。管仲最大的创新在于，他在税赋收入之外增加了专营收入，并将之制度化。

管仲以盐和铁的专卖收入做过举例说明。

他说，万乘之国的人口约为 1 000 万，如按成人征人头税，应缴纳者约为 100 万人，每人每月征 30 钱，为 3 000 万钱。如果进行盐的专卖，每升盐酌量提价出售，每月可能得到 6 000 万钱，就可望得到一倍于征人头税的收入。而在表面上，政府似乎不曾征税，不致引起人民的“嚣号”反对。不仅在国内如此，还可运盐出口而获取重利，这等于煮沸取之不尽的海水就可以迫使天下人向齐国纳税，即“煮沸水以籍天下”。[1]

铁的专卖也是一样。管仲说，大凡一个农户，无论是从事耕作还是做女工，都需要针、刀、耒、耜、铫、锯、锥、凿等铁制工具，只要在 1 根针上加价 1 钱，30 根针就可收 30 钱，即等于一人应缴的人头税了，由此类推，则全国收入总数亦不下于人头税的征收总额。表面上，国家并没征税，实际是“无不服籍者”。[2]

管仲提倡盐铁专营，但不是主张政府亲自下场，创办国营盐场或国营铁厂——后世之人学管仲，认为专营就是国营，多入歧途。

---

① 《管子·海王》：“令盐之重升加分强……千钟二百万……禺策之……万乘之国，正九百万也。月人三十钱之籍，为钱三千万。今吾非籍之诸君吾子，而有二国之籍者六千万。”

② 《管子·海王》：“令针之重加一也，三十针一人之籍。刀之重加六，五六三十，五刀一人之籍也。耜铁之重加七，三耜铁一人之籍也。”

比如盐业。齐国滨海，是产盐大国，食盐是最有竞争力和价格话语权的战略商品。管仲实行的是专卖政策，开放盐池让民间自由生产，然后由国家统一收购。《管子·戒》和《管子·轻重甲》中记载了当时的景象：盐池开放后，煮盐之人纷至沓来，4个月内就得盐36 000钟，为了维持国家对盐的垄断权，防止盐价因生产过度而大跌，管仲随之下令，对煮盐的时节进行控制，只准在头年的十月到第二年的正月这4个月的农闲季节煮盐，到了孟春二月，农事开始，就不许聚众煮盐。由于控制了盐业的销售和产量，进而控制了价格，齐国的盐销售到国外去，可以抬高到成本的40倍，国家和商贾都得利颇丰。

在冶铁业上，管仲实行的也是国有民营。他首先严厉地强调了国家对所有矿山资源的垄断，所谓“泽立三虞，山立三衡”，他出台法令宣布，只要一发现矿苗，就马上要由国家保护和封存起来，有敢于擅自开采者，左脚伸进去的，砍左脚，右脚伸进去的，砍右脚。[①]

在垄断了资源之后，管仲又控制了铁器的定价权，并对生产出来的铁器进行统购统销。在这些前提之下，管仲开放冶铁作坊业，允许民间商人自主经营，其增值部分，民商得七成，政府得三成。[②] 管仲

管子卷一
牧民第一
國頌
經言一
凡有地牧民者務在四時守在倉廩國多財則遠者來地辟舉則民留處倉廩實則知禮節衣食足則知榮辱上服度則六親固四維張則君令行故省刑之要在禁文巧守國之度在飾四維順民之經在明鬼神祗山川敬宗廟恭祖舊不務天時則財不生不務地利則倉廩不盈野蕪曠則民乃菅

▲《汉书·艺文志》录有《管子》86篇

① 《管子·地数》：“苟山之见荣者，谨封而为禁。有动封山者，罪死而不赦。有犯令者，左足入，左足断；右足入，右足断。”

② 《管子·轻重乙》：“与民量其重，计其赢，民得其十，君得其三。”

反对国家自行冶铁的理由是，如果派服刑的犯人去冶铁，一定会逃亡而管不住，如果派平民去，就会抱怨政府，到时候边境有难，谁也不愿意为国家打仗。所以，不能为了冶铁而造成国民的分裂。由政府控制专营权，然后把经营权下放给民间商人，以一定比例分配利润，这就是后世非常流行的“资产国有、承包经营”的雏形。

盐铁专营的做法并非始自管仲，却是在他那里形成了制度化并取得显著成效，它对后世政权产生了重大且根本性的影响。我们将在日后的叙述中一再涉及这一话题。它形成一种独特的中国式经济制度——国家通过控制关键性生产资料以增加收入，以此形成一种与税赋收入并行的专营收入，从而扩大收入，增强管制经济的能力。**从管仲的论述中可见，他事实上是将盐铁的专卖看成“间接税”，或者说是“变相的人头税”——因为盐铁的不可或缺性，国家通过对之的控制，实际上对每一个人变相地征收了税赋，而在表面上，民众似乎没有纳税。这种巧妙曲折的治国理念一直延续数千年，其实正是中国与西方诸国在经济制度上的最大差异所在。**

在西方的经济理论中，国家财政收入的主要来源，甚至唯一的来源是税赋，如卡尔·马克思所言：“赋税是政府机器的经济基础，而不是其他任何东西。”“国家存在的经济体现就是捐税。”即便在当代的制度经济学理论中，这一定义也未有改变，1993 年诺贝尔经济学奖得主道格拉斯·诺斯便论述说，政府是“一种提供保护和公正而收取税金作为回报的组织，即我们雇政府建立和实施所有权”。[①]

然而从“管仲变法”之后，中国的政府收入则由税赋收入和专营收入两项构成，后者的实现，正是通过控制战略性的、民生必需之物资，以垄断专卖的方式来达成的。在这种体制内，政府其实变成了一个有赢利任务的“经济组织”，从而也衍生出一个根深蒂固的治理思想，即：国家必须控制“关系到国计民生的支柱性产业”，国有企业应当在这些产业中“处

① 参见道格拉斯·诺斯，《西方经济的兴起》，华夏出版社，2009 年版。

于主导地位”。

在这种经济环境中，国有企业是那种“看上去像企业的政府”，而政府则是那种“看上去像政府的企业”。当它们从各自的利益诉求出发，成为微观经济领域中的逐利集团时，民营企业集群则被间夹其中，进退失措。这一中国式经济体制延续千年，迄今未变，而管仲，正是“始作俑者”。

由于在盐铁专营中获得了巨大利益，相对的，管仲在其他产业的税收上就表现得非常宽厚。

在重要的农业税上，两年征税一次，大丰收之年，每年征 15%，中等之年，每年征 10%，下等之年，每年征 5%，如遇饥荒，则免税。这一税率，日后也成为很多朝代的税赋计算方式。此外，管仲还建立了国储粮制度，国家采购囤积了大量粮食，其数量足以控制市场粮价的波动，以达到丰饥平衡的功效。管仲对粮食十分重视，他不容许任何人操纵粮价，严禁在饥荒之年利用粮食买卖“兼并”农民，粮价波动必须由国家掌握，在农耕年代，这一见解无疑非常重要。

在进出口贸易上，除了鱼盐出口免税之外，其他商品的关市之征，仅为 1%~2% 的税率。齐国强盛起来之后，管仲甚至以霸主身份统一各国的关贸税赋。公元前 679 年（齐桓公七年），齐国会盟各国诸侯，达成关税协定，市场交易的税赋为 2%，进出口关税为 1%。第二年，齐国再度会盟诸侯，规定与会各国要修建道路，偕同度量标准，统一斤两称数。[1] 管仲的这些做法，好比是在创建一个区域经济的关税同盟体，在两千多年后的今天看来仍然是国际贸易的游戏惯例，毫无落后之感。

管仲还是一个运用价格来调剂经济和增加国家收入的高手。他曾举例说，如果国家掌握了大量的布，即不必再征布税，而要征于原材料麻，麻

---

① 《管子·幼官图》：“市赋百取二，关赋百取一。”《管子·幼官》：“修道路，偕度量，一称数。”

价因课税涨10倍，布价就可能因此而上涨至50倍；同样道理，如果国家掌握了大量的织帛，就可征课原材料丝的税，这样又可使织帛的价格上涨10倍。在列国间的贸易上，他主张根据不同的情况来对待各国的价格水平，所谓“因天下以制天下”，如果他国的商品质量高过本国，他主张提高该商品在本国的销售价格，这样就可以引导外货的输入。如果要奖励出口，就要压低出售价格，“天下高而我下”。

管仲的经济思想中，最为奇特的一项是鼓励消费，他甚至倡导奢侈，这在古往今来的治国者中可谓仅见，在《管子》一书中就有一篇奇文《侈靡》篇。

中国历代的治国思想向来以倡导节俭为正途，这显然是长期短缺经济的必然产物。然而管仲却提出“俭则伤事”的观点，在他看来，大家都不消费，就会造成商品流通的减少，从而妨碍生产营利的活动，故曰“伤事”。要如何才能推动消费，他的答案是，多多消费，甚至无比奢侈地去消费。[①]

管仲的这一论述曾经迷惑了此后数千年的中国学者，很多他的信奉者言及于此，要么视而不见，要么顾左右而言他，要么百般替管仲声辩。直到近世，历史学家郭沫若才给予了比较合理的解释。郭氏认为：“他是肯定享乐而反对节约的，他是重视流通而反对轻视商业的，他是主张全面就业而反对消极赈济的，为了能够全面就业，他主张大量消费，甚至主张厚葬。他的重点是放在大量消费可以促进大量生产这一面。因而在生产方面该如何进行，如何改进技术之类的话，他就说得很少，几乎可以说没有。”[②]

---

① 《管子·乘马》：“俭则金贱，金贱则事不成，故伤事。”《管子·侈靡》：“兴时化，若何？曰，莫善于侈靡。”

② 参见郭沫若的论文《侈靡篇的研究》，《历史研究》第三期，1954年。

管仲倡导奢侈的理由是，“丹沙之穴不塞，则商贾不处”，“富者靡之，贫者为之”。就是说，只要不人为地堵塞利源，商贾就会日夜不息地从事营运而不知休息，而富裕的人只有不断消费，贫穷的人才有工作可做。为了强化自己的观点，管仲甚至做过极端的比喻，他建议在煮蛋之前应先加雕绘，在烧柴之前要先加雕刻——“雕卵然后沦之，雕橑然后爨之。”

管仲本人就是一个富足的享乐主义者。孔子说他的奢侈堪比国君，“其侈逼上”，《史记》说他“富拟于公室”。《韩非子》和《论语》等书还记载，齐桓公把齐国市租的十分之三赐归予管仲。

当然，作为一个成熟的政治家，管仲对侈糜的推崇，并不仅仅为了自己的享乐。在《管子·乘马数》中，他谈及了一个非常先进的观点。他说，每当年岁凶歉的时候，人民没有本业可做，国家就应该进行宫室台榭的修建，以增加人民的就业，尤其要雇用那些丧失了家产的赤贫者。这时候修筑宫室，不是为了享乐，而是为了增加就业，平衡经济。

这种通过政府的固定资产投资来刺激经济复苏、增加就业的做法，在当今之世并不罕见，可是在两千多年前就有这样的智慧，确实是让人惊叹的。据美籍华人学者杨联升的考据，在漫长的中国经济史上，除了管仲，只有宋代的范仲淹（989—1052 年）曾经有过类似的思想。[①]

管仲有很强烈的民本意识。他说：“政之所兴，在顺民心。”他不主张用严酷的刑罚来威慑百姓，因为“刑罚不足以畏其意，杀戮不足以服其心”。

那么如何才能做到“顺民心”？管仲的答案是要“从其四欲”，即“百

① 参见杨联升《国史探微》，台北联经版，1984 年。据杨联升的学生余英时考据，到 16 世纪的明朝，出身商贾世家的陆楫又重拾管仲之论，提出“吾未见奢侈之足以贫天下也”，而那时正是“十儒合流”的年代。欧洲思想界在 17、18 世纪才有类似思想，较著名的有曼德维的《蜜蜂宣言》（1727 年）。参见余英时的论文《十商互动与儒学转向》。陆楫《蒹葭堂杂著摘抄》。

姓厌恶劳苦忧患，我就要使他们安逸快乐；百姓厌恶贫困低贱，我就要使他们富足显贵；百姓厌恶危险灾祸，我就要使他们生存安定；百姓厌恶灭种绝后，我就要使他们生养繁衍”。他以为，为政者只要懂得这些道理，把给予看成是取得，就是从政的法宝了。①

管仲治齐，齐国很快就成为当时最强盛的国家，齐桓公曾多次召集诸侯会盟，成为诸国的盟主，《史记》说他“九合诸侯，一匡天下”。在整个春秋时期，齐桓公是第一个霸主。

然而，无论是齐桓公还是管仲，都没有取周而代之的雄心，也没有兼并各国的想法。他们理想中的霸业，就是成为列强中的老大，当一个“国际警察”。因此在列国事务中，管仲提出的口号是“尊王攘夷”。齐国有三万装备精良的军士，是当时无人敢于争锋的兵力，管仲却没有用它去征伐四野，而是“方行于天下，以诛无道，以屏周室”。终齐桓公一代，只灭过谭、遂两个小国，甚至当宋、郑等邻国发生了内乱之后，管仲还设法帮助其君主复国。② 在列国之间的公共关系上，管仲也显得大手大脚，他派出 80 个使节（“游士”）驾着高头大马，载满珍贵的服饰和珠宝，到各国去访问。当其他国家的使节到齐国来时，管仲则让他们空囊而来，满载而归。③

管仲是一个和平主义者，他似乎更乐于用商战的办法来削弱其他国家的势力。在《管子·轻重戊》中便记载了两则十分精彩的案例。

齐国周边有两个小国，莒国和莱国，多年以来与齐摩擦不断。齐桓公即位后问计于管仲：“莒、莱两国又有农田，又特产紫草（一种染料作

① 《管子·牧民》：“民恶忧劳，我佚乐之；民恶贫贱，我富贵之；民恶危坠，我存安之；民恶灭绝，我生育之……故知予之为取者，政之宝也。”

② 《左传》《国语》《史记》均做如此记载，只有荀子说齐桓公“并国三十五”（《荀子·仲尼》），似乎不确。

③ 《国语·齐语》：“奉之以车马衣裘，多其资币，使周游于四方。”“垂囊而入，稛载而归。”

物），国力不弱，如何对付？”管仲说：“这两个国家出产紫草，而我们却出产铜，您就派遣一些没有作战经验的士兵去采矿冶铜，铸成货币，再用它高价购买两国的紫草。”

莒、莱两国的国君听说齐国高价收购紫草，当然大喜过望，在他们看来，铜币是人们所珍重的，而紫草则是我国特产，用我们的特产换取齐国所有的铜币，这样一来，齐国终将被我们兼并。于是，两国民众在政府的号召下纷纷放弃了粮食生产，去种植获利更高的紫草。第二年，管仲突然命令所有采矿冶铜的士兵全部回去种粮。然后，停止向莒、莱两国进口紫草。如此一来，两国粮价顿时大涨，每钟粮食竟高达 370 钱，而齐国的粮价只有每钟 10 钱，莒、莱之民纷纷投靠齐国。经此一役，两国国力大减，不得不归附齐国。

另一场商战发生在齐和鲁、梁之间。鲁国和梁国都是东方的大国，特别是鲁国，向来与齐国并称“齐鲁”。

鲁、梁两国的民众擅长织绨，这是一种色彩光亮、质地丝滑的丝织品，用它裁剪而成的衣服是当时最高档的服装。管仲就恳请齐桓公带头穿绨衣，还让他的左右侍从也同样跟随。很快，穿绨织的衣服成了齐国上下的时尚。虽然绨的需求量猛增，供不应求，管仲却不允许本国人生产绨织品，而是一律从鲁、梁两国进口。为了大张声势，他还特意安排齐桓公穿着绨衣到齐国与鲁、梁交界的泰山南面去炫耀了十来天。管仲召集这两国的商人，对他们说：你们为我织绨 10 匹，我给你们 300 斤铜，如果织了 100 匹，我就给 3 000 斤铜。这样一来，你们两国即使不向人民征收赋税，财用也足够了。

鲁、梁两国如同莒、莱一样，果然中计，在政府的鼓动下，民众纷纷从事绨的纺织，农事因此荒废。一年多下来，粮价果然暴涨。到了这时，管仲如法炮制，下令关闭与鲁、梁的通商关口，不再进口一匹绨布。两国经济顿时崩溃，难民纷纷涌入齐国，管仲顺势让他们去开拓齐国的很多荒地，反而促进了农业的生产。鲁、梁从此一蹶不振，鲁国的国君不得不亲自到齐国去纳币修好。

管仲用不起眼的紫草和绨布，不战而屈四国，是中国古代史上罕见的商战案例，他无疑利用了列国间贸易中的供求关系，其手段之高妙和狠辣，迄今仍让人叹服。

管仲治齐40年，国强民富。都城临淄成为最繁华富足的城市，据计算其居民达30万人之多，是当时世界上规模最大的城市，与其同时期的雅典城人口不到5万。《战国策·齐策》如此记载它不可一世的繁荣景象："临淄甚富而实，其民无不吹竽鼓瑟，击筑弹琴，斗鸡走犬，六博蹹鞠者。临淄之途，车毂击，人肩摩，连衽成帷，举袂成幕，挥汗成雨，家敦而富，志高气扬。"

在漫长的两千多年动荡国史上，生活在这40年的齐国人应该是最幸福、平和的人民之一。一位失意商人、胆小逃兵竟然有如此早慧和高超的治国才能，只能说是一个异数。

管仲留传下来的文字很多，思想庞杂，几乎是道家、儒家及法家的渊源，到西汉初期，刘向搜集到了564篇署名为"管仲"的文章，他比勘审定，定著86篇为《管子叙录》，这成为流传后世的《管子》母本。然而可叹的是，管子的思想在相当长的时间里并不被重视，他的人品及某些做法早在春秋战国时期就受到了学者的争议，在《论语·宪问》中就记载了这样一段对话，子贡说："管仲怎么能算是仁者呢？齐桓公杀了公子纠，管仲非但不跟着死，还去当了仇人的相国。"倒是孔子讲了一句公道话，他说："管仲一匡天下，人民到今天还受到他的恩赐，如果没有管仲，我可能还是一个披着头发的异族人。"①

① 《论语·宪问》：子贡曰："管仲非仁者与？桓公杀公子纠，不能死，又相之。"子曰："管仲相桓公，霸诸侯，一匡天下，民到于今受其赐。微管仲，吾其被发左衽矣。"

尽管如此，后世的儒家，特别是宋代之后，对管仲一直颇有微词。除了崇尚奢靡、鼓励消费的做法与他们格格不入之外，管仲的“霸主之道”，在某些治国者看来也是“迂腐”的。

就在齐桓公晚期，中原的晋国和南面的楚国纷纷并吞小国，疆域不断扩大，它们的军事冒险无疑得到了更大的好处。齐国坐拥最强国力，却采取了不扩军和不兼并的“和平称霸”战略，没有“及时”地开疆拓土。管仲那些维持列国秩序的行动，似乎并没有起到太大的作用。齐桓公九次会盟诸侯，每次都是形式大于内容，各国表面上服从于齐国，实际上各怀鬼胎，互相戈伐，而齐桓公和管仲对此也无可奈何。①

公元前645年，管仲去世，两年后，齐桓公竟然饿死宫中，齐国迅速让出了霸主权柄。

跟管仲一样，齐桓公是一个纵情享乐的人。《管子·小匡》就说他有“好田”“好酒”“好色”之“三大邪”，在他的身边围绕着一群无聊的弄臣，其中一位叫易牙。有一次，齐桓公自言自语说，他吃遍了天下的美味，就是没有吃过人肉。第二天，易牙就把自己的儿子煮了，端着肉献给齐桓公。管仲临终之前，再三告诫齐桓公远离易牙等人。可是，让一个统治者戒掉佞臣比戒掉毒品还难，公元前643年冬天，齐桓公卧病不起，立嗣之争顿起，易牙把齐桓公关在宫内，将门窗全部封死，还在外面筑起围墙。一代霸主就此活活饿死。

自齐桓公以降，相继称霸的诸侯还有四个，分别是晋文公、楚庄王、吴王阖闾和越王勾践，是为“春秋五霸”。② 后四位诸侯均以开疆拓土而威慑天下，“尊王攘夷”异化成了“挟天子以令诸侯”，管仲之道不复见。

---

① 据《左传》记载，晋、楚的军力强大，与他们广泛征召“鄙野之人”当兵的政策有很大关系，这显然与管仲的“四民分业”不同。

② 关于“春秋五霸”有多种说法，王褒的《四子讲德文》为齐桓公、晋文公、楚庄王、吴王阖闾、越王勾践。《白虎通德论·号篇》为齐桓公、宋襄公、晋文公、秦穆公和楚庄王。

第二章

商父的诞生

论其有余不足，则知贵贱。

贵上极则反贱，贱下极则反贵……

财币欲其行如流水。

——范蠡

管仲去世 150 年之后，南方出现了一位大商人，他的名字叫范蠡（公元前 536—前 448 年），后世尊之为“商父”。与管仲“先商后官”的经历不同，范蠡是“先官后商”。

范蠡辅佐的是“春秋五霸”中的最后一个霸主越王勾践。勾践的称霸经历最富戏剧性——先是战败几乎亡国，被迫到敌国为奴，然后卧薪尝胆，历 20 年终成霸业。

越国地处长江下游的浙江、江苏一带，在西周时期尚是蛮夷之地，到了春秋，它与比邻的吴国相继崛起，形成争霸之势。公元前 496 年，吴越战于槜李（今浙江嘉兴），吴王阖闾负伤身死。两年后，阖闾之子夫差与越再战于夫椒（今江苏无锡马迹山），大败越军，越王勾践被围困于都城会稽（今浙江绍兴）。为了避免灭国之祸，谋士范蠡献计，向吴王求和乞降，以待复起，他用铜剑在石头上刻了 12 个字——“待其时，忍其辱，乘其蔽，就其虚”。范蠡陪同勾践入吴国为奴，前后三年，受尽屈辱。

被放归越国之后，范蠡又提出“十年生聚，十年教训”。他先是遍觅美女献给夫差，让他沉迷酒色，荒废国事，其中最著名的就是名列中国古代“四大美女”之首的西施。同时，他着力于军政经济的建设，从《越绝书》《吴越春秋》《史记》等史料看，他在三个方面做得非常出色。

首先，建立各种生产和军事基地。他建筑了山阴小城和山阴大城，把都城从山麓平阳下迁到沼泽平原地带，使越国有了一个坚固的行政中心。然后，在水土资源丰富的大城东郊筑塘，建立了粮食基地富中大塘，又在大城周围根据水土资源分别建造了畜牧基地鸡山、豕山和犬山，水产基地目鱼池，蔬菜基地稷山，冶金基地姑中山、练塘、锡山和六山，铸剑基地赤堇山、称山，造船基地船宫，练兵基地时浦，木材基地木客，编织基地麻林山和葛山，食盐基地朱余。在国史上，范蠡是第一个以产业模块的方式规划国民经济的人，这当然又比管仲进了一步。他通过建设这些生产、军事基地，有计划地重构了越国的国民经济能力。

其次，以价格调控的办法促进粮食生产。范蠡说：“夫粜，二十病农，九十病末。末病则财不出，农病则草不辟矣。”就是说，市场上的粮食价格，如果下跌到每石只值 20 钱，就会谷贱伤农，农民就会荒废土地，全国就会闹饥荒；如果上涨到每石 90 钱，就会打击到工商业者，国家的税收和财政收入就会下降。因此，他向勾践建议，最好把粮食价格控制在“上不过八十，下不减三十”的限度内——每石粮食最高不超过 80 钱、最低不低于 30 钱，用现代的语言来说，就是实行宏观调控的浮动价格政策。这样，农业和工商业都能得利，物价稳定，关隘和集市繁荣，是真正的治国之道。[1]

那么，怎样才能把粮价控制在“上不过八十，下不减三十”的合理幅度之内呢？范蠡说：“论其有余不足，则知贵贱。贵上极则反贱，贱下极则反贵。”就是说，只要搞清楚哪些商品是供过于求的，即“有余”，哪些商品是供不应求的，即“不足”，就可以知道哪些价格要下跌，哪些要上涨，“即知贵贱”。他已认识到，由于市场供求对生产的影响和调节，供不应求的商品上涨到一定程度，由于供给的增加和需求的减少，商品价格就会下跌，“贵上极则反贱”；反之，供过于求的商品下跌到一定程度，由于供给的减少和需求的增加，商品价格又会回升、上涨，“贱下极则反贵”。换言之，他已从现象上意识到，受供求关系的影响，商品的价格会围绕其价值而上下波动。

根据上述认识，范蠡进而提出了国家运用经济手段去调控粮食价格的策略。他的办法是：“贵出如粪土，贱取如珠玉。”当市场上的粮食价格上涨时，国家就用低价抛售粮食的办法，“贵出如粪土”，把粮价压下来；当粮食价格下跌时，国家就用高价收购的办法，“贱取如珠玉”，把粮价抬上去。他认为，国家采取这样的宏观调控政策来控制粮价，就可以稳定市场，让国家富强。

▲（清）任熊　越大夫范公蠡像

其三，范蠡还天才地发现了宏观经济的周期性波动，并据此来设计政策。他说：“旱则资舟，水则

① 《史记·货殖列传》：“则农末俱利。平粜齐物，关市不乏，治国之道也。”

资车，物之理也。”在旱灾之年要预见到大旱之后可能发生水灾，因此要及早扶持造船业的发展，以免水灾来临时发生舟船供应短缺；反之，在水灾之年要预见到以后可能发生旱灾，因此要及早促进车辆生产。他还提出“积著之理，务完物，无息币”。就是说，要发展商业、积聚财富，务必严格注意商品的质量，“务完物”，还要注意加快资金周转，“无息币”，不要让货币滞留在手中，成为死钱。他的这些见解，即使到今天，也仍然是驾驭市场经济所必须遵循的重要原则。

越国在范蠡的治理下，果然“修之十年，国富”，此长彼消之间，吴越国势逆转。公元前482年，勾践兴师伐吴，杀吴太子。9年后，再败吴师，夫差多次乞降，范蠡力谏勾践不准，遂灭吴。经此役，越国大兴，勾践与齐、宋、晋、鲁等诸侯会盟于徐州（今山东滕县），周天子派专使前往祝贺，并封勾践为“伯”（霸），从此，越国横行于长江、淮河之东，勾践号称“霸王”。

越国称霸之后，范蠡被拜为上将军，然而他却做出了一个十分反常，却也让他名垂历史的举动——挂冠出走，带着美女西施“乘扁舟浮于五湖”。临行前，他对另外一位辅佐大臣文种说了一段非常著名的话：“飞鸟尽，良弓藏；狡兔死，走狗烹。越王为人长颈鸟喙，可与共患难，不可与共乐，子何不去？”文种不听，后来果然被勾践赐剑自尽。

范蠡辞官，并没有“飘然不知所终”，而是开始了第二段人生，他数易其居，成了一个超级大商人。

范蠡先是出越入齐，更名为鸱夷子皮，在大海边从事农耕养殖（“耕于海畔”）和土产贸易，很快有了数十万金的资产，成了远近闻名的富商。迄今，河北、山东和江苏等很多地方志中仍然留有他的经商传说，譬如管仲开办过皮毛集市的河北蠡县便记载范蠡也曾在此做皮毛生意，该县因此得名。他还在江苏无锡从事过种植，该地现存“蠡国”和“西蠡河”等地名，沿太湖周边地带，尚有不少以“蠡”字得名的地方，如蠡湖、蠡桥、蠡口镇、蠡庄渡等等。据传他还写了一部《养鱼经》，是世界上第一部关于淡水鱼养殖的专著，后被收入北魏贾思勰的《齐民要术》。齐王闻其贤，请他去当国相，不多久，范蠡再辞，迁居到陶，更名为陶朱公。①19年之间三次积累家产到千金之多。他还广散家财于贫穷的乡邻亲戚，因此又有好德之名。他的子孙继承家业，累代经商，“遂至巨万”。因为范蠡的故事太过神奇，所以后世把豪富者概称为“陶朱公”。

从各种史料分析，无论是在齐国还是在陶，范蠡从事的产业都是农耕和畜养业，“复约要父子耕畜”，此外还经营季节性特产的长途贩运。他显然把治国之术用到了经商之中，司马迁引用他的话说，致富的策略有七种，越国用了五种就称霸天下，既然用在国家上如此有效，我要把它用在家业经营上。②

经济周期是现代经济学中的名词，治国与为商之道一样，关键在于认识周期，同时善于运用周期，在这方面，范蠡无疑是一位世界级的先觉者。他是一位天文学家，在越国主政时曾筹建了有史以来第一个高46丈的观象台，他将天文运行与农业丰歉进行了周期性研究，并据此预测粮食生产的周期性变化趋势，形成经营的策略。他给出了一个周期性的公式：“岁星（木星）运行到金的位置时是丰收年，在水位时是涝灾年，在木位时可能有饥荒，在火位时则是大旱之年。每隔6年有一次丰年、一次平年，每隔12年出现一次大饥荒。”③这里将古代天文知识与五行学说结合起来，认为“岁星”即木星12年间分别经过金、木、水、火等方位而绕太阳一

---

① 陶：范蠡所居住的陶具体在哪里，史家有争论，有人说是山东陶山（今山东肥城），有人说是山东定陶。

② 《史记·货殖列传》：“计然之策七，越用其五而得意。既已施于国，吾欲用之家。”计然：有人认为是范蠡所著书的篇名，“谓之《计然》者，所计而然也”。也有人认为，这是一个人名，姓辛，字文子，是晋国的一个公子。本书认同前一种说法。

③ 《史记·货殖列传》：“故岁在金，穰；水，毁；木，饥；火，旱……六岁穰，六岁旱，十二岁一大饥。”

周期，同农业生产由丰年到灾年的一个周期是相吻合的。

且不论这一周期性总结发现是否完全符合科学，不过，**范蠡能够以长期循环波动的眼光看待工商经济，无疑已是非常卓越——在古今中外的商业世界里，几乎所有的大成功者都是对周期有杰出认识和运用的人，其中包括宏观经济周期、产业周期和企业生命周期。**农业生产从来就有靠天吃饭的特征，范蠡从气候和自然条件的变化来探求农业丰歉的周期性循环规律，以此掌握未来不同年份的农产品尤其是粮食产量的增减趋势，他能富冠天下，便不是意外的事情了。

在掌握了周期性规律之后，范蠡提出另外一个重要的商业思想，就是"待乏"。所谓"夏则资皮，冬则资絺……以待乏也"。夏天的时候要储备皮毛，冬天的时候要囤积薄纱，一切都需提前准备，等待货物缺乏的时候，就可获取百倍、千倍之利。《史记》说他"候时转物"，根据季节、时令变化而转运不同的商品。根据农业丰歉的规律，范蠡又将所有的商品分成两大类，粮食类和非粮食类（田宅、牛马等）。在他看来，这两类商品的价格波动是相反的，在丰收的时候，谷物价格下降，人们对非粮食商品需求增多，其价格必然上涨；如粮食欠产，谷物价格上升，则非粮食类商品必然价跌，所以，购进或抛卖，都应该顺势而动。

在"待乏"的同时，范蠡还强调薄利多销，加快资金的流动，这样才能获得长久的利益。囤积居奇，自能获取利润，但又不可以赌博式地追逐暴利，"货无留，无敢居贵"——手中的货物不应该让它久留，不要贪婪地追求过分的高价。他说："所有商品都是因为过多或过少而变得便宜、珍贵的，一种商品一旦太昂贵，大家都去生产，就会变得便宜，太便宜了，没人生产又会变得昂贵。手中的资金要像水一样流动起来，才能够发挥最大的效率。"① 他的这些商业思想，百世以降仍然不觉陈旧，"陶朱公"

① 《史记·货殖列传》："论其有余不足，则知贵贱。贵上极则反贱，贱下极则反贵……财币欲其行如流水。"

之所以成为豪富者的代名词，显然不仅仅因为财富之多寡，更在于他的智慧高超。

另据《史记集解》记载，范蠡还曾经帮助一个穷小子变成大富豪。

鲁国有个叫顿的年轻人，贫困潦倒，找到范蠡请教致富之道。范蠡告诉他，如果想要发财，就应该去畜养母牛，以繁衍牟利。于是，顿迁徙到晋国的西河（今山西西南），在猗氏（今山西临猗）南部畜牧牛羊。当时，这一带土壤潮湿，草原广阔。由于经营有方，顿的畜牧规模日渐扩大，“十年之间，其息不可计，赀拟王公，驰名天下”。顿在猗氏一带起家，因此被称为猗顿。

在经营畜牧的同时，猗顿又投资于池盐业。山西的西南地区（今山西运城一带）是古代中国最早进行池盐生产的地方，其历史可追溯到黄帝、尧、舜之时，《诗经·南风歌》曰：“南风之薰兮，可以解吾民之愠兮。南风之时兮，可以阜吾民之财兮。”便是对盐池生产的生动描述，运城当地也有民谚曰：“南风一吹，隔宿成盐。”猗顿便在这里开发池盐，从事生产和贸易经营。据传，为了加快贩运速度，猗顿还开凿了山西地区的第一条人工运河。

山西池盐自古被视为“国之宝”（语出《左传·成公·成公六年》），猗顿投资其中，当然获利非凡，很快成为一代巨富，后世常将他与范蠡同列而论，并视之为晋商的远祖。

在中国历史上，范蠡是第一个辞官经商的典范。在商业史上，堪与他相比较的人物，是1895年下海办厂的晚清状元张謇。由范蠡的故事可以看到，在春秋时期，自由商人的地位并不低下——若以两千年国史论，竟可能是最高的，他们游走于各国之间进行贸易活动，与世家贵族形成了分庭抗礼之势，这一事实在各种史料中都有隐约的呈现。

《左传》中便记载了这样一个商人故事。公元前658年，晋大夫荀莹被囚于楚，郑国一个商人想把他藏在货袋内偷运出境。这个计划尚未实施，荀莹已被释放回晋。后来，这位郑国商人到晋国，见荀莹后并不居功，转回齐国继续做自己的贸易。从这段故事可见，郑国商人的经商范围在楚、郑、晋、齐之间，活动半径已是相当之大。

《淮南子·人间训》中还记载了另外一个郑国商人急智救国却不愿当官的罕见故事。公元前 627 年，郑国商人弦高去周王室辖地经商，途中遇到一支秦国军队，当他得知秦军要去袭击郑国时，便一面派人急速回国报告敌情，一面伪装成郑国国君的特使，以 12 头牛作为礼物，犒劳秦军。秦军以为郑国已经获悉偷袭之事，只好班师返回，郑国因此避免了一次灭亡的命运。当郑国君主要奖赏弦高时，他却婉言谢绝了，继续去当他的商人。

就在范蠡生活的同一时期，在北方还活跃着另外一位著名的商人，他比范蠡小 16 岁，是孔子的弟子，名叫端木赐，字子贡（公元前 520—前 456 年）。

孔子生于公元前 551 年，逝于公元前 479 年，与范蠡为同时代人，子贡则是他七十二贤徒中最富有者——“最为饶益”，司马迁直接把他写进了《货殖列传》。他利口巧辞，善于雄辩，且有干济才，办事通达，深得孔子喜爱，许之以“达”，称其为“瑚琏之器”。子贡兼有学者、官员和商人三种身份，曾多次出任鲁国和卫国的相，是一位活跃的政治纵横家，同时，他非常善于经商。在《论语·先进》中，孔子将他两位最心爱的弟子颜回和子贡做了有趣的对比，他说：“颜回在道德上差不多完善了，却穷得叮当响，连吃饭都成问题；而子贡不安本分，去囤积投机，猜测行情，且每每猜对。”①

子贡能致富当然不是靠臆猜的，《史记·仲尼弟子列传》记载：“子贡好废举，与时转货资……家累千金。”“废举”的意思是贱买贵卖，“转货”

---

① 《论语·先进》：“回也其庶乎，屡空。赐不受命，而货殖焉，亿则屡中。”颜回“一箪食，一瓢饮，在陋巷，人不堪其忧，回也不改其乐”，29 岁时就满头白发，40 岁时早逝。

是指“随时转货以殖其资”，翻译成白话就是：子贡依据市场行情的变化，贱买贵卖从中获利，以成巨富。《史记·货殖列传》还生动地描写了子贡富足之后的情景：子贡乘着华丽的马车，载着珠宝美玉，游走在天下诸侯之间，所到之处，国君无不专门设席，以平等的礼仪来招待他——“子贡结驷连骑，束帛之币以聘享诸侯，所至，国君无不分庭与之抗礼。”“分庭抗礼”这个成语就出于此，体现了商人子贡与君王、诸侯的对等关系。司马迁接着很有感慨地评论说：“孔子的名声能够广布天下，也许靠的就是子贡的前后奔走吧？”[①]

▲子贡

《荀子·法行篇》记录了孔子与子贡的一段对话，颇能表现这对师徒在经济思想上的落差。有一次，他们讨论为什么玉比较贵，而珉（一种低级玉石）比较便宜。子贡说：“君子为什么贵玉而贱珉？因为玉比较少，而珉比较多。”孔子深不以为然，说：“君子怎么可能因为繁多而贱弃某一东西，又因为稀少就珍视某一东西呢？玉之珍贵，是因为君子把它看成是道德的象征呀。”[②] 接着他洋洋洒洒地列举了玉的“七德”：“温润而泽，仁也；栗而理，知也；坚刚而不屈，义也；廉而不刿，行也；折而不挠，勇也；瑕适并见，情也；扣之，其声清扬而远闻，其止辍然，辞也。故虽有珉之雕雕，不若玉之章章。”

---

① 《史记·货殖列传》：“夫使孔子名布扬于天下者，子贡先后之也。此所谓得势而益彰者乎？”

② 《荀子·法行篇》：“夫君子岂多而贱之，少而贵之哉！夫玉者，君子比德焉。”

这段对话，在历代道德家看来，当然可以读出孔老师的学识高妙，然而在经济学家看来，似乎还是学生子贡说得有道理，因为他就物论物，直接道出了“物以稀为贵”的朴素真理。在先秦时期，诸子百家往往把商品的价值与价格混为一谈，子贡似乎无意识地将之进行了分辨，因此，经济史学家胡寄窗便评论说：“在缺乏价值概念的初期儒家的经济思想体系中，子贡能第一次接触到价值问题，值得称述。”①

公元前5世纪到公元前4世纪，是人类文明史上的第一个思想高峰期，在东方的中国，相继出现了老庄、孔孟、杨墨等诸子百家，催动了东方哲学的萌芽；在西方的雅典，则诞生了苏格拉底、柏拉图、亚里士多德等众多哲人，开拓了西方文化的渊源。

关于这两座人类思想巅峰的高下，一直是思想史上争论不休的命题。在相当长的时间里，可谓是东风西渐。在18世纪欧洲启蒙运动时期，法国的大思想家，如卢梭、伏尔泰对老子和孔子等人表达了高度的敬仰，伏尔泰甚至提出过“全盘华化论”。而到了19世纪中后期，西方思想家的自主意识增强，德国哲学家黑格尔便认为，老子哲学反映了“精神的儿童时代”，而同时期的古希腊时代则是“精神的成年时代”。②如果从政治伦理上看，雅典对公民社会和民主制度的思考和实践明显更让人神往，中国则从来没有出现过直接民主这样的事物。不过，若以经济思想和经济政策而论，西方世界似乎找不出比管仲、范蠡更有深度的人了。

这种经济思想上的早慧，是由多种原因促成的。

其一，与中西方世界的早期经济制度不同有关。欧洲在中世纪之前的漫长岁月中，一直流行的是自然经济，封建领主的庄园自给自足，对商品交易的兴趣不高，很少与外界发生经济关系，所以宏观经济制度的创新

---

① 参见胡寄窗《中国经济思想史》，上海人民出版社，1981年版。

② 见黑格尔的《历史哲学》和《哲学史讲演录》。

空间十分有限。而中国则因为自然条件的原因，很早就采行了一种更符合经济原则的经济制度，至少从有文字记载的公元前 7 世纪以来，中国就是一个语言相通、贸易自由的统一市场，产品的商品率非常高，商人阶层活跃，以至于一些经济史学家认为，“在中国历史上只出现过政治性的封建制度，而未曾出现过经济性的封建制度”。

自殷商以来，中国的统治者就特别强调社会分工，采取各种措施朝这个方向推进，这也是中国历史上的重要特色之一。专业化的商品经济，自春秋之后就被历朝尊奉为基本形态及指导原则。由于社会分工的优越性，中国早期的生产技术发展得特别快。史家普遍认为，中国的社会职能分工比欧洲早了至少 1 000 年，主要的传统生产技术（工业革命前的非机器生产技术）比欧洲早 800~1 000 年。

其二，地方割据造就思想活跃和制度创新的巨大空间。

人类是在物种竞争中脱颖而出的产物，国家也是如此。自东周之后，随着周天子权威的每况愈下，地方的政治和经济势力坐大，各诸侯国为了强盛纷纷实施了变革，形成百家争鸣的局面。其中，管仲在齐国、李悝在魏国、范蠡在越国，都进行了影响深远的经济变革。

此外，各诸侯国之间频繁会盟，一方面是有新的霸主诞生，达成又一轮的恐怖平衡，另一方面则是出于经济贸易的考虑，日渐形成了贸易共同体的模式。在这一过程中，各国加快道路建设，尝试统一计量标准、关税比率等，这一切都为商业流通提供了条件。

其三，中国古代的城市化模式，也为商业的繁荣提供了客观条件。

中西方在城市化的进程中走了两条全然不同的道路。古代欧洲在罗马帝国时，曾发展出一批为数众多、规模可观的城市，据称罗马全盛时有大小城市 600 多座。可是日耳曼人入侵后，欧洲城市迅速衰落，居民大量逃亡到农村，整个欧洲被切分为成千上万的领主庄园，一直到中世纪之后，由自由民组成的工商业城市才重新复苏。

而中国的城市发展与欧洲大不相同。它经历了一个漫长的兴盛期，然后又转入一个同样漫长的衰败期，而其转折时间正发生在欧洲重新开始城市化的中世纪，这甚至可以被认为是中西方商业文明的一个分水岭。

中国的城市兴毁基本上都是政治的结果。自古以来，中国建城就是以政治军事为主要功能，城池是侯国的都城，是独立的地方政治中心。史料显示，西周建立之后，分封了 1 000 多个诸侯国。[①]这是一个非常惊人的数字，即便一个诸侯国只有一座城池，也起码要有上千座大大小小的城镇。近世多位学者曾经考据春秋战国时的城市数目，民国的考古学家李济找出了 585 个周代城邑，被认为是最可能近似的数字。

另据张鸿雁、杨宽等人的研究，到了春秋末期、战国初期，一些城市的规模已经非常之大，在当时的世界上无出其右。据考证，面积在 6 平方公里之上的城市起码就有 15 座，其中，燕下都的面积达 32 平方公里，灵寿和临淄分别为 18 和 16 平方公里。临淄有人口 7 万户，按平均每户 5 人计算，是一个拥有 35 万人口的超大型城市，与同一时期的西方世界相比，中国的城市规模显然要大几倍。在希腊城邦臻于极盛的伯里克利（约公元前 495—前 429 年）执政时期，雅典城的人口为 15 万人。根据学者的计算，春秋末期的人口总数为 3 200 万人，而城市居民人数就多达 509 万人，城市人口比重为 15.9%。据此可以得出一个让人惊奇的结论：早在战国时期，中国已然有相当高的城市化。据赵冈的计算，战国时期的城市人口比重远高于晚清 1820 年时的 6.9%。[②]

---

① 分封诸侯：西周确切分封了多少诸侯，已无确数，《吕氏春秋 · 观世篇》载“周之所封四百余，服国八百余”，就是有 1 200 多个；《汉书 · 地理志》则记载分爵五等，加上附庸，共封 1 800 国。

② 城市人口比重：赵冈计算出春秋战国以来的中国城市人口比重，其中，战国为 15.9%，唐为 20.8%，南宋为 22%，清（1820 年）为 6.9%，到 1957 年时为 15.4%。也就是说，战国时的城市人口比重竟比 1957 年还高，参见赵冈的《中国城市发展史论集》，新星出版社，2006 年版。另，春秋战国时的人口总数参看赵文林、谢淑君所著的《中国人口史》，人民出版社，1988 年版。

如此高比例的人口聚居于城市之中，必然需要高超的制度安排和治理技巧，同时，它对粮食的商品化以及工商贸易也提出了很高的要求。从周代开始，政府就已经有意识地以城市为中心，将工商业生产纳入行政管理系统之中，相关的制度有两个，一是坊市制度，二是市籍制度。

坊是居民区，市是商业区。所谓坊市制度，就是把居民区与商业区分割开来，由政府规定市场贸易的地点和时间，这一制度从周代一直实行到宋代，前后超过两千年。市籍则是对市场内的商贾进行注册登记，实行执照制。

古代文献中，对市场贸易最早的记载出现在《易经·系辞下》，曰："日中为市，致天下之民，聚天下之货，交易而退，各得其所。"它对交易时间进行了规定，即中午。另据《史记·三皇本纪》记载，"日中为市"的制度是由远古的炎帝设定的。[①]

在《周礼·地官》中——《周礼》被认定为周王朝的文件汇编——对集市的地点进行了规划，"凡国野之道，十里有庐，庐有饮食；三十里有宿，宿有路室，路室有委；五十里有市，市有候馆，候馆有积"。也就是说，国境之内，每隔 10 里、30 里和 50 里就分别有"庐""宿""市"三种不同规置的集聚场所，"市"就是商品交易的地方，"积"则是供商贩存货的仓库，方圆 50 里设立一个集市，显然考虑了人口流动的半径和交易成本。

而这些"市"都被规划在城市的中心区，四周有墙，三面设门，市内预设一排排的摊位，政府派出官员进行管理，周代设"司市"一职，就是负责管理市场的官员。[②]赵冈在《中国经济制度史论》中对此进行了详尽的考据，他写道，春秋战国时，每个城邑的中心都由官方设立一个市场

---

① 《史记·三皇本纪》："炎帝神农氏……教人日中为市，交易而退，各得其所。"

② 《周礼·天官》曰："凡建国，佐后立市，设其次，置其叙，正其肆，陈其货贿，出其度量淳制，祭之以阴礼。"

区，由专人负责管理，商品交易全要在市场内进行。为了配合城内规划，居民的居址也是按职业分配的，据《管子·大匡》的记载，当官的家靠近王宫，平民及农民的家靠近城门，从事工商业的则靠近集市。①

早期规划的市占地一井——所以日后有“市井”一词，即每边长约三百步，较大的城可以设立多个集市。市内预先划定商贩的摊位，称为肆。市场管理者把同一类商品的贩卖者集中于同一行列，不同行列的摊位贩卖不同货品。行就变成了商品分类，相同商品的销售者排在同一行列，故称“同行”。

所有在市场内摆摊交易的商贩，都必须取得政府颁发的营业执照，这就是“市籍”。这些有市籍的人，可以称得上是企业史上第一代真正意义上的职业商人。他们在市门经过官署所派门监检验证件之后，得以进入市场贩售，政府则征收营业税，称市租，这成为政府的重要税源之一。齐国的都城临淄是先秦最繁荣的大城市，《史记·齐悼惠王世家》便记载说“齐临淄十万户，市租千金”，可见收入之丰。一直到唐代，朝廷仍然不时颁布法令，严禁在官市之外另设集市。

这种有计划的市场规划，对商业的繁荣以及商人阶层的催生，显然起到了促进的作用。如果没有巨大的统一市场，以及高度城市化的特征，范蠡、猗顿这些商人要获得巨富，是不可想象的。

同时，我们也看到，自春秋以来，中国的治国者就非常善于运用“看得见的手”来干预宏观及微观经济。中国商品经济的政府管制特征，自古犹然，其差别仅仅在于运用巧妙不同而已。

同样拥有商人血液的管仲与范蠡，在经济变革和商业思想上可谓是一脉相承，不过这还不是所有试验的全部。到战国中期，在西北偏远的秦国出现了一位极端仇视商人和自由经济的铁腕强人，他实施了另外一种治国模式，把专制的力量发挥到了极致，并终而奠定了一个铁血帝国的基石。

---

① 《管子·大匡》：“凡仕者近宫，不仕与耕者近门，工贾近市。”

司马迁在《史记·货殖列传》中说，“天下人言及经商谋生之道，都会以白圭为祖师爷”——“盖天下言治生祖白圭”。白圭（公元前370—前300年）是战国时人，比范蠡晚生约200年，与孟子、商鞅同时代。

白圭做过魏国的相，为官期间，他与前来游历的孟子有过一次政策辩论，他主张轻税政策，提出“二十税一”，孟子则认为应该“什税一”，这段辩论被记录在《孟子·告子下》中。白圭后来周游列国，不再为官。他对生产好像不感兴趣，津津乐道的是如何在商品流通中赚取利润，如果说管仲和范蠡都偏重于商业政策的运用，那么，白圭则专重于为商之道。

白圭最出名的经商格言是，“人弃我取，人取我与”，粮食收割的时候收进谷物，出售丝、漆，蚕茧成熟的时候，则收进帛、絮，出售粮食，如此运作，就能获得最大的利润。当机会降临的时候，要像猛虎下山一样地果断出手——“趋时若猛兽挚鸟之发”。这些观点，与范蠡提出的“待乏”理论有异曲同工之妙。

与范蠡一样，白圭也非常重视对经济周期的掌握，主张经商必须“乐观时变”，即经常注意农业生产变化动向和市场行情，及时掌握时机谋取厚利。他将天文与粮食丰歉联系起来考察，提出：太岁在卯位时，五谷丰收，转年年景会不好；太岁在午宫时，会发生旱灾，转年年景会很好；太岁在酉位时，五谷丰收，转年年景会变坏；太岁在子位时，天下会大旱，转年年景会很好，有雨水；太岁复至卯位时，囤积的货物大致比常年要增加一倍。[①]

与注重享乐的管仲和范蠡不同，白圭主张商人要勤俭节约，在饮食和服饰上都不应该奢侈，最好能够与仆人同苦乐，“能薄饮食，忍嗜欲，节

---

① 《史记·货殖列传》：“太阴在卯，穰；明岁衰恶。至午，旱；明岁美。至酉，穰；明岁衰恶。至子，大旱；明岁美，有水。至卯，积著率岁倍。”

衣服，与用事僮仆同苦乐”。

在白圭的经济思想中，最闪光的地方是，他把经商与治国并列而论，视之为一个正当而高尚的职业，他说：“我从事商业活动，如同伊尹、吕尚为国谋划，如同孙武、吴起用兵使计，如同商鞅推行变法来治理国家。”在这样的认知前提下，他在中国历史上第一次提出了商人的“素质模型”。

“智”——商人必须善于分析形势，具备及时采取正确的经营策略的智慧。

“勇”——商人必须行动果敢，勇于决策。

“仁”——商人必须用优质商品和服务对待顾客和供应商，对有恩惠的人要舍得施与。

“强”——商人必须能有所守，具有坚强的意志和毅力。①

白圭用“智、勇、仁、强”来要求商人，与当时知识界的两大主流——儒家和法家有着天壤之别，同时代的商鞅把商人视为除之务尽的“国害”，孟子则轻蔑地称之为“贱丈夫”，在《孟子·公孙丑章句下》中，孟子说那些做生意的人“必求龙（垄）断而登之，以左右望而罔市利，人皆以为贱”。后世的治国者大多秉持法、儒思想，对商人予以竭力的贬低和妖魔化。事实上，一直到两千年后的16世纪，中国的若干知识分子及商人代表才又重新提出了“士贾无异途”“以义制利”的观念。

也正因为白圭的这些思想，使得他被认为是继范蠡之后最懂经商之道的人。一直到20世纪40年代末，很多商铺仍专设一龛，供奉白圭像。

① 《史记·货殖列传》：“吾治生产，犹伊尹、吕尚之谋，孙吴用兵，商鞅行法是也。是故其智不足与权变，勇不足以决断，仁不能以取予，疆不能有所守，虽欲学吾术，终不告之矣。”

第三章

铁血兵马俑

国之所以治者三：一曰法，二曰信，三曰权。
法者，君臣之所共操也；
信者，君臣之所共立也；
权者，君之所独制也，人主失守则危。

——商鞅

公元前360年，正当而立之年的卫国人鞅（约公元前390—前338年）西行入秦。

那是一个纵横家盛行的时代，充满野心的读书人背负孤剑，行走于各国朝廷之间，凭三寸不烂之舌猎取功名富贵。不过，绝大多数的人都喜欢前往经济较发达的齐、赵、魏等东方大国，绝少有愿意跑到偏僻的秦国去的。鞅果然碰到了好运气，他很快得到了刚刚当上一年国君、比他还小8岁的秦孝公的赏识。这两位血气方刚的年轻人联起手来，掀起了一场惊天动地的变法，这就是著名的“商鞅变法”。[①]

在周王朝的各诸侯国里，秦原本是一个偏远、落后的小国。秦人的始祖是一个游牧及狩猎的民族，早年的活动地盘在甘肃的天水、清水一带，据《史记·六国年表》载，“秦始小国僻远，诸夏宾之，比于戎翟”。戎、翟是两个被农耕华夏文化排斥在“正统”之外的游牧民族，因此在一些出土的铭文上，秦国人常常被蔑称为“秦夷”。一直到公元前771年，“烽火戏诸侯”的周幽王被犬戎杀死，西周终结，周平王迁都洛邑（今河南洛阳附近），秦襄公出兵参加了护送的行列，平王论功行赏，晋封秦襄公为诸侯，这才正式立国。也就是说，秦立国于东周开始之际，跟齐、晋、鲁等相比，秦的历史要短300多年。到公元前650年前后，秦国出了一个名君秦穆公，他在位39年，东征西伐，兼并了12个诸侯国，开拓疆土上千里，遂成西方最大的国家，秦穆公也因此被一些史家认定为“春秋五霸”之一。

不过，自秦穆公之后的200多年里，秦国再要向东讨伐中原，却已是寸土难得，在它东面的晋国是一个超级大国，它像一扇铁门一样地横亘眼前，两国百年交战不断，秦人屡屡败阵。[②]进入战国时期之后（公元前475—前221年），天下更加纷乱无常，公元前403年，晋国分裂成韩、赵、魏三国，阻挡在秦人面前的铁门终于碎裂，中原的另外两个大国齐和楚也因内乱而国势日衰。于是，当21岁的秦孝公执政之时，他的内心再次燃起了先祖秦穆公那样的烈烈雄心，他即位当年就向天下广发求贤诏书，内曰：“凡是天下贤人，能够想出让秦国强盛计策的，我就让他当大官，还分封土地给他。”[③]

---

① 商鞅：鞅因变法有功，被封于商地，故后世称他为商鞅。

② 晋国与盐：北方两大产盐区，一在晋国的河东地区，出产池盐，一在齐国的滨海一带，出产海盐，所以这两个国家均因盐而盛。范蠡的“学生”猗顿就是在河东成为巨富，晋国的首都绛邑（今山西绛县）是产盐中心，时人称“沃饶而近盐，国利民乐”。（《左传·成公六年》）

③ 《史记·秦本纪》：“宾客群臣有能出奇计疆（强）秦者，吾且尊官，与之分土。”

正是在殷切的求贤召唤声中，30 岁的商鞅站在了秦孝公的面前。

商鞅得到信任的经过很有戏剧性，《史记》中是这样记载的：

商鞅花重金买通宠臣景监，得到面见秦孝公的机会，他滔滔不绝地讲了一大通“尧舜的帝道”，孝公听得昏睡了过去。会后，孝公怒斥举荐的景监。五天后第二次见面，商鞅又滔滔不绝地讲了一大通，这次说的是“周公的王道”，孝公还是毫无兴趣。第三次，商鞅开始说“霸道”，孝公听得有点入神。第四次见面，两人相谈甚欢，然后一连几日不觉厌倦。举荐的景监目睹数次变化，觉得非常神奇，商鞅告诉他：“我跟孝公说尧舜之道和周公之道，他说，这些办法都太漫长了，需数百十年才能见效，寡人不能等待。当我说到霸道的时候，才讲到他的心坎儿里去。”

商鞅的霸道之术打动了秦孝公，接着，在朝堂之上，他又与群臣展开了一场大辩论。一位叫甘龙的大臣提出：“圣人不易民而教，知者不变法而治。今天如果变法，不遵循秦国原有的规矩，恐怕天下人会议论你的。”

商鞅说：“治世不一道，便国不法古。圣人只要能够强国，就不会遵循原来的规矩，只要能够利于百姓，就不必尊重原有的礼教。有独立见解的人，一定不会被民众轻易接受。因此，疑行无名，疑事无功。”孝公深以为然。

大辩论后，商鞅开始实施“霸道之术”，他的变法分为三个阶段，分别是农耕、军战和中央集权，其最终的结果是把秦国变成了一个无比强大而恐怖的战争机器。

商鞅推出的第一个改革法令是《垦令》，其中心思想就是让整个秦国成为一个大农场。商鞅认为，治国之要就是让民众“归心于农”，大家都去耕地了，民风就朴实而纯正，国力就可强大。在《垦令》中，有 20 种具体的办法鼓励及资助农耕。

要让国民都去种地，就必须堵住其他的出路。在历代治国者中，商鞅也许是最仇视商人及商业流通的一位，他视之为“国害”。在《算地》一文中，他写道，如果技艺之士（手工业者）得到重用，那么民众就会取巧并喜欢到处迁徙，如果商贾之士得到重用，那么民众就会议论纷纷并竞相仿效，如此，则“田荒而兵弱”。所以，他提出了众多限制商业的法令，其中不乏极端之举。

比如，他严禁商人贩卖粮食，同时禁止农民购买粮食。在他看来，只要不允许粮食买卖，商人就无从得利——“无裕利则商怯，商怯则欲农”。因为粮食不得流通，所以家家必须去种地，当家家都去种地，那么粮食产量必然提高。

为了防止商人的活跃，他多管齐下，从工商两端一起着力。

中国历代思想家，无论哪一学派，一般都主张轻税，唯有商鞅独树一帜，坚持重税政策，而且非农产业的征税一定要多，市场贸易的租赋一定要重——“不农之征必多，市利之租必重”。他认为，只有“重关市之赋”，加重商品的流通税，才能让商人产生“疑惰之心”。秦国的租税有多重，迄今已无完整记载，不过商鞅曾提出，大幅提高酒肉的价格，按原价征课10倍的捐税。由此类推，税率之高可以想见。

商鞅还主张矿山国有化，把“山泽之利”全部收归国家，这既可以增加国库收入，又阻挡了一条非农的发财之道。按他的说法，“把矿山收归国有了，那些不愿耕作、懒惰刁钻、追求暴利的民众就丢掉了饭碗，不得不重新回到田里去种地”。[①] 由这段文字可见，商鞅把所有不愿意从事农业的人统统归类为“恶农、慢惰、倍欲之民”。他还命令所有商贾的奴仆必须服役、所有在朝的官员不得雇请用人，这样一来，既提高了雇工的成

① 《商君书·垦令》：“壹山泽，则恶农、慢惰、倍欲之民无所于食，无所于食，则必农。”

本，又逼迫贵族子弟必须亲自耕作。[1]

商业之繁荣，关键在于人口流通，商鞅深谙其中奥秘，所以，他针对性地出台了几条极其严苛的法令。其一，他下令在全国进行户籍登记，命令百姓不得擅自迁居，这是中国户口登记制度的开端，迄今仍在沿用；其二，他出台法令禁止私人经营旅馆业，目的是大大减少人口的流动。[2]

此外，商鞅还对货币抱持敌视的态度——这是古今中外所有计划经济主张者的“传统”。他对货币和粮食有一种很奇特的看法，在他看来这两者是互相排斥的，“货币活跃了，粮食就萎缩；粮食丰裕了，货币就没有用了”——“金生而粟死，粟生而金死”。如果有 1 斤铜“生”在国境之内，就会有 12 石的粟“死”在境外；如果有 12 石的粟“生”在国境之内，则 1 斤铜“死”在境外。[3] 在他变法的 20 余年中，秦国一直是以物易物，直到他死后 3 年，才开始铸币，由此可见，秦国的商业流通在各国之中是非常落后的。

商鞅的这些变法，前不见古人，用司马迁的说法，“卒用鞅法，百姓苦之；居三年，百姓便之”。也就是，变法实施之后，民怨沸腾，三年之后，居然大见成效。

秦孝公见变法初战告捷，当即任命商鞅为左庶长。庶长为秦国最高行政官员，分大庶长、右庶长、左庶长和驷车庶长四职，其中只有左庶长一

---

① 商鞅与食盐专卖：秦国不产盐，自秦穆公开始也实行了国营专卖制度，《说苑·臣术》上说：“秦穆公使贾人载盐，征诸贾人。”即指定商人贩运食盐，国家参与分利。商鞅强化了这一特许制度，《汉书·食货志》上记载董仲舒论及商鞅之法，称“盐铁之利”倍增。

② 户籍制度：秦国在献公时期，已经开始重编户籍，“为户籍相伍”，而将之统筹完善，则在“商鞅变法”之时。

③ 金：先秦时期的金不是黄金，而指的是铜和铁，前者称为“美金”，后者称为“恶金”。《国语·齐语》：“美金以铸剑戟，试诸狗马；恶金以铸鉏夷斤斫，试诸壤土。”

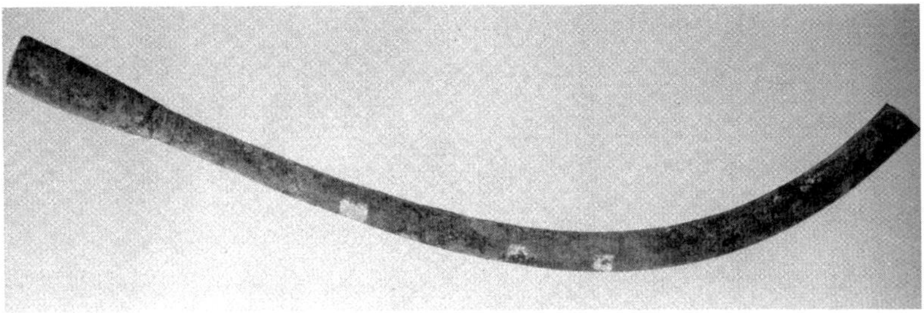

▲（秦）钩击短器械青铜吴钩

职可由非王族大臣担任。

商鞅开始第二轮更为广泛且深刻的变法。其中最重要的政策，就是建立了军爵制度。

自夏商周以降，中国的政治体制是封建制，各诸侯分封天下，爵位世袭，形成了一个贵族世代统治的体制。进入春秋末期，平民阶层隐然崛起，几乎成为一个开放、自由的社会。史载的诸多名将、儒生均为贫寒之士。许倬云曾对春秋时期的名士进行过统计，在初期，非贵族出身的寒微之士占总人数的20%，而到末期已占到44%，诸如苏秦、张仪等人都是“特穷巷掘门、桑户棬枢之士”。到了战国，这一趋势更加明显。比商鞅早20年左右，同样是卫国人的吴起在楚国进行改革，就提出“使封君之子孙三世而收爵禄”，王室子孙的爵禄继承只能延续三代，然后就要把封地收归国有，重新分配。吴起因此遭到贵族的嫉恨，终被射杀。20年后，商鞅再提此议，并且做得更为彻底。

商鞅的政策是两条。第一，“宗室非有军功论，不得为属籍”。收回贵族所有的爵秩，取消特权，重新分配，只有在战场上立下功劳，才能够重配爵秩，列籍贵族。第二，“有军功者，各以率受上爵”。只要有军功，无论贫贱都可以获得贵族的爵秩。

商鞅设计了20个等级的爵位，都以杀敌多少来计算。比如，作战时杀一甲士，凭其首级可赐爵一级，并赐田一顷，宅九亩。斩得两个首级，可当“百石之官”。斩得33个首级，可成为“屯长”。如果率军杀2 000~8 000个敌人，就可升任到“大将”。有奖当然有罚，作战之时以五人为一屯，百人为一将，如果作战结束，“一屯”或“一将”居然没有杀死一个敌人，那就要处死为首的“屯长”和“百将”。

除了诱以利、惧以刑之外，商鞅还尊之以身后之名。他出台法令，规定秦国民众从小夫到大夫，爵级一等，就可在死后的墓地上种树一棵，也就是军功越大，墓上植树越多，树木繁茂，足以光耀子孙。

这一军爵制度可谓开天辟地，它彻底抹杀了贵族与贱民的界限，人人可以通过战争获取功名富贵。在世界各文明古国中，中国是最早打破贵族制度的国家，这其中，商鞅的作用可谓最大。

以国史论之，到了隋唐时期，政府又发明科举制度，为底层的知识分子打通了另外一条猎取名利的通道。由此，“王侯将相宁有种乎”，军爵制（武士）与科举制（文士）互为勾连，构成了延续千年的平民社会的稳定性。这两个制度的形成，再加上政权对商业的道德蔑视及制度打压，最终构筑了中华文明的重要特质，千百年来，全中国有才能的中国人，无一能经受住名利的诱惑，纷纷投身于军爵和科举的“游戏”之中，从商自然成了不得已的末流之选。因此，法国史学家费尔南·布罗代尔在《文明史纲》中评论说：“这至少是中国社会为何没有像西方社会那样发展成为一种资本主义制度的原因之一。它仍然停留在父权家长制和传统制度的阶段。”

商鞅的这一变法宣布后，秦国上下大为震撼。贵族恨之入骨，平民将信将疑。

为了立信，商鞅演出了一折“徙木戏”。他把一根三丈之高的大木柱立在都城栎阳的南门，发布告说，能够把它迁置到北门的，可获得十金的奖励。民众不信，没有动手。商鞅再出布告，宣布能迁置的人可得五十金的奖励。终于，有一个大胆的人把木柱从南门迁到了北门，商鞅当即兑现承诺。这一戏剧性的举措，很快传遍全国，使人对变法产生信心。

对于反对的人，商鞅则不假颜色。变法启动后，太子触犯了法规，商鞅没有办法处罚“君嗣”，就拿他的两个师傅——贵族虔和贾开刀，一个抓起来关进监牢，一个判处黥刑，在脸上刻字以示惩罚。四年后，虔又犯法，商鞅削掉了他的鼻子。

商鞅当国，极其残酷，可谓是“酷吏之祖”。有一次，他在渭河边论法，一口气就杀死了700余人，导致“渭水尽赤，号哭之声动于天地”。他不喜欢反对他的人，甚至也讨厌赞美他的人，在当初的朝堂大辩论时，他就说，“拘礼之人不足与言事；制法之人不足与论变”，也就是不允许争论，不允许辩驳。司马迁还记载了这样一件事情：变法过半，一些先前反对的人跑到商鞅跟前赞美变法，商鞅说，这些都是“乱化之民”，于是全部流放到偏僻的边城，从此，再也没有人敢于议论国事了。

为了严格管制国民，商鞅还推行了恐怖的连坐制度。他以五家为一伍，十家为一什，如果一家犯罪，那么就要“五什”——也就是五十户家庭连坐。军队也是如此，以五人为一组，如果一人逃跑，其余四人都会被砍头。他还鼓励民众之间互相告发，知奸而能告发者，“与斩敌首同赏”，可赐一爵，如果不告发，会被处以腰斩之刑，如果藏匿奸者，不但自己被杀，还要抄家没籍。

恐怖专制的力量是强大的。变法启动到第十个年头，秦国出现了“道不拾遗，山无盗贼”、民众“勇于公战，怯于私斗”的局面，整个国家俨然变成了一个纪律严明、高效好斗的战争机器。秦孝公升商鞅为大良造，是为国家最高行政官职，统掌军政大权。商鞅亲自率兵击败魏国，然后把都城迁到了咸阳，剑锋直指东方各国。

在确立了“农战”国策之后，商鞅开始推行第三轮变法，目的是要全面加强中央集权，其重要政策有三项，分别是土地改革、统一度量衡和推广郡县制度，其对后世的影响同样非常之大。

土地改革的核心是“废井田，开阡陌”。井田制是一种土地国有制度，自商时就有文字记载，西周盛行。后世史家对之解释不一，按《孟子·滕文公上》中的记载，国家以900亩为一个计算单位，把土地分隔成方块，形状像“井”字，周边为私田，中间为公田，各家分得百亩私田，同养公田。耕作之时，先要把公田的农活干完，才能各治私事。由此，春播秋割，守望相助。这一制度颇类似原始人民公社制。

到战国中期，随着人口的增加，井田制度已经败坏，公田私有化成普遍事实。商鞅宣布废除井田制，允许民众开荒耕作、买卖土地，这自然大大激发了民众的生产积极性，使变法的“农本思想”更加得以光大。很显然，在先秦时期，粮食是最为重要的战略物资，商鞅的一切变法都以此为根本，这可以说是典型的“唯生产力论”。[①]

“废井田，开阡陌”是中国土地史上的重大变革。从此以后，土地私有化成为中国历史上最主要的土地所有制度。各朝代也有各种形式的公有土地，但是数量都远不及私有土地多。

第二个重要政策，是统一度量衡。

当时各国割据，从衡器到货币都极其混乱，即便在一国之内，也是标准不一，这对经济发展和国家治理当然非常不利。商鞅提出“平斗桶、权衡、丈尺”。斗桶指计算容积的衡器，权衡指计算重量的衡器，丈尺指计算长度的衡器。也就是说，他统一了全国的容积、重量、长度的度量标准。在今天的上海博物馆，仍可见到当年的青铜制“商鞅方升”，它铸造于秦孝公十八年（公元前344年），是商鞅散发给全国各地做标准的衡器。

第三个重要政策，是确立并推广郡县制度。

西周建立之时，分封诸侯，一共有上千个国家，几乎一个城池为一国。春秋初期，诸侯兼并剧烈，剩下160多国，到了战国年代，天下滔滔，只剩十多国，最后成七雄争霸之局。国君为了统治及征战的需要，纷纷加强中央集权，兼并进来的土地不再分封出去，而是建立新的地方治理制

① 《汉书·食货志》：“至秦则不然，用商鞅之法，改帝王之制，除井田，民得买卖。”

▲商鞅铜方升

度。春秋后期，县制开始推行，县令为一县之长，由国君直接任免，他们不再是世袭贵族，而是一批没有血缘关系的职业官僚。郡的设置较县为晚，秦国在秦穆公时期已有记载。

商鞅是一人独裁制度的拥趸，在《修权》一文中，他认为，治理国家有三个要素，一是法，二是信，三是权。法律是君臣一起来拟定的，它的推行要靠信，而要法令通行，就必须保证国君的独裁。[①]

为了达到这一目的，商鞅完善并推广了郡县制的地方管理体系。他把小乡、邑合聚为县，设立县令、县丞、县尉等职务，组成县署，全国共分31个县，后来每征伐下一块土地，就增设一县。与分封制最大的不同是，郡守和县令都由皇帝直接任免，不得世袭。各地方长官于每年秋冬向中央朝廷申报一年的治状，中央据此对其进行考核，奖功罚过。

郡县制成为秦国的治国基础。这一制度有效地加强了中央集权，是中国官僚制度的根本。明末清初的思想家王夫之在《读通鉴论》中就说："郡县之制，垂两千年而弗能改矣，合古今上下皆安之，势之所趋，岂非理而能然哉？"当代史学家唐德刚从国家管理模式角度分析认为，中国三千年可分为部落制、封建制和郡县制三个阶段，商鞅之后，几无大变。甚至，一直到今天，中国的省市县治理模式仍然没有跳出其藩篱。[②]

商鞅的三轮变法，前后长达十余年，循序渐进，丝环相扣。他的强国

---

① 《商君书·修权》："国之所以治者三：一曰法，二曰信，三曰权。法者，君臣之所共操也；信者，君臣之所共立也；权者，君之所独制也，人主失守则危。"

② 参见唐德刚的《晚清七十年》及《中国郡县起源考——兼论封建社会之蜕变》，台湾远流出版社，1998年版。

之术堪称中国历史，乃至世界史上最残酷和严厉的一种，是一次激进的国家主义试验，在经济模式上则体现为“命令型的计划经济”。在他的治下，秦国成为一个让人望而生畏的“虎狼之国”，举国上下蔓延着极端功利主义的进取氛围，每个秦国人其实都成了国家的工具，宛若后世出土的那些兵马俑，人人面无表情而无比强悍。

商鞅的治国思想中有强烈的反智、愚民和好战的特征。

与曾经当过商人的管仲及经商致富的范蠡等人相比，商鞅对商人阶层不但毫无感情，而且视之为仇雠。在他当国之时，国家管制了“山泽之利”、粮食买卖和旅店经营，自由商人几乎被消灭。同时，商鞅对知识分子也非常仇视，他认为国有“五害”，分别是儒家学者、商贾、隐士、手工业者和勇士，在《农战》一文中，他毫不客气地说：“有这些人存在，敌人来到，一定打败仗，敌人不来，则一定很贫穷。把这些人赶走，敌人不敢来，来了也会被打败。去讨伐别国，一定能战胜，不去讨伐，则一定能富足。”他更形象地说：“有一千个农战之民，只要有一个读《诗》和《书》的文士在，那千人就会懈怠。有一百个农战之民，只要有一个有技艺的人在，那百人就会懈怠。”所以，这些文人和有技艺者必须彻底清除，“重刑而连其罪”。在《战国策·秦策》中还记载，商鞅曾向秦孝公提出要“焚书”，虽然不知有没有执行，不过100多年之后，他的思想继承者还是完成了这个工作。

在商鞅的经济思想中，“强国”与“富民”似乎是对立的。他极端地认为，人民不但不应该有思考的能力，而且绝对不能够富足。

自古以来，如何解决分配问题，缓和贫富对立，是历代思想家和理财家所共同关注的“第一命题”，早在《晏子春秋·内篇》中就出现了“权有无，均贫富”的观点。诸子百家对此各有分析。

儒家的孔子提出“不患寡而患不均，不患贫而患不安”，他认为最好的状态是“均无贫”，类似于福利社会。他还主张“藏富于民”，认为“百姓足，君孰与不足；百姓不足，君孰与足”（《论语·颜渊》），但这些理想如何实现，他没有具体的办法。老庄的道家也主张均贫富，其实现方式是“损有余以补不足”。

与儒、道不同，墨子承认富贵贫贱的适当差别的存在，唯要求可以相互转化，其转化方式取决于一个人的贤与不肖，他不同意儒家“藏富于民”的观点，主张应该先让国家富起来，所谓“官府实而财不散”。

上述几位经典思想家对贫富问题的分析比较抽象，那些真正掌握国纲的理财家则提出了具体的办法，比如：管仲主张用价格政策为工具来缩小贫富分配不均的差距；到了商鞅，则走到了“强国贫民”的极端。

商鞅也反对贫富悬殊，认为“治国之举，贵令贫者富，富者贫”，不过在他看来，理想的状态是让人民始终处在同样的贫穷线上，最好的状态是家里没有一点儿多余的粮食——“家不积粟”，以保持饥饿进取的精神面貌。强兵就必须使民弱、民怯、民愚，这样的人民通过重刑或重赏即可变成勇敢而凶猛的战士。而一旦社会出现贫富差距变大的情况，就应该动用国家机器，用行政剥夺的方式来实现均衡，这就是所谓的“贫者益之以刑，则富；富者损之以赏，则贫”。很显然，商鞅把人民的贫困与无知看成是国家兵源和社会稳定的必要条件。

商鞅的这种极端主义思想，在后世已成绝响。不过必须指出的是，后来的治国者，尽管再不敢像商鞅这样说得直白、干得决绝，却也并非没有效尤者，至少有两个理念顽强地留存了下来：第一，不能让民众太富足、太有思想的潜意识一直留存了下来，最终变成一种系统化的愚民政策；第二，绝大多数的治国者把国家强大远远放在民众富足之前，强调“国强民安”，而不是“国强民富”，所谓“安”者，年份好的时候，有口饭吃，饥荒到来的时候，不饿死，这已是最大的善政。

在商鞅的强国之术中，打仗是第一要义，这是检验变法成功的唯一标准。

其实在他的治国逻辑中，战争是起点，也是终点，并且循环往复不应该停止：民众都去耕作了，粮食就会迅猛增加，打仗就有了物资，然后用军爵制度激发人民战斗的热情，攻城略地之后，土地和人口又增加了，就可以扩大农耕，继续发动下一场战争。如此，国家就成了一台强大而无比恐怖的战争机器，人民则成了无知无畏的杀戮之士。

在他看来，战争是让国家强大和稳定的最好办法。在《靳令》一文中，他说："国家贫穷就要去打仗，可以把有害的输送到敌人那里，就没有像文士、商人那样的国害，一定会强大。国家富足而不发动战争，就会懒惰懈怠，出现文士、商人那样的国害，一定会羸弱下去。"[1]总之，穷了要打，富了更要打。

正是在这种"备战备荒为打仗""把战争进行到底"的战略支配下，秦国成为战国列强中最可怕的国家，"兵革大强，诸侯畏惧"。到秦孝公十九年（公元前343年），周天子封赏秦孝公，授予他"兴兵约盟，以信义矫世"的权力，第二年，诸侯都前来祝贺，然后由秦国率领，一起去朝拜周天子。这一仪式表明，在商鞅的辅佐下，秦孝公终成战国霸主，重现了先祖秦穆公当年的盛况。

后世将商鞅归为法家。纵观战国时期，法家并非显学，孟子曾说："杨朱、墨翟之言盈天下，天下之言，不归杨则归墨。"

孟子（公元前372—前289年）是自孔子之后第二个重要的儒学思想家，号称"亚圣"，他比商鞅小18岁，是同时代人。当商鞅在秦国大行变法之时，孟子正在东方各国游说，而商鞅被处死后，孟子还在齐国和梁国之间奔波，他很可能耳闻了商鞅的整个变法过程。比较两人治国及经济思想，可以看到截然的差异。

在《孟子·梁惠王》中，齐宣王向孟子求教"王政之道"，孟子给出的答案是"耕者九一，仕者世禄"，也就是说，他坚持恢复井田制，并拥

---

[1]《商君书·靳令》："国贫而务战，毒生于敌，无六虱，必强；国富而不战，偷生于内，有六虱，必弱。"

孟子註疏解經卷第一上
梁惠王章句上 凡有七章
趙氏註 孫奭疏

▲《孟子注疏解经》

护贵族世袭体制。孟子特别欣赏那种各守其职、疾病相扶的公社生活。在另外一次与滕文公的交谈中，他还特别设计了一套混合的土地制度：给每农户五亩宅、百亩田，使民“仰足以事父母，俯足以畜妻子，乐岁终身饱”。税赋政策上，孟子提倡实施富民政策和减轻赋税，“易其田畴，薄其税敛，民可使富也”。他的“薄税敛”包括：商舍不征税，也不征货物税、房地税和无职业者的人头税，只征单一的、九分之一的农业税。很显然，商鞅的“废井田，开阡陌”以及废除世袭、实施军爵的政策与孟子的主张背道而驰，并在生产力的激发上更为高效。

孟子长年在东方各国游走，那里的政治文明呈现百花齐放的自由化状态，与西北的铁血秦国形成鲜明的对比。相对于商鞅的严苛管制和强调中央集权，孟子则强调仁义治国，“国君好仁，天下无敌焉”。他更提出民众比国君更为重要的民本思想，“民为贵，社稷次之，君为轻”。这些在商鞅听来，肯定是可笑的无稽之谈、祸国妖言。

商鞅与孟子的思想迥异，是思想史上一个特别值得研究的景象，这两人对历史的实际影响也耐人寻味。

孟子终其一生，郁郁不得志，对时局衍变几无作用，但是他所主张的儒家学说在战国末期渐成主流，在秦以外的六国被广为传播和接受，商鞅之后的法家集大成者韩非子就说，“世之显学，儒、墨也”。

相对比，商鞅长期被视为“异端”，知识阶层以谈论商鞅为耻。但是，他彻底改变了战国乃至后来中国的政治和经济生态，甚至，以两千年的历史跨度而论，商鞅的基本治国理念被顽强地延续了下来，他的核心理念被众多的独裁者所沿袭，在很多朝代，实际上呈现出“半法半儒”“儒表法里”的景象，所谓“百代都行秦政法”，“商鞅主义”的幽灵从来没有在中国的政治舞台上消失过。①

若以治国理念而论，从管仲对中央集权的最初试验，到商鞅将之演绎到恐怖的极权主义，可以说，影响中国千年历史的治国模式到此已基本定型。与自信、圆润的管仲相比，冷酷而坚定的商鞅是另外一种类型的天才，他们赫然如钟摆的两端，后来的治国者无非在两者之间彷徨选择，竟从来没有逃出他们设定的逻辑。② 美国学者约瑟夫·列文森便论证说，中国的皇朝体制有着一个“自相矛盾”的运行规律：儒教君主制的基础恰恰是反儒教的法家原则。③

就在当上霸主的 4 年后，公元前 338 年，秦孝公驾崩，商鞅随之被处以车裂的极刑，并诛灭全家。

在过去的 22 年里，秦孝公与商鞅铁腕变法，固然让国家强盛，却也结怨无数。商鞅每次出门都如临大敌，需有十多辆兵车保护，重甲持戈的士兵同车护卫。据《战国策》记载，秦孝公病重时曾萌生把王位传给商鞅

---

① “百代都行秦政法”：1973 年，毛泽东写《七律·读〈封建论〉呈郭老》云：“劝君少骂秦始皇，焚坑事业要商量。祖龙魂死秦犹在，孔学名高实秕糠。百代都行秦政法，十批不是好文章。熟读唐人封建论，莫从子厚返文王。”见《建国以来毛泽东文稿》第 13 册，中央文献出版社，1998 年版。

② 参见约瑟夫·列文森《儒教中国及现代命运》，中国社会科学出版社，2000 年版。

③ 极权主义：根据汉娜·阿伦特的定义，极权主义具备三个特征——“组织上国际化、意识形态全面化、政治抱负全球化”，“商鞅变法”显然是一种原始版的极权主义。参见汉娜·阿伦特《极权主义的起源》，生活·读书·新知三联书店，2008 年版。

的念头，鞅“辞不受”。孝公一亡，继位的秦惠公及宗室贵族当即群起攻之。商鞅举家逃亡，来到一个叫关下的地方，想投宿旅舍，旅舍的主事不认识商鞅，说：“我不能接待你，商君的法令规定，让人投宿而没有验明身份的，会遭受连坐之罪。”商鞅仰天哀叹道：“嗟乎，为法之弊，一至此哉。”

这则典故出现在司马迁的《史记·商君列传》中。司马公对商鞅的厌恶之情溢于言辞之间，说：“惠王把商鞅车裂了，秦国没有一个人同情他。”——“惠王车裂之，而秦人不怜。”不过，商鞅是否真的发出过“为法之弊，一至此哉”的哀叹，是值得怀疑的。因为有两点：其一，商鞅未必认为他的变法有什么弊端，就在孝公去世前5个月，商鞅还与一位叫赵良的策士侃侃而谈，以辅佐秦穆公的一代名臣五羖大夫百里奚自诩，深为自己的治秦业绩自傲；其二，秦惠公车裂了商鞅并灭其全家，然而仅至于此，并没有株连到其他大臣。他的所有主要法规都被全数继承下来，并无“除弊”之举。连司马迁也在《太史公自序》中承认，“后世遵其法”。

这意味着，商鞅身死之后，秦国在他既定的政策轨道上继续暴烈地前行。它的重农战略及国有专营体制为财政充沛提供了保障，而独有的军爵制度更是激励了军事上的野心和凶悍。此外，还有一项必须提及的是，秦国的兵工厂显然是当时七国中规模最大和技术水平最高的。

后世在挖掘兵马俑坑时发现了4万多支三棱箭，其制造水准之高让人惊诧。它们都极其规整，箭头底边宽度的平均误差只有正负0.83毫米，它们的金属配比基本相同。这就是说，数以万计的箭头是按照同一技术标准铸造而成，不论在漠北江南的哪个战场，秦军射向对手的所有箭头，都具有同样的作战质量。标准化，是现代工业的基础，它使不同的供应商生产的零部件可以组装在一起，也使大规模的生产成为可能。尽管按今天的工业标准看，这些兵器的标准化仍旧是比较粗糙和初步的，但是，在两千多年前，秦人执着于统一标准，肯定已是当时最优秀的兵器。

在某种意义上，秦的兵工厂已是一个具备了标准工业化特征的制造型企业，而且肯定是当时世界上规模最大的工厂。

根据司马迁的记载，秦军的数量在极盛之时超过百万。在同一时期的欧洲，马其顿的亚历山大大帝的军队是 5 万人左右，最为强盛时的罗马军团也不过 20 万人。为一支百万大军提供兵器，是一个可怕的任务，在多年的统一战争里，秦国的兵工厂不但规模庞大，而且形成了一套能够保证高质量、批量化生产的管理制度。在吕不韦主编的《吕氏春秋》一书中，有“物勒工名”的记载，意思是，器物的制造者要把自己的名字刻在上面。在兵马俑出土的兵器中，确实也有很多名字铭刻在上。

据此，后世学者研究推断，秦国的军工管理制度分为四级。国家的相邦是兵器生产的最高监管人；他的下边是工师，就是各兵工厂的厂长；在工师的下边是丞，类似车间主任；而亲手制作兵器的则为匠。各级人员的名字都被一一刻在每一件兵器上，于是，形成了从相邦、工师、丞到一个个工匠的金字塔式的四级管理制度，任何一个质量问题都可以通过兵器上刻的名字查到相关的责任人。秦以刑治国，动辄杀头灭族，在这种制度的保障下，产品质量显然可以得到百分之百的保证。

在战国中期之后的 100 多年里，秦国成为最主要的战争发动者。据杨宽在《战国史》中的统计：秦孝公在位 24 年，发动战争 6 次；惠公在位 27 年，发动 17 次；武王在位 4 年，发动 2 次；昭王在位 56 年，发动 48 次；庄襄王在位 3 年，发动 4 次；嬴政在位 26 年，发动战争 31 次。总计一下，从“商鞅变法”开始到完成统一大业，前后 141 年，秦人共发动战争 108 次。公元前 221 年，秦王嬴政终于统一六国，自称始皇帝，一个偏僻落后的西域小国，终而用万千白骨堆成了“千古一帝”的堂皇功业，这几乎可以被看成是“商鞅主义”的胜利。

大秦是中华大地上的第一个集权帝国。按美国历史学家威廉·弗格森的定义，“帝国是因一个国家对其他国家进行统治而形成的一种国家”。纵观人类文明史，古代历史发展的普遍规律，乃是从城邦化走向帝国化。一个神秘的现象是，在毫无任何关联的前提下，正是从公元前3世纪开始，在亚洲和欧洲几乎同时发生了完全类似的这一变化。

如果把开始于公元前360年的“商鞅变法”看成是中华帝国胚胎初成的时刻，那么，就在4年之后——公元前356年，欧洲的一个小国马其顿诞生了伟大的亚历山大大帝，在他短暂的33年生命中，南征北战，不但成为希腊联盟的共主，更是征服了波斯和埃及两大王国，建立了史上第一个横跨欧亚大陆的亚历山大帝国。早期的马其顿位于希腊北部，相比于南部实行民主共和制度的希腊人，是一个落后的城邦国家，其形势非常类似于战国时期的秦国。在这个意义上，亚历山大对希腊的征服，近似秦对六国的战胜，因此威廉·弗格森在《希腊帝国主义》一书中很有感慨地说：“拥有高度文明的古代希腊人不但没有建立一个统一的大帝国，反而被来自北方的、在许多希腊人眼中完全是蛮族的马其顿人给征服了。”[①]

在漫长的农耕年代，高度专制集权、以军事为治国优先的政权往往能够取得对外战争的胜利。这在中国历史上曾多次发生，譬如公元5世纪时匈奴对东晋王朝的战胜，公元13世纪时蒙古对宋王朝的战胜，公元17世纪时清朝对明王朝的战胜。不过同时，如果它不进行及时的变革，其统治又是极其脆弱的。亚历山大建立起来的偌大帝国在他意外身亡之后，迅速被肢解。而强大的秦帝国竟也落入同样的历史逻辑之中。

嬴政统一天下后，并没有适时地改变商鞅的政治和经济政策，国家仍然处在紧张的、高度管制的“战争机器”状态。就在统一六国的当年，秦始皇下令没收天下兵器，全部销毁，铸成12个巨大的“金人”，同时，把天下富豪统统迁徙到都城咸阳，共有12万户之多，这在以土地为最重要

---

① 参见威廉·弗格森《希腊帝国主义》，上海三联书店，2005年版。

资本的农耕年代无异于把民间财富连根拔起。[1]

当这头庞大、嗜血的战争怪物突然失去了亟待征服的“假想敌”之后，它的高消耗和低效率变得非常惊人。为了让“机器”继续运转，秦始皇只好展开移山倒海般的浩大工程，他征用 70 万人修建自己的陵墓，动用 40 余万人北筑长城，派 50 余万人南戍五岭，用 70 万人修建阿房宫。[2]同时，征用民力修建“驰道”，以首都咸阳为中心，东至齐、燕，南通吴、楚，北达九原（今内蒙古包头市附近），其路“道广五十步，三丈而树，厚筑其外，隐以金椎，树以青松”，以当时情况而言，实在不比今天的高速公路逊色。他还在西南边疆修建“五尺道”，在今天的湖南、江西、广东和广西之间修建连接各地的“新道”。

在这些基础工程中，最为后世津津乐道的无疑是万里长城。它的出现在北方划出了一条界线，自此中国成为一个“单独的大陆”——东边是整个太平洋西海岸，北边是长城，西边是沙漠与喜马拉雅山脉，南边是从海南岛到广西的亚热带丛林，这样，中国就被“设定”在一个四边形里。长城是实体性的，同时又是心理性的，在之后的两千多年里，它保证了帝国不受外来族群的侵略，即便在若干个时段内，外族成功入侵并实现了统治，可是，却从来没有一个政权冲破过“心理上的长城”，那些外来者很

① 迁徙与财富：《史记·秦始皇本纪》载，始皇二十六年，“徙天下豪富于咸阳十二万户”。在两千年国史上，多次出现强权皇帝——多数为开国之君——把富豪之家迁居到都城加以严厉监管的做法，自秦始皇之后，还有汉高祖刘邦、汉武帝刘彻“徙强宗大姓，不得族居”，隋炀帝杨广“徙天下富商大贾数万于东京”，以及明太祖朱元璋先后三次把超过 20 万户的富户迁徙到凤阳和南京，“大家富民多以逾制失道亡其宗”。以“均贫富”为口号将民间财富“清零”，是中央集权主义消灭地方经济势力的惯常做法。

② 工程与人口：据台湾历史学家管东贵计算，战国全盛时期的人口为 2 500 万人。另据复旦大学教授葛剑雄推算，西汉初年的全国人口最低数为 1 500 万人。将这两个数据互相吻合，秦始皇时期的全国人口应该在 2 000 万 ~2 200 万人左右，始皇为上述四个工程就已动用 230 万人，占全国人口的 1/9 以上。

快被汉化、被“吞噬”——最显著而成功的例子是17世纪的清政权。

如此众多的基础建设项目的投资，在中短期内几乎没有任何的经济产出，国力之消耗可以想见，同时，权力高度集中的皇权专制制度，必定深陷于自己的政权机构瘫痪和工作效率丧失。公元前210年，秦始皇在东巡途中驾崩于沙丘（今河北邢台市），中央权威迅速瓦解。第二年七月，陈胜、吴广在蕲县（今安徽宿州市）揭竿而起，天下纷乱，群雄再度蜂起逐鹿。到公元前202年，刘邦建立汉朝，定都长安（今陕西西安市）。

这是一个威名赫赫的帝国，以至于后来的华夏人民以“汉族”“汉人”自称。

嬴政即位时只有13岁，当时的相邦是吕不韦（?—公元前235年），他以“仲父”之名主掌朝政。此君原是一个商人，也是史上第一个把政治当成投机商品来经营的著名商人，他发明了一个成语——“奇货可居”，这个“货”，是指一位流落他国的秦公子。

吕不韦，跟吴起、子贡、商鞅一样，都是卫国人。他自幼随父亲在赵国都城邯郸做生意，史载“往来贩贱卖贵，家累千金”，也就是说，从事的是贸易生意，“千金”之数，与范蠡等人“亿万”相比，大抵只能算是一个中等商人。不过，吕不韦的志向很大，总想做一件“泽可以遗世”的大事。《战国策·秦策一》中记载了他与父亲的一段有趣对话，吕不韦问：“耕田的利润最高能有几倍？”父答：“十倍。”他又问：“做珠宝买卖的生意可得利几倍？”答：“百倍。”再问：“那么如果立一个国君，可得利几倍？”父答：“无数倍。”吕不韦慨然道：“每天拼命种地、做买卖，只不过多一口饭吃，我要建国立君，做惊天动地的大事。”

一个商人如何能建国立君？《史记·吕不韦列传》讲述了一个更神奇的故事。

当时，吕不韦在邯郸结识了一位落魄公子，他名叫嬴异人（后改名子楚），是秦昭王的孙子。按当时国际惯例，各国为互表信任，往往以一个王子或王孙作为人质抵押给对方，时称“质子”，异人正是一个质子。虽然是王孙出身，不过异人的地位和处境却很糟糕，他的父亲安国君有20多个儿子，他是不受宠爱的妃子夏姬所生，到赵国当人质后，秦国却仍然屡屡发动攻击，赵国上下自然百般冷落异人。他在邯郸出无车，食无鱼，成了名副其实的落魄王孙。吕不韦却决定把宝押在异人身上，说“此奇货可居”。

异人自感前途渺茫，吕不韦对他说：“你身在敌国，无依无靠，一旦秦赵交恶，你必首当其冲成为祭品。如果你肯听我的计策，我就为你回一趟秦国，必定能说服他们把你立为王位继承人。”异人听罢，急忙叩头拜谢道：“如果您的计策成功，我将与您一起共同分享秦国。”

▲吕不韦

吕不韦依约入秦。他游说的对象是安国君最宠爱的华阳夫人，华阳虽得宠，却没有生下儿子。吕不韦花重金买通了华阳的姐姐，借她之口劝说华阳：“你以色相事君，迟早失宠，更何况没有生下一男半女，异人对你的感情很深厚，不妨推举于他，你自可以一辈子有依靠。”华阳夫人深以为然，马上转身去安国君那里吹枕边风，安国君当即立异人为继承人，并刻下玉符为据。

在为异人争取到了继承人地位之后，吕不韦又做了一件很惊人而又神秘的事情。他与邯郸城里一位绝色善舞的姬女（史称赵姬）同居，使之怀上了身孕。某次，异人来吕宅喝酒，一眼迷上了赵姬，竟起身动手动脚。吕不韦先是大怒，然而又转念一想，既然已经破家投资在异人身上，不妨再加上一个筹码。于是，他就慷慨地把赵姬献给了异人。赵姬把怀孕的事情隐瞒了下来，数月后生下一子，取名嬴政，异人把赵姬立为夫人。这一年是秦昭王四十八年（公元前 259 年）。

这段故事以正史的方式明明白白地写在《史记》之中。也就是说，终司马迁那一代学者均认定，日后一统天下的秦始皇嬴政，其实是商人吕不韦所生。

嬴政两岁那年，秦以重兵猛攻邯郸，赵国很愤怒，想要惩罚异人。吕不韦连夜把赵姬母子藏匿起来，然后自带异人出逃。赵姬母子在赵国过了 6 年寄人篱下的孤苦日子。到公元前 251 年，秦昭王驾崩，安国君即位，即秦孝文王，吕不韦把赵姬母子迎回秦国。

安国君只当了一年多的国君就去世了，异人顺利即位，是为秦庄襄王。他立即拜吕不韦为相，封文信侯，将河南洛阳10万户作为他的封地。

就这样，吕不韦以十年为期，投资千金，终于如愿以偿地获得了“无数倍”的回报。仅以此而论，他无疑是千年商业史上最“成功”的商人。

庄襄王在位三年驾崩，嬴政即位，吕不韦出任相邦。从历史的记载看，吕不韦绝不仅仅是一个只懂得投机、靠讨好权贵和女人上位的商人，他确乎有经略国家的才干。嬴政登基尚是少年，若以一个人的心智成熟而论，即便是天才，要具备统筹全局、缜密思考的能力，起码应在20岁以上。也即是说，至少在7~10年的时间里，吕不韦实际管理着秦国，他以“远交近攻”的战略，为统一六国奠定基础。

吕不韦机关算尽，由邯郸城里的平凡商人成为强国的首相，并在将近10年的时间里一展足以遗世的治国才略。不过，他没有看到天下统一的一幕。秦王政十年，吕不韦被羽翼日丰的嬴政免除了相邦职务，出居河南洛阳封地。不久，嬴政复命其举家迁蜀，吕不韦恐诛，喝毒药自尽。

吕不韦死后14年，疑似他儿子的嬴政完成了统一事业。

第四章

商人的自由时代

今法律贱商人，商人已富贵矣；

尊农夫，农夫已贫贱矣。

——晁错

汉帝国初建之时，满目疮痍，国力极度羸弱，开国皇帝刘邦要出巡，居然配不齐六匹毛色一样的骏马，一些列卿大夫和诸侯，穷窘得只好以牛车代步。

国贫民穷之际，如何对待创造财富的商人就成了关键。汉初的几位皇帝，从高祖、惠帝到文帝、景帝，对商人采取了看上去很矛盾的政策。

在法律上，汉律基本沿袭了秦律，对商人继续实施蔑视和压抑的原则。天下底定后，亭长出身的刘邦对商人非常反感，在他看来，这个世界上最讨厌的人有两种，一是有文化的人（儒生），一是有钱的人（商人）。他学习秦始皇的办法，把10多万户六国贵族后裔及富豪之家统统迁徙到关中，放到自己的鼻子底下加以监管。他还颁布诏书，严令商贾不能穿丝绸的衣服，不得乘坐华丽的马车，还专门抬高针对他们的租税，以表示对他们的困辱。[①]到了他的儿子惠帝执政时，态度稍稍宽松，不过还是在税赋上采取了歧视的政策，一般人交税一份，商人和奴婢则要交两份。[②]

另外，汉初的几个皇帝还彻底关闭了商人从政的路径，甚至连他们的子孙也受到限制，所谓“禁锢不得为吏”。汉文帝规定，有三种人不能当官，分别是商贾（贾人）、入赘的女婿（赘婿）和犯过贪污之罪的官吏，理由是“贵廉洁，贱贪污”。其后的汉景帝在诏书中专门强调“有市籍不得宦”。《史记·平准书》还记载，从惠帝开始就规定，“市井之子孙亦不得仕宦为吏”。在分配田地的时候，有“市籍”的贾人也不能获得土地，如果被发现违规，马上就贬为奴婢。[③]

为了缓解财政上的困局，汉初朝廷曾经实行过“纳粟拜爵”的制度，平民只要缴纳一定数量的粮食就可以获得爵位，甚至还有“入羊为郎”的记录，就是有人牵着羊群换来一顶“郎官”官帽。可夸张的是，就在推出这一“卖官”制度的时候，朝廷竟也规定，最有可能出钱的商人不在此列。安作璋在《学史集》中便考据说：“汉朝任用官吏是把商人排斥在外的，即使是以富訾选官，也不包括商人在内。”

就在对商人实施了如此蔑视和侮辱性的政策的同时，让人惊奇的是，在实际的微观经济层面，工商业却得到了极大的解放。

司马迁在《史记·货殖列传》中有一段很重要的记录：“汉兴，海内

---

① 《史记·平准书》：“天下已平，高祖乃令贾人不得衣丝乘车，重租税以困辱之。”

② 《汉书·惠帝纪》：“汉律人出一算……唯贾人与奴婢倍算。”算是一种货币计算单位，合两百钱。

③ 《史记·平准书》：“贾人有市籍者，及其家属，皆无得籍名田，以便农。敢犯令，没入田僮。”

▲仓廪殷实

为一，开关梁，弛山泽之禁，是以富商大贾周流天下，交易之物莫不通，得其所欲。”也就是说，政府改变了自商鞅以来的全面管制政策。“开关梁”——开放关津，“弛山泽之禁”——放松对山林矿藏资源的专营，这是两大非常重要的政策变动，前者减少了地区之间的物流成本，终汉一代，从此没有再设关征税，统一市场的优势得以展现，后者则把利益最大的资源性产业向民间开放，这两大政策的推出，直接导致物流交易的活跃和工商业的繁荣。

在放松工商的同时，朝廷对农业则采取了“轻徭薄赋”“与民休息”的政策。文帝前后两次“除田租税之半”，租率最终减为三十税一，一度甚至还全免田租，长达12年之久，这是中国历史上仅有的一次。[1]同时，对周边敌对国家也不轻易出兵，尽量“委曲求全”，通过和亲维持和平，以免耗损国力。

这样的宽松政策——可以说是“休养生息”，也可以说是“放任自

① 田租：在春秋战国时期，征收百分之十的田租被认为是“德政”的标志，孟子就曾说：“什一而税，王者之政。”

流”——实行了70年，主要是在文帝和景帝时期，史称“文景之治”。《史记·平准书》说，汉兴70年间，民间和国库都非常肥腴，国家储备的钱财以亿计，用以串钱的绳子都朽掉了，中央粮仓里的粮食多得更是陈谷叠陈谷，“至腐败不可食”，这当然是前所未见的盛世了。①

与此同时，商人阶层也崛起为一个强大的势力。李剑农在《先秦两汉经济史稿》中认定，“汉初实为中国商人第一次获得自由发展之安定时期也”。从各种史料见，当时大商人主要集中在四个产业之中，分别是盐铁业、流通业、种植/养殖业和金融业。

盐铁的利益之大，早在管仲时期就已经显现，现在将之开放给民间，当然催生巨富。司马迁在《货殖列传》中列举了西汉初期的21位富豪——他称之为“贤人所以富者”，其中，单独列出、比较详细地记载其事迹的有8位，前4个竟都是冶铁业者。②

第一位是四川地区的卓氏。他原本是赵国人，世代靠冶铁致富，秦灭赵国后，卓氏一族被洗劫一空，只剩下夫妻两人，推着一辆小板车流放他乡。同行的流放俘虏中，稍微有点积蓄的都争着贿赂押解的官兵，希望能安排到距离赵国稍近的葭萌关一带（今四川广元县），只有卓氏说：“此地狭小贫瘠，我听说汶山（即岷山）之下，土地肥沃，地里长满芋类，一辈子不至于挨饿。那里的人们喜欢到集市上做事，喜欢做买卖。”于是要求迁得远一些。押解的官兵就把他们安排到了临邛（今四川邛崃），卓氏到了那里后，就着当地的铁矿资源大搞冶炼铸造，运筹经营，把产品销往滇、蜀各地，不久就富甲天下，家里的奴仆多达千人。他们大起田池，射

① 《史记·平准书》：“民则人给家足，都鄙禀庾皆满，而府库余货财。京师之钱累巨万，贯朽而不可校。太仓之粟陈陈相因，充溢露积于外，至腐败不可食。”

② 司马迁与商人：司马迁对商人的开明态度一直被后世史家所诟病。在《史记》中，他将《货殖列传》排在算卦和看相的《日者列传》《龟策列传》之后，为全书之“末传”，可是仍然为人所不满，东汉史家班彪、班固父子便认为司马迁替商贾立传是“轻仁义而羞贫穷”，“崇势利而羞贱贫”。

猎为乐，享乐可比王君。[1]

排在第二位的富豪叫程郑，竟也是在临邛致富的。他是从山东流迁过去的俘虏，与卓氏一样从事冶铸，销售到西南的夷族地区，富裕程度可与卓氏一拼。

第三个冶铁富豪是孔氏。他是魏国大梁人，秦灭魏后，把孔氏流迁到南阳，他就在这里冶铁铸造，修建池塘堤堰。致富之后，孔氏还投身长途贩卖业，带着成队车马，往来于各诸侯国之间，各国由于他的商业活动而受益，人们称呼他为“游闲公子”。他花钱如流水，赚的却比花掉的要多得多，家里累积的钱财达数千金。南阳一带的生意人都以效仿他的雍容大方为时尚。

第四个富豪是鲁国的曹邴氏，他以炼铁起家，“富至巨万”。跟出手阔绰的孔氏不同，鲁国人生来就节俭吝啬，曹邴氏定有家规，“俯有拾，仰有取”，他还从事高利贷，足迹行遍各地。鲁国一带的人受其影响，大都抛弃学术而追逐财利。[2]

除了上述四位钢铁富豪之外，排在第五位的就是齐国的大盐商刀闲。齐国是东方的商业大国，以沸煮海盐闻名天下，刀闲的致富策略是敢于雇用最多的劳力。一向富足的齐人对奴隶非常轻贱，认为这些人刁悍狡猾，而刀闲则大量地收留他们，让他们去打鱼晒盐，然后带着这些人四处贩卖食盐等货物，结交各地的官吏，终于累积起数千万的财富。那些跟着刀闲的流民也都富裕了起来，因此当地流传民谚曰“宁爵毋刀”，意思是“难道非要去做官吗？还不如去给刀闲当豪奴”。另据史料记载，除了刀闲，当时还有两个有名的大盐商，一个是山东的东郭咸阳，以海盐为业，另一个是山西的罗氏，从事的是池盐业（“擅盐井之利”）。

---

① 卓文君：卓家名声流传后世，靠的是私奔的卓文君，她与汉初才子司马相如自由恋爱，男卖酒，女当垆，传为佳话，事见《史记·司马相如列传》。

② 秦统一六国前，赵国邯郸有一位靠铁冶成巨富的大商人郭纵，《史记·货殖列传》载，“邯郸郭纵以铁冶成业，与王者埒富”。

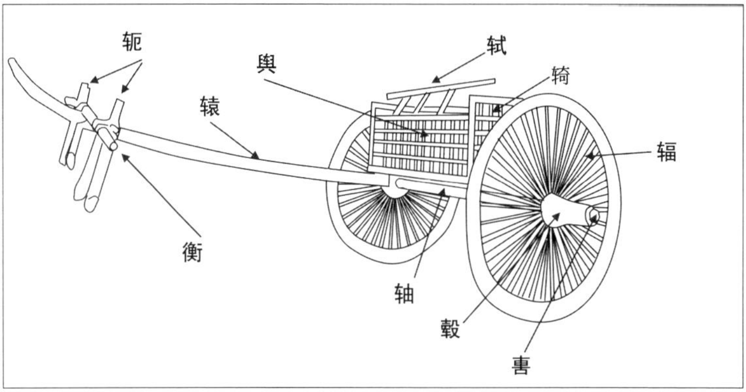

▲汉代车结构

盐铁之外，第二大致富产业是流通业。

中国地域广大，各地特产繁多，流通之利不可小视。司马迁记载，当时的大运输商拥有上百乘马车，上千辆牛车，有的还有大型船舶，“船长千丈，车百乘，牛车千辆”。其中最出名的是洛阳的师史。他家共计有上百辆运输车辆，在各郡国周游经商，足迹无所不至。洛阳地处齐、楚、秦、赵几个国家的中间地带，四通八达，商风盛行，师史积累的财富达七千万之多。

第三大致富产业是种植 / 养殖业，司马迁列举了两个商人，分别是任氏和桥姚。

任氏的祖先曾做过看管粮仓的小官，秦朝败亡时，各路豪杰争着抢夺府库里的金玉，而任氏则独独挖窖储藏粮食。后来，楚汉两军对峙，老百姓无法耕种田地，米价涨到每石一万钱，于是，豪杰们抢去的金玉都归到任氏手上，他因此暴富。任氏致富后，并没有奢侈享受，他仍然从事农业和畜养业，还立下家规，“不是自家种的养的东西，不穿不吃；公事没有做完，不得饮酒吃肉”。因此，任氏富足了几代，被邻里视为表率，连皇帝也对他颇为器重。

桥姚则是在边陲地区致富的商人，他养马千匹，牛两千头，羊上万只，家中粮食以万钟计算。其发迹故事与向范蠡求教的猗顿有点类似。

第四大致富产业是铸钱业。

汉初允许民间铸钱，不过铸钱需有铜矿资源，所以，非王侯官家背景不可得。当时最大的两个铸钱商，一是吴王刘濞，他是刘邦的侄子，被封于现今的江苏、浙江一带，此地有丰富的铜山，可以开采铸钱。另外一个是叫邓通的“黄头郎”。

邓通出身平民家庭，少年时被征召入宫，在未央宫里当一个划游船的“黄头郎”。据传，有一次汉文帝做梦，梦见自己怎么努力也登不上天，正着急之际，来了一个貌若美玉的黄发少年，助他一臂之力，顺利地登上了天。第二日，文帝游船，陡见头缠黄巾的邓通，便认定他是自己的“登天贵人”，从此百般宠幸，官至上大夫。汉初诸帝都有同性恋的癖好，所以又有记载邓通与文帝有“断袖之交”。某次，一位善于看相的术士说邓通“当贫饿死”，文帝不以为然，说“我就能让邓通富贵，怎么可能贫穷呢”，于是，把蜀郡的严道铜山（今四川省荥经县宝子山）赐给他，准许其自行铸钱。邓通铸钱很注重质量，其钱币光泽亮、分量足、厚薄匀、质地纯，深得民众喜爱。当时，吴王钱以发行量大占优势，邓通钱则以质地优良取胜，两币流通全国，有“吴币、邓钱布天下”之谓，邓通因此成为当时最著名的官商巨富，日后，“邓通钱”甚至成了货币的代名词。①

除了上述四大产业中的超级富商之外，司马迁还十分简略地——仅以十来个字——列举了当时另外一些有名的商人，从记录中可以看到他们所从事的产业。比如，秦杨，以从事粮食生产而成为一州首富；田叔，靠掘墓的勾当也成了富豪，在今天大抵算是文物贩卖业；桓发，从事的是“博戏”，就是今天的博彩业；雍乐，靠走街串巷的零售成了富足之家；雍伯，贩卖的是女人用的胭脂水粉，在今天就是化妆品业；张氏，靠卖“水浆”

① 邓通之死：文帝崩逝后，景帝即位，邓通随即被免官抄产，最后真的饿死家中，应验了术士的那个黑色预言。

成了千万级的富豪，在今天就是饮料业；郅氏，生产和贩卖的是“洒削”，抢剪子和磨刀，类似今天的小五金；浊式，买卖的是猪羊杂碎制品，因此致富，这是今天的肉类食品业；张里，从事的是医治马匹的生意，类似今天的兽医业。

这些人致富的秘诀是什么呢？司马迁一言以蔽之曰，“此皆诚壹之所致”。就是专心一事，专业经营所带来的。这是商业成功的不朽之理。

细想司马迁的这份“西汉富豪榜”，是很可以再三玩味的。他所记录的当时的富豪不过区区 21 人，以当时信息传播的落后，能够进入宫廷史家耳中的名字，必已是天下闻名之人。

从这 20 多位富豪所从事的产业可以得出两个结论：其一，在有汉一代，能源业、流通业和金融业就已成最具赢利性的重要产业，这一特征迄今未改；其二，在商人阶层已经出现专业化经营的萌芽，“富豪榜”中有不少人从事的是薄利多销的手工制造业。譬如贩卖胭脂水粉、贩售“水浆”以及抢剪子和磨刀等，如果没有相当的规模化生产以及广泛的销售能力，是不可能积累巨额财富的。然而，雍伯、郅氏等人竟能够因此成为一代富豪，并被写进《货殖列传》，这自然是十分让人好奇的。由于史料的缺乏，我们已经无法确切地知道这些人的产业究竟做到了多大，以及如何做到那么大的，这些都已经成了无法解开的历史之谜。

司马迁在记录这些富商故事的同时，也在字里行间表述了自己对财富和商业规律的理解，这可以被看成是汉初思想界的某种共识：

“富者，人之情性，所不学而俱欲者也。”——逐利求富是人之常情，社会上各种人物都是围绕物质利益而奔波忙碌。司马迁承认人们追求财富的正当性。

“富好行其德者也。”——一个人富足了，便喜欢行善事、留好名，这与后世流行的“为富不仁”观念有很大的出入。

“凡编户之民，富相什则卑下之，伯则畏惮之，千则役，万则仆，物之理也。”——贫穷的人对比自己有钱的他人一定要有所敬畏，更甚而乐于成为他们的属下。

“是以无财作力，少有斗智，既饶争时，此其大经也。”——如果一文不名，就要靠体力劳动来养活自己，有一点积累之后，就要动用脑筋，把握商机，靠智力致富，这是追求利益的根本方法。

“贪贾三之，廉贾五之……佗杂业不中什二，则非吾财也。”——为眼前的利益而奔波的商人可获得百分之三十的利润，不贪图小利且有长远眼光的商人可以得到五成利益。在一个行业中，如果不能得到两成的利益，便称不上是有才华的人。

除了上述的财富观之外，司马迁还对商业经营的规律提出了较系统的看法，将他的三段论述连缀起来，可以读出很多普世的理念。

首先，他把天下的财富分成三大类——本富、末富和奸富。其中，本富就是靠农耕致富，末富就是以工商致富，奸富就是通过不正当的手段致富，它们有上、中、下之分，所谓“本富为上，末富次之，奸富最下”。

其次，他又说，“用贫求富，农不如工，工不如商，刺绣文不如移市门”。也就是说，一个人想要由贫入富，从事农业不如去从事制造业，而从事制造业又不如去从事流通业，刺绣织绢所获得报酬不如在市场上贩卖绢布所得到的多。这表明在汉初，流通业的利润大于制造业，而制造业又高于农业。这恐怕也是古往今来共同的财富累积法则。

▲汉代纺织作坊

最后，司马迁又

试图回答一个问题：一个人或一个家庭要持续地保有财富，那又应该怎么办呢？他的答案是——“去就与时俯仰，获其赢利，以末汇财，用本守之。”翻译过来就是：请到商海中去尽情扑腾，贱买贵卖，大把赚钱，然后回头去买房子和田地，用房子和田地把赚来的钱牢牢守住。

司马迁的这些带有递进性的论述，非常朴素而且富有辩证法的气质，即便在后农耕时代的今天，仍然很难以“落后”来概言之。

他意识到了工商产业的高盈利特征，同时也发现其中的不确定性。他对土地价值的“终极认同”，表明在很早的时候，中国人已经将土地视为一种“类货币”，李剑农在《先秦两汉经济史稿》中说，“司马迁之观念如是，秦汉间大多数人士之观念亦如是，甚至于由秦汉以至于今日，中国大多数人之理念，尚未能大异于是也。因此一切士农工商的活动，最后以取得大量土地而成富为目的”。当然，进入明清之后，中国的工商业者仍然将产业资本偏执地投注于土地，还有另外的、制度上的原因，这将是我们在本书持续研讨的课题。

所有的危机都是在繁荣的土壤上萌芽起来的。

对一个“家天下”的帝国而言，民众富足及国库充裕，是一件值得庆幸之事，但同时却也可能是另外一些危机的导火线。就在“文景之治”期间，各种新的矛盾已然呈现。

首先是中央集权出现旁落的迹象。刘邦兴汉之后，实行的是分封制，众多同姓和功臣裂地建国。当放任自流的经济政策推出之后，地方诸侯利用各自的资源优势，迅速形成了强大的势力。其中烈焰最盛者就是吴王刘濞，他不但拥有庞大的铸钱产业，而且吴地靠近东海，既有丰富的铁矿，也是海盐的盛产地，盐、钱、铁三业，让刘濞富甲宇内，他结交各国，逐渐成为一股足以与中央分庭抗礼的地方权贵力量。

除了诸侯兴起之外，商人势力也越来越大。铸铁、煮盐需要大量的人力，动辄千人以上，且聚居于偏远的深山之中或滨海之地，这是一股很难控制的民间力量。铁可以铸成兵器，盐可以获得暴利，人可以转为兵士，另外，从事流通业的富豪有众多的车辆，它们也可以被迅速地改装成战车，因此“豪强大家”就出现了。《史记·平准书》中甚至有富商大贾横行天下、各地诸侯“低首仰给”的记载。鉴于此景，司马迁给这些商人起了一个称号——“素封”，他写道：“当今那些没有官爵和封邑之地的人，却可以在享乐上与权贵相同，这就是素封。”[1]

更可怕的是，权贵与商人似乎正在结成交易同盟，并极大地败坏吏治。《史记·货殖列传》中的刀闲、南阳孔氏等人都“连车骑，交守相”，与地方诸侯互动频繁。汉朝虽然有禁止官吏经商的法令，可是执行得并不严厉，因此在众多的史书中都有官员与商人勾结、牟取利益的记载。

就这样，地方诸侯与商贾豪强傍比而起，让长安城里的最高统治者不寒而栗。**在皇权体制下，中央集权与地方分权从来是一对很难均衡的矛盾，甚至可以说是非此即彼，不可调和。当中央把权力集于一身的时候，政权可保稳定，但是就会造成地方创新的不足，财富阶层受到国有资本集团的重大压迫，整个社会处在低效率运行的状态之中。而当权力从中央下放到地方的时候，就会出现截然不同的景象，地方力量和财富阶层将变得十分活跃，经济可获得大发展，然而，中央的政治权威及财政收入会被大大削弱，离心离德和“以邻为壑”的诸侯经济将大行其道，此外还将出现严重的贫富分化。因此，如何均衡集权与放权，做出适当的制度安排，成了统治中国的首要课题，历代政权往往踯躅于此，兴盛或衰落也由此而生。此景，两千年以降未曾稍改。**

文景时期，有两位雄辩的政论家先后对当时的“分权过度”提出了担忧和对策，他们是贾谊和晁错。

贾谊（公元前200—前168年）是汉初第一个提出重新回归中央集权

---

① 《史记·平准书》：“富商大贾或蹛财役贫，转毂百数，废居居邑，封君皆低首仰给。”《史记·货殖列传》：“今有无秩禄之奉，爵邑之人，而乐与之比者，命曰‘素封’”。

模式和重农政策的人。他才华横溢，文笔华丽，议论深远，所写的《过秦论》和《治安策》脍炙人口，在当时就被视为思想重镇，《汉书》作者刘歆评价说，“在汉之儒，唯贾生而已”。针对中央集权旁落的景象，贾谊在《治安策》中给出了“众建诸侯而少其力”的方针，也就是“分而治之”，在原有的诸侯王的封地上分封更多的诸侯，从而分散削弱他们的力量。对于商人经济力量的膨胀，他也提出了自己的担忧，他写道：当今皇帝穿的衣服不过是普通的黑色丝织品，而富民的墙上竟挂上了文绣；皇后装饰衣领的东西，富人的婢妾们却用来缝鞋边。商人富民这样穷极奢侈，后果是严重的：100 人做衣服还不够他们一人穿，想全国人不受寒挨冻，怎么可能呢？一人耕田，十人聚食，想全国人不挨饥受饿，是不可能的，饥寒迫使老百姓痛苦不堪，想使他们不造反是办不到的……这些富人大商习俗奢侈，太不尊重国家制度，太冒犯皇帝的尊严，但献计的人还说“毋为”，不要改革，这真是可以长叹息的事。

那么，如果把地方的政治和经济力量都打压下去之后，国家将如何治理呢？贾谊的对策是，在政治上，实施儒家所倡导的“仁义之道”。他在著名的《过秦论》中评论说，秦始皇“身死人手，为天下笑者，何也？仁义不施而攻守之势异也”。

在经济上，则是重新回到“重农”的道路上去。贾谊在《论积贮疏》中写道：“农业兴旺，才是治理天下的正道。粮食多了，有什么做不成的？只要让老百姓全都去务农，都以此为本，天下人各食其力，那些从事商业的人都转而去种地，家畜多而粮食足。这样是可以富安天下的，可惜皇帝还犹豫着不肯实施，多可惜。”①

贾谊 33 岁时就去世了，与他同龄的晁错（公元前 200—前 154 年）

① 《论积贮疏》：“夫积贮者，天下之大命也。苟粟多而财有余，何为而不成？……今殴民而归之农，皆著于本；使天下各食其力，末技游食之民，转而缘南亩，则畜积足而人乐其所矣。可以为富安天下，而直为此廪廪也，窃为陛下惜之。”

继续倡导这一路线。

与书生论政的贾谊不同，晁错深得景帝信任，被任命为御史大夫（副丞相），位列三公，对政策影响重大。[①]他对当时商人崛起的现象提出了更猛烈的抨击，说："现在法律上虽然轻贱商人，可是他们其实已经富贵起来了，口头上尊崇农业，其实农民已经变得贫贱……商人们因为富厚，就结交王侯，势力比官府还要大，靠着利益的关系权倾一时。"[②]

对于地方诸侯的坐大，晁错比贾谊更为激进，直接提出了"削藩"的主张，即取消王侯封建。公元前155年（景帝二年），晁错上呈《削藩策》，主张对犯罪有过错的诸侯王，削去他们的支郡，只保留一个郡的封地，其余郡县都收归朝廷直辖，其论述矛头首先指向势力最大的吴王刘濞。景帝采纳晁错的献策，先后削夺赵王的常山郡、胶西王的六个县、楚王的东海郡和薛郡、吴王的豫章郡和会稽郡。

第二年正月，吴王会同胶西王、赵王、楚王等七王打出"诛晁错，清君侧"的旗号，群起叛乱。景帝为了平息众怒，被迫腰斩晁错于西安东市。可是，吴王等人不善罢甘休，继续挺兵，终成"七国之乱"。

在名将窦婴和周亚夫的指挥下，朝廷镇压叛乱，前后只用了三个月的时间。在这一过程中，又戏剧性地发生了一个与商人有关的插曲。

朝廷的军队出征之时，居住在长安城中的一些"列侯封君"，为了表明自己忠于中央政权，也纷纷请求带领亲兵随军出征。可是，他们的领地多数都在关东，而长安却在关中（函谷关以西）地区，一时难以置备齐足够的车马、武器乃至盔甲等军用物资，急需筹措金钱去购买，为此，他们只好向长安城中的高利贷商人——时称"子钱家"——借贷。不想，那些人都推说自己手中没有现钱。因为当时七王气焰方张，战局如何发展，一

---

① 三公：汉政府的最高官员是丞相、太尉、御史大夫，分别掌管行政、军事和监察。

② 《汉书·食货志》："今法律贱商人，商人已富贵矣；尊农夫，农夫已贫贱矣……因其富厚，交通王侯，力过吏势，以利相倾。"

时尚难判断。只有一位叫无盐氏的商人拿出千金贷给那些“列侯封君”，年利息高达十倍。不料仗只打了三个月就结束了，无盐氏因此获利最大，成为关中巨富。

无盐氏发战争财的故事十分传奇，在世界商业史上，可以与19世纪欧洲的罗斯柴尔德家族相参照，后者在1815年的滑铁卢战役中，因准确预测了拿破仑的失败而获得大利。[①] 从无盐氏的故事中，也呈现出当时真实的政商情景。其一，商人的财势已经超过很多权贵，成为一股可以与政府博弈的社会力量；其二，众多长安高利贷者在国家危难之际不肯出贷，无疑让治国者感到商人阶层的不忠和威胁，连司马迁也指责他们“不佐国家之急”。

“七国之乱”平定的13年后，公元前141年，汉景帝驾崩，16岁的刘彻（公元前156—前87年）登基，是为汉武帝。他当政54年，一改前朝的休养生息政策，文治武功，把帝国拉回到高度中央集权的轨道之上，汉朝成为当时世界上最强大的国家。

武帝登基之后，血气方刚，在内政和外交上均采取了极其强硬的政策。

对内，他采纳了贾谊曾经提出的主张，颁布《推恩令》，强行要求诸侯分封诸子为侯，使其封地不得不自我缩减，同时，朝廷向各地委派主管行政和监察工作的刺史，由此空前加强了中央集权。在思想上，他接受大儒董仲舒的建议，提出“罢黜百家，独尊儒术”，让儒学成为唯一的正统思想，延续了700年的百花齐放景象到此戛然而止。

中央集权必“统一”国民思想，不过手段各有巧妙，史学家顾颉刚曾比较秦始皇与汉武帝的不同办法：“秦始皇的统一思想是不要人民读书，

---

① 罗斯柴尔德的故事可参阅尼尔·弗格森《罗斯柴尔德家族》，中信出版社，2009年版。

他的手段是刑罚的制裁；汉武帝的统一思想是要人民只读一种书，他的手段是利禄的引诱。结果，秦始皇失败了，汉武帝成功了。”[①]

对外，武帝则攻伐四野。他不再采取与匈奴的和亲政策，派卫青和霍去病与之常年作战，夺回河套和河西走廊地区，大大扩张了西域版图。在东北方，他派兵灭卫氏朝鲜（今朝鲜北部），置乐浪等四郡；在南方，则使夜郎、南越政权归附汉朝，在西南先后设立了七个郡。汉帝国版图至此基本成形。在大动兵戈的同时，他还大规模地兴修水利和修筑道路。

就这样，在20余年的时间里，汉武帝“外事四夷，内兴功利，役费并兴”，硬是把文景两帝留下来的充沛国库消耗一空，史载“兵连而不解，天下共其劳”，“费以亿计，县官大空”。

公元前121年，也就是武帝登基的第20年，卫青、霍去病带兵深入大漠，大败匈奴主力，取得对匈战争的最大胜利，浑邪王率四万之众归附大汉，举国上下为之大振。不过从经济的角度来说，中央财政却出现了“用度不足”的危急情况。针对这一状况，为了补充中央收入，汉武帝开始推出一系列强硬的国营化经济政策，而具体操盘执行的，是一个叫桑弘羊（公元前152—前80年）的商人之子。

① 参见顾颉刚《汉代学术史略》，东方出版社，2005年版。

第五章

帝国的逻辑

朕即位以来，所为狂悖，使天下愁苦，不可追悔。
自今事有伤害百姓，靡费天下者，悉罢之。

——汉武帝《轮台罪己诏》

在后世，桑弘羊是一个评价极端两极化的人物，有人赞之为“兴利之臣”，是中国历史上最杰出的理财大师，也有人斥之为“乱国酷吏”，连提到他的名字都会口臭三日。

桑弘羊出生于洛阳城里的一个商人家庭，自幼善于心算，是一个算术天才。考据者认为，他 13 岁时靠“入粟补官”的办法，进皇宫充当侍中，此后 60 多年间，一直身处内廷之中，从未须臾离开，几乎参与了汉武帝时期的所有经济决策。正是在汉武帝和他的共同谋略之下，中国从此形成了一套完备的、基于中央集权之上的经济治理模式。桑弘羊的经济思想与管仲、商鞅等人一脉相承，所不同的是，管、商两人治理的齐、秦都不过是人口数百万的诸侯之国，桑弘羊操盘的则是一个空前的帝国——武帝时全国人口已达 5 000 万，其难度显然更大，情况也更为复杂，所以他的经济思想显得更加系统，制度安排更加缜密。

自武帝亲政之后，国家支出大幅增加，要解决财政问题，势必增加税赋收入，可是当时农民的赋税徭役已非常沉重，据《汉仪注》和《盐铁论》的记载，从 10 多岁的少年到 60 多岁的老人都必须服役，已到了无以复加的地步。所以，必须另思新途，既不增加农民负担，又能提高国家收入能力，于是，通过实行国营化政策以获取专营收入，成了必然之选择。[①]总体而言，武帝和桑弘羊从产业、流通、税收和货币四个方面，推行了严密的整体配套体制改革，打造出一个高效、严酷的国营经济体系。

就产业改革而言，首要之举，当然就是从利益最为丰厚的地方切割下去，于是，三个最重要的制造业——铸钱、煮盐和冶铁相继被国营化。

为了改变私人铸钱的现状，汉武帝从登基的第一年起，就进行了币值改革，在执政期间先后改了六次。公元前 119 年，颁布“盗铸金钱者死罪令”，从此杜绝了民间铸钱的陈俗。第二年，废旧币，改铸五铢钱，这种小铜钱外圆内方，象征着天地乾坤，在下面用篆字铸出“五铢”二字，从而奠定了中国铜钱的孔方格式。五铢钱形制规整，重量标准，铸造精良，前后沿用了 740 年，直到唐代才被废止，是中国历史上铸行数量最多、时间最长，也最为成功的长寿钱，后世便把金钱俗称为“孔方兄”。

与杜绝民间铸钱相比，对盐铁两业的国营化回收，难度要大得多。历 70 年的“文景之治”，民间在盐铁两业所集聚的财富已经非常庞大，并且结成了盘根错节的利益关系，如何将之收归国有，是一个很有技巧的事情。汉武帝想出的办法十分高妙，他发出了一张特别的委任令：任命两位大商人——大盐商东郭咸阳和大冶铁商孔仅——为大农盐铁丞，主管全国

---

① 《汉仪注》：“年五十六衰老，乃得免为庶民，就田里。”《盐铁论 · 未通》：“今五十已上至六十，与子孙服挽输，并给徭役。”

的盐铁官营事务，内廷出身的桑弘羊协助他们的工作。

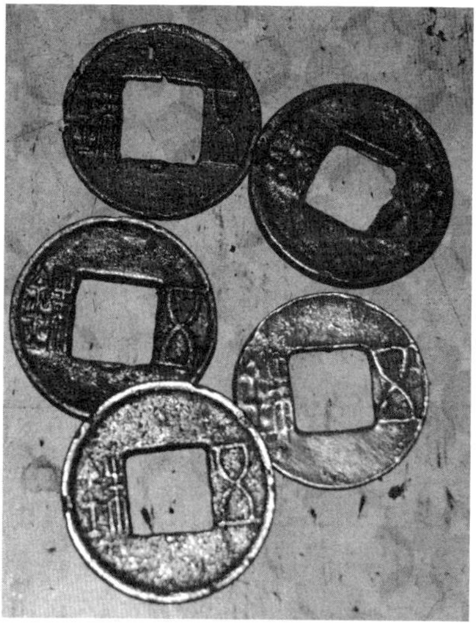

▲西汉时期的古钱币——五铢钱

这一任命颇有“以商治商”的意味。东郭咸阳和孔仅深谙盐铁牟利的奥妙所在，自可以提出精准的策略。公元前117年，两位大农盐铁丞上呈了具体的方案。在盐业上，实行的是管仲当年用过的办法：招募民众煮盐，而由官府专卖。民众向官府申请注册成盐户，煮盐费用全部由盐户负担，官府提供煮盐的铁锅——“牢盆”，煮成之盐完全由官府收购。铁业，则完全由官府彻底垄断，按规定，凡产铁的郡里均设置铁官，即便是不产铁的郡里也要在县一级设置小铁官，铁的冶炼和铁器的制作与销售，一律由铁官负责。这一法令颁布后，民间不得再擅自煮盐冶铁，更不得私自贩卖，违令者，要在左脚上戴六斤重的铁锁，并没收其器物。

这一法令中特别值得提出的是铁业的国营垄断政策。它与管仲当年的办法有所不同，政府不但垄断了销售和定价权，更直接进入了制造的环节。真正意义上的国营企业其实是从这里开始的。[①]

东郭咸阳和孔仅提出的专营政策，在当时的朝廷之上引起了巨大的争议，反对之声喧嚣而起，几乎到了不绝于耳的地步，所谓“沮事之议，不

① 国营企业：早在殷周时期，就出现了国营的青铜和铁器作坊，然而其产品是为贵族服务，与民生关系不大，商鞅的国营化则纯为军备考虑，武帝时期的情况已全然不同。

可胜听”。但汉武帝力排众议，批准此案。其后三年，政策的成效就呈现了出来，武帝南征两粤，并平定四川一带的民众叛乱，花费大量军饷，靠的全是盐铁专营提供的收入。[①] 也因此，孔仅任职不到三年就被提升为主管全国财政事务的大农令，东郭咸阳的名字在史书中不再出现，很可能已因病去世。

然而接下来就出现了新的情况。在实施盐铁专营的过程中，孔仅等人利用主持之便，在制造和专卖环节上安插了自己的亲信，上下其手，从中牟利，出现了吏治混乱的局面，各地的盐铁官不是通过选拔任命的，大多由商人出任。[②] 国营经济的官商化及权贵化特征似乎是与生俱来的。同时，国营化的低效率和低质量弊端也清晰地呈现了出来，各地铁官监造出来的铁器质量低劣，而且非常昂贵，还强令民众购买，导致怨声载道。

武帝很不高兴，就断然把孔仅撤换掉了。接替孔仅的两任官员——客和张成，都不能让武帝满意。公元前 110 年，45 岁的桑弘羊升任治粟都尉兼领大农令。

从青年时期就在武帝身边行走的桑弘羊成了专营政策最忠实的执行者。在出任大农令之后，他增设大农部丞数十人，对郡国盐铁官分别予以整顿，并增加了设置盐铁官的地区，使得帝国之内的盐业管理机构达到 35 处，铁业管理机构则多达 48 处。这一管理体系日后不断修补、完善，一直运转了 1 000 多年。

在桑弘羊的治理下，盐铁专营的成效非常之大，起到了生产规模迅速扩大、技术出现重大突破、中央财政收入大大提高以及沉重打击了地方势力等多重效用。

首先，在政府投资的驱动下，生产规模得到了空前的放大——这是所有国营事业的共通之处。许慎的《说文解字·盐》中描述，“河东盐池，袤

---

① 《汉书·食货志》：“费皆仰大农。大农以均输调盐铁助赋，故能澹之。”

② 《史记·平准书》：“吏道益杂，不选，而多贾人矣。”

五十一里，广七里，周百六十里”。这当然是非常大的规模了，非私人事业所能及。据当代史家陈直等人的研究，汉初从事冶铁业的人员起码在5万人以上，每处铁官则平均多达1 000人，在官营之前，国内最大的私营铁器商的人员规模亦不过如此。据南阳瓦房庄汉代冶铁遗址的发掘，其总面积达到了12万平方米，在3 000平方米的已发掘区域，就找到了三个铸造区和一个炼钢锻造区，发现熔铁炉7座、炒钢炉数座，还有烘范窑残迹和大量耐火砖、铁渣等等。

在主持专营事务的过程中，桑弘羊已经非常清晰地意识到，由政府投资的国营事业在规模化生产上比私人企业大很多，他说：“政府把工匠召集起来开展生产，要钱有钱，要器具有器具。如果让私人来经营，难免格局不大，产品质量参差不齐，现在由政府统管盐铁事务，统一用途，平衡价格，官员们设立制度，工匠们各尽其职，自然就能生产出上好的商品来。”[①] 在经济思想史上，这是第一段论述规模化生产优势的文字。

因为有了规模化的经营，西汉的冶铁技术也得到了极大的改进和推广。杨宽在《中国古代冶铁技术发展史》一书中对此有详尽的描述，比如铸铁柔化处理技术和炼钢技术，在西汉初年还很不普及，但官营冶铁后却得到了迅速推广，工艺也更为成熟。在当时的世界范围内，汉人的铁器制造技术是最为高超

▲汉代弓弩

① 《盐铁论·水旱》：“卒徒工匠，以县官日作公事，财用饶，器用备。家人合会，褊于日而勤于用，铁力不销炼，坚柔不和，故有司请总盐、铁，一其用，平其贾，以便百姓公私，虽虞、夏之为治，不易于此。吏明其教，工致其事，则刚柔和，器用便。”

的，远非周边少数民族可以相比拟。《汉书》记载，匈奴与汉军作战，需要用五人才能抵挡一个汉军，主要的原因正是前者在铁制兵器上的技术落后。[①]汉武帝之所以能够开疆拓土，无往不利，这也是重要的原因之一。

盐铁专营对国家财政收入的贡献当然是最大的。据计算，当时每户每月平均所需食盐在三升左右，以全国人口5 000万计，是一个庞大而稳定的需求市场。宋元之际的史学家胡三省在注《资治通鉴》时认为，汉武帝时期，中央政府在盐业专营上的获利非常之大，估计占到了财政收入的一半。自此，朝廷又出现了“用饶足”的景象。[②]

盐铁专营的最后一个成效，则是全面地打击了地方割据力量，在经济上大大保障了中央集权的重新形成。在管仲、商鞅之时，实施专营的目的只是为了增加收入，提振国力，而到武帝时期，则显然不仅于此。盐铁专营后，拥有上千人规模的私营生产企业不复存在，商贾豪强的隐患去除大半，而地方诸侯则被剥夺了最大的收入来源，与中央对抗的力量自然锐减。《史记·酷吏列传》中记载了一则故事，赵国的冶铁业很发达，赵王多次投诉中央委派下来的铁官，张汤把他顶了回去，致使赵王对他颇是怨恨。[③]这便是地方诸侯与中央争夺冶铁权的一个佐证。坚决执行专营政策的桑弘羊也自觉意识到了这一点，他说：“由中央政府把盐铁专营起来，不仅仅是为了利益，还为了重归农本政策，抑制商人，拆散朋党，杜绝兼并之路。”[④]

---

① 《汉书·陈汤传》：“夫胡兵五而当汉一，何者？兵刃朴钝，弓弩不利。”

② 《资治通鉴》胡三省注：“盐之为利厚矣……汉武之世，斡之以佐军兴……其利居天下税入之半。”

③ 《史记·酷吏列传》：“赵国以冶铸为业，王数讼铁官事，汤常排赵王……赵王怨之。”

④ 《盐铁论·复古》：“令意总一盐、铁，非独为利入也，将以建本抑末，离朋党，禁淫侈，绝并兼之路也。”

除了控制仕最为关键的盐铁产业之外，桑弘羊还创造性地对另外一个高盈利性产业——流通产业进行了国有化改造，其手段有二：一曰“均输”，就是统购统销；一曰“平准”，就是物价管制。

根据汉律，郡国都必须向朝廷贡纳当地的土特产，由于交通不便，这些贡品的运输成本很高，而且采购、保存十分繁杂，甚至存在各地商贾乘机哄抬物价的情况。桑弘羊就提出了均输的办法，规定所有贡品均按照当地市价，由政府统一采购，然后由官办的运输机构再运往其他不出产此类物品的地区高价出售。桑弘羊在大农丞之下设立均输令，各地设均输官，建立起一个由中央统一管理的国营商业网络。[①]

在大力推广均输法的同时，桑弘羊配套采取了一项新的物价管理措施，是为平准法。就是由国家来控制全国的物资和买卖，以平衡物价，它与均输相辅相成，成为中央政府控制市场、从流通领域获取利益的重要工具。史家吴慧在《中国商业通史》中具体解读说：平准是“坐贾”的性质，是在物价波动时调节商品的贵贱，购销差价较小；均输是“行商”性质，在地区之间调剂物资余缺，较大的地区差价是其获得巨额利润的主要来源。两者一是管理零售市场，一是掌握批发环节，内容有所不同，但又互相配合。平准要靠均输来提供货源，均输而得的商品要通过平准在市场出售。平准等于均输的总经理处。均输、平准构成国营商业的统一体系。[②]由吴慧的解读可见，均输与平准，其功能等同于物资部和物价委员会，是一种非常典型的计划经济运作模式，1949 年之后，在中国构筑的国营商业模式与此非常类似。[③]

这一国营商业体系的建成，使得中央政府控制了全国的物资流通，其

---

① 桑弘羊与均输：“均输”一词在先秦时已经出现，《张家山汉简·二年律令》有“均输律”的规定，不过并不具有宏观调控功能，桑弘羊将之制度化和赢利化，所以史家普遍视之为首创者。

② 参见吴慧《中国商业通史》，中国财政经济出版社，2005 年版。

③ 参见吴晓波《跌荡一百年》下卷，中信出版社，2009 年版。

成效在很短的时间内就快速地呈现出来。史载，在一年时间里，两大中央粮库——太仓和甘泉仓就装满了粮食，连边疆的粮仓也有了余粮，通过均输所获得的盈余就有500万匹帛。[1]这一制度使得中央财政收入大增，连司马迁也不得不给出一个著名的评论，“民不益赋而天下用饶”，老百姓没有增加交税，而财政则变得无比充沛。

均输与平准的推行，同时起到了另外一个作用，那就是把民间流通商人及官僚、贵族的经商途径几乎完全堵死。桑弘羊自己在阐述推行平准制度的必要性时便说，它的目的之一就是让商贾从商品买卖中无从得利。[2]从各类史书中也可清晰地看到，自从推行均输和平准之后，再也找不到大贩运商的记载，师史、刀闲及南阳孔氏等家族都相继衰竭。

如果说，盐铁专营和均输、平准二法使得国家有力地控制了重要的产业经济，那么另外一个法令则让全国的中产阶层全数破产了。

就在推出盐铁专营政策的一年后，公元前119年，卫青、霍去病与匈奴主力再次决战，与此同时，山东（太行山以东）发生重大水灾，七十余万饥民无以为生，到处流亡。在军费大增和紧急救灾的双重压力下，桑弘羊和张汤向武帝提议，向全国有产者征收资产税，是为“算缗”。根据颁布的“算缗令”，凡属工商业主、高利贷者、囤积商等，不论有无“市籍”，都要据实向政府呈报自己的财产数字，规定凡二缗（一缗为一千钱）抽取一算（两百文），即一次性征收百分之十的财产税。而一般小手工业者，则每四缗抽取一算。

“算缗令”颁布后，有产者大多不愿主动申报，出现了“富豪皆争匿财”的景象。武帝为此还树立了一个“爱国商人”的典型，此人名

---

① 《史记·平准书》：“一岁之中，太仓、甘泉仓满。边余谷诸物均输帛五百万匹。”绢帛在当时可以当货币使用。

② 《盐铁论·本议》：“贱即买，贵则卖。是以县官不失实，商贾无所贸利，故曰平准。”

叫卜式。

卜式是一个经营畜牧业发家的洛阳商人。最初他只有羊百余头，十几年间，增殖十倍，置买田宅，成为豪富。早在汉与匈奴开战之初，卜式慨然上书，自愿捐出家财的一半，输作边用。武帝颇为惊异，派遣使者问卜式：“你是想当官吗？”卜式回答道：“我从小就是一个放羊的，不懂当官，不愿意。”使者又问：“那么你是有什么冤情，需要朝廷来替你洗清吗？”卜式答：“我平生与人没有什么争执，乡里关系和谐，没有冤情。”使者再问：“那么既然这样，你到底想得到什么？”卜式说：“天子讨伐匈奴，国民自当有力的出力，有钱的出钱，只有这样，匈奴才可被灭。”

后来，卜式几次要求把自己的财产捐给国家。到了“算缗令”公布的这一年，卜式又向朝廷捐出20万钱，以济国家之急。武帝听到后，当即对他特别嘉许，拜为中郎，赐爵左庶长，田10顷，同时布告天下，以示百姓。后来还让他当上了仅次于丞相之位的御史大夫。

尽管有卜式这样的例子，但榜样的力量却很有限，商贾们仍然捂紧钱袋，无动于衷。于是，武帝只好使出了最强硬的招数，公元前117年，颁布“告缗令”，其内容就是鼓励举报，按规定，有敢于告发的人，政府赏给他没收财产的一半。

这个“告缗令”等同发动了一场“挑动群众告发群众”的“人民战争”，此令一出，几乎所有的中产以上的家庭全数被举报，社会秩序顿时大乱。朝廷内部对这一法令颇多非议，武帝不惜用杀戮的办法来对付所有的反对者，时任长安行政长官（右内史）义纵不愿严格执行“告缗令”，借口举报的人都是乱民，要加以搜捕，武帝大怒，将他处以死刑。时任大农令颜异也对这一政策持不同意见，最后以“腹诽”的罪名被处死——这也是中国历史上第一个因表情不驯而被处死的案例。武帝委派张汤、杨可、杜周等酷吏严格落实“告缗令”，而桑弘羊则是总执行人。

这场举报运动持续推行三年之后，“告缗遍天下”，中等以上的商贾之家，大都被告发抄产，“商贾中家以上大率破”，政府没收了难以数计的民间财产以及成千上万的奴婢，连皇宫的上林苑里也堆满了没收来的财物，不得不专设水衡官来管理其事。在民间集体破产的同时，国库大饱。

古今中外的历史上，所有推行高度管制的国家主义的人，都是一群致命的自负者，而他们以及他们所在的阶级则是这一自负的最大得益群体。具有迷惑性的是，他们在口头上都以“均贫富”——救济贫困，抑制豪强——为号召，这能够唤起无产者对有产者的“天然”仇恨，而实际上，他们所做的一切是为了巩固自己的专权统治，谋求财政收入的增加。所以，国家的利益永远在人民的利益之上。而执行这一政策的官僚，因为要与民争利，所以又必定多为酷吏，先是以铁腕手段对付商人及中产阶层，然后又私下作法敲诈，结成权贵资本集团。在这种政策逻辑之下，有产者的下场是非常可悲的。而最具讽刺性的是，政府因此增加的财政收入，大多用于国防军备，平民阶层得到的实惠却少而又少。在国家主义的政策之下，国强易得，民富难求。

汉武帝的这场“告缗运动”导致了两个后果：第一，社会财富被强迫“清零”，中产阶层集体破产，工商动力丧失；第二，更严重的是，政府在这场运动中几近“无赖”，对民间毫无契约精神，造成社会财富观念的空前激荡，民众的储蓄和投资意识从此锐减。据《史记·平准书》记载：“自此以后，民众喜欢偷窃，有好看的衣服马上就穿，好吃的马上吃掉，不再愿意储蓄投资。”[①] 其历史性后果耐人寻味。

在中国历史上，汉武帝是第一个真正建立了完备的中央集权制度的大独裁者。在全球范围内，几乎与汉武帝同时的另外一个独裁人物，是罗马共和国的恺撒（公元前102—前44年）。这似乎又是一个巧合，就在中国构筑了中央集权体制的时候，罗马也从共和政体向帝国政体转型，世界进入到了“独裁者时代”。

---

① 《史记·平准书》：“民偷甘食好衣，不事畜藏之产业。”

从时间的角度看，无论是铸钱权的上收、盐铁专营还是算缗、告缗，都发生在汉帝国与匈奴的长期战争进入到相持阶段的关键时刻。上述政策的实施让近乎空乏的国库重新充足起来，《汉书·平准书》记载，“有盐铁缗钱之故，用益饶矣”，这一财政上的改善为汉匈战争的最终胜利以及其后对朝鲜、南粤等地区的征服提供了强大的经济保障。

▲ 1955 年四川出土汉代画像砖，上有东汉酿酒的场景

还要补充的一个对后世影响很大的产业政策，是对酿酒业的国营垄断。

中国的酿酒业源远流长，商朝的末代国君纣王好酒，曾“以酒为池”，聚 3 000 人一起牛饮。到了西汉，酿酒技术大为提高，当时已普遍使用制曲酿造的“复式发酵法”，酒类品种繁多，有以粮食为原料的稻酒、黍酒等，也有以水果为原料的葡萄酒、甘蔗酒等。2003 年，在西安发掘的一座西汉古墓中，还发现了一件储存了 52 斤美酒的青铜钟，据报道，“青铜钟高达 78 厘米，通体镏金，顶盖密封，矗立着一个漂亮的朱雀。解开顶盖后，里面是透明的青绿色液体，一股强烈的酒香扑鼻而来”。文景初期，因为粮食紧张，朝廷曾颁令限制酿酒，不过酒业却日渐发达，其利润更是非常丰厚。

公元前 98 年前后，汉匈兵事再起，名将李陵兵败，投降匈奴，武帝震怒，再发 20 万人出击。为了增加财政收入，桑弘羊奏请武帝，实行“酒榷”，即酒类专卖政策。其办法与食盐专卖类似，由官府供给私营酿酒作坊粮食、酒曲等原料，规定酿造品种和规格，生产出来后，由官府统一收购和销售，就是所谓的“县官自酤榷卖酒，小民不复得酤也”。据史家吴慧的计算，酒榷的专营收入非常之高，每生产 1 000 瓮的酒，至少可得到 252 000 钱的收益，通过统购统销，又可再得 20% 的盈利。桑弘羊将这部分收入“赡边，给战士”，大大缓解了财政压力。[①]

从此以后，酒榷与盐铁并列称为“三业”，成为国家实行垄断经营的主要产业，历代延续，从未中断。

桑弘羊主持全国财经事务前后达 23 年之久，可谓是汉武盛世的最大功臣。汉武帝是中国历史上最强势的一代雄主，他好大喜功，黩武嗜杀，对臣下猜忌无度，荣辱随性，在桑弘羊之前，10 年之内先后换了六任大农令，其中两人被诛杀，只有桑弘羊署理此职后，再无更替，由此可见武帝对他的倚重和满意。时人评论说，武帝对他言听计从，好比当年越王勾践对文种和范蠡那样。[②]

不过，在朝廷内外，桑弘羊的政策还是遇到了众多的反对者，其中尤为激烈的，包括当世最著名的两个知识分子——大儒董仲舒和《史记》作者司马迁，另外就是“爱国商人”的典范——御史大夫卜式。

▲《春秋繁露》，董仲舒的著作

董仲舒是汉代儒家的奠基级人物，他明确地反对国营化政策，认为应该使“盐铁皆归于民”，他还提出享受政府俸禄的官员和贵族应该退出商界，不应该与民争利。[③]那么国家如何才能富强？他给出了三个办法，分别是：薄赋轻徭、重视农业

① 参见吴慧《桑弘羊研究》，齐鲁书社，1981 年版。

② 《盐铁论 · 伐功》：“用君之义，听君之计，虽越王之任种、蠡不过。”

③ 《春秋繁露 · 度制》：“使诸有大奉禄，亦皆不得兼小利、与民争利业，乃天理也。”

和以仁义治天下。这三点似乎并无创见，是重复了孟子、贾谊等人的老调，在急于建功立业的汉武帝听来，都是不值得一驳的书生之见。司马迁的经济观点与董仲舒有类似之处，相对的，他对商人阶层给予了更多的同情和认可，称那些大商人是“当世千里之中，贤人所以富者”，有不少史家甚至认定《平准书》和《货殖列传》实际上是司马迁为了反对官营工商业政策而写的两篇专门论文。

卜式是汉武帝非常宠信的大臣，不过他似乎从一开始就对国营化政策不以为然，早在盐铁专营政策推出的第三年，他就上书力陈专营之弊。卜式一再提出反对意见，让武帝很不高兴，有一次，就以卜式不会写文章为借口，免去了他御史大夫的职务。可是这位养羊出身的前商人似乎并没有放弃自己的观点，有一年，天下大旱，武帝让大臣们想想有什么办法，卜式献上的计策竟然是：“只要把桑弘羊放到铁锅里煮熟了，老天就会降雨”——“烹弘羊，天乃可雨”，史书没有记载武帝看到这份奏章时是怎样的表情。

武帝当然没有把桑弘羊煮熟，不过到了他的晚年，确实已经出现了重大的政策后遗症。对财富嗜血般的追求，是随着大一统中央集权制度一起来到这个世上的，在强大的国家机器的支配下，民生贫乏，怨声载道，“天下困弊，盗贼群起”，几乎要重蹈秦始皇的覆辙。公元前89年，68岁的汉武帝不得不颁布《轮台罪己诏》，内称“本皇帝自即位以来，所做出的行为很是狂悖，使得天下百姓愁苦，我现在追悔不及，从今往后，凡是有伤害百姓、让天下人劳苦的政策，全部都要停止”。他提出，“当务之急是停止苛刻粗暴的政策，减少赋税徭役，恢复重视农耕和畜牧的政策，减少军备开支”。这是中国历史上第一份记录在案的皇帝检讨书。以武帝的雄才伟略，早年不可一世，晚年黯然罪己，也算是历史的一个讽刺和警醒。[①]

---

① 《轮台罪己诏》：“朕即位以来，所为狂悖，使天下愁苦，不可追悔。自今事有伤害百姓，靡费天下者，悉罢之……当今务在禁苛暴，止擅赋，力本农，修马复令，以补缺、毋乏武备而已。”

此后，中央政策趋于宽松，民间稍得喘息，终于避免了更大的动荡，司马光在《资治通鉴》中就尖锐地评论说：“武帝晚期其实已出现了秦朝灭亡时的迹象，不过却侥幸地避免了灭亡的后果。”[①] **强势的国营化运动在短期内能够发挥“举国效应”，迅速提高国家的生产能力和财政能力，对外可以与最强大的敌人进行交战，在内可以建成规模空前的大型工厂，但就长期发展而言，则必然削弱民间经济的积极性，导致社会机能的退化，进而在长期上造成国力的衰落。所以，国家主义和计划经济基本上都有一个特点，那就是“一世而盛，一世而衰”，始皇如此，武帝如此，后世所有信奉和实践这一模式的治国者莫不陷入这一可怕的逻辑。**

就在颁布《轮台罪己诏》的两年后，公元前 87 年，一代大帝刘彻郁郁而终。临终前，他将桑弘羊提拔为御史大夫，与霍光、上官桀等并列为四位托孤大臣之一。然而，随着武帝的去世，桑弘羊的政治生命很快就走到了终点。

公元前 81 年 2 月，汉帝国的朝堂之上举办了一次关于盐铁专营政策的公开辩论会。一方是桑弘羊和他的属吏，另一方是一群儒生，一个叫桓宽的人如实地记录了这次辩论的内容，写成一部流传至今的奇书——《盐铁论》。

盐铁会议的举行有政治上的背景，当时，大将军霍光为了清洗桑弘羊，利用从朝廷到民间对国营化政策的反对情绪，专设此局。根据记载，盐铁会议陆续开了半年之久，站在桑弘羊对立面的是 60 多位伶牙俐齿的儒生，他们都是从各郡国被选拔出来的“贤良”和“文学”。从《盐铁论》看，双方言辞激烈，甚至到了人身攻击的地步，桑弘羊讥讽这些儒生“偷穿了周公的外衣，思想全然被旧的学术所限制”，儒生们当即反唇相讥说，“我们偷穿了周公的外衣，而你却偷走了周公的官位，我们的思想被旧学

---

① 《资治通鉴》卷第二十二：“有亡秦之失而免亡秦之祸乎！”

术限制，你的思想却被钱财给迷惑住了”。[1] 在这场大辩论中，桑弘羊明显处于被攻击的守势，桓宽真实地记录了他当时的种种表情，如“大夫默然”“作色不应”“缪然不言”“悒悒而不言”“勃然作色，默而不应”“俯仰未应对”“忨然内惭，四据而不言”等，显然是一副被告的模样。他前后发言130多次，均是为专营政策做顽强的辩护，这也成为后世研究桑氏经济思想最生动和宝贵的原始资料。

群儒反对国营化政策的理由主要集中在以下三点——

一是指责盐铁、均输、平准等是“与民争利”，造成官商勾结，物价沸腾，民间经济萧条。[2]

二是国营企业生产和经营存在重大弊端，其商品要么不适合民用，要么质量低劣，各级官吏则强买强卖。贤良、文学们描述说，“政府铸造的铁器，大多是大的器皿，非常不合适小老百姓使用”，“政府做出来的铁器，大多质量低劣，售价却很昂贵，还强买强卖，老百姓不得不改用木器耕作”。[3]

三是不可避免地出现了权贵经济，形成了一个背靠政权，以国营为名，通过特权而攫取庞大利益的经济集团，他们的权势大于朝廷重臣，他们的富足一点儿也不逊色于范蠡之辈。[4]

---

① 《盐铁论·刺议》：“文学窃周公之服，有司窃周公之位。文学桎梏于旧术，有司桎梏于财利。”

② 《盐铁论·本议》：“县官猥发，阖门擅市，则万物并收。万物并收，则物腾跃。腾跃，则商贾侔利。自市，则吏容奸。豪吏富商积货储物以待其急，轻贾奸吏收贱以取贵，未见准之平也。”

③ 《盐铁论》：“县官鼓铸铁器，大抵多为大器，务应员程，不给民用。”“今县官作铁器，多苦恶，用费不省，卒徒烦而力作不尽。”“轻贾奸吏收贱以取贵，未见准之平也。”“盐铁贾贵，百姓不便，贫民或木耕手耨，土耰啖食。”

④ 《盐铁论·刺权》：“自利害之设，三业之起（指盐铁、均输、酒榷三业），贵人之家，云行于涂，毂击于道，攘公法，申私利，跨山泽，擅官市，非特巨海鱼盐也；执国家之柄，以行海内，非特田常之势、陪臣之权也；威重于六卿，富累于陶、卫。”

群儒所提出的这几点，在桑弘羊看来，都不陌生，他一一予以回应和驳斥。在他看来，这些人来自民间，都没有治国的经验，只能提出国营化的弊端，却提不出有创见的建设性意见。相反，作为一个十多岁就进入宫廷、经历了整个武帝时期的老资格理财大师，桑弘羊以及他的属吏多次拿自己与传说中的名臣相比，自以为治国业绩绝不输于前人。在他看来，如果不执行国营化政策，战争的开支从哪里出？国家的财政从哪里得？地方割据的景象如何化解？而这三项不正是治国者必须面对和解决的最重要课题吗？为了表示自己与满口“仁义道德”的儒生们的观念对立，桑弘羊在100多次的回应中，从来没有使用过“仁义”二字。

在西汉时期，知识界对商鞅的评价已颇负面，独独桑弘羊对之褒扬有加，在《盐铁论》中专门有一章《非鞅》，辩论双方对这一并不久远的历史人物进行了一次激烈的辩驳。与儒生的观点截然相反，桑弘羊认为商鞅“利用不竭而民不知，地尽西河而民不苦”，真正做到了“不赋百姓而师以赡”。

在《盐铁论》中，桑弘羊的经济思想得到了一次淋漓尽致的呈现。或许是商人家庭的背景，也或许是天赋所在，桑弘羊是中国历史上第一个把工商业看成是“富国之本”的人，这比管仲、范蠡以及白圭等人又进了一步。

他提出“富国何必用本农，足民何必井田也”——要让国家强大何必依赖于农业，要让百姓富足何必用井田制这样的笨办法？又说，“富在术数，不在劳身；利在势居，不在力耕也”——致富之道在于谋略，不在于身体的辛劳；利润的获取在于积聚效益，而不在盲目地蛮干。他甚至认为，工商不畅，农业无从发展，国家财政也就失去了来源。[①]

在“独尊儒术”的武帝年代，这种思想显得特别的潇洒，在后世无数

① 《盐铁论·本议》：“故工不出，则农用乏；商不出，则宝货绝。农用乏，则谷不殖；宝货绝，则财用匮。”

的儒家学者看来，它更近乎狂妄和大逆不道。与西方相比，一直到15世纪之后，欧洲才出现了类似的重商主义思潮。胡寄窗在《中国经济思想史》中评论说，桑弘羊几乎已是摆脱了伦理的局限而考察财富问题，他的重商理念，百代以降，少有认可。《桑弘羊评传》的作者晋文也认为，"桑弘羊经济思想的最大贡献就是强调工商富国"。他所提出及执行的所有经济政策的主旨并不在于压抑工商业，相反，他最早透彻地看到了工商业所存在的巨大利润，他的目标在于将工商的私人利润转化为国家的利润。也就是说，他主张以发展国营工商业为主体的命令型计划经济，在这一方面，桑弘羊继承了管仲的盐铁专营思想，并进一步扩大化和制度化。

在这个意义上，说中国自古是"轻商"的国家，就成了一个伪命题。因为，自汉武帝之后的中国历代统治者从来没有轻视工商业，他们只是轻视商人而已。他们把最能够产生利润的工商业收归国家经营，是世界上最早意识到"工商富国"的一拨人。当国家直接进入到产业经济之后，国家资本集团就与民营资本集团构成了竞争之势，后者必然遭到打压。所以，轻视商人与重视工商，正是一体两面的结果。

《盐铁论》是中央集权体制在中国出现之后，人们对经济治理模式的一次总检讨，面对一个前所未见、疆域广大、人口众多的帝国，人们显得焦虑而手足无措，而刚刚过去的武帝"盛世"，既让他们感到了帝国的荣耀，同时也饱受集权之苦。在盐铁会议上，辩论双方所涉及的话题已非常深入，甚至可以说，困扰中国至今的众多治国难题，特别是中央与地方的权力分配以及国家在国民经济中的角色困境，在当时已经毕现无遗。让人叹息的是，尽管国人如此早就已经在探索中央集权体制下的经济制度创新，然而在随后的两千年里，思考一直未有寸进。这一景象的出现，应与儒家思想在经济思考上的先天不足有重大的关系。

先秦的诸子百家，除了法家有兼并天下的理念之外，其余诸子都是小国寡民的思想产物，其中，对后世影响最大的道家和儒家尤其如此。道家

的黄老、庄子以清心寡欲为生命诉求，全面排斥权力管制，却放弃物质进步，以内向封闭和“无为而治”为理想。而儒家的孔孟虽然积极入世，但是在经济制度上一味以“复古”为目标，几乎没有太多的系统性思考，与法家、墨家乃至农家、杂家相比，儒家的经济理论体系可谓是最为薄弱的。后世的历代儒学大家，在孔孟铺设的轨道上亦步亦趋，几乎不敢有所创新，因而在经济思想上可以说是颗粒无收。更糟糕的是，经典儒家以谈论利益为耻，所谓“君子喻于义，小人喻于利”，到了汉代，董仲舒更提出“夫仁人者，正其谊不谋其利，明其道不计其功”。不求功利的思想原无所谓好坏，但是到了治国的层面上，却显得非常可笑。其实，历代统治者早已隐约发现了其中的软肋，故有治国需“霸王道相杂”的体会，后世中国出现“表儒内法”的状态，与儒家在经济思想上的贫乏与虚弱是分不开的。①

因而，在盐铁会议上，群儒对于桑弘羊的政策，只知汹汹反对，却提不出任何建设性的方案，双方交锋每每擦肩而过。群儒一直不敢直面桑弘羊一再提出的这个问题：在对外战事不断、国内天灾频繁的时候，如果通过增加税赋和徭役的办法来解决财政上的困难，势必激发民变，无异于饮鸩止渴，而采取官营工商业和“寓税于价”的办法，却完全可以达到“民不益赋”又增加国库收入的目的。除此之外，还有什么更好的办法吗？

从《盐铁论》的记录可见，在历时半年的盐铁会议上，处在“被告”

---

① “山泽之利”：在管仲看来，重要的自然资源是“天然”地属于君王私人所有，现在，君王把它的经营所得归于国库，已是无私的行为，所以根本不存在与民争利的情况。《盐铁论·本论》：“山海之利，广泽之畜，天下之藏也，皆宜属少府，陛下不私，以属大司农。”马克思在《黑格尔法哲学批判》曾论及这种王权至上的观点，说“王权就是私有财产的权力”。经典儒家在这个事关法理的问题上持非常矛盾的态度，一方面，他们认同“溥天之下，莫非王土”（《诗经·小雅·北山》），另一方面，又认为国家垄断山泽之利是“与民争利”，因此，千年以降，赞桑还是贬桑都能够从经书中找到理由。

地位上的桑弘羊滔滔雄辩，一点儿也不落下风，甚至到了会议结束的时候，他还颇为风趣地说："我们的辩论到这里就结束吧，胶黏的车子突然遇上雨，就此与诸位先生别过。"①

从会后的政策变动来看，虽然他的政治对手霍光鼓动儒生对国营化政策进行了猛烈的抨击，但是最终没有勇气将之全部废止，只是象征性地取消了酒类的专营。

不过尽管如此，霍光还是没有放过桑弘羊。在盐铁会议之后的第二年，公元前 80 年 9 月，他以参与谋反的罪名抓捕了 75 岁的桑弘羊，并处以灭族的酷刑，一代理财大师以最血腥的方式谢幕。

① 《盐铁论·大论》："诺，胶车倏逢雨，请与诸生解。"

桑弘羊的生命以悲剧的方式结束，可是他的幽灵却飘飘荡荡，从来没有离开过，“乱世思弘羊”几乎成了一个规律。

他被称为“兴利之臣”，历代每到财政争论，“桑弘羊”这个名字必然会浮现出来，对他的褒扬、认同或贬斥成为不同政策理念的一个分野标杆。一个特别值得关注的现象是，所有认同桑弘羊的人几乎都是财经事务的实际执行者，而反对派则往往是在野的知识分子。

桑弘羊被杀之后，盐铁专营政策在西汉后期基本沿袭不变，所谓“宣、元、成、哀、平五世，亡所变改”。而当时的儒家仍然不改对他的攻击态度，西汉末期最出名的大儒扬雄便痛骂他是“榷利之臣”，说卜式要把他煮熟了祭天实在是个好办法。东汉初期，专营政策一度废止，可是到了章帝（公元88年前后），又以“探观旧典”的名义恢复了盐铁专营和均输。

天下纷乱的三国时期，对桑弘羊毁多誉少，而对他最为倾心的人是有“奸雄”骂名的曹操，他称桑弘羊为“先贤”。其主政时将多项高盈利性产业归于国营，其中一个是“胡粉”，也就是从西域进口的化妆品。从财政角度看，在魏蜀吴三国中，魏国能够保持军事上的优势并几乎统一天下，与此颇有关系。

隋唐时期，特别是中唐之后，桑弘羊再成热点人物。当时的理财名臣杜佑、刘晏、刘彤等人对他非常推崇，刘晏实行的常平均输法，便脱胎于桑法。与此同时，很多文士则唾骂不已，大诗人白居易作长诗《盐商妇》，对食盐专卖制度进行白描式的嘲讽，诗曰：“好衣美食有来处，亦须惭愧桑弘羊。桑弘羊，死已久，不独汉时今亦有。”

到了北宋一代，奉桑弘羊为偶像的是署理国政事务的王安石，称赞他的治国之术为“安人之仁政，为国之善经”，其变法政策也几乎是对桑弘羊的一次“临摹”。

站在对立面的是司马光、苏轼等人。司马光对于“民不益赋而天下用饶”这一理念提出过严厉的批评。苏轼对桑弘羊更是恨之入骨，声称“自汉以来，学者耻言商鞅、桑弘羊”，甚至讲出这个人的名字都是脏了口舌，写出这个人的名字则是污了纸张——“如蛆蝇粪秽也，言之则污口舌，书之则污简牍”。在苏轼看来，桑弘羊之贻害百世都是司马迁惹的祸，因此写了一篇《司马迁二大罪》以声讨之。在文章中，他抱怨说，尽管学者耻言商、桑，可是，“唯独当国君的人却很喜欢他们，都在表面上避讳他们的名字，实际上采用他们的政策，更过分的则是从表面到实质都推崇他们，而这一切都是司马迁的罪”。[①]

从南宋到元明清三朝的700余年中，随着程朱理学的兴起，桑弘羊在道德上彻底声名扫地，而其政策思路却被悄然继承。

一方面，绝大多数学者对之持全盘否定的鄙视态度，而批判的角度几乎都是“小人言利”。顾炎武在读《盐铁论》之后写的五言诗中便吟道：“在汉方盛时，言利弘羊始。桓生书一编，恢卓有深旨。发愤刺公卿，嗜利无廉耻。片言折斗筲，笃论垂青史。”“言利弘羊始”和“嗜利无廉耻”几乎成了定论。

另一方面，数百年间的历朝治国者从来没有放弃国营化政策，其专营范围更是从盐铁、酒类日渐扩大到粮食、漕运、外贸、铁路等，因而，呈现苏轼所说的“阳讳其名，而阴用其实”的现象。

到了清末民初，青年学者刘师培对桑弘羊式的国有专营政策进行过系统化的批评。在《论中国古代财政国有之弊》一文中，他对盐铁专营和均输平准等制度进行了详尽地解读。在他看来，这些制度的基本逻辑就是“垄断天下之利源，以便其专制”，其手段则是“以国家之手操纵商业”，就是将抢劫变成一种公开合法的国家制度，其最终达成的结果是“利归权

① 《司马迁二大罪》：“而世主独甘心焉，皆阳讳其名，而阴用其实，甚者则名实皆宗之，庶几其成功，此则司马迁之罪也。”

家”，由权势阶层独享经济利益。

刘师培进而指出，从千年历史的经验来看，国有化制度的名义是抑制富商而有利于贫民，但其实，它非但不能平抑贫富，甚至将造成更大的社会不公——“国有之策，名曰‘抑富商而利贫民’，实则富商无所损而贫民转失其利耳。此固验之往事，百无一爽者也”。因为，“国家于一切利源既向富民夺取，不得不假以特权，且司理其事，仍不得不用富商，故富商假国家之势以劫民财”。这里所谓的“富商”其实已经出现了性质和身份上的转变，他们不再是以市场化的方式获取利益，而是通过获得政府的授权，以垄断的方式分享专制的利益。更重要的是，在这一工商模式之中，商人彻底地丧失了自主的能力，变成专制机器中的一个寄生阶层。

尽管如此，从盐铁会议上的儒生，到扬雄、司马光和刘师培，仍然无法实质性地回答桑弘羊提出过的那个难题：如果不采取营利性的国有专营制度，如果国有资本不保持对国民经济的高度控制，一个中央集权制的帝国如何得以维持?

正是在这里，“仁义为本、轻徭薄赋”的儒家理想与中央集权的财政需要，构成了一对尖锐的制度性矛盾，百代之后的今天，桑弘羊的设问，仍然冷冷地摆在所有中国人的面前。

第六章

最后的世族

问今是何世，乃不知有汉，无论魏晋。

——陶渊明《桃花源记》

在桑弘羊去世之后的80余年里，汉帝国一直没有从武帝留下的“盛世后遗症”中摆脱出来。由于国营化运动所造成的社会震荡太大，各项管制政策相继松弛，“算缗令”再未重启，均输和平准二法基本废止，盐铁专营政策几度反复。自武帝之后，继任的几位皇帝都很软弱，中央朝纲日渐为外戚和宦官所把持，而在地方上则出现了一股强大的世族势力，在财经上，它与春秋战国时的贵族经济不同，俨然构成前所未见的世族经济。

与贵族相比，世族也是以血缘来维系和传承的，不过它没有法定的世袭性，其衍续壮大，有赖于一代代子弟的经略努力。同时，世族在价值观上一切以家族利益为大，国家意识薄弱，对中央政权缺乏忠诚度。

在《后汉书》中有《樊宏传》，传主樊宏就是一个非常典型的世族案例。樊宏的祖先是周代的仲山甫，周宣王时以务农经商而闻名，以平民身份受举荐入王室，任卿士（相当于后世的宰相），后受封于樊，子孙便以此为姓。樊家世代居住在工商业繁荣的南阳，樊宏的父亲“善农稼，好货殖”，“资至巨万”。樊家在当地有农田300多顷，所盖的房屋都有“重堂高阁”，方圆之内，农、林、牧、副、渔多种经营，样样具备，还有自成体系的小型灌溉系统。樊家庄园的四周建有自卫的坞堡，还有一支召之能战的私人武装。在庄园内劳作的农户，要么是樊姓子弟，要么是雇用的佃农，他们都只对樊家纳租，很多人不在政府的户籍管辖之内。这样的樊家庄园，宛然一个独立的经济体，完全可以做到“有求必给”“闭门成市”。樊家还与当地的世族望族结成了极其复杂的姻亲联盟，樊宏的姐姐嫁给了南阳的一个刘姓宗亲，而刘家又与当地望族李家、邓家结亲。

在西汉末年，这种庄园化的世族经济，遍布帝国的大江南北。

跟历史上所有的现象一样，世族的产生是制度性的产物，它与两种制度有关，一是军爵制，一是官僚推举制。

在漫长的农耕时代，一个人或一个家族能否成为势力，主要看两件事情，一是拥有多少土地，二是拥有多少人口。在西周的封建制度下，能够拥有这两者的人都是中央分封的贵族诸侯，日久天长，他们就形成了足以与中央抗衡的政治和经济力量，终而出现春秋战国的割据局面。秦国的商鞅率先打破了贵族世袭体制，他提出的“军爵制”，即军功授田制度，让非贵族血统的普通人通过战功也能够获得大量土地。此后500余年，由战国而秦，再由秦入汉，先后产生了大批平步青云的军功地主，他们获得授田，然后凭借丰厚的赏赐俸禄、社会地位的优势，再大肆购置田地。与此同时，他们还招募大量的私人农户，这些人租耕土地，不直接向政府缴纳租税，甚至不服徭役，不是政府在册的编户人口。其经济安排，按自给自足的原则规划经营，具有强烈的封闭性，可以完全不赖外界而独立生存。在世族内部，因血缘宗族而构成纽带，族长的意旨就是全族的意旨，可以左右全宗族以何种方式参与社会活动。

这些因军功而成大地主的人之所以能够延续数代不衰，成为所谓的世族，还与另外一个制度有关，那就是官僚推举制。自殷周以来，朝廷官吏都是靠推举产生的，由此出现了一种现象，那就是各路豪强广收门客，唯亲是举，其子孙门徒长久把持官职，累世拜相为将的情况比比皆是。到西汉中后期，这一情况已经比较严重，出现了“四世三公”“四世五公”的“佳话”，世族门阀由此而生。积百年经营，这股日渐壮大的世族力量惊人繁衍。在朝堂之上，他们左右政策走向和人事安排；在地方，则官商结合，自成体系，大量兼并土地和招纳人口，盘根错节，终成与先秦贵族经济全然不同的世族豪强气候。

在公元1世纪前后，有一个孤贫的儒生决定对世族宣战。让人惊奇的是，他以“和平政变”的方式登基称帝，然后启动了一场引起重大争议的改制运动。他的名字叫王莽（公元前45—公元23年），民国思想家胡适称他是“中国第一位社会主义者”。

王莽本人是外戚出身，他的曾祖父王贺曾任武帝时期的绣衣御史。王贺的儿子王禁生四女八男，次子王曼是王莽的父亲。王曼为小妾所生，且很早就去世了，王莽依附伯父王凤，过着寄人篱下的日子，史载，“莽独孤贫，因折节为恭俭”。不过，他非常乖巧，王凤生病，他连日不解衣带地尝药伺候，比亲生儿子还孝顺。他还从小饱读经书，主攻《周礼》和《仪礼》，是王家最有学问的人。

王家腾达是因为王莽的姑母王政君，她入宫为嫔，因生下儿子刘骜，当上了汉元帝的皇后。刘骜（成帝）即位后，王家五人同日封侯，王凤更是被任命为大司马大将军领尚书事，开始了外戚专政。王莽24岁时被任命为黄门郎，30岁封新都侯，在朝廷上下，他以孝顺、懂礼、恭谦和十分节俭而闻名。据载，他的夫人常年穿着没有拖地裙摆的长袍，腰间系着围裙，来客见了，大多以为是家里的奴婢。这样的外戚当然深得朝野，特别是儒生阶层的欢心，被称为“当代周公”。

王莽38岁时当上了一人之下的大司马，其后元帝、哀帝、平帝相继崩立，王莽在人事旋涡中几度沉浮，展现出高超狠辣的政治手段。公元5年，汉平帝亡故（据传是王莽以药酒毒死的），王莽立年仅两岁的孺子婴为帝，自称“假皇帝”，三年后，废孺子婴而登基称帝，国号“新”。在中国历史上，历代开国皇帝均为戎马出身，唯两人例外，一是王莽，另一是篡唐立周的女皇武则天，一儒一女，堪称异数。

王莽称帝后，事事以《周礼》为标准，宣布要“奉古改制”。关于王莽改制，后世有两种观点，一种认为他是“托古篡汉”，托古是名，篡汉是实，因而是一场政治闹剧；另一种则认为，他是真心实意地要按周代古制来改造弊病丛生的当代，是汉代儒生的一次理想主义试验。其实，就经济改革而言，这两种观点都不完备，因为王莽确实是想改革，不过他并不想改回到遥远的周代去，他的改革目标其实就是“武帝—桑弘羊”模式。

当时之世，无论是世族势力的壮大，还是土地兼并过度，或财政困难，其实都是中央权力旁落的体现，甚至王莽能篡汉自代本身，也是皇权羸弱的结果。所以，他登基之后的当务之急，就是重新实现中央集权。在随后的10多年里，王莽推出的众多经济改革政策，无不围绕着这一主题展开。

王莽改制，首要之举是“五均六筦”，这就是全面恢复盐铁专营和均输、平准二法。

“五均六筦”是在他登基后的第二年正式推出的、所谓“五均”，是在长安及洛阳、邯郸、临淄、宛、成都六大都市设立五均官，由原来的令、长兼理，称为“五均司市师”。他们的工作有以下四项：一是定时评定物价，名曰“市平”；二是控制市场供应，市场货物滞销时，以低价收购，货物涨价时，则以高价出售；三是办理赊贷，根据具体情况，发放无息贷款（赊）或低息贷款（贷）；四是征收山泽之税及其他杂税。所谓“六筦”，是指官府掌管六项经济事业，即：由国家专卖盐、铁、酒，专营铸钱，征收山泽生产税，经办五均赊贷。

从王莽为“五均六筦”所下达的诏书看，他对专营政策的理解是非常到位的。他说，政府要管制的都是一些人民日常必需，虽然价格很高也一定要购买的商品，也就是“关系到国计民生的关键性产业”，这些产业国营化之后，就可以达到“齐众庶，抑兼并”的目的。胡寄窗评论说：“在王莽以前，倡议经济管制的如管仲与桑弘羊，对管制政策的必要性都不如王莽讲得透彻。”不过，后世的人们也都知道，所有推行计划经济的人无不以“均贫富”和实现社会公正为口号，而实际上都是为了加强集权以及扩充财政收入。[①]

与汉武帝时期的国营化政策相比，王莽的政策推出密度太大，计划色彩甚至更加浓重。比如，在零售物价的管制上，到了无微不至的地步。《汉书·食货志》记载，政府在规定的时间对各种商品进行分类定价，同一种商品以品质的不同分成上、中、下三等，然后才允许商贾拿到市集上去销售。[②]这无异于用计划之手完全代替了市场的功能。

此外，王莽也仿效汉武帝的做法，任用一批商人来经营“五均六筦”。他任命京城最出名的巨商王孙卿为主管市场的京司市师、汉司东市令，任命洛阳城里有“十千万”资产的富商张长叔、薛子仲为纳言士，在各地设置专营事务的官吏时，大多用的是当地的商人，让他们当交易丞、钱府丞等。由于缺乏铁腕的监督机制，这些穿着官服的商贾乘机与行政官员沆瀣一气，虚设账簿，掏空国库，大肆牟取私利，最终的结局是，官府的钱库

---

① 王莽诏曰：“夫盐，食肴之将；酒，百药之长，嘉会之好；铁，田农之本；名山、大泽，饶衍之藏；五均、赊贷，百姓所取平，卬（仰）以给澹；铁布、铜冶，通行有无，备民用也。此六者，非编户齐民所能家作，必卬（仰）于市，虽贵数倍，不得不买。豪民富贾，即要贫弱，先圣知其然也，故斡之。”见《汉书·食货志》。

② 《汉书·食货志》：“诸司市常以四时中月实定所掌，为物上、中、下之贾，各自用为其市平，毋拘它所。”

没有充实多少，却弄得天下百姓苦不堪言。[1]

在税赋政策上，王莽也采用了臭名昭著的算缗之法。他宣布征收个人所得税，所有从事工商业者，无论是养蚕的妇人还是缝补匠、算命看相的，都要向所在地的县官自报所得，按十分之一的税率缴纳税金，有敢不报者或自报不实者，全部没收所得，并罚在官府做工一年。这一政策如何落实，史书未载，估计又为某些官吏敲诈民间创造了无数的机会。

在“五均六筦”政策中，有一条是铸钱国营化。在这一项改革上，充分展现出王莽改制的混乱和随意性。

西汉自武帝以来，百余年间，一直通行五铢钱。王莽第一次改变币制是在登基前一年，即公元7年的5月，他以周钱为蓝本，增铸货币，新币分三种，各值五千钱、五百钱和五十钱，是为“大钱”。当时，国内已经呈现通货膨胀的苗头，新币的名义价值远远高于旧币五铢钱，于是民间私铸之风大起，王莽下令禁止列侯以下私藏黄金。

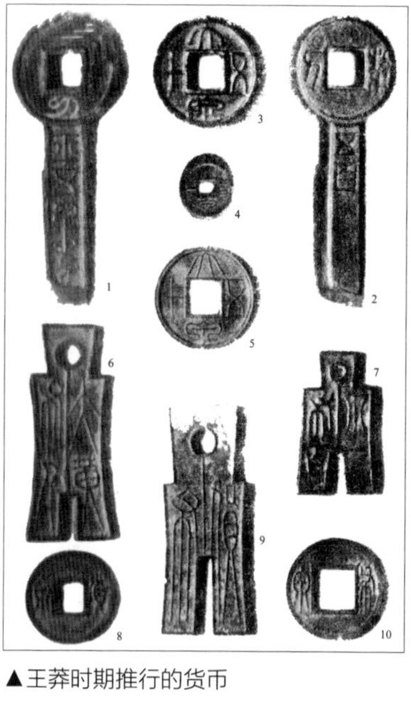
▲王莽时期推行的货币

公元8年，新朝创立，王莽以“奉天承运”为名义改出一铢小钱。社会传言说五铢钱和大钱都要被废止了，市场顿时大乱。王莽一方面把谣传者抓起来，流放边疆；另一方面则大量铸造小钱。

到公元10年，王莽突然又宣

① 《汉书·食货志》：“郡有数人，皆用富贾……乘传求利，交错天下，因与郡县通奸，多张空簿，府臧（藏）不实，百姓俞（愈）病。”

布变动币制，把货币总名为“宝货”，分金货、银货、龟货、贝货、钱货、布货6种，6种货币又细分为28个品种。因品种繁多，换算比值又不合理，造成老百姓使用混乱，交易大受影响——“百姓愦乱，其货不行”。4年后，王莽被迫第四次变动币制，他下令废止大钱、小钱，发行“货布”（重二十五铢，值二十五）、“货泉”（重五铢，枚值一）两种货币。

短短7年间，王莽4次改变货币，政府的金融信用几乎破产。每次变动，都造成民间的一次大破产，监狱里因此人满为患。①

如果说“五均六筦”是对汉武政策的东施效颦，那么，王莽在土地制度的改革上，则走得比任何人都要极端，这实际上也成为压垮他的最后那根稻草。

汉人对土地情有独钟。李剑农在《先秦两汉经济史稿》中写道：“在炎汉一代，无论军人、说客、文士、贵族、官僚、儒者、商贾，一旦取得多量货币，皆投之于土地，以立所谓本富之本。收买不得，则用非法之手段以谋夺之。”土地兼并态势之烈，既与农耕经济的特征有关，也与这种财富观念有重大的干系。

新朝要重树中央集权，就必须削弱世族力量，而要达成这一目标，遏制土地兼并，是关键一役。王莽提出的改革方案最为决绝——恢复全面的土地国有制，然后平均分配给农民耕种。其具体政策是：把天下的田地都更名为“王田”，一律不得买卖，凡是一个家庭男丁不到8个而田地超过一井（计算单位）的，就把多余的部分分给宗族和同乡的人。②

这是自商鞅“废井田”之后，第一个重新推行土地国有化的政权。

在此之前，针对土地兼并的状况，很多人提出过种种遏制设想，比如

---

① 《汉书·食货志》：“每壹易钱，民用破业，而大陷刑。”

② 《汉书·王莽传》：“今更名天下田曰‘王田’……不得卖买，其男口不盈八，而田过一井者，分余田予九族邻里乡党。”

董仲舒就建议“限田”，他深知恢复到井田制的老办法是不可行的，不过可以通过额定每户拥有土地的上限，来防止兼并过度。[①]这种在肯定土地私有制的基础上平均地权的思想，在后来的历史中是一种主流，汉哀帝时就试行过限田的办法，他下诏“关内侯吏民，名田皆不得过三十顷”。

如果从两千年历史来看，从先秦到1949年，历代治国者试图将土地全面国有化的人非常之少，严格来讲，只有两人，一是新朝王莽，再一个是中华民国的缔造者孙中山。[②]

土地私有的观念已经深入人心数百年，一朝更改，对社会秩序造成的震荡可以想见。史载它的执行结果是“农民和商人都失去了工作，市场上的所有交易都停滞了，民众站在道路上相视而哭泣”。[③]

在推行土地国有化的同时，王莽宣布不准买卖奴婢，其理由是奴婢买卖有悖于“天地之性人为贵”的圣人之义。从记载看，王莽似乎一直对奴婢抱持同情的态度，在还没有当上皇帝的时候，他的次子杀死了一名婢女，王莽硬逼着他自尽偿命。因此，不少史家对王莽废除奴婢制度的评价很高，认为是一个人道主义的创举。不过，仅从经济的角度来看，王莽的思考未必及此，限制土地兼并与限制人口兼并，是打击世族门阀势力的配套性政策。

王莽的经济改革，可以用“一败涂地”来形容。

“五均六筦”的国营化改革，剥夺了民间工商业的所有利润，却没有

---

① 《汉书·食货志》：“古井田法虽难卒行，宜少近古，限民名田，以澹不足，塞并兼之路。”

② 孙中山与土地国有化：1906年，孙中山在《民报》第三号上宣布革命的六大主义，其中第三条为土地国有，认为“均地政策为人民平等之基础”。在第十号上他更宣告，“中国行了社会革命之后，私人永远不用纳税，但收地租一项，已成地球上最富的国”。

③ 《汉书·王莽传》：“农商失业，食货俱废，民人至涕泣于市道。”

带来国库的充沛，土地国有化引起中产以上利益集团的集体反抗，7 年中 4 次币制变动更是让金融秩序大乱。王莽还是一个特别多疑和迷信的人，常常借口地震或日食裁撤官吏，在执政的 10 多年里竟然换了 8 任大司马。他的改革得罪了几乎所有的社会阶层，接下来发生的悲剧就变得难以避免了。

公元17年，荆州大荒，饥民纷起叛乱。4年后，关中地区也闹大饥荒，烽火更加猛烈，而各地的世族门阀、刘氏宗族乘机随之造反。

到公元 22 年，王莽不得不下诏书，废止即位以来的所有改制政策。可是，天下事已不可为，第二年的 10 月，叛军攻进长安城，当了 15 年皇帝的王莽逃至未央宫的渐台，被一个叫杜吴的"商人"砍下了脑袋。[①]

自汉之后，人们对王莽多持毁诟的态度，唐代诗人白居易有诗曰："周公恐惧流言日，王莽谦恭未篡时。向使当初身便死，一生真伪复谁知？"不过到了近世之后，知识界的态度大有更改，民国学者胡适就两次撰文为之翻案，他写道："王莽受了 1 900 年的冤枉，至今还没有公平的论定……然而王莽确是一个大政治家，他的魄力和手腕远在王安石之上。我近来仔细研究《王莽传》《食货志》及《周礼》，才知道王莽一班人确是社会主义者。"因写作《中国人史纲》而闻名的台湾历史学家柏杨也在自己的著作中说："王莽是儒家学派的巨子，以一个学者建立一个庞大的帝国，中国历史上仅此一次。王莽有他的政治抱负，他要获得更大权力，使他能够把儒家学说在政治上一一实践，缔造一个理想的快乐世界。"所以他的改制都是"为了改善这种不公平和铲除造成这种不公平的罪恶"。

胡适、柏杨的翻案，是故作惊人之语，还是意识形态上的共鸣，自可留于读者评说。不过，**一个值得思考和讨论的话题是：为什么实施了几乎为同一版本的经济改革，刘彻成为一代大帝，而王莽却人头落地？**

---

① 商人杜吴：《汉书·王莽传》记载，杀王莽者是"商人杜吴"。史家有两种解释，一种认为是"从商之人杜吴"，另一种认为是"商县之人杜吴"。

答案似乎有四：其一，武帝启动改革之时，削藩已经成功，政治上形成不容对抗的集权；其二，武帝的对匈战争顺乎民心，为改革创造了强大的舆论压力；其三，70年的“文景之治”，为国营化政策留下了巨大的敛财空间；其四，武帝有效地发挥了能臣以及酷吏的作用。

以上四条，王莽无一可得，他的失败是从一开始就预埋下的。因此，任何经济改革，都有路径选择和“时间窗口”两个重要条件，错过一个，都难取全功。

在推翻新朝之后的十来年中，中国又陷入一个“人相食”的乱世。

在公元2年，全国登记在籍的户数为1 236万，总人数有5 761万。据《汉书·食货志》记载：王莽还没有死的时候，天下大乱，人口已经减少了一半。[①]

公元25年，刘氏宗族刘秀称帝，建立东汉政权，史称光武帝。在他建政之时，户籍登记者只剩下十分之二。[②] 另据《后汉书·刘盆子列传》记载，刘秀登基后那几年，天灾人祸不断。公元26年，天下大饥，人相食，城郭皆空，白骨蔽野。第二年，百姓饥饿，人相食，黄金一斤只能交换到大豆五升，全国的道路交通都断隔了，粮食无法长途运输，当兵的只好用杂果来充饥。[③] 到公元30年前后，中原连续遭受旱灾、蝗灾和重大水灾，谷价腾跃，人用困乏，郡县残荒。据历史学家们的推算，当时全国人口锐减，在籍的人口竟只剩下1 200万左右，比秦始皇统一中国时还少了几百万，西汉200余年的社会积蓄可谓付之一炬。

刘秀是南阳的远裔宗族，从小勤于稼穑，还经常往返于宛地做粮食买卖。他这一脉宗族正是王莽想要削弱的地方世族势力，刘秀的舅舅就是前

① 《汉书·食货志》：“及莽未诛，而天下户口减半矣。”两汉人口数据参看王钟翰的《中国民族史》。

② 《续汉书·郡国志一》载：“至光武中兴，百姓虚耗，十有二存。”

③ 《后汉书·刘盆子列传》：“道路断隔，委输不至，军士悉以果实为粮。”

面叙及的南阳世族樊宏，刘秀的岳父郭昌是南阳一带的富豪，田宅财产数百万。他的妻兄阴识“有田数百顷”，姐夫邓晨是“世吏二千石”的官僚大地主，妹夫李通“世以货殖著姓”，为商人大地主。此外，跟随刘秀创建东汉政权的开国功臣邓禹、耿弇、冯异、铫期等“云台二十八将”，大多是豪强世族。由此可见，在王莽与世族门阀的经济和军事战争中，后者最终取得了胜利。

然而，当刘秀披上帝袍之后，他马上转换了角色。王莽想要解决的豪强割据问题不但没有解决，反而愈演愈烈，刘秀本人就是豪强出身，并靠这个集团的扶持登上帝位，在战争时期，地方势力乘机广占田园，营建坞堡，拥兵自重。刘秀一旦拥有天下，也不得不对昔日的“自己人”下手。

政策的动刀之处，仍然是土地兼并和人口兼并。

东汉政权延续了西汉的名田制度和户籍制度。《资治通鉴》中多处提及，朝廷下令“吏民不得田宅踰制”“商者不农”等，刘秀也数次下诏释放奴婢，可是成效甚微。公元26年，刚刚登基为帝的刘秀就委派冯异清剿南阳等地的豪强。他下令说，“那些拥有城堡的人只要投降了，就将他们迁居到京城来，把民众驱散，让他们重新耕地，把营堡全部摧毁，使他们不能重新啸聚，这次讨伐不是为了占领土地和屠城，只要能够平定就可以了”。① 可见，刘秀意在驱散，而非杀戮，确是“手下留情”的。在冯异等人的征讨下，南阳、河南以及江淮一带的豪强被削平不少，可是在全国范围内，豪强大姓拥兵裂土、雄踞乡里的现象依然存在。史载，京城和南阳一带，都是皇帝的亲戚和重臣，他们拥有的土地都超过了朝廷规定的数量，但是没有法律可以约束他们。②

① 《资治通鉴》卷第四十：“将军今奉辞讨诸不轨，营保降者，遣其渠帅诣京师；散其小民，令就农桑；坏其营壁，无使复聚。征伐非必略地、屠城，要在平定安集之耳。”

② 《资治通鉴》卷第四十三：“河南帝城，多近臣；南阳帝乡，多近亲；田宅逾制，不可为准。”

到公元 39 年，在执政 15 年之后，刘秀终于痛下决心，下达了著名的“度田令”，要求全国严格检核垦田顷亩和清查户田，以杜绝兼并之势。

可是，“度田令”在朝野上下遭到了强烈的反抗。刘秀为了杀一儆百，逮捕大司徒欧阳歙，以他在任汝南太守期间度田不实，接受贿赂千余万为罪名，将之处死，欧阳歙的弟子千余人集体上书，为其求情，刘秀不准。其余被处决和处分的重臣还有河南尹、南郡太守和琅琊太守等人。为了对抗，各地豪强纷纷武装暴乱，他们攻击政府住所，杀害行政长官，当政府军前往追剿时，他们就一哄而散，军队一走，很快又屯集在一起，这种情况，以青、徐、幽、冀四州最为严重，而这四大郡州又是当时的国之重镇，可见反抗之烈。①

刘秀四处弹压，恩威并施，总算把叛乱平息了下来，可是，豪强势力实在太大，顽疾终于不能彻底割除。到了后来，刘秀一声叹息，只好与之妥协，他留下了 8 个字，曰“苟非其时，不如息人”，也就是自认时机不到，不如息事宁人。

中国自从形成大一统的帝国模式之后，历朝新建，首要任务必是“削藩”，“削藩”成功，中央集权可得，“削藩”不成，中央与地方的权力之争必永无宁日。东汉初建，豪强除而不尽，光武帝就学不成汉武帝了。在财经和产业政策上，他也不得不把权力下放。

东汉延续前朝旧制，仍然实行盐铁专营政策，不过把大司农所属的盐官和铁官下放，归郡县经营，同时废止均输官等。这意味着，中央把很大的一块专营收入放给了地方，同时放弃了流通领域的国营化战略，这直接造成了中央财政的疲软，以及对地方控制力的减少。到了章帝时期，公元 84 年，为了解决国家财政困难，又把盐官和铁官收归大司农，由中央政府统一实行盐铁专卖。可是，仅仅三年后，章帝驾崩，新即位的和帝就下

① 《后汉书 · 光武帝纪》：“郡国大姓及兵长、群盗处处并起，攻劫在所，害杀长吏。郡县追讨，到则解散，去复屯结。青、徐、幽、冀四州尤甚。”

诏，“中央不再实行盐铁专营，允许民间自主经营，所得的专营收入重归地方金库”。[①]

此外，在地方行政治理上，权力也被分解。刘秀把全国分为13州，除了京城之外，各派刺史一人主政。最初，刺史仅履行监察郡国之责，但随着其权限的不断扩大，刺史逐渐发展为兼领行政、财务、军事的地方长官，其权力空前膨胀，到东汉中后期形成了子承父职的门阀景象，地方割据已成赫然事实。史家唐长孺便认定：“州郡僚佐中所谓大吏、右职，照例由本地大姓垄断。大姓冠族每郡只此数姓，所以州郡大吏就带有世袭性。我们认为，东汉时期的地方政权在一定程度上是由当地大姓、冠族控制的。”[②]

总而言之，东汉一朝再没有出现强权皇帝，世族力量非但没有削弱，反而日渐增强，中央朝政则被外戚和宦官轮流把持。在庄园经济之下，自由的民间工商业者显然并不能得到充分的发展。各地方豪强一方面握有行政的权力，另一方面又利用各种专营政策，形成了无与竞争的世族经济，文景时期的民间经济大发展景象再没有重现过。《后汉书·循吏列传》中记载过这样一个故事：耒阳县出产铁矿，当地民众聚而冶炼，颇有了一番气象，一位叫卫飒的官员看见有利可图，就上书朝廷，将之国营化，从而每年增加了一笔非常可观的收入。《后汉书》作者对此非常赞赏，把卫飒归入“循吏”之列。[③]

公元184年，冀州巨鹿郡（今河北邢台巨鹿县）爆发了声势浩大的黄巾军起义，朝廷征调诸路兵马平叛，拥兵将领与地方世族豪强借机掌握大量武装，继而引发了“董卓之乱”。从这一时间开始，到公元589年的整

① 《后汉书·和殇帝纪》：“罢盐铁之禁，纵民煮铸，入税县官如故事。”

② 参见唐长孺《魏晋南北朝隋唐史三论》，武汉大学出版社，1992年版。

③ 《后汉书·循吏列传》：“耒阳县出铁石，佗郡民庶常依因聚会，私为冶铸，遂招来亡命，多致奸盗。飒乃上起铁官，罢斥私铸，岁所增入五百余万。”

整400年，是中国历史上最长的混乱和分裂时期，是为魏晋南北朝。

这一时期内，各路英豪纷纷登上历史舞台，先是曹操、刘备、孙权等人割据争霸，中国进入著名的三国时代。公元220年，曹操之子曹丕逼迫汉献帝逊位，建立魏朝，东汉灭亡。公元265年，出身河内（今河南）世族门阀的司马炎取代曹魏政权建立晋朝（西晋），继而灭吴国，统一天下。公元291年爆发了延绵16年之久的“八王之乱”；到公元311年，匈奴军乘乱攻破洛阳，是为“永嘉之乱”，公元317年，晋政权南下建康（今江苏南京），建立东晋。其后200多年，中国分裂为南北两朝。

在北朝，各民族纷纷建立起各霸一方的王国，先后竟有16国之多，一直到公元439年，才由鲜卑族拓跋氏所建立的北魏统一了北方，然后再度分裂，100多年里，又先后经历了东魏、西魏、北齐和北周诸朝。在南朝，也是数度改朝换代，东晋一脉持续了100来年，到公元420年被甲兵出身的刘裕所夺取，其后经历了宋、齐、梁、陈四代。[①]

这数百年间，工商经济出现了惊人的大倒退现象。

自战国之后，自给自足的自然经济日渐让位于商品经济，到了两汉，商贸越来越发达，职业分工趋于专业。然而东汉末年以降，一切工商秩序被践踏破坏，主要表现有三。

一是货币无法正常发行。董卓之后“钱货不行”，老百姓以谷物和布帛为货币。《晋书》记载，“永嘉之乱”后，河西一带“不用钱，裂匹以为段数”，到后来，不得不进行实物交易，北齐时期，“钱皆不行，交易者皆绢布”，市场机能严重退化。

二是地方割据，坞堡林立，全国性的统一大市场遭到破坏。民众躲避战祸，向往封闭自足的自然经济，陶渊明笔下那个“不知魏晋”的“桃花

---

① 十六国时期的后赵高祖石勒（公元274—333年）是史上唯一一位奴隶出身、当过商贩的皇帝，他的祖先是匈奴别部羌渠的后裔。年仅14岁时，石勒就跟随老乡到洛阳做买卖，后在乱世中崛起，建立政权。

源”成了最美好的生活理想。北朝后期的儒生颜之推（公元531—约595年）写过一部流传甚广的《颜氏家训》，在“治家篇”中，他教育子孙们说：“最好的生活就是自己耕田吃米，亲手种桑织麻，所有的生活器具，从一只鸡到一头猪，从一把锄头到一根蜡烛，都是能自给自足的，所求于外部世界的，只有盐而已。”[①]

三是城市文明屡兴屡毁。市井工商，事关民生，所以是一种“速生的植物”，只要有10年的太平时光，就一定会草长莺飞，宛成气象，20年便能出现巨富之家，30年可造就繁华都市，然后，政权动荡，兵戈再起，一切锦绣灰飞烟灭，轮回重新开始。这便是魏晋南北朝300多年间一再上演的剧目。此等故事，以洛阳最为著名。

洛阳在两汉时期已是天下出名的繁荣之地。公元186年，发生“董卓之乱”，董军攻占洛阳，将方圆200里以内的宫室和民房一律焚毁，将数十万人向长安驱赶，洛阳化为一片废墟，曹操曾赋诗记录：“洛阳何寂寞，宫室尽烧焚。垣墙皆顿擗，荆棘上参天。”曹魏时期，洛阳被定为首都，再度复活，盛极一时。“八王之乱”时，洛阳先后4次被叛军洗劫，被杀民众达20万之众。到了“永嘉之乱”的公元311年，匈奴人刘曜攻陷洛阳，烧毁坊市，杀诸王公及百官以下3万余人，再毁。到公元493年，魏孝文帝迁都于此，洛阳重新恢复生机，历30年，再次成为北方政治、经济和文化的中心，其文物典章，极为可观。

北魏文学家杨炫之在《洛阳伽蓝记》中详尽记录了当时洛阳的繁华：出西阳门四里，有一个规模惊人的“洛阳大市”，方圆八里，按行业分类，有通商、达货、调音、乐律、退酤、治觞、慈孝、奉终、准财、金肆十大商业区；城东有专卖南方水产的集市和马市，城南四通市卖本地水产。在

---

① 《颜氏家训·治家》：“生民之本，要当稼穑而食，桑麻以衣。蔬果之蓄，园场之所产；鸡豚之善，埘圈之所生，爰及栋宇器械，樵苏脂烛，莫非种殖之物也。至能守其业者，闭门而为生之具以足，但家无盐井耳。”

洛阳的市场里，吃、穿、戴、用、玩乐之物，婚丧喜庆所需物品，还有天下难得之货，应有尽有，南北口味色色俱备，可以尽情享乐游玩。在洛阳的市场里，“多诸工商货殖之民。千金比屋，层楼对出，重门启扇，阁道交通，迭相临望。金银锦绣，奴婢缇衣，五味八珍，仆隶毕口”。洛阳城里最著名的大商人叫刘宝，他的店铺遍及全国，州郡都会之处都有他的宅子，各养骏马一匹，据说他还能控制食盐和粮食的价格。①

由洛阳向西的国际贸易也十分活跃，“自葱岭已西，至於大秦，百国千城，莫不欢附，商胡贩客，日奔塞下，所谓尽天地之区已。乐中国土风，因而宅者，不可胜数。是以附化之民，万有馀家”。从这段文字可知，从洛阳到罗马，商脉绵延，万物汇集，当时仅在洛阳经商并成永久居民的外国商人就达万家之多，此城俨然已是世界上少见的国际大都会。

可是，到公元528年，契胡族人尔朱荣发动叛乱，洗劫洛阳，把城里的贵族富户消灭殆尽，全城再次死寂。到547年，曾经目睹洛阳盛况的杨炫之看到的景象是：“城郭崩毁，宫室倾覆，寺观灰烬，庙塔丘墟，墙被蒿艾，巷罗荆棘。”

这还不是毁灭的终点。随着战事的结束，洛阳再次复苏，可是，到公元537年，东魏和西魏为争霸中原，展开洛阳争夺战，东魏大将侯景攻陷洛阳后放火烧城，又把辛苦堆砌起来的繁华付之一炬。

魏晋南北朝期间，几乎所有的大郡都市都经历过类似的屡毁屡建，与洛阳齐名的中原重镇长安至少遭过4次大劫，而南方的建康（今江苏省南京）则三次被夷为平地。在这样的乱世之中，商业的延续及商人的命运便如镜花水月，永无定数。

自“董卓之乱”后的近400年，是中国历史上一段十分奇异的“插

① 《洛阳伽蓝记》：“有刘宝者，最为富室，州郡都会之处，皆立一宅，各养马一疋。至于盐粟贵贱，市价高下，所在一例。”

曲”。在这期间，人民饱受战乱之苦，东汉末期的公元157年，全国已有人口7 200万，到公元265年司马炎建立晋朝时竟锐减至2 400万，只剩下1/3。到公元300年，人口好不容易恢复到3 380万，可是“八王之乱”爆发后，人口死亡过半，西晋南迁时，汉族人口甚至已不到1 500万。翻开这段史书，到处是残酷杀伐、屠城流血、阴谋政变。

不过，魏晋南北朝又是中国历史上第二个思想大解放时期。随着大一统中央集权的瓦解，思想禁锢被打开，各民族互相交融，呈现奇葩争艳的绚烂景象。宗白华在《美学散步》一书中称：“汉末魏晋六朝是中国政治上最混乱、社会上最苦痛的时代，然而却是精神上极自由、极解放，最富于智慧、最浓于热情的一个时代，因此也就是最富有艺术精神的一个时代。”在这一时期，出现了难以计数的军事家、绘画家、文学家、生活家、宗教家。

另外发生的一个重大变化是，随着西晋被灭，大量中原世族和民众渡江南下，极大地促进了长江流域的农业和工商业经济，中华文明开始了一次从黄河流域向长江流域的大迁徙。

作为主流的政治和经济形态，世族和庄园经济在魏晋南北朝也出现了一个不断衍变的过程。

曹丕创建魏国时，在官员推选制度上采用九品中正制。政府在各郡州设置中正官一职，将当地的优秀人才分别品定为九级（品），以此选拔官员，其标准有三，分别是家世、道德和才能。这一制度推行之后，中正官一职很快被各地世族垄断，才德标准仅成摆设，家世成最重要的选才条件，于是便出现了“上品无寒门，下品无士族”的景象，进一步强化了世族的参政能量。钱穆在《国史大纲》中评论说，此后，官僚逐渐贵族化了，那些“治官则不了，营家则不办”的士宦，多半不愿去经商牟利，同时，商人要跨进政界，也不免遭受当时讲究身份的障碍。

南北分裂之后，天下鼎沸，无权无势的农民为了苟延生存，不得不依附于世族地主，从而更加增强了后者的力量。在广袤而动荡的北方原

▲坞堡模型

野上，到处林立着森严的世族坞堡。北魏时代，河北有韩、马两姓各2 000余家，“劫掠道路，侵暴乡闾”（《魏书·薛胤传》）。甚至大族聚居，一个宗族就有将近上万户人家，炊烟连接，房屋比邻而立，延绵不绝。[①] 据邹纪万在《魏晋南北朝史》一书中的统计，“永嘉之乱”后，坞堡组织发展至高峰，譬如魏郡、汲郡有50余，冀州有百余，雁门、太原等地有300余，关中地区最多，有3 000余，各地豪强纷纷结坞自保。

这些世族的势力实在太大，北魏政权初建时曾实行“宗主督护制”，以利用这些世族地主来暂时维护基本的社会秩序。在《北齐书·崔鹛传》中还记载了一个细节：当时中原以崔、卢、李、郑为四大名门望族，其中又以崔姓为首，与崔家联姻的都是堂皇家族，有一年，当朝的娄太后为博陵王娶亲，纳崔鹛的妹妹为贵妃，太后特别关照前去提亲的使者说：“一定要办得风风光光，千万不要被崔家的人笑话了。”连皇室都担心被崔家看不上眼，可见世族之显赫崇高。[②]

世族经济归根到底是权贵经济，由权牟利，是最快捷的致富途径，因此，在这种社会形态之下，“导致中国历史上前所罕见的官商勾结与官僚

---

① 《通典》卷三：“一宗近将万室，烟火连接，比屋而居。”

② 《北齐书·崔鹛传》：“好作法用，勿使崔家笑人。”

资本”。[1]

在各部史书上随处可见各路世族诸侯靠割据一地而大肆敛财的事迹：三国时，公孙瓒据易京，自筑高城，所宠信的人大多是商贾之辈，官商联手，闹得民怨沸腾。[2] 西晋的世族大吏刁逵“有田万顷，奴婢千人”。[3] 到了北齐时，各位王爷提拔自己的属官，大多从富商之中选择，而一些高官的家里，每天出入的都是富商大贾。[4] 连在边境驻守的将领都没有太多的心思用于军事，而是以通商交易为主业。[5] 北齐政权还公开卖官，以致“州县职司，多出富商大贾”。广州在当时已经是南部最重要的商业中心，《南齐书》记载说，只要当上了广州刺史，骑马一过城门，就相当于得了3 000万的财产。[6]

世族模式发展到魏晋晚期已经腐败非常。世族子弟的富贵得来实在太过容易，早就失去了进取之心，他们穿着华丽宽大的衣袍，出门要坐车，进屋需扶侍，[7] 还整日里“熏衣剃面，傅粉施朱”，以致“肤脆骨柔，不堪行步，体羸气弱，不耐寒暑”，他们中的很多人甚至连马与老虎都分辨不出，如此子孙，当然已不堪用世。所谓“魏晋风度”，正是世族门阀日暮夕阳的生动写照。东晋之后的宋、齐、梁、陈四代，其开国皇帝都是寒族出身，而各级高级将领更是多由平民出身的人士担任。

---

① 参见侯家驹《中国经济史》，新星出版社，2008 年版。

② 《后汉书·公孙瓒传》：“故所宠爱，类多商贩庸儿。所在侵暴，百姓怨之。”

③ 参见《晋书·刁逵传》。

④ 《北齐书·和士开传》：“富商大贾朝夕填门。”

⑤ 《魏书·袁翻传》：“皆无防寇御贼之心，唯有通商聚敛之意。”

⑥ 《南齐书·王琨传》：“广州刺史但经城门一过，便得三千万。”

⑦ 《颜氏家训·涉务》：“褒衣博带，大冠高履，出则车舆，入则扶侍。”

在整个魏晋时期，经商风俗日盛，所谓“天下荡荡，咸以弃本为事”(《宋书·传论》)，出了不少大商人，如晋朝的王戎、孙盛、刁达，宋时的褚叔度，南齐时的虞宗，梁时的顾宪之等。其中，最出名的富豪是石崇（公元249—300年），他便是官商一体的典范。

石崇是中国历史上出了名的美男子，他的父亲石苞当过大司马。综合各类史料来看，石崇致富靠的是三种办法，一是抢劫，二是兼并土地，三是从事水碓业——水力舂米作坊。

《晋书·石崇传》记载，依着父荫，年纪轻轻的石崇就出任南中郎将、荆州刺史，荆州是当时天下最繁华的州郡之一，石崇在这里靠抢劫过往商客，获得了巨额财富。在完成原始积累之后，他继而大量兼并土地，在洛阳城的西北方建立了一个方圆广大的私家庄园——金谷园。该园到底有多大面积，没有文字记载，不过石崇在里面圈养的美艳奴婢就有千人之多，足以让后人遐想。[①]金谷园名气非常大，甚至被写进了《水经注》，郦道元谓其“清泉茂树，众果竹柏，药草蔽翳”。

水碓是一种用流水带动的舂米机械，是当时的一项农业高科技。由于这种水力机械投资较大，而且需截水推动，妨碍灌溉，常为朝廷禁止，所以唯有权贵者才可能得到特许经营，所得收入称为“舂税”，也就是说，它是一种能带来暴利的垄断性产业。《全晋书》记载，晋朝的开国功臣王浑就曾经上表皇帝，要求特许经营水碓，同时恳请在洛阳方圆百里之内，不得他人经营。石崇的金谷园里有水碓30余处，垄断了周边地区的舂米业务。[②]

---

① 《艳异编》：“劫远使商客，致富不赀……崇之美艳者千余人。”

② “竹林七贤”里的富人：靠经营水碓而致富的魏晋人士，还有“竹林七贤”之一的王戎，《晋书·王戎传》说他，“性好兴利，广收八方园田水碓，周遍天下，积实聚钱，不知纪极”。

由权而商，由官而富，财富得之容易且无须投资扩大再生产，所以奢侈挥霍也成必然，后世流传的石崇故事，全部与斗富有关。

▲水转连磨

有晋一代，王家是最著名的世族之一，其中又以晋武帝的舅父王恺最有钱，石崇就跟他缠斗不已。王恺饭后用糖水洗锅，石崇便用蜡烛当柴烧；王恺做了40里的紫丝布步障，石崇便做50里的锦步障。有一回，晋武帝暗中帮助王恺，赐了他一棵二尺来高的珊瑚树，枝条繁茂，世所罕见。王恺把这棵珊瑚树拿去向石崇炫耀，石崇只瞧了一眼，就顺手用铁制的如意将之敲碎，然后，他命令手下的人把家里的珊瑚树全部搬出来，这些珊瑚树的高度有三尺、四尺，树干之美更胜一筹，弄得王恺惆怅不已。

金谷园里夜夜笙歌，每次聚饮，石崇必让美人斟酒劝客。如果客人不喝，他就把美人杀掉。有一次，王家的另外两个著名人士丞相王导与大将军王敦去石家赴宴，王导向来不善喝酒，但怕石崇杀人，当美女劝酒时只好勉强饮下。王敦却不买账，硬拗着不喝，结果石崇连斩了三个美人。

石崇斗富甚至还斗到了皇帝头上。据《耕桑偶记》载，有一年，外国进贡一批十分珍贵的火浣布，晋武帝制成衣衫，跑去石崇那里显摆，石崇故意穿着平常的衣服迎接武帝，身后跟着从奴五十人，却个个身着火浣衫。

石首富如此张扬，当然难得善终，后来终于被安了个罪名，斩杀于东市。临死前，他叹息说："这些小子还不是为了贪我的钱财！"押他的人说："你既知道人为财死，为什么不早些把家财散了，做点好事？"

第二部

公元 589—1367 年

（隋唐）　　（宋元）

“世界第一”的黄金期

第七章

长安城里的商人

忆昔开元全盛日，小邑犹藏万家室。
稻米流脂粟米白，公私仓廪俱丰实。

——杜甫《忆昔》

大唐开元年间。某日，唐玄宗李隆基晨起，站在长安城的含元殿上眺望远山，猛然间，看见一条白龙横卧于山中。他问左右的人，是否看见了什么异象？大家都说没看见。玄宗急忙下令，速把王元宝叫来问问。王元宝到后，定睛看了一会儿，说："我看见一个白色的东西横在山中，但看不清它的形状。"玄宗叹息说："我听说至富可以比得上贵。我是天下最贵的人，元宝是天下最富的人，所以能看见。"[①]

王元宝是长安城里最富有的商人，从事的是商

① 《太平广记》："我闻至富可敌贵。朕天下之贵，元宝天下之富，故见耳。"

贸业，据说他用金银装饰居屋，墙壁上涂以珍贵的红泥，时人称为“王家富窟”，其“器玩服用，僭于王公”。有一次，玄宗问他：“你到底有多少钱？”元宝悠悠地说：“皇宫的后面有一座南山，我用一匹绢捆一棵树，树都捆完了，我的绢还没有用光。”绢在唐代可以当货币使用，一匹绢在开元年间可换得十多石粟，元宝之富可以想见。[①]

王元宝的故事被记录在《太平广记》之中。此时的中国已经承享了整整130年的太平，正处在历史上最好的极盛时刻。

经历400年的南北分裂后，中国于公元589年重新统一。

中国史专家、当过美国历史家学会会长的魏斐德在《世界历史背景下的中国》一文中提出过一个问题：“在世界第一批帝国——罗马和汉朝——崩溃后，中国历史和欧洲历史为何差异起来呢？”他对此的回答是，“统一是中国的一种文化”。

随着罗马帝国的消亡，欧洲从此进入了一个漫长的封建制时期，并从此再未“统一”——20世纪末期出现的欧盟是一种新的联合体模式。而中国则有一个“合久必分，分久必合”的规律。公元581年，杨坚在长安建立隋朝，几年之内征服大江南北，于589年结束了长期分裂混战的局面。

而诡异的是，这个实现了统一大业的王朝与800年前的秦王朝一样，竟又是一个短命帝国，它从统一全国到丧失政权前后仅仅29年（公元589—618年）。更为诡异的是，这两个短命帝国却都各自完成了几个影响千年的巨大工程：秦朝确立了符合大一统需求的郡县制度，修筑了万里长城，隋朝则创造了科举制度，同时开凿了南北贯通的大运河。

科举是政府通过定期举行考试来选拔官吏的制度，其考试的内容是研

① 绢与货币：自汉末之后，因乱世不断，钱币的使用日渐减少，社会流行实物货币，以谷米麦粟以及绢布帛练为最普遍，从汉末魏晋到“安史之乱”左右，500多年之久，实物货币在各地市场上具有相当雄厚的势力。参看全汉升的《中古自然经济》，彭信威《中国货币史》，上海人民出版社，2007年版。

习儒家经典——有人计算过，它们的总数在90万字左右。它从公元605年（隋大业元年）开始实行，到1905年（清光绪三十一年）为止，整整实行了1 300年，由于采用分科取士的办法，所以叫作科举。

在政治经济史的意义上，科举制是对世族模式的一次彻底“反动”。世族模式和庄园经济，从西汉中后期以降的数百年间，困扰历代治国者，几乎鲜有改造成功者，王莽改制，十年而亡，刘秀“度田”，不了了之，东汉政权的羸弱以及魏晋南北朝的纷乱，无不与此有关。一直到科举制的出现，才切断了世族繁衍的制度性根源。

科举制度自诞生起，就成为大一统文化的重要组成部分，它意味着，任何人都可以通过朝廷主持的考试变成统治阶层的一分子。如果说商鞅发明的军爵制度打通了普通人向上晋升的“武力通路”，那么，科举制度则开拓了“文学通路”，这显然是一条更为广阔的道路。从此，优秀的人才均被纳入体制之内。科举制度造成知识阶层对国家权力的绝对依赖，在这个由“规定动作”组成的考试行动中，知识分子首先丧失了独立生存的可能性，进而放弃了独立思考的能力，也就是从这一制度确立之日起，作为一个独立存在的知识分子阶层在中国历史上完全地消失了。①

在本质上，科举是一种政府主导的教育和人才选拔体制，当这一制度被确立之后，其他成才途径都被认定为“异端”，其中就包括通过经商成为优秀的商人。侯家驹在《中国经济史》中评论说：“中国经济的长期停滞，科举制度之弊，应是其中之一。”

隋朝的第二个重大工程，是开凿贯穿南北的大运河。

隋文帝于公元584年下令引渭水由长安东至潼关，是为广通渠，隋炀帝杨广即位后，继续广征民力，建成以洛阳为中心，由永济渠、通济渠、

---

① 科举制与“公平”：正因为科举制度对大一统政体如此重要，所以，历代君王均全力维持它的“公平性”，对科举作弊都严惩不贷。费正清因此评论说：“在一个我们看来特别注重私人关系的社会里，中国的科举考试却是惊人地大公无私。每当国势鼎盛，科举制度有效施行时，总是尽一切努力消除科场中的徇私舞弊。”

山阳渎和“江南运河”连接而成，南通杭州，北达涿郡（今北京西南），全长 1 700 余公里的大运河。自此，秦汉以来只有东西交通的状况被改变，中原文明自东晋渡江之后开始出现南移景象，随着大运河的开通，北风南渐，终成定势。[①]

隋炀帝因开拓大运河消耗了巨大的国力，《隋书》中说是“举国就役，开为御道”，终而激发民变，炀帝被缢弑于南巡途中，李渊在太原起兵，创建唐朝。晚唐诗人皮日休有诗曰：“尽道隋亡为此河，至今千里赖通波。”

取代隋朝的唐朝（公元 618—907 年），是中国文明记忆中一段精心雕刻过的辉煌时光，历代以“盛”冠之的朝代，唯此而已，是为“盛唐”。

盛唐景象的出现，与汉初“文景之治”十分近似，即在政治上继续采取蔑视商人的国策，不过在经济上却营造空前的宽松环境。

唐初诸帝对商人的压抑仍然是不假颜色的。开国皇帝李渊规定“工商杂类不预士伍”，紧闭商贾从政之门。李渊驾崩，辅佐父亲打下江山的次子李世民即位，这就是著名的唐太宗，后世以“秦皇、汉武、唐宗、宋祖”并称，视之为一代大帝。就如同秦始皇和汉高祖都非常讨厌儒生和商人一样，李世民也讨厌两类人，分别是世族子弟和商人。[②]

唐太宗对世族力量十分警惕，尽管科举的推行已在制度上解决了问

---

① 大运河与经济：长江下游在唐宋时期发展成为中国经济最发达的地区，中国政府是否能成功地统治全国，依赖于是否能够有效地将长江下游的经济资源，迅速通过大运河运输到首都所在的华北地区。参见黄仁宇《明代的漕运》，新星出版社，2005 年版。

② 儒生与政权：隋唐之后，很少再有统治者讨厌儒生了，原因当然是科举制。五代文人王定保所撰的《唐摭言》中曾载一则故事：有一次，唐太宗私下去视察御史府，看到许多新晋的进士鱼贯而出，便得意地说：“天下英雄入吾彀中矣！”

题，可是民间思维却仍然根深蒂固。有一次，他让礼部把天下的姓氏谱牒全部收集起来，修成一部《氏族志》。礼部呈上来的资料，以传统的世家大族崔家为第一等，这让太宗大为光火。他说："我跟山东的崔家、卢家也没有什么旧嫌，可是他们已经世代衰微，没有出过什么了不起的大人物了。我现在定氏族，是要崇尚我大唐的冠冕人物，怎么能以崔家为第一等！"于是，他亲笔朱批，提出"不须论数世以前，止取今日官爵高下作等级"，在他的干预下，天下姓氏合 293 个，共分九等，崔家降为第三等。吕思勉在《隋唐五代史》中评论说，"尽管太宗这种公开羞辱的做法有点牵强，不过其宗旨正在于打击世族势力，否定血缘阶级"。

对于民间商人，唐太宗也跟前代君王及父亲一样，主张将之排斥在主流社会，特别是政治圈之外。他曾嘱咐重臣房玄龄："朝廷的各种官位，都是为贤人们准备的，那些工商杂流，即便人才出众，也只可以让他们多多发财，一定不能授以官职，使得他们能够与贤人君子并肩而立，同席而食。"[①] 这段话在后世非常出名，被历代治国者奉为圭臬，视为一项毋庸置疑的基本国策。此外，唐太宗还在服饰上对各种身份的国民进行特别的识别：五品以上的官员可以穿紫袍，六品以下的穿绯绿的官服，胥吏的衣服是青色的，一般百姓是白色的，军士是黄色的，而商贾则必须是黑色的。[②]

高祖和太宗的蔑商做法，一直被他的子孙们沿用。唐高宗时期，下令工商人士不得骑马——"禁工商不得乘马"。文宗时期，规定商贾及其妻子不得乘坐有檐的马车，并指出最近出现了商贾骑着装饰华丽的高头大马

① 《旧唐书·曹确传》："朕设此官员，以待贤士。工商杂色之流，假令术逾侪类，止可厚给财物，必不可超授官秩，与朝贤君子比肩而立，同坐而食。"

② 《旧唐书·舆服志》："贵贱异等，杂用五色。五品已上，通著紫袍，六品已下，兼用绯绿。胥吏以青，庶人以白，屠商以皂，士卒以黄。"

四处驰骋的景象，再度重申商贾不能骑马的命令。[①]

这些对民间商人的压抑及限制，可以说是中国历代集权统治者的“惯性思维”，不过在经济政策上，我们却看到另外一番景象，因局势之艰困，治国者不得不大为放松。

据《隋书·地理志》记载，隋末唐初，全国人口约4 600万，比东汉末年的7 200万还少了三分之一，国贫民穷，亟须休养生息。李渊开国之后，大手一挥，把一切山泽税、盐税统统废罢，之前由国家专营的盐、铁、酒等产业全数放纵民众自主经营，民间一片欢腾。[②]在农业税方面，唐代的税收是取1/50，远低于汉代的1/30，徭役则是每年20天，也比前朝要少。[③]

公元626年（武德九年）8月，李世民即位后，当月就颁布诏令，说经商牟利是老百姓的本业，所以要改革前弊，以满足民众的需要，下令把潼关以东的关卡全部停废，以让货物自由交易。[④]有唐一代，还停止了商税的课征。

唐代中央政权与地方的关系也比较宽松，实行的是财政下放的政策，地方州县上缴中央的很少，所以地方很富足，而中央又把最大的财政支

---

① 《准敕详定诸司制度条件奏》：“胥吏及商贾妻子，并不乘奚车及檐子……商人乘马，前代所禁，近日得以恣其乘骑，雕鞍银镫，装饰焕烂，从以童骑，骋以康庄，此最为僭越，伏请切令禁断。”

② 《隋书·食货志》：“罢酒坊，通盐池盐井与百姓共之，远近大悦。”

③ 均田制：唐代实行的农业政策是均田制，类似于后世的“包产到户”，每个五口之家可授田一百亩，需纳粟二石为租，按每亩产粟一石计算，即百分之二的税率。

④ 武德九年诏：“通财鬻货，生民常业。关梁之设，襟要斯在，义止惩奸，无取苛暴。近代拘刻，禁御滋章……非所以绥安百姓，怀来万邦者也。其潼关以东，缘河诸关，悉宜停废。不得须禁。”《唐会要》卷八十六。

出——各地养兵的军费让藩镇自己承担，所以中央的支出也少。①

这些前所未见的轻税简政，无疑对工商业和地方经济的繁荣有重大的意义。而国家的统一更为商业流通提供了一个广阔的市场空间，商人在国境之内经商，数十里便有酒肆客栈，每个店铺均备有代步的驴子，行走千里而不需持寸铁自卫，这当然是空前的太平盛世。②

从公元618年开国到742年（唐玄宗天宝元年），唐政权对工商业的宽松政策延续了120多年，其中也颇多反复争议。

《新唐书》记载了这样一个故事：公元703年，当时执政的是中国唯一的女皇帝武则天，有关部门要求重新课征关市之税。一位叫崔融的大臣当即上疏制止，洋洋洒洒地提出了“六不可”，其核心意思是，若征了关税，必然增加民间负担，阻碍商品交易，最终会造成社会动荡，政府得不偿失。武则天采纳其意，放弃了课征的念头。

▲（唐）张萱《捣练图》中盛唐宫女加工绢丝的场面

对于盐铁之利的争论则更大。

白寿彝在《秦汉到明末手工业和封建制度的关系》一文中细述了南北朝到唐中期前的制度衍变：在北魏初期，河东郡的盐池原归官府所有，以收税利，后来罢止，

① 财政下放：宋人朱熹在《朱子语类·论兵》评论说：“唐时州县上供少，故州县富。兵在藩镇，朝廷无甚养兵之费。”

② 《新唐书·食货志》：“道路列肆，具酒食以待行人，店有驿驴，行千里不持尺兵。”

很快被一些富豪之家所拥有；孝文帝延兴年间（公元471—475年），朝廷复立监司，再收税利；到了世宗时期（公元499—515年），再次解禁；神龟年间（公元518—519年）又归国有，“其后，更罢更立”，数次反复。隋文帝立国，宣布罢禁之令，唐朝则延续隋制，达100多年之久。

到公元713年（唐玄宗开元元年），大臣刘彤上《论盐铁表》，重新拾起专营之议。在他看来，把山海之利放于民间，只会造成更猛烈的贫富悬殊，所以应该收归国有，以达到“均贫富”的目的，这才是真正的帝王之道。[1]跟历代所有主张国营化政策的人士一样，刘彤的立论之本是“夺富济贫”，而实质还是增加国家财政收入。玄宗令朝臣讨论刘彤之议，大家都觉得“盐铁之利甚益国用”，于是设立机构，“检校海内盐铁之课”，不过这一专营政策只执行了10年左右，到开元十年，玄宗下令，除了蒲州盐池之外，其余盐铁产地“无须巡检”，再度放还民间。

中国历代君王要休养民间，都必须轻赋薄徭，然而税赋收得少了，政府就可能没有钱来养活庞大的官吏阶层。

唐朝严禁官员经商，高祖李渊下诏规定“食禄之家不得与民争利”，唐太宗更下令“五品以上，不得入市”。唐朝的官员按官职高低都可以领到一块“职分田”，此外还有永业田，即便是八品或九品的小官，也有永业田二顷。不过，因为大幅减免税赋，政府的财政收入捉襟见肘，不堪支付。在大一统的集权制度下，这似乎是一个天然的治理矛盾。作为一代雄主，唐太宗想出了一个“公廨钱制度”，就是对富豪家庭定向征收一笔“特别财产税”，以此来养活政府的官员。

早在高祖时期，朝廷就对天下的富商进行了一次资产清查，按资产多少定为三等，后来改成九等，并规定“每岁一造册，三年一造籍”，不过，

---

① （唐）刘彤《论盐铁表》：“若能收山海厚利，夺丰余之人，蠲调敛重徭，免穷苦之子，所谓损有余而益不足。帝王之道，可不谓然乎。”

没有像汉武帝那样通过告发的方式来进行清算。到公元 637 年（贞观十一年），唐太宗下达诏书，容许长安 70 多所衙门，每所可选“身能估贩、家足资财”的商人 9 名，号称“捉钱令史”，每人贷予公廨钱 5 万钱，用于商业活动，每月纳利息 4 000 钱，一年 4.8 万钱，以单利计算，年利率约为 100%。这一政策，相当于让长安城里最富足显赫的 700 个富豪家庭，每年缴纳一笔数目不菲的“特别税”。很可能的情况是，政府贷出的公廨钱仅仅是名义上的，而缴纳的利息则是真金白银。这一政策很快在全国各州普遍实行。

为了鼓励商人接受公廨钱制度，唐太宗在全国特别设立了 7 000 个基层官员岗位（“防阁”），只要纳满一年的家庭就可以派出一人当官，不过任期只有两年，之后由其他纳税的“上户”取代。从 7 000 个官位设置可见，当时被征收特别税的商人家庭约为 7 000 户。唐朝初期，官员人数非常之少，贞观年间，中央政权机构中的文武官员最少时只有 643 人，也就是长安城的 700 来位“捉钱令史”，每人养活一个官员。

公廨钱制度在唐代执行了很久，玄宗初年，年利率降低为 70%，继而再降到 60%、50%，每笔强迫贷款金额也有所降低，被选中的商人所获权益，早期是当官吏，后来则改为免除徭役。唐太宗发明的这个制度，在后世的学界引起过很大的争议。褒之者认为，这一制度虽然“粗糙”却很直接，政府养活了官员又巧妙地避免了广征税赋。贬之者则认为，这是对富有家庭的一次强制性制度盘剥，它虽然比汉武帝的“算缗令”温和一些，不过本质却是一致的，另外，100% 的高利率亦是对全国金融市场的破坏，富户很可能以类似利率放贷给一般平民，从而导致全社会资金流通成本的抬高，当时就有人批评说，其结果是“富户既免其徭，贫户则受其弊”。

盛唐崛起的公元 6 世纪和 7 世纪，在西方史学上正是“黑暗中世纪”的开始。此时的欧洲群龙无首，随着罗马帝国的衰落，封建割据带来频繁的战争，造成科技和生产力发展的严重停滞；而在中东地区，穆罕默德于公元610年兴起伊斯兰教，穆斯林终而组建成一个强悍的、与基督教国家长期军事对峙的阿拉伯帝国。展开当时的世界版图，可以用“东明西暗”来形容。

有唐一代，随着国力的强盛，治国者自信开放，国际贸易出现了空前繁荣的景象。

据《唐会要》记载，公元630年（贞观四年），唐太宗试图组建一个跨国联盟。当时有西域20多国的君主及其代表集聚长安，奉太宗为“天可汗”，而且规定，各国君主去世者，必须由唐朝廷下诏册立其后嗣，《唐会要》因此宣称“统制四夷，自此始也”。10年后的公元640年，唐太宗派军队攻灭西域的高昌国（今新疆吐鲁番地区），重新打通了“丝绸之路”，从此，由长安向西，可自由横穿整个欧亚大陆，直驱地中海东岸的安都奥克，全长约7 100公里。①

正是通过这条漫长的贸易走廊，东西方文明进行了一次大流通，中国的丝绸、瓷器源源不断地贩销到欧洲市场。当时，罗马城里的多斯克斯地区有专售中国丝绸的市场，其价值约与黄金等重，造纸术也在这一时期传入穆斯林地区。②而西方的动植物和新技术也传入中土，其中比较重要的动物有骆驼、波斯犬、孔雀、鹦鹉、鸵鸟等，植物有胡葱、胡椒、菠菜、小茴香、橄榄、无花果、水仙等，此外还有用甘蔗制糖的技术。这些动植物及技术，在日后成为中国人生活的一部分。③

作为丝绸之路的东方终点，7—8世纪的长安无疑是当时世界上最繁荣的城市，被称为“世界性首都”。

---

① “丝绸之路”：这一名词是德国地理学家李希霍芬在1877年首次提出的。

② 造纸术西传：公元150年，东汉人蔡伦发明造纸，公元751年（天宝十年），唐将高仙芝西征大食（阿拉伯帝国），会战于怛罗斯城（今哈萨克斯坦共和国东南部），唐军大败，被俘的唐军中有造纸工匠，造纸术从此传入西方。

③ 穆斯林与广州：在南方，公元671年，穆斯林商人穿过马六甲海峡第一次到达中国的广州，这里很快成为穆斯林商人的集聚中心。

岑仲勉在《隋唐史》中赞曰：“全城坊市，星罗棋布，街衢宽直，制度弘伟，自古帝京，曾未之有。”据计算，唐代长安城有常住居民62.6万人，如果加上驻军、僧尼以及往来客商，其人口总数很可能已经超过100万，其旧址面积约80多平方公里，大于明清时的北京城。

▲丝绸之路上卖乳香的商人

从流传至今的图册可见，宫城在北面，皇城在南面，宫城和皇城内，多种梧桐、柳树，全城南北中轴线两侧东西对称。东半部设万年县，有东市，西半部设长安县，有西市。全城街道两旁都有排水沟，并栽种槐榆，棋盘式的街道宽畅笔直，绿树成荫，市容十分壮观。白居易《登观音台望城》诗：“百千家似围棋局，十二街如种菜畦。”正反映了这种整齐划一的棋盘式格局。

东、西两市是长安城的商业交易中心——后世的“东西”一词由此而来，四面各开两门，各有两条东西街、两条南北街，构成“井”字形街道，把市场分为9个方块。每方的四面都临街，店铺就设在各方的四围，同行业的店铺，集中在一个区域里，叫作行。东市有220行，西市更加繁荣，除了店铺，还有平准局、衣肆、典当行等。

《唐六典》记载，唐王朝与300多个国家和地区发生过交往，每年都有大批外国客人来到长安。唐王朝设有专门机构（鸿胪寺、礼宾院）负责接待外宾。西方的安息（波斯）、大秦（罗马）、大食（阿拉伯帝国）等大小国家不断派遣使者前来长安。很多波斯人世代留居长安，他们控制了珠

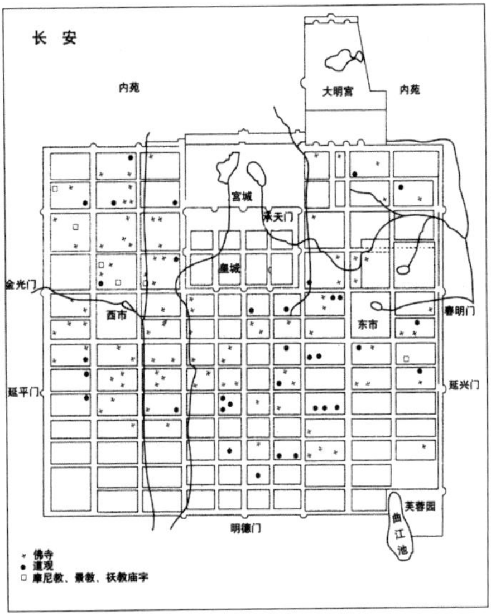

▲唐长安城图

宝行业，大多住在西市，长安城里有专门的波斯邸（专供波斯人居住或存放货物之处）、波斯酒店等。

在长安城里，政府对两市交易进行严格的管制，其中包括交易时间、产品规格、尺寸质量、销售价格乃至店铺租金。

——两市遵循“日中而聚，日落而散”的古训，中午的时候，击鼓两百声，民众闻声而聚，到了黄昏时刻，击钲（一种与钟形似的铜制乐器，可执柄敲击）三百声，民众陆续散去。

——出售的弓剑刀具及器皿，由政府提供式样，需勒刻工匠姓名，以备监督。各种器皿和绢布，都有规定的质量标准和尺寸，如有不牢固、假冒伪劣或缺斤缺两的，一旦抓住，就要杖打六十。①

——商贾带进两市的所有物品，都先要经过市场管理机构（市司）的评定，分为上、中、下三等，规定价格，然后方可出售。②

——政府还特别对店铺租金进行了规定，限定月租不得超过五百文。③

由这些规定可以看出，长安城里的商品交易，与其城市规划一样，完

① 《唐律疏议》卷二十六：“诸造器用之物及绢布之属，有行滥、短狭而卖者，各杖六十。”

② 《唐六典》卷二十：“凡建标立候，陈肆辨物，以二物平市，以三贾均市。”

③ 《全唐文》卷三十二，玄宗诏书：“自今已后，其所赁店铺，每间月估不得过五百文。”

全控制在政府的干预之下，是一种“有计划的商品经济”。

盛唐气象，如孔雀开屏，华丽满目。

以长安为起点，朝廷修筑了 7 条放射性的驿道，通往帝国的各个城乡，沿途每 15 公里设立一个驿站，全国共有 1 639 处之多。这些驿站均在交通要道，有永久性的建筑及常驻的管理人员，在一片旷野之中，成了最好的地理标志，于是，它们很自然地成为当地农民进行集市交易的最好场所。区别于城市中由政府管制的“令市”，它们被称为“草市”，尽管根据唐律，不是州县政府所在的地方均不得设市，然而“草市”似乎并没有被严格地禁止。[①]

除了都城之外，其他城市的工商景象同样十分繁荣。

东都洛阳的城市规模仅次于长安，人口也超过了 50 万。洛阳城里有南北西三市，以南市最为热闹，其中有 120 行、3 000 多个肆，周遭还有 400 多个店，货物堆积如山。在城市西北的新潭是水路枢纽，这里常常有上万艘舟船聚集，填满河道，各路商贩搬卸货物，马车为之长塞。[②]

在南方，最繁华的城市是扬州、成都、苏州和杭州。大运河开凿之后，与长江交汇于扬州，使之成为通达江、淮、河、海的水陆中心。唐代扬州城的面积据考有 30 平方公里，商贸非常繁荣，号称“南方第一”，诗人李白有诗云“烟花三月下扬州”，此地的造船业尤其发达，鉴真和尚东渡日本，第一次出发的海船就是在扬州新河赶造的。在杭州，钱塘江上的船樯连绵 20 里，城内大小店铺多达 3 万室。长江中游则有益州（今四川成都），时称“扬一益二”，杜甫有诗说“城中十万户”，市井之盛仅次于扬州。这些描写和数据或有唐人夸张的地方，却也可想象当时的盛况。

---

① “草市”：《唐会要》卷八十六中记载了景龙元年（707 年）的一条圣旨，曰“诸非州县之所不得置市”。

② 《河南志》：“天下之舟船所集，常万余艘，填满河路，商贩贸易，车马填塞。”

唐代的工商贸易中出现了两个前所未见的新人物，一是“行头”，二是“牙人”。

长安东市有220个行，每行都有一个行会，其主持人称为“行头”，负责本行的祭祀、协调及与政府周旋交涉等事宜。史书之中对唐代行会仅有零星的记载，然而从企业史的角度来看，却是一件破天荒的事情，它表明工商业者开始出现组织化的萌芽，是日后非常活跃的商帮文化的渊源，那些姓名无从考据的行头则是中国历史上第一代商人组织的领袖。胡寄窗在《中国经济思想史》中对之评价甚高，认为“由漫无组织的工商业者进而成为较严密组织的行业，不能不算是质的变革”。

牙人则是由官方认定的职业经纪人。商业活动中的中介人早在周代就出现了，时称“质人”，到了西汉被称为“驹侩”，不过，经纪人形成职业规范是在盛唐时期。随着商品交易的繁荣，各类牙人穿梭在买卖双方之间，居中说合，中介得利。唐代牙人制度的兴盛，与当时国际贸易的空前活跃有很大关系。唐朝在边境地区开设了很多番市，因为语言与习俗上的巨大差异，需要有中介者加以撮合。

盛唐最出名的牙人，名叫安禄山。他是营州柳城（今辽宁锦州）的胡人，幼年丧父，15岁时就在幽州（今北京城西南）当边境贸易市场上的“番市牙人”，因为他懂得6种民族语言，而且勇敢好斗、善于揣度人心，所以在当地非常出名，他有一个也是牙人的同族好友，名叫史思明。安禄山当了10多年的牙人，到了30岁时与史思明一起弃商从军，因军功升迁至镇守一方的节度使。到了天宝末年，正是这两人，一手终结了盛唐时光。

尽管工商如此繁荣，可是跟历代一样，唐代商人的面孔竟还是模糊不清的。后世研究唐商，从正史之中，几无一人可得，仍然只好从野史笔记或诗文中去寻找足迹。

从各种史料可见，盛唐时期的著名商人很少是世族大家，也不是靠经营盐铁等致富，而多是从事贸易、织造等产业。唐代近300年，没有出现著名的矿业大富商，与其政策有关。《唐六典》中规定，凡是天下州县有出铜铁矿的地方，政府没有开采的，可以任由民间私人开采。[①] 刘玉峰在《唐代工商业形态论稿》一书中便推断说："如此，量多质优的富矿必多为政府经营，或者经私人开采而发现的富矿也会被政府收归官营。通常的情况恐怕是私人只能经营零星矿或者贫矿。"其制度的根源正是，由于政府"天然"地拥有资源的所有权，所以它与民间的契约关系便无须对等。[②]

宋人所编撰的《太平广记》中有"治生"类，记录了数位贞观年间的商人故事，其人物个个都很有特色。

其中，定州富豪何明远是经营纺织业的，他拥有绫机达 500 张之多，生产规模显然已经非常之惊人——到了宋代，国营的绫锦院也不过拥有绫机 400 余张而已。他在中国北方的很多驿站都设有自己的专卖店，专门与国际商人交易——"袭胡为业"，以至巨富。

有一个叫裴明远的，出身河东世族，不过从事的却是废品收购业。他在长安城里大量收购人们弃而不用的废旧物品，转手倒卖，大获其利。有了钱之后，他在西面的金光门外，以很低的价格买下一块遍地是瓦砾的荒地，为了清除垃圾，他在地头树一根木头，再挂一个筐，吸引少年子弟拾取瓦片击筐，中者可得一笔赏钱，没多久，地里的瓦砾就被

▲唐三彩骆驼陶俑

① 《唐六典》："凡州界内有出铜、铁处，官未采者，听百姓私采。"

② 参见刘玉峰《唐代工商业形态论稿》，齐鲁书社，2002 年版。

少年们一拾而空。然后，裴明远在这块地里种果树，同时租给牧羊人做羊圈，羊粪蛋正好是果树最好的肥料。春暖花开的时候，他还在地里养蜂采蜜，增加收入。裴明远的经营手段十分精妙，后来被唐太宗看中，官至中书舍人、太常卿。

还有一位叫罗会的巨商，致富的职业比收破烂的裴明远还不堪，竟是长安城里清除粪便的（“剔粪”）。他家世代以此为业，至于“家财巨万”。一次，有个叫陆景阳的书生到豪华的罗宅做客，问道：“你的生活过得这样富裕安乐，为什么还继续从事清除粪便这种肮脏污秽的工作？”罗会答：“我曾停工不干了有一两年，没料想家中奴婢仆夫死去，牛马逃散丢失，眼瞅着家业就要败落。后来，恢复这一行当后，家道才又恢复过来。”

何明远、罗会等人的故事，往前可以与司马迁《货殖列传》中的雍伯（从事脂粉业）、张里（从事畜医业）等人相参照，往后则可以与1978年改革开放之后出现的“傻子瓜子”年广久等人相呼应，表明在一个民营经济得到鼓励的政策环境下，民间商业的丰富充满了让人惊奇的想象力。

《太平广记》中还记载了一些巨商的故事，他们生活在唐高宗（太宗之子）到唐玄宗时期，当时盛世已历数十年，民间富足，商人骄纵，又出现官商斗富的景象。

高宗时期，在长安怀德坊南门的东边，住着一位胡商邹凤炽，他是驼背，肩膀拱起，后背弯曲，像是骆驼，时人叫他“邹骆驼”。邹凤炽从事零售商业，他的店铺宅邸遍布帝国各地，各地的物产都被他搜罗来，家中金银财宝不可胜数。他曾嫁女儿，邀请朝中大臣参加婚礼，宾客数千人。夜里搭了硕大的纱帐，极为华丽。待到新娘出来时，侍婢围伺，穿罗戴翠，特别美艳之女达数百人之多，众客愕然，分辨不出哪位是新娘。后来他犯罪被流放到瓜州，死了之后，子孙穷困。

史载开元年间，长安城里的富商，如王元宝、杨崇义、郭万金等人，各自延纳了四方的有才之士，朝廷上的很多名僚都出自他们的门下，每次科举大考，文士们聚集在这些人的家中，时人视之为“豪友”。[1]当时的诗人高适便有诗云：“君不见富家翁，旧时贫贱谁比数。一朝金多结豪贵，万事胜人健如虎。”

如此炫耀斗富、结交权贵，仿佛春秋战国及汉初景象。

① 《开元天宝遗事》：“长安富民王元宝、杨崇义、郭万金等，国中巨豪也，各以延纳四方多士，竞于供送，朝之名僚，往往出于门下。每科场，文士集于数家，时人目之为豪友。”

公元 815 年（唐宪宗元和十年），时年 44 岁的大诗人白居易被贬到江州（今江西九江）出任司马一职。第二年的深秋月夜，他到城郊的湓浦口送别友人，突然听到一艘舟船上有人弹奏琵琶，美妙若天籁之音。他陡发感怀之情，因作一首长诗相赠，这就是流传千古的《琵琶行》。

弹奏之女原本是长安城里的歌妓，此时则是一位茶商的妻妾。其中关于那位茶商的诗句有四节，曰："门前冷落车马稀，老大嫁作商人妇。商人重利轻别离，前月浮梁买茶去。"

商人入唐诗，这不是第一首，却是最出名的，当然其形象也是最经典的——"商人重利轻别离"。从先秦到南北朝，以商人之"贱"，其形象很少出现在文学作品之中，即便有罕见的若干首，如《三洲歌》《襄阳歌》等，也是描写巨富大贾的寻欢作乐。而入唐之后，大有改观，经商活动及商人生活、心态成为描写的主体，有人做过一个粗略的统计，唐代的商贾诗约 203 首，大约是唐以前商贾诗总量的 100 倍，涉及的诗人共 90 人。[①]

在这些唐诗中，商人形象大抵有四。

辛苦劳顿——把商人视为一个正当职业，同情他们的谋生艰辛，这是唐人与前代最为不同的地方。

白居易有诗曰："莫作商人去，恓惶君未谙。雪霜行塞北，风水宿江南。藏镪百千万，沉舟十二三。"与他齐名的元稹行舟洞庭湖上，遭遇狂风，感慨身世而伤及商人，"自叹生涯看转烛，更悲商旅哭沉财"。黄滔作诗《贾客》，把经商比作如在鲸鲵牙齿上行走，艰险非同寻常："大舟有深利，沧海无浅波。利深波也深，君意竟如何。鲸鲵齿上路，何如少经过。"刘驾作《贾客词》，生动地描写了经商过程中的种种艰辛："贾客灯下起，

---

① 参看刘小奇的论文《唐代商贾诗的多维研究》，姜革文的专著《商人·商业·唐诗》，复旦大学出版社，2007 年版。

犹言发已迟。高山有疾路，暗行终不疑。寇盗伏其路，猛兽来相追。金玉四散去，囊空委路歧。扬州有大宅，白骨无地归。少妇当此日，对镜弄花枝。”

忙于逐利——追逐利益是商人的职业本性，唐诗对经商活动中的细节多有描述。

元稹写长诗《估客乐》，对商人的为利而行、以次充好、六亲不认等行迹进行了细致描写。诗中写道，“估客无住著，有利身则行”，“父兄相教示，求利莫求名。求名有所避，求利无不营。火伴相勒缚，卖假莫卖诚。交关但交假，本生得失轻。自兹相将去，誓死意不更。亦解市头语，便无邻里情”。另外一个大诗人刘禹锡也曾写过一首《贾客词》，在引言中，他就明确说，这首诗写的是那些“以财相雄”的大贾：“贾客无定游，所游惟利并。眩俗杂良苦，乘时取重轻。心计析秋毫，摇钩侔悬衡。锥刀既无弃，转化日已盈。”

勾结权贵——诗人对官商勾结进行了揭露并表达了极大的愤怒。

元稹在《估客乐》中描写商人以“奇货通幸卿”，“先问十常侍，次求百公卿。侯家与主第，点缀无不精”，此外还行贿市卒、县胥，使他们对商人“岂惟绝言语，奔走极使令”。从这些诗句中可见，大商贿赂大官，小贾贿交小官，从两京到地方均极盛行，以致州县差科尽归贫下，为弊之深，由此可见。高适的一首《行路难》，写官商勾结尤为著名：“君不见富家翁，旧时贫贱谁比数。一朝金多结豪贵，万事胜人健如虎。”

奢侈消费——诗人们描写了商人的奢靡生活和贫富不均的社会现象。

刘禹锡在《贾客词》一诗中写了商人的巧取豪夺之后，继而描写其生活的奢华：“妻约雕金钏，女垂贯珠缨。高赀比封君，奇货通幸卿。趋时鸷鸟思，藏镪盘龙形。大艑浮通川，高楼次旗亭。行止皆有乐，关梁似无征。”施肩吾的《大堤新咏》则描写了商人在长江大堤沿岸城市寻花问柳的景象：“行路少年知不知，襄阳全欠旧来时。宜城贾客载钱出，始觉大堤无女儿。”张籍在广西游历时目睹了当地民众终年劳苦，岁暮无食，“呼儿登山收橡实”，而与此同时，“西江贾客珠百斛，船中养犬长食肉”。

唐代诗人豁达天真，触景皆可入诗，生情俱能成句，从他们的诗句中重现出大量的社会实景。

开元年间，国力昌盛，工商繁茂，生活在这一时期的诗人对当时的经商风尚多有咏诵，李白诗云：“云阳上征去，两岸饶商贾。”云阳就是现今江苏的丹阳市，濒临大运河，李白亲见运河两岸广大农村许多人从事商旅。他又有诗云：“瞿塘饶贾客，音信莫令稀。”这是他在汉江游历，想要通过商人给他远在巴东的友人传递书信。张九龄在南昌为官，登滕王阁，看到城内居民有很多人住在楼船里从事水上运输：“邑人半舻舰，津树多枫橘。感别时已屡，凭眺情非一。”储光羲泊舟长江，“所遇尽渔商，与言多楚越”，这表明楚越之人控制了当时长江中下游的捕鱼业。

进入中唐之后，民间经商之风更为盛行，元和诗人姚合有诗记录他在长安城郊所见的景象：“客行野田间，比屋皆闭户。借问屋中人，尽去作商贾。”贞元诗人卢纶有诗记他的友人从军队退役后的生活：“全身出部伍，尽室逐渔商。”也就是说，举家从贾、全村经商的情况在唐代已经不再罕见。

唐代商业与前代相比，一个非常显著的变化是，长途贩运业更加发达，历史学家傅筑夫将之视为“近代型商业的端倪”，这一特征从唐诗中也得到了佐证。杜甫有诗云：“蜀麻吴盐自古通，万斛之舟行若风。”麻是手工业原料，盐是生活必需品，通过长江航道，四川的麻南运、江苏的盐北输，均由“万斛之舟”承载，其数量之大可想而知，而每当四川盆地因战乱致使川江航道受阻时，就会“蜀麻久不来，吴盐拥荆门”。

《全唐诗》凡 900 卷，收诗 48 900 余首，共 2 200 余位诗人，其中不乏诗人与商人斗气的典故。其中一则如下：

福建莆田县有一个富裕的染布商，为人很不地道，常常喝醉了酒殴打自己的亲哥哥，还把染布的价格抬得很高。有一次，乡里会餐，一个游历经过的书生挤在酒席里想吃白食，染布商把他赶了出去，书生大怒，就在白墙上题了一首诗，嘲讽染布商的布品质差价格高，商人没有办法，只好抱了一大匹布去恳请书生把诗“赎”回去。这个书生名叫柳逢，诗名《嘲染家》：“紫绿终朝染，因何不识非。莆田竹木贵，背负十柴归。”

第八章

乱世思弘羊

每年盐利入官时，少入官家多入私。

官家利薄私家厚，盐铁尚书远不知。

——白居易《盐商妇》

盛唐的中断是一个“突然事件”，好比通宵达旦的狂欢盛筵猛然间被一场粗暴的狂风席卷，从此，狼藉遍地，美景不再。公元755年，牙人出身、镇守北方的安禄山和史思明在毫无预兆的情况下发动叛乱，史称“安史之乱”。

从制度的层面来分析，此乱的发生正是中央集权旁落的结果。从贞观到开元的100多年间，天下长治久安，治国者变得异常自信，竟忘了地方割据的隐患。唐太宗时，虽然充分下放财权和兵权，但他用边将有“三不原则”，即“不久任、不遥领、不兼统”。唐玄宗即位之后，十余年不换将官，而且各路节度使尽用胡人，他最宠信的安禄山兼统三道节度使，拥有天下三分之一的兵权，致使其胸怀异志。更可怕的是，节度使除了领兵之外，还兼理民政与财政，俨然一方独立的诸侯。从经济上看，100 多年以来人口增长迅猛，土地兼并景象重现，中央政权的轻赋简政造就民间繁荣，却也暴露出大一统体制的另一面隐患——因管制乏力而导致“干弱枝强”。这一景象竟又是“文景之治”晚期的翻版，然而，会写《霓裳羽衣曲》的唐玄宗不是铁血强悍的汉武帝。

“安史之乱”历时 8 年，最终被平叛，这场战乱给北方中国带来了毁灭性的灾难。所有的繁华均如梦如幻如泡沫，怎么经得起兵戈的蛮横侵扰，在汹汹铁蹄之下，“数百里州县，皆为废墟”，“数年间，天下户口什亡八九”。据《唐会要》记载，战乱初起之时，全国在籍人口有 900 多万户，仅仅 5 年后就只剩下 190 多万户，所谓“生灵涂炭”，从这对数字中就可以得出。[①]

叛乱被平息后，雍容堂皇的盛唐精气已被消耗殆尽。司马光在《资治通鉴》中描述当时的景象是：地方割据势力陡然坐大，中央财政收入锐减，边境之外的少数民族频频挑起战端，朝廷无力支付军备消耗，只好把压力都留给地方，一切都变得捉襟见肘。对于大一统的帝国来说，再没有比这更糟糕的情况了。[②]

正是在这样的时候，桑弘羊的“幽灵”再度出现，中唐之后，各项专营政策重新一一出台。

“安史之乱”时期，朝廷急着用钱，第一个想出来的办法就是向富商征敛。肃宗登基后，即派人到财富聚集的江淮、蜀汉地区向富商大族按资产征税，“十分收二”，也就是 20% 的税率，称为“率贷”。各道节度使、

① “安史之乱”与人口锐减：据当代史家计算，公元 755 年的政府在册管辖人口为 5 292 万人，到公元 760 年，人口减少为 1 699 万人，参见赵德馨主编《中国经济通史》，中国人民大学出版社，2000 年版。

② 《资治通鉴》卷第二百二十六：“州县多为藩镇所据，贡赋不入，朝廷府库耗竭，中国多故，戎狄每岁犯边，所在宿重兵，仰给县官，所费不赀。”

观察使也多向商人征税以充军用，或在交通要道及交易之处计钱收税。从此“商旅无利，多失业矣”，盛唐以来“天下关隘无一征税”“行千里不持尺兵”的景象不复出现。

除了这种极端做法之外，恢复国有专营政策是另一个便捷的方式。战乱期间，颜真卿据守河北抗击叛军，军费困竭，为了筹措军饷，他在河北首创了榷盐法，对食盐实行“官收官卖”。公元758年（唐肃宗乾元元年），朝廷重新设立了盐铁铸钱使这一职务，对全国盐业进行专营管制——“尽榷天下盐”，出任此职的第五琦仿行颜真卿的办法，在产盐区设置盐院，规定民间的产盐户（“亭户”）所产食盐一律卖予盐院，否则以盗卖罪论。

第五琦的专卖政策与汉武帝时期的办法基本相同，此举是自公元583年（隋文帝开皇三年）以来，在170多年之后，再一次实行食盐专营。其令一出，盐价顿时上涨10倍，由原来的每斗10钱上涨到每斗110钱，盐价腾涨又造成粮食价格上扬，民间出现饿死景象。[1]然而，以此为代价，政府收入大幅上涨，专卖仅一年，朝廷就增加了40万贯（一贯为1 000钱）的收入。

▲刘晏

第五琦之后，刘晏（公元716—780年）主管全国财政，他是唐代最著名的理财大师。

刘晏自幼聪慧，其“神童”之名被写进了《三字经》。八岁那年，唐玄宗封禅泰山，刘晏献《颂》，因

① 《旧唐书·第五琦传》：“谷价腾贵，饿馑死亡，枕藉道路。”

文辞婉丽而被皇帝授予“太子正字”的官职，算是全唐最年轻的官员。《三字经》中就咏道：“唐刘晏，方七岁。举神童，作正字。彼虽幼，身已仕。尔幼学，勉而致。有为者，亦若是。”

刘晏从青年时就开始当官，从县令逐级升迁，在“安史之乱”爆发后的第二年（公元756年）被任命为度支郎中，即户部主管财政收支的副长官。到叛乱平息的公元763年，他取得刚刚登基的唐代宗的信任，升任吏部尚书、同中书门下平章事——相当于副宰相，同时兼领人事和财政事务，成为帝国最重要的行政首长之一。他前后主管天下财政长达20多年，是有唐一代任职时间最长的财政长官。

在财经思想上，刘晏并无特别的创见，基本上是“桑弘羊再世”。在当时的知识精英阶层，桑氏之名已然败坏，然而就如同桑弘羊力排众议地褒扬商鞅一样，刘晏亦视桑弘羊为楷模，在一份致前辈长官的信中，他表示要“像贾谊那样为复兴汉室而努力，学习桑弘羊的功利之术，竭尽全力，以报答前辈的知遇”。[①] 与桑弘羊相比，刘晏身处于皇室权威急速下坠之际，所面对的局势当然更为凶险，为了重现中央集权，他的手段更加巧妙。

第五琦的盐政类似于战时政策，过于霸道，其弊有二：一是政府完全控制了定价权，市场弹性丧失，导致盐价暴涨；二是官府卖盐，多设机构，开支浩大。刘晏主政后，对其进行了部分修正。首先，他把统购统销政策改为“民产—官收—商销”，这个办法大大减少了盐政机构庞大的人员和行政成本。其次，他在全国13个重要产盐区设立巡院，一方面打击私盐，另一方面则保护获得政策牌照的盐商的利益。再次，他制定了“常平盐”制度，以保证非产盐地区的盐价供应，防止投机商人囤盐牟利。

若比较刘晏的盐法与之前众人——从桑弘羊到第五琦——的不同可以发现，他的“民产—官收—商销”是一个效率更高、更注重利益分配的官

---

① 《旧唐书·刘晏传》：“贾谊复召宣室，弘羊重兴功利，敢不悉力以答所知。”

商合营模式。这些措施果然立竿见影，食盐专卖收入逐年增加，10 多年增长了 15 倍，以至于占到了全国财政收入的一半。这也是财政史上，盐税占国库收入最大比例的时期之一。[①]

除了官营盐业，刘晏还对全国的重要商品产销进行管制，把桑弘羊的平准、均输制度重新搬了出来。他在各地建立常平仓，相当于仓储和物流中心，设置了知院官，随时了解各种商品价格的动向，然后“贱增贵卖”，以获其利。《旧唐书 · 刘晏传》记载说：“他全面掌握了商品的供销动向，政府获得了重大的利益，而市场波动则得到了平抑，这是真正高明的治理之术。”中唐在“安史之乱”以后，没有陷入更大的乱境，与刘晏以果断的专营政策迅速改观了中央财政的状况有很大关系，因此，史家授予了一个桑弘羊式的评价：“敛不及民而用度足。”[②]

史家历来对于那些主张工商管制的历史人物，都一般性地认为他们是重农抑商论者，譬如宋代大学问家欧阳修在《新唐书 · 刘晏传》中就说刘晏“排商贾”。其实，这是极大的误读，之所以管制工商，是因为桑弘羊、刘晏等人比谁都明白工商对国家税收的重要性。

刘晏为政十分勤勉，大小政务无论轻重，都能在一日之内就做出决断。[③]他上朝时骑在马上，心里还在筹算账目，退朝后在官署批阅文卷，常常是秉烛达旦。在他的精心打理下，代宗执政将近 20 年，经济元气日渐复苏。

---

① 《文献通考》卷十五：“晏之始至也，盐利岁才四十万缗，至大历末，六百余万缗。天下之赋，盐利居半。”

② 《旧唐书 · 刘晏传》：“故食货之重轻，尽权在掌握，朝廷获美利而天下无甚贵甚贱之忧，得其术矣。”《新唐书 · 刘晏传》：“刘晏因平准法，斡山海，排商贾，制万物低昂，常操天下赢赀，以佐军兴。虽拿兵数十年，敛不及民而用度足。唐中偾而振，晏有劳焉。”

③ 《资治通鉴》卷第二百二十六：“晏为人勤力，事无闲剧，必于一日中决之。”

公元779年，代宗驾崩，37岁的长子李适即位，是为德宗。此时，中央财政已摆脱了窘迫的困境，按《新唐书·食货志》的计算，与“安史之乱”时相比，国库收入起码增长了15倍，治国者再燃削藩的雄心。李适是一个跟太祖父李世民经历很类似的少年英雄，20岁时就被父皇任命为天下兵马元帅，在前线与安史叛军决一死战。平叛之后，李适因功拜为尚书令，和名将郭子仪、李光弼等八人一起被赐铁券、图像被画在凌烟阁上。他登基之后，决意学习汉武帝，彻底切掉藩镇割据这颗大毒瘤。

然而，李适最终没有学成汉武帝。在财政上，他犯下的最大错误，就是在即位的第二年，听信谗言，居然处死了自己的“财神爷”刘晏。史载，刘晏死时家徒四壁，只有两车书籍和几斗米麦，天下为之喊冤。

刘晏被处死之后，专营政策并未更弦，不过由于后继者再无他的智慧和勤勉，便大大走样。

任何政权，当它以国有专营为经济政策之主轨后，一定会产生如同毒瘾一般的依赖性，其管制之升级往往是加速度的，甚至不以人的意志为转移。汉武帝时期如此，中唐之后的景象如此，后世历代，概莫能外。当政府从专营事业中尝到甜头以后，为了增加收入，就日渐变本加厉，欲罢不能。

在刘晏去世的两年之后，公元782年（唐德宗建中三年），朝廷宣布对酿酒业进行专营，下令天下酿酒产业均归官办，委派各州县官员综合管制，所有私酿者一律抓捕治罪。其后，冶铁、茶叶等产业也相继被收归国营。同时，针对走私者制定了极其严酷的惩罚政策，民间盗卖食盐二石，就要被处死。①

公元783年4月，朝廷又宣布征收两个新的税种，分别是“间架税”和“除陌钱”。

---

① 《旧唐书·食货志》：“天下悉令官酿，斛收直三千。米虽贱，不得减二千。委州县综领。醨薄私酿，罪有差。”

所谓“间架税”，实际上就是房产税，规定每栋房屋以两根横梁的宽度为“一间”，上等房屋每年每间征税两千钱，中等一千钱，下等五百钱；税务官员拿着纸笔算盘挨家挨户实地勘算；若有瞒报者，每隐瞒一间杖打六十，罚五十贯。而“除陌钱”则相当于交易税，无论公私馈赠还是各种商业收入，每贯征税五十钱，相当于百分之五的税率；若是以物易物，亦当折合时价按照相同税率征收；隐瞒 100 钱的，杖打六十、罚钱两千。①

为了足额征收，朝廷还出台了举报有奖的政策，凡举报“间架税”的，赏钱五十贯，举报“除陌钱”的，赏钱十贯。这一制度无疑是从汉武帝那个臭名昭著的“算缗令”和“告缗令”脱胎而来的，推行之后，民间怨声载道。就在新税种推出的半年后，公元 783 年 10 月，长安城里的部分士兵以“反对间架、除陌”为口号，发动哗变。

即便这样，德宗还是觉得武装削藩的钱不够用。有人就建议，应该向京城的富商们“借钱”，每户只能留下一万贯，其余全部“借”给政府，如此，只要搞掂十几二十个富商，国库就满了。还有人计算了一下，如果要对各路不听话的节度使同时动兵，每个月的开支约 100 万贯，如果有 500 万贯，可以支撑数月，大抵就够了。

于是，德宗下令在长安城内清查所有富商的财产，若有不从者以刑法伺候。长安令薛苹带着全副武装的军士，开着兵车，在各大坊市之中搜索，民众不堪忍受他的鞭笞，有当场上吊自杀的，整个都城乱成一团，好像被盗贼洗劫过了一样。这样搜刮一遍下来，得到了 70 万贯，德宗觉得不够，然后又专门对长安城里的钱庄进行了新一轮的清查，办法当然还是“拷索之”，结果，又拿到了 140 万贯，这才“鸣金收兵”。两次大行动共得 210 万贯，中唐期间每年最多铸钱 32.7 万贯，也就是说这两次“合法抢

---

① 《资治通鉴》卷第二百二十八：“税间架者，每屋两架为间，上屋税钱二千，中税千，下税五百，吏执笔握算，入人室庐计其数。”贯、钱均为唐宋两代的货币单位，贯与缗、钱与文混用，一贯合 1 000 钱，时有波动。

劫”一下子就搜走了六七年的货币发行量之和。[1]

这个一心要学汉武帝的唐德宗，学到了后者的铁腕强悍，却没有学到他的技巧智慧。他杀了“桑弘羊再世”的刘晏，导致在财政政策上强硬过度而缺乏灵活性，在军事上，他也没有找到自己的霍去病和卫青。

公元781年，就在处死刘晏的第二年，壮年气盛的德宗亲自在长安设宴犒劳征讨的兵马，打响了武力削藩的战役。各地节度使联合犯上对抗朝廷，中央军屡战不胜，甚至在两年后被攻破长安。德宗被迫出走，还下《罪己诏》，声明“朕实不君”，赦免了那些叛乱的藩镇，承诺今后“一切待之如初”。又历数年，叛乱的藩镇才分崩瓦解，叛乱平息。此后，灰心丧气的德宗再不敢轻言削藩，地方割据之势，此后再无改观。

中唐之后的100多年，与盛唐宛成对比，民间活力日渐丧失，国民经济再次陷入衰退循环之中。其情其景，几乎是历代末世所共见。试以两个政策为证。

一曰“和籴”。和籴的意思是指官府出资向百姓公平购买粮食，唐代建国之后，就推行这一政策。中唐以后，和籴往往通过各府县按散户配人的方法强制进行，不仅没有公正的价格，而且在购买时多以“杂色匹缎”充数，使民户又受到一层剥削。《新唐书·食货志》就明白记录说，宪宗即位之后，每当丰收之年，政府强买民米，比赋税还要严酷，“号为和籴，其实害民”。[2]

一曰“白望”。长安城的东、西两市中，有一个特别的区域称为“宫市”，是专门向皇宫供应商品的地方。皇宫里的太监到这里购买商品，会有一些人充当“白望”，站在集市上左右张望，看到中意的商品，便以

---

① 《旧唐书·德宗纪》：“诏京兆尹、长安万年令大索京畿富商，刑法严峻，长安令薛苹荷校乘车，于坊市搜索，人不胜鞭笞，乃至自缢。京师嚣然，如被盗贼。”

② 《新唐书·食货志》：“宪宗即位之初，有司以岁丰熟，请畿内和籴。当时府、县配户督限，有稽违则迫蹙鞭挞，甚于税赋，号为和籴，其实害民。”

很低的价格收购之，有的时候，甚至“白取其物，不还其价”。《资治通鉴》中记录说，每当太监们出动，很多商贾都会“撤业闭门”。白居易在名诗《卖炭翁》中便生动地描述了一位卖炭老翁在“宫市”上被欺负的景象——“翩翩两骑来是谁？黄衣使者白衫儿。手把文书口称敕，回车叱牛牵向北。一车炭，千余斤，宫使驱将惜不得。半匹红绡一丈绫，系向牛头充炭直。”

除了“和籴”“白望”，国有专营制度的流弊更是毕现无遗。在最重要的支柱性产业——盐业上，政府对民间的盘剥暴露得尤为显著。自德宗之后，有政府靠山的大盐商控制了食盐的产销，盐价年年上涨，官民矛盾空前突出，民间出现了武装贩盐的盐枭集团。

公元 821 年（唐穆宗长庆元年），当时国内最著名的文学大家、后世被列为“唐宋八大家”之首的韩愈专门上呈《论变盐法事宜状》，对食盐专营提出了异议。他详尽地比较了官卖与私卖的差异：

> 其一，私人卖盐，灵活多变，官府卖盐，受制度约束，死板呆滞。①
>
> 其二，偏远地区，百姓稀少，官府卖盐得不偿失，不愿前去。一旦前去，难免让地方上干这干那，事虽不大，骚扰不小。这些弊病都是私卖时没有的。②
>
> 其三，官营盐业，行政管理成本越来越高，盐税还没有征收到手，花费已是不少了。而且，事情一涉及官吏与百姓打交道，就必然

---

① “盐商利归于己，无物不取，或从赊贷升斗，约以时熟填还。用此取济，两得利便。今令州县人吏，坐铺自粜，利不关己，罪则加身，不得见钱及头段物，恐失官利，必不敢粜。”

② “乡村远处，或三家五家，山谷居住，不可令人吏将盐家至户到。多将则粜货不尽，少将则得钱无多。计其往来，自充粮食不足。比来商人，或自负担斗石，往与百姓博易，所冀平价之上，利得三钱两钱。不比所由为官所使，到村之后，必索百姓供应，所利至少，为弊则多。”

有敲诈勒索的事发生。①

其四，在食盐运输的过程中，往往会发生强行摊派的事情，老百姓不堪其烦，宁可去赚私家的五文钱，也不愿意赚官家的十文钱。②

最后，韩愈对盐业专营给出的结论是两句话："不惟大失人心，兼亦惊动远近。"

韩愈在当时文名之高，无出其右，不过在官职上却不过是个国子监祭酒、兵部侍郎，也就是副部级官员，其上疏终于没有能够改变既定的政策。

任何专营制度一旦执行时间持久，必然会出现寻租阶层和特权化，官商勾结形成权贵经济，势在难免。史书所载的晚唐富商，多与官家有着千丝万缕的关系，而政府最终之所得，必不如权贵商贾之所得。

▲韩愈

生活在这一时期的大诗人白居易有一首非常著名的长诗《盐商妇》，描述的就是当时的情形："每年盐利入官时，少入官家多入私，官家利薄私家厚，盐铁尚书远不知。"由此句可知，即便以支撑中央财政半壁江山的盐税而言，也是私家得大，官家得小，而从盐政制度的安

① "臣今计此用钱已多，其余官典及巡察手力所由等粮课，仍不在此数。通计所给，每岁不下十万贯，未见其利，所费已广。"

② "始得载盐，及至院监请受，又须待其轮次，不用门户，皆被停留。输纳之时，人事又别。凡是和雇，无不皆然。百姓宁为私家载物，取钱五文，不为官家载物，取十文钱也。"

排来看，这一“私家”显然非普通之人。进而在分析其原因时，白居易把矛头直指桑弘羊，认定这样的人物不但汉代有，当今也有：“好衣美食有来处，亦须惭愧桑弘羊。桑弘羊，死已久，不独汉时今亦有。”

晚唐的官商一体已到了纲常败坏的地步，《册府元龟 · 将帅部 · 贪黩》记载，当时有个叫李泳的长安商人发财之后贿赂中央，竟然当上河阳节度使，成了一方诸侯，“贿赂交通，遂至方镇”。《太平广记 · 郭使君》也记载，一个目不识丁的富豪靠行贿当上了横州刺史。①

其次，由于藩镇割据这一顽痼在中唐之后从未彻底解决，中央的集权能力日渐薄弱。据《新唐书 · 地理志》资料统计，中晚唐时期全国共分 15 道，计 316 州，唐皇室能够实际控制的只有 1/6 左右。在这样的情形之下，中央与地方在专营利益上的争夺愈演愈烈，其中以矿业表现得最为突出。

刘晏治国时，把主要的精力放在盐业的专营上，矿业管理并没有得到同步加强，地方节度使、都团练使乘机抢占矿业之利的情况愈演愈烈，即便聪慧如刘晏也一筹莫展。志大才疏的德宗即位之后，宣布中央政府对全国的铜铁矿产资源拥有唯一的所有权，禁止地方政府插手染指。② 此令与他的武装削藩行动几乎同时推出，当即遭到各路节度使的抵制，始终无法落实，其拉锯长达半个世纪之久。

到了 50 多年后的公元 836 年（文宗开成元年），朝廷终于做出让步，宣布停止对各地矿业的统管，允许地方政府委派官员自主经营，不过必须向中央上缴一定的矿业之利。然而，地方上拿到合法的经营权后，再也不理睬朝廷，以致中央财政每年从矿利所得的收入非常可怜，竟还抵不上一

---

① 《太平广记 · 郭使君》：“是时唐季，朝政多邪。生乃输数百万于鬻爵者门，以白丁易得横州刺史。”

② 《旧唐书 · 韩洄传》：“天下铜铁之冶，是曰山泽之利，当归于王者，非诸侯方岳所有。”

个县的茶税。[1]

又过了10多年，到了宣宗时期，不甘利益旁落的朝廷又下诏书，重新规定由盐铁使统管各地矿业经营，可是由于中央权威已然弱势，这道命令很快就不了了之。

当种种财税政策无法执行之后，中央财政就变成了“讨饭财政”，最后沦落到要靠地方诸侯的贿赂才能维持的地步，出现了所谓的“羡余制度”。

“羡余”的意思是“地方政府收支相抵后的财政剩余”，其实就是在正常财政上缴之外，节度使们对皇帝的特别进贡。《新唐书·食货志》记载，各路节度使，或新列税捐，或截取户部钱财，把所得的1/5或3/10进献给皇帝个人，其美名曰“羡余”，其实就是公开的行贿。宋代学者欧阳修对此评论说：“连天子都要干受贿的事情，那么，老百姓就更加的不堪了。”[2]

相对于国营资本和官僚资本的强势霸道，民间资本的流动也出现了日渐恶化的趋势。刘玉峰在《唐代工商业形态论稿》中具体陈述了中唐之后民间工商资本的五条出路：

奢侈消费——挥霍于衣食住行等日常生活，许多富商大贾衣必文采，食必梁肉，奢靡无度，表现出穷奢极侈的突出特点。晚唐时期，许多商人“恣其乘骑，雕鞍银镫，装饰焕烂，从以童骑，聘以康庄”。

交通权贵——以钱铺路，钻营为官。许多富商巨贾“高赀比封君，奇货通幸卿”，积极谋取政治利益。元稹在长诗《估客乐》中描述富商大贾们竭力经营官场：“经游天下遍，却到长安城。城中东西市，闻客次第迎。

---

① 《新唐书·食货志》：“其后诸州牟利以自殖，举天下不过七万余缗，不能当一县之茶税。”

② （宋）欧阳修《新五代史·郭廷鲁传》：“盖自天子皆以贿赂为事矣，则为其民者其何以堪之哉。”

迎客兼说客，多财为势倾。客心本明黠，闻语心已惊。先问十常侍，次求百公卿。侯家与主第，点缀无不精。归来始安乐，富与王者勍。”到唐末懿宗时，用钱买官已是司空见惯。

购买土地——与汉代相似，靠工商致富的唐代富商大贾将大量资金用于购买土地，进行土地积聚，仍走着“以末汇财，用本守之”的传统路子。代宗年间，大臣李翱在一道策问中说，在30年里，天下田亩被豪商兼并了三分之一。到懿宗朝，已是“富者有连阡之田，贫者无立锥之地”。土地兼并愈演愈烈，使得社会财富的分配极端不平衡。

放高利贷——有唐一代，从唐太宗搞“公廨钱”之后，政府参与高利贷活动，私营高利贷也一直十分猖獗，富商大贾与贵族官僚纷纷以此谋求暴利，并自玄宗朝趋于剧烈。武宗在一则赦诏中指出：“如闻朝列衣冠，或代承华胄，或在清途，私置质库楼店，与人争利。”懿宗在即位赦文中也指出：“京城内富饶之徒，不守公法，厚利放债，损陷饥贫。”

囤积钱币——“安史之乱”后，富人的财富安全感越来越差，于是将大量钱币财富贮藏起来，造成社会货币流通的严重不足，朝廷多次下达“禁蓄钱令”，却成效不大。德宗时的陆贽就算过一笔账：过去一匹绢，可以换铜钱3 200文，而现在一匹只能换1 600文，绢贬值了一倍，这不是因为税赋增加了，而是因为铜钱被囤积了起来，这种“钱重物轻”的现象，妨碍了商品经济的顺利发展。[①]

由刘玉峰列出的上述5条出路可见，工商业利润基本上没有向产业资本转化，不存在积累放大的社会机制，而是进入了消费市场、土地和高利贷领域，其后果当然是负面的。所以，**到了中唐之后，经济治理就重现了两个周期性的大毛病：第一是土地的需求非常之大，土地兼并不可遏制，成为贫富差距拉大的“变压器”。第二是中央财政对资源管制的依赖度越**

---

① 《陆宣公集》：“往者纳绢一匹，当钱三千二三百文，今者纳绢一匹，当钱一千五六百文，往输其一者，今过于二矣。虽官非增赋，而私已倍输。”

来越高，终而造成对民间资本的压抑和剥夺，经济活跃度渐趋衰竭。两者相加，如果再遇上饥荒洪涝，就会引发财政总破产前提下的社会大动荡。

这几乎是中央集权制度在经济上的总反应。

随着国民经济的萎缩和衰败，此时的唐帝国已摇摇欲坠，中央权柄被宦官把持，地方藩镇气焰嚣张，民间经济则因管制政策的严酷而奄奄一息。

一斗盐终于逼反了天下人。

公元873年，关东大旱，千里焦裂，河南、河北先后爆发大规模的农民暴动，其领头者，正是贩卖私盐出身的“非法商人”王仙芝和黄巢。[①]黄巢屡败官军，一度攻下长安，建立大齐政权。“王黄之乱”历时9年，中原狼藉一片，虽然终被镇压，却也消耗掉了唐朝的最后一点精气。唐末诗人韦庄曾创作长诗《秦妇吟》，其中描述长安的景象是：

“长安寂寂今何有，废市荒街麦苗秀……含元殿上狐兔行，花萼楼前荆棘满。昔时繁盛皆埋没，举目凄凉无故物。内库烧为锦绣灰，天街踏尽公卿骨。”

恍惚之间，万千繁华又成一帘残梦。

公元907年，曾经在黄巢部队中当过大将、后投降朝廷的朱温成了帝国的终结者，他篡唐自立，改国号为梁。不久，天下分裂，在其后的短短53年中，先后出现了5个次第更迭的王朝以及10个地方割据政权，后世统称之为“五代十国”。到960年，后周将领赵匡胤在陈桥驿发动兵变，建国号为宋，定都汴京（今河南开封），天下再度统一。

---

① 盐贩与造反：晚唐五代的诸多造反者都是盐贩出身，如王仙芝、黄巢、徐温、王建、钱镠、朱宣。另，王仙芝自称“天补平均大将军”，这是第一次在农民暴动中把“平均”——“均贫富”作为最高政治纲领。

2010年10月，在胡润发布的“全球百富榜”上，中国女富豪的上榜人数之多为全球之冠，在20位拥有10亿美元、白手起家的女富豪中，有11位来自中国。

如果将这一景象置于中国企业史中来参照观察的话，那当然是前所未见的。在过往的上下两千年间，到处是面孔模糊的商人，而若以性别来论，女性则更寥若晨星。

在史书记载中，最早、最出名的女商人是四川地区一个名字叫清的寡妇。司马迁在《史记·货殖列传》中，以寥寥76个字记录了她的事迹。寡妇清的家族从事的是“丹穴”业，也就是采炼丹砂，因掌握了独特的开采和冶炼技术，所以传及数代而不坠。寡妇清不但操持家业，还组织了私人武装以保卫家财。她生活的年代是战国末期到秦统一天下之际，正是天下鼎沸的乱世，而且秦朝崇尚国有化，对豪族大家动辄抄家灭族，可是却对寡妇清网开一面，秦始皇封她为“贞妇”，还专门修筑了一个“女怀清台”加以表彰。对此，后世史家猜测的理由是，秦始皇为自己修建陵墓，“以水银为百川江河大海，机相灌输，上具天文，下具地理”，当时所用的水银主要是用丹砂提炼出来的，因此，垄断了丹砂矿源以及掌握了独门技术的寡妇清便成了不可或缺的人才。①

寡妇清到底是哪里人，一直颇有争议。司马迁笼统地说是巴人，晋人常璩在《华阳国志·巴志》中说她是巴郡枳县（今四川涪陵）人，《长寿县志》则认定她是长寿人。后世还有人推断她应该是重庆酉阳人，因为涪陵、长寿等地从来不藏丹矿，而酉阳县地是丹矿蕴藏带，早在商代就有采

---

① 《史记·货殖列传》中关于寡妇清的文字如下：“而巴寡妇清，其先得丹穴，而擅其利数世，家亦不訾。清，寡妇也，能守其业，用财自卫，不见侵犯。秦皇帝以为贞妇而客之，为筑女怀清台。夫倮鄙人牧长，清穷乡寡妇，礼抗万乘，名显天下，岂非以富邪？”

炼丹砂的文字记载。

女性经商最活跃的时期是在唐代，这不足为奇，因为连第一个女皇帝（武则天）也是在那时出现的。在当时第二大商业城市洛阳最出名的女商人叫高五娘，她也是一个寡妇，从事的竟也是冶炼业（黄白），据说她的容貌非常漂亮（“美于色”），先是嫁给了一个姓高的商人，后来再嫁给“李仙人”。因为钱赚得实在太多了，还被人告发惹上了官司——“后卖银居多，为坊司所告”。

在长江流域，最出名的女商人叫俞大娘，她生活在中唐的大历贞元年间（公元766—805年），从事的是造船业。唐朝有很多造船基地，主要集中在长江中下游和东南沿海一带，如宣（今安徽宣城）、润苏常（今江苏镇江、苏州和常州）、湖杭越（今浙江湖州、杭州和绍兴），以及南方的福州、泉州和广州。当时所造大船最多能载八九千石，所谓“水不载万”，然而俞大娘造出来的航船却可达万石，是体积最大的。据说船上可以种花果蔬菜，驾驶船只的工人就有数百人之多，船员的生死嫁娶都可在船上进行。它航行在江西和淮南之间，每来往一次，就能获得巨利，这种船直接以“俞大娘”来命名。[①]

除了从事大规模制造业和航运业的高五娘和俞大娘，史书中还出现过不少女商人的身影。据《太平广记》等书的记载，她们所从事的商业买卖，大多与人们的日常生活消费品紧密相关，有以卖菜为生的“卖菜家妪”，“鬻蔬以给朝夕”，也有卖花、卖化妆品（“胡粉”）和经营餐饮业的。《唐代墓志汇编》中还提及一位杨氏是种植业的高手，“经营财产，会陶公之法，固得水旱无惧，吉凶有资”。

女子经商之风自汉唐之后一直缕缕不绝，据《中国经济史》作者侯

---

① 据《唐国史补》下卷载：“有俞大娘航船最大，居者养生、送死、嫁娶悉在其间。开巷为圃，操驾之工数百。南至江西、北至淮南，岁一往来，其利甚博，此则不啻载万也。洪鄂之水居颇多，与屋邑殆相半。凡大船必为富商所有。”

家驹的考据，“在北宋，妇女还从事茶肆、食店、药铺之经营，并作小贩、卖卦及牙人”。但是到了12世纪的南宋时，风气终于大变。当时出现了一股礼教运动，对女性的约束大大增加，那句著名的“饿死事小，失节事大”，就是由儒学大师程伊川说出来的，从此，女性被关在宅门之内，再也无法在商场上有所作为。

宋元之后的明清两朝，像寡妇清、高五娘和俞大娘这样的女中豪杰已成绝响。不过到了19世纪初的清朝后期，在南方却冒出来一个郑一嫂，她从事的是十分凶险的海盗业——在西方企业史上，海盗从来被看成是一群最原始的、具有契约精神的企业家。

郑一嫂原名石香姑，她皮肤黝黑但天生丽质，少女时是海船上的妓女，后来嫁给了中国南部沿海著名的海盗郑一。郑一在广东沿海一带组成了一个海盗联盟——红旗帮。郑一嫂协助丈夫打理帮务，据说她曾习武，而且足智多谋，是海盗中少有的文武双全人才。

后来，郑一在一次海上抢掠活动中遇台风沉船溺死，他的义子张保仔接掌红旗帮。此人时年21岁，比郑一嫂小11岁，他们二人名为契妈契仔，实为同榻夫妻。用当世的眼光看，这应该算是一桩“姐弟恋”。

红旗帮是继明末清初的郑成功集团之后又一个著名的海盗集团。全盛时期，帮下分黑、白、黄、蓝、青五旗，拥有大船800多艘、小舟1 000多只，盗众一度多达10万之众，据英国学者康士坦的《海盗史》记载，其规模在当时世界上堪称第一，竟大过著名的北欧海盗。以如此众多的船只和人数来看，红旗帮显然不仅仅是一群单靠抢劫为生的乌合之众，而更像是一方政经一体的自治力量，张保仔和郑一嫂的“帅营”设于大屿山，西营盘在太平山下，东营盘位于铜锣湾，成了香港地区的实际控制者。红旗帮专劫官船及洋船，曾劫掠英国东印度公司商船，掳船主为人质，“得赎金万元及鸦片烟土和火药各两箱”。对于当地的民间船只，红旗帮则收取保护费，名目为“号税”“港规”“洋税”，“凡商船出洋者勒税番银四百元，回船倍之，乃免劫”。张郑二人“治军甚严”，制定的纪律包括“违令者斩、敢于专权者斩、私藏战利品者斩、临阵退缩者割耳示众、强奸女票（女人质）者斩”。由于条文清晰，数万海盗过的是有规有矩的非法生涯，红旗帮俨然是一家管理有序的海盗集团。

郑一嫂与张保仔的势力实在太大，引来朝廷的多次围剿。1808年，清军以8万两白银为代价，邀集英国及葡萄牙海军对红旗帮发动总攻击，张保仔被迫接受“招安”，官至从二品千总，任澎湖副将，郑一嫂授诰命夫人，至是，粤东一带海盗活动平息。1822年，张死于任上，终年36；郑一嫂则定居澳门，开设赌场，得享天年，如果从渊源上来看的话，她还是澳门赌博产业的开山鼻祖。

从有关资料看，郑一嫂活着的时候就已经是一位全球知名的人物了。1836年，一位西方学者写作《全球海盗史》，其中专门有一节记述郑一嫂的事迹，作者还配了一张图，图中的郑一嫂，着衣裙外罩盔甲，戴形如选美冠军加冕桂冠的头盔，右手持弯刀、左手执匕首，右手作势砍向被她迫退的官兵，图像不三不四，根本没有中国女性容貌和体态的痕迹，衣着更不伦不类。

郑一嫂一生积财无数，却没有传承的记录，因此，迄今在粤海一带的民间仍然传说着很多有关张保仔与郑一嫂的宝藏故事。传说香港有五个张保仔藏宝洞，分别位于长洲、南丫岛、赤州、交椅州和香港岛，其中以长洲西南面的张保仔洞最有名。

第九章

虚弱的繁荣

欲得官，杀人放火受招安；
欲得富，赶着行在卖酒醋。

——宋·谚语[①]

中国史书向来有“暴秦、强汉、盛唐、弱宋”的“公论”。宋朝被认为是历史上最软弱的一个王朝。它的疆域面积比汉唐都小，长期受北方蛮族的侵扰，开国160多年后，首都汴京被攻破，连皇帝和太皇帝都被抓走了，朝廷偏安到长江以南的临安（今浙江杭州）又苟延残喘了100多年。钱穆对宋代的评价就非常之低，认为“汉唐宋明清五个朝代里，宋是最贫最弱的一环，专从政治制度上看来，也是最没有建树的一环”。

不过，宋之“弱”却有它妩媚的一面。

① 语出（宋）庄季裕所著的《鸡肋编》。行在，即皇家的住所。

这是史上最温和的一个政权。宋代理学家程伊川曾总结“本朝超越古今者五事”：一是“百年无内乱”；二是开国之后的四位皇帝都比较开明——“四圣百年”；三是改朝换代的时候兵不血刃，没有惊扰民间——“受命之日，市不易肆”；四是100多年里没有诛杀过一位大臣——“百年未尝诛杀大臣”；五是对周边蛮族采取怀柔政策——“至诚以待夷狄”。这五件事情或有夸张的地方，但离事实不远，特别是第一条和第四条最为难得，由此可见，宋代确实是别开生面。

北、南两宋加起来300余年，比之前的隋唐和之后的元明清都要长，对外委曲求全，对内温和文治，18位皇帝中没有出现一位“铁血大帝”，这也算是“超越古今之事”。宋太祖赵匡胤黄袍加身之后，当即实施了体恤民间的减税政策，宣布大幅减免国内所有关隘的关税和商税，官兵不得扣留旅行者，不得任意搜索民众的包箱，政府所征收的税赋要公开张贴在官府的大门上，不能擅自增加或创收。①

在产业经济上，造成宋代工商繁荣的一个重要事件是水稻的引进。

水稻原产于亚洲热带地区，五代及宋代初期，香巴王国（今越南北部）的占城稻被广泛引入长江流域，它一年可有两熟，甚至三熟，而且产量比一年一熟的小麦要高一倍，从而引发了一场“粮食革命”。据《宋代经济史》作者漆侠的计算，宋代垦田面积达到了7.2亿亩，南方水稻亩产约353市斤，北方小麦亩产约178市斤，无论是面积还是亩产都远远超过前代。②自水稻被广泛引进之后，适合种植的江南地区终于确立了经济中心的地位，“苏湖熟，天下足”这一谚语就诞生于这一时期。

粮食产量的剧增，使得“中国硕大的沙漏倒转了”。③宋代人口出现急速增长的趋势，开国初年，全国人口约5 000万人，到200年后的公元

---

① 宋太祖诏书：“所在不得苛留行旅，赍装，非有货币当算者，毋得发箧搜索。”“榜商税则例于务门，毋得擅改更增及创收。”

② 参见漆侠《宋代经济史》，上海人民出版社，1988年版。

③ 语出布罗代尔，参见《文明史纲》，广西师范大学出版社，2003年版。

1200年已经超过1亿，这是人类历史上第一个亿级人口的庞大帝国。[①]

发生在10世纪的这场“粮食革命”，对中国历史演进的意义非同小可。从此之后，统治者失去了对外进行土地和人口掠夺的“刚性需求”，与汉唐相比，宋人的“血性”明显不足，“弱宋”之论由此而生。这一特征投射在社会制度上，就是国家的成长路径不由自主地趋于内生化，“稳定”的意义第一次决定性地大于“扩张”，其后的制度变革均以此为思考起点。

如果放到全球经济史的大背景下，我们则可以看到，欧洲类似的“粮食革命”发生在16世纪中期，西班牙人和英国人从美洲引进了马铃薯、玉米，从而解决了粮食问题，进而出现人口大爆炸，并最终推动了资本主义的萌芽。农业革命是其他一切革命的前提，魏斐德在《世界历史背景下的中国》一文中认为，中国在农业上的早慧，使得“欧洲发展到它早期现代化的程度时，中国早于它400年就达到了那个水平”。[②]

长期的政权稳定、温和的执政理念、粮食产量的倍数增长，以及人口的膨胀，为工商经济的繁荣创造了无比宽阔的市场空间，其结果就是，宋代的文明程度达到前所未见的高度。

清末学者王国维认为：“天水一朝人智之活动与文化之多方面，前之汉唐，后之元明，皆所不逮也。”当代国学大师陈寅恪也说：“华夏民族之文化，历数千载之演进，造极于南宋之世。”[③]中国古代的“四大发明”，除了造纸术，其余三项——指南针、火药、活字印刷术——均出现于宋代。

---

① 水稻与人口：据美国学者纳扬·昌达的研究，占城稻是宋真宗时期（公元998—1022年）引进的，到公元1200年，中国人口达到1.15亿。参见《绑在一起》，中信出版社，2009年版。

② 欧洲与玉米：1500年左右欧洲的人口只有8 000万，与1300年的数目相当。玉米、马铃薯等美洲作物引进后，使人口数量迅速增长。1700年欧洲居民达到了1.2亿人。

③ 参见王国维《宋代之金石学》，陈寅恪《邓广铭宋史职官考证序》。

台湾学者许倬云的研究发现，“宋元时代，中国的科学水平到达极盛，即使与同时代的世界其他地区相比，中国也居领先地位”。宋代的数学、天文学、冶炼和造船技术，以及火兵器的运用，都在世界上处于一流水准。宋人甚至还懂得用活塞运动制造热气流，并据此发明了风箱，它后来传入欧洲，英国人根据这一科学原理发明了蒸汽机。[①]

宋代企业规模之大，超出了之前乃至之后的很多朝代。以矿冶业为例，徐州是当时的冶铁中心，有36个冶炼基地，总计有5 000~6 000名工人。信州铅山等地的铜、铅矿，“常募集十余万人”，昼夜开采，每年的产量达数千万斤。诏州的铜铅矿区也有超过10万人常年从事开采业。首都汴京是兵器制造中心，拥有军匠3 700人，作坊工人5 000人，再加上配套人员，总数也将近一万，是当时世界上独一无二的“万人工厂”。据经济史学者哈特韦尔的计算，在1080年前后，中国的铁产量可能超过了700年后欧洲除了俄国以外地区的总产量。另外，罗伯特·浩特威尔的研究也表明，在11—12世纪，中国的煤铁产

▲（明）仇英摹本《清明上河图》局部

① 风箱与蒸汽机：《中国科学技术史》作者、英国学者李约瑟认为“蒸汽机 = 水排 + 风箱”，而水排和风箱均发明于中国，他因此提出一个著名的问题：为什么发明了水排和风箱的中国人并未进一步发明蒸汽机？

量甚至比工业革命前夕的英国还要多。

宋代商品经济的繁荣远非前朝可比。为了促进流通，宋政府取消了汉唐以来的很多禁令，比较重要的有四条：其一，商品与铺号不再集中于政府指定的官市，居民区与商业区可以混杂，不必分开，居民被允许自由地向街开店，这使得流传千年的坊市制度成了历史；其二，取消了宵禁制度，百姓可以在夜间出游、做生意；其三，取消了对集市的行政性限制，大量非法的“草市”和“墟”终于得到政策上的认可；其四，放松了价格管制，任由市场波动决定。我们可以认定，近一千年来中国商业流通的运营模式在此基本定型。

这些政策无疑对工商贸易的刺激是空前的。汴京是当时世界人口最多的城市，它的面积约34平方公里，比唐长安城要小，但是人口总数却达到140万左右，密度之高非常惊人。城内有8万多名各类工匠和2万多家商店，每日车水马龙，挥汗成雨。流传至今的名画——张择端的《清明上河图》就以生动而细致的笔触定格了当时的繁荣景象。

宋代对商人阶层的认知有了极大的进步，可谓情势大变，其地位不再像前朝那样低贱。诸如不得穿丝绸衣服、不能骑马乘车等规矩早已废除，商人及其子孙不能参加科举和当官的禁令也不再执行，人们不以经商为耻。在经济思想上，南宋出现了以叶适为代表的永嘉学派，他们反对“重本抑末”，讲究“功利之学”，认

▲纺车图，纺织是宋朝民间最常见的生产劳动

为“既无功利，则道义者乃无用之虚语”，主张“通商惠工，以国家之力扶持商贾，流通货币”。

法国学者谢和耐断定：“从 11 世纪至 13 世纪，中国社会的总体结构逐渐发生变化，在上层精英和民众集团之间，一个极不相同又极其活跃的阶层出现了，并开始占据日益重要的地位，这个阶层就是商人。这股新兴的势力慢慢地削弱了中国社会的基础。从这个意义上，在宋代时期尤其是在 13 世纪，透出了中国的近代曙光。”①

在工商体系和企业治理结构方面，宋代确乎出现了如谢和耐所说的近世的特征。

国内外的经济史家用大量史料证明，宋代日趋精细的工商体系的完善是世界第一的，具有比同时期欧洲更高的发达程度。傅衣凌曾描述说：“举凡大商业所需要的许多配备和机构，差不多都一一完成了。详言之，在商人中，出现了坐贾、客商、牙侩等，各产业部门都有他们在活动。大规模的联号组织也已出现。随着商业的发达，为了便利大商业的进行，像货币金融及其他的辅助机关——塌房、廊房、堆垛场、柜房、钱铺、金银铺、兑房、寄附铺、交引铺等机构，以及商业经营上所必要的簿记、商用数字、珠算等，亦无不出现于这一时期，较之同时代的欧洲商业有极大的进步。”②

宋代的商人行会比唐代数量倍增，而且更有组织性，势力也更为庞大，他们可以垄断一地的市场，并拥有商品的定价权。据《宋会要辑稿》记载，首都汴京的很多行业被行会控制，外地商人把商品运进城内，自己不能定价出卖，必须首先乞求当地行会为之定价。1072 年（熙宁五年），朝廷发布了一份诏令，大意是：“天下的货物到了京城后，多为大商贾所限制，利益被盘剥，至于那些小商小贩，更是被限制了获利，很多人因此

---

① 参见谢和耐《蒙元入侵前夜的中国日常生活》，北京大学出版社，2008 年版。

② 参见傅衣凌《明清时代商人及商业资本》，中华书局，2007 年版。

穷窘失业。”[1] 按当时制度，政府向民间收购商品时，其价格也必须由官府与行会的行头们共同商定，每月三旬，每旬一评，叫作“时估”。

南宋人吴自牧所撰写的《梦粱录》中描述了当时米行的景象，从他记录的情况看，在粮食流通领域里出现了十分细致的社会化分工。米行从粮食收购、运输、接货，到定价、批发、搬运、零售直到结算支付货款等，都有专人负责，成龙配套，井井有条，形成极为严密的组织系统。一个城市里的米市行会控制了该城的粮食供销及价格波动，外地商人不得擅自在这里卖粮。

中国史学界有一个公论是：以民营工商业而言，其平均规模至宋时已达到最高峰，宋以后，许多行业反而是规模愈来愈小。

宋代出现了中国企业史上的众多制度创新，其中包括：资本的所有权与经营权已有分离，第一批股份制合伙公司诞生；世界上第一张纸币——交子出现；定金制度得到广泛的运用，以及职业经理人阶层的萌芽等。

股份制合伙公司是在宋代诞生的——这一史实由日本学者在20世纪中期首先发现，斯波义信在《宋代商业史研究》一书中指出：“中国的个别资本的集中以‘合股、合伙’的形式典型地表现出来，其萌芽形态业已产生于宋代的‘合本’‘连财合本’‘斗纽’等惯行中。”[2]

---

① 《宋会要辑稿·食货》：“天下商旅物货到京，多为兼并之家所困，往往消折。至于行铺稗贩，亦为较固取利至多，致多穷窘。”

② 参见斯波义信《宋代商业史研究》，台湾稻禾出版社，1977年版。最早的合伙经商契约：新近的考古发掘表明，在汉代已有合伙制企业的萌芽。1973年，在湖北江陵凤凰山10号汉墓中出土了一块题为“中贩共侍约”木牍，这是迄今发现最早的合伙经商契约，木牍上有120余字，大意是：张伯、石兄、秦仲和陈伯等十人约定每人出钱二百参与合伙经商，由张伯出任“贩长”（经理），同时规定了若干条大家都要遵守的规则。

《宋会要辑稿·食货》记载了当时合伙公司的基本模式："一些富豪联合在一起，共同经营并遵守同一规则，就叫作斗纽，这种情况比比皆是。其规则如下：以10个人为一个组织，各人出的钱从50万到10万不等，大家约定以10年为期，富豪轮流负责经营，在每岁岁末清算之后，即换下一位富豪，所得利润大家按比例分配，而本钱仍然在那里。"从这段记载可以看出，这是一种典型的股份制合伙公司，它在当时被称为"斗纽"。[①]

宋代学者秦观在一篇铭文中记载了泉州商人林昭庆的事迹。此人与数位同乡合股经营，在福建、广东到山东的沿海航线上经营，时间长达数十年，成为巨商。[②]

北宋名臣包拯还曾提到过一种叫作"带泄"的合股模式：在海边做买卖的人中，有不少是本钱不多的中小富户，他们没有能力独立组成合伙公司，就参股于相熟的大海商，少的十来贯钱，多的百来贯钱，等到海外货物买回来后，按比例分配所得，往往有数倍的利润。[③]

一个特别有趣的细节是，这种公司模式还出现在了当时的数学著作中。南宋数学家秦九韶在著名的《数书九章》中设计了一道算术题，大致意思是：甲乙丙丁四个人一起合作出资到海外做贸易，各人所出的本钱不同，有的是金子，有的是银子，有的是盐等，他们之间还互有假借。海外

---

① 《宋会要辑稿·食货》："鸠集富豪，合力同则，名曰斗纽者，在在皆是。尝以其则例言之：结十人以为局，高下资本自五十万以至十万，大约以十年为期，每岁之穷，轮流出局，通所得之利，不啻倍徙，而本则仍在。"

② 《庆禅师塔铭》："尝与乡里数人，相结为贾，自闽粤航海道，直抵山东，往来海中者数十年，资用甚饶。"

③ 《敝帚稿略》："海上人户之中下者，虽不能大有所泄，而亦有带泄之患。而人多所不察者，盖因有海商，或是乡人，或是知识，海上之民无不与之相熟。所谓带泄者，乃以钱附搭其船，转相结托以买番货而归，少或十贯，多或百贯，常获数倍之货。"

归来后，购买到的商品有沉香、胡椒和象牙，那么，他们各应该得到多少回报？这道算术题在今天看来也颇复杂，表明在当时，这种“合本”经营的方式已经相当普遍，深入民间。[①]

从众多的零星史料可以发现，宋代的合资经营活动大量出现在东南沿海一带从事海外贸易的商人中。这与外贸的特征有重大关系：出海经商需要的本钱大、航运时间长而且有巨大的风险性，当然也有惊人的暴利回报，所以，商人们需要也愿意联合起来共担风险、分享利益。

这一规律不但在中国如此，在全球其他国家也是同样。在世界经济史上，学者们普遍承认股份制公司模式的出现与海盗及远洋贸易有直接的关系，而最早的股份有限公司制度正诞生于有“海上马车夫”之称的荷兰，即1602年成立于阿姆斯特丹、从事海外贸易的荷兰东印度公司。

因此，从时间上来看的话，宋代的“合本”企业比欧洲的同类企业起码要早500年。

除了合股经营模式，纸币“交子”的发明也是一个重大的经济事件。

纸币的出现是金融信用达到一定程度之后的产物，它基于两个前提：长期和平的社会环境和民间契约信用的建立。早在晚唐的9世纪初期（唐宪宗，公元806—820年），社会上出现了“飞钱”，当时商人外出经商携带大量铜钱有诸多不便，便先到官方或有信用的富商之家开具一张凭证，上面记载着地方和钱币的数目，之后持凭证去异地提款购货，此凭证被称为“飞钱”。这实际上是一种汇兑业务，也可以被看成是清代票号业务的

---

① 《数书九章·市易·均货推本》：“问：海舶赴务抽毕，除纳主家货物外，有沉香五千八十八两，胡椒一万四百三十包，象牙二百一十二合。系甲乙丙丁四人合本博到。缘昨来凑本，互有假借。甲分到官供称，甲本：金二百两，盐四袋，钞一十道；乙本：银八百两，盐三袋，钞八十八道；丙本：银一千六百七十两，度牒一十五道；丁本：度牒五十二道，金五十八两八铢，已上共估值四十二万四千贯。甲借乙钞，乙借丙银，丙借丁度牒，丁借甲金。今合拨各借物归原主名下为率，均分上件货物，欲知金银袋盐度牒原价，及四人各合得香椒牙几何？”

前身。[1]

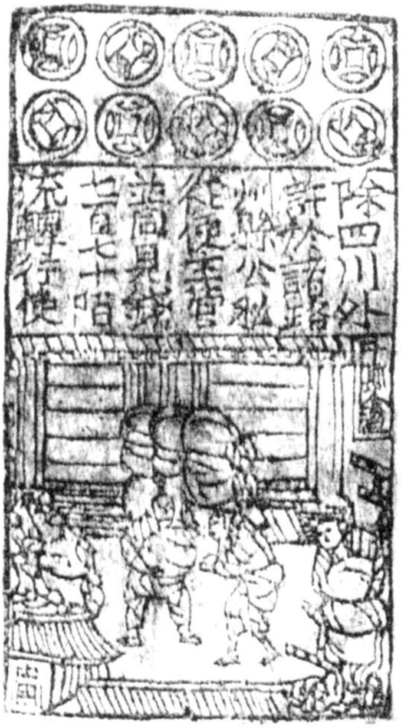

▲宋代纸币——交子

到了10世纪末期，工商业非常繁荣的益州地区（今四川成都）出现了私人印刷发行的纸币，它用桑树叶纸印制，称为“楮纸券”或“交子”，那些从事交易业务的店铺称为“交子铺”，就是私人银行的雏形，当存款人提取现金时，每贯付给铺户30文钱的利息，即付3%的交易费。宋真宗景德年间（公元1004—1007年），担任益州知府的张咏对交子铺进行了一次整顿，指定由王昌懿等16户富商“特许经营”，这是政府干预私人银行业务的前兆。到了1023年，宋仁宗天圣元年，中央政府在益州设立交子务，以本钱36万贯为准备金，首届发行“官交子”126万贯，准备金率为28%，政府还专门设立了印刷交子的抄纸院，“以革伪造之弊”。在“官交子”出现600多年后，欧洲的英国政府第一次发行了官方纸币——英镑。

交子的发明，表明宋代工商贸易和金融活动的空前繁荣。与此相关，定金制度和期货贸易也出现了端倪。

南宋人黄干记载说，世间做买卖者，没有不预先留下货钱以为定金的，他称之为“定钱”。[2]在四川一带，茶商向茶农收购茶叶时，都是在前一年的秋冬就预先谈定价格，先支付定金，所谓“秋冬先放茶价”。大学者苏辙

① 《新唐书·食货志》：“宪宗以钱少，复禁用铜器。时商贾至京师，委钱诸道进奏院及诸军、诸使富家，以轻装趋四方，合券乃取之，号‘飞钱’。”

② （南宋）黄干《勉斋集》：“世间交易，未有不前期借钱，以为定者。”

在自己的笔记中也对此有过记录，并说这是当时的“客旅体例”。

因为有了定金制度，还出现了包销垄断的案例。福建荔枝自汉唐之后就闻名天下，蔡襄在《荔枝谱》中记录，每当花开季节，商人们就从长势来预判来年的收成，然后用“立券”（签订契约并支付定金）的方式，将荔枝全部包销，从而垄断了长途贩运和出口贸易。这种做法促进了专业化的生产和销售，福建荔枝远销到日本、新罗（今朝鲜）及印度等地，同时也让商人和农户都赚到了钱，出现了“商人贩益广，而乡人种益多”的景象。这是企业史上第一次有关期货交易的记录。[①]

另外一个新景象是，职业经理人开始集体性地出现，这也是隋唐所未见的。

《夷坚志》中讲述了一个很生动的故事：枣阳（今湖北枣阳）有一个叫申师孟的人，以善于经商而闻名于江湖之间，住在临安的大富商裴氏三顾茅庐把他请来，交给他本钱10万贯，任由他经营投资。三年后，本钱翻了一番，申师孟就把钱押送到裴家，过几年，连本带利增加到了30万贯。后来，裴老爷子去世了，申师孟赶回临安吊丧，将所委托的资本全数交回，老裴的儿子把其中的3/10分给了申师孟，大约是银二万两。[②]

在宋人笔记中，申师孟这样的人物一般被称为“干人”，他们自己的财产不多，以为大族世家理财而存活。《夷坚志》还记载了处州（今浙江丽水）地区有一个叶姓家族，世代为当地的大家族管理邸店——兼仓储、

---

① 期货交易：理论界公认的世界最早的粮食期货交易出现在13世纪的安特卫普，现代有组织的期货交易萌生于19世纪40年代的美国芝加哥期货交易所的农产品交易。

② 《夷坚志》：“枣阳申师孟，以善商贩著干声于江湖间，富室裴氏访求得之，相与欢甚，付以本钱十万缗，听其所为。居三年，获息一倍，往输之主家，又益三十万缗。凡数岁，老裴死，归临安吊哭，仍还其赀。裴子以十之三与之，得银二万两。”作者另注：宋代以铜为本位，铜银换算波动很大，北宋末期，十万贯约相当于2.5万两银子。

交易和旅店于一体的综合性场所，类似于现在的“Shopping Mall”——也就是专业的经理人家庭。[1]一些大家族在家训中还专门告诫后人，要选择有经商才干，同时个性淳厚、爱惜财物的“干人”来为自己打理资产。[2]

有宋一代的工商经济如此发达，那么，后世读者必然会有如此一问：在此等如花锦绣的盛世之中，到底出现了哪些名声显赫的大商贾呢？

答案是：没有。一个也没有。

宋代留存至今的史料绝不旷乏，而且宋代文人有写笔记的好习惯，稍有离奇、异常之事都会被记录在案，所以，若有巨商出现，想要隐身遁迹是万不可能的。当代一位宋史学者、写过《两宋财政史》的汪圣铎做过一件事情：他检阅大量正史、笔记等史料，试图找到有名有姓的宋代商人，以写成一部《宋代货殖列传》。但一番海索之后，他却空手而出。在《寻找宋代大商人》的短文中，汪圣铎记录了自己的努力。

据他的考据，宋代知名度最高的商人是朱冲和朱勔父子。《宋史》为朱勔立了传，不过入的是《佞幸传》。朱冲是一个穷汉出身的小军官，级别是三班奉职（无品，大约相当今天的连排长），后来因卖药成了暴发户。他的儿子朱勔则官运亨通，一直做官做到节度使。朱家的真正发迹，主要还是靠当官。

汪圣铎又想，“北宋太宗、真宗时曾打击过豪强，豪强当中是否有大商人？一查，宋太宗时打击的豪强青州麻氏，本人是做官的，这个家庭似乎未见同商业有联系。宋真宗时打击的豪强李益是‘长道县酒场官’，钱是不少，放高利贷很多，然而也不像是商人。依次找下去，发现宋代豪强多是有官人或官员家属，偶尔有个把土财主，商人却没找到”。

---

① 经理人阶层：据小艾尔弗雷德·钱德勒的研究，美国到19世纪中期才出现“经理人式的资本主义”。参见钱德勒《看得见的手》，商务印书馆，1987年版。

② 《袁氏世范》：“干人有贷财本兴贩者，须择其淳厚爱惜家累，方可付托。”

接着，他想到近代盐商最富，宋代盐业也很活跃。于是，他反复查阅《宋会要辑稿·盐》，只找到二位有名姓者：北宋的康喜、南宋的吴傅。可惜两人各只出现一次。文中完全没有言及其资产数量，也没有在商人群内的地位，甚至连他们的籍贯等都未言及。查别的书，也是毫无线索。南宋洪迈又记述了关于盐商阎大翁的传说。称阎大翁“居鄱阳。以贩盐致富，家资巨亿”。然后讲他如何信佛，投资建佛阁，却没有讲他如何经营盐业。再查其他文献，杳无踪迹。

在考察宋代皇室女子出嫁时，汪圣铎“终于遇到了二位大商人”，一是帽子田家，一是大桶张家，“然而不幸：关于帽子田家，记载仅一处，关于他的经营规模、雇工数量等，一无所知。关于张家记载有二三处，但有价值内容也很少。只是知道他卖酒，兼营高利贷。连开了几处酒店、酒楼都无从查考”。汪先生的“人肉搜索”功夫算是用到了家，甚至连大理学家朱熹的外祖父祝确都被“挖”了出来，“我发现朱熹的外祖父祝确可能是个商人，据朱熹自己说：‘新安祝氏世以赀力顺善闻于州乡，其邸肆生业几有郡城之半，因号半州。’但朱熹却没有言及祝确经商之事。除了朱熹自己讲之外，似未见别人提起祝确，大约知名度很低”。

最后，汪圣铎发出的感慨是：“我寻找宋代大商人的路走得好苦，找到的大商人或者不够大，或者没有事迹，甚至不少连完整的姓名都搞不清。跟先秦的吕不韦、子贡、范蠡如何能比。”

那么，为什么在一个空前的工商盛世，却找不到著名的巨商大贾？财富到底聚敛到哪些人和利益集团的手中了呢？

这是宋代经济史上一个最让人吃惊的悬疑。

悬疑的答案埋在那个老地方——政商关系及因此而形成的经济制度。

我们接下来要讲述的，就是“弱宋”的另外一面——宋代的中央集权制度在汉唐的基础上进一步得到强化，经济层面上的国有专营程度有过之而无不及，同时，宋代的官商经济达到巅峰，社会财富向政府和官商集团猛烈地聚集。

宋太祖登基之后，为了吸取晚唐教训，首要解决的问题当然还是藩镇割据这颗毒瘤。他没有采用杀戮功臣或武力征伐这些暴力方式，而是戏剧性地“杯酒释兵权”——在一次酒席之上，太祖对石守信、高怀德等跟他一起打天下的老军头们大叹当皇帝的难处，晓之以利害，动之以利益，让他们主动上缴了军权。从此，中央牢牢地掌握兵权，并确立了“文人治军”的原则，从汉唐以来一直困扰朝廷的藩镇割据问题得以冰解，自宋到明清的 1 000 多年，地方挑战中央的能力大大减弱，这一方面开创了“百年无内乱”的升平局面，另一方面也造成地方自治的空间几乎丧失和中央财政负担的陡然增加。

与前朝相比，宋王朝对财政的需求是最大的。帝国的正规军总数常年维持在 140 万人左右，其中拱卫首都汴京的禁军就达 80 万之众——《水浒传》中“豹子头”林冲的官衔为“八十万禁军教头”，其 80 万之数竟非虚指——中央因此背上了沉重的军备支出包袱，而且，随着北方边关侵扰的加剧，累年还有增加。据史载，在 1065 年（宋英宗治平二年）这一年，国家收入为 1.161 38 亿贯，预算内支出为 1.203 4 亿贯，临时支出 0.115 2 亿贯，财政赤字为 0.157 3 亿贯，这一状况被后世学者批评为“冗兵”“积贫”。南宋朱熹就指出，“自从削藩之后，地方的财政收入大多上缴中央。开支捉襟见肘，都是因为要养兵。常年的军备支出占到了整个财政收入的八成，其余可用的钱，只占两成”。[①]

所以，中央不得不加紧聚敛财富，与民争利势成必然。

从现有资料看，宋代国有专营的种类之多，范围之广、资本金额之

① 《朱子语类·论兵》：“自本朝罢了藩镇，州郡之财已多归于上……财用不足，皆起于养兵。十分，八分是养兵，其他用度，止在二分之中。”这是中央集权必定会产生的“兵政之弊”，自宋到民国，历代政权在军费上的支出均占总支出的七成以上。而到了当代，军费开支比例已大幅下降，可是公务员开支的增加则成另外一种“吏政之弊”。

▲宋代货郎

大，都是超越前代的，凡是主要商品，几乎全在国有专营之列，包括茶、盐、酒、醋、矾以及外贸所得的香药、象牙等，这些商品都有三个鲜明的共同特点：资源性、必需性和暴利性。

允许民间经营的商品则包括：针线、服装、肉食、儿童玩具等。这些商品也有三个鲜明的共同特点：经营分散、不易管制、利润微薄。

也就是说，国有资本与民间资本在产业上的“楚河汉界”，在宋代就完全分割形成了，这一传统衍续到了今天。这也就可以解释汪圣铎的那个疑问了：为什么在工商如此繁荣的宋代，却无法诞生司马迁在《货殖列传》中记载过的那些巨商？

在确立了严格的国有专营制度之后，宋代对违法进入禁榷领域的民间资本采取了十分残酷的政策。宋太祖一方面大幅度减税轻赋，同时发布法令：商人私自贩运矾超过一两、私自销售矾超过三斤者，处死；煮碱达到三斤者，处死；私自酿造酒曲达 15 斤者，处死；贩运私酒运进城达三斗者，处死；私自贩盐十斤者，处死。对于茶税，则规定每一贯钱都要上缴给中央——“茶利自一钱以上皆归京师”。

此后的历代皇帝都一再重申有关禁令，在这一方面可谓是不遗余力。《宋史·刘蟠传》还记载过这样一个故事：转运使（掌管地方财赋和漕运的长官）刘蟠接受皇命巡查淮南地区的茶叶专卖工作，当地私自贩茶的民众很多，刘转运使就骑着一匹瘦马，假装成商人，到民众家里去购茶，民众不疑，拿出茶叶给他，此时，立即有人破门而入，绳之以法。

当国有专营的“围墙”被高高地筑垒起来之后，接下来的问题就是：如何经营这些被垄断起来的资源？宋代的办法是两个，一是公开允许官员经商；二是对民间商人进行授权经营。

在历代开国皇帝中，唯一公开放纵乃至鼓励官员经商的，就是宋太祖赵匡胤。

宋朝立国之后，官员的收入很低，县令的月薪只够买10斤羊肉，其中2/3还折算成茶、盐、酒等生活必需品，因此王安石曾经评论说，“现在的官吏俸禄太低，家里的人口稍稍多一些的，如果不经商务农，都没有办法养活下去”。[①] 低薪不足以养廉，这是举世公论，唐代的时候，李世民想出了“公廨钱”这个怪招，宋代没有这一制度，所以，官员们就只好自开门庭了。

同时，因为观念大开，士大夫不再以经商为耻。清代学者沈垚描述宋代的这一社会风尚变化时说：“（宋代的）士大夫兼营经济事业，才能够养家，这是与以往完全不同的地方。当官的与平民争利，而没有当官的书生又必须先有农商之业，有了养家糊口的金钱，才能够专心于科举考试。于是，工商业急速发展，商贾的势力越来越大。一个家庭之中，父亲和兄长经营工商业，子弟们则专心读书，以求仕途上的进步。自古以来有四民分业的规矩，现在四民不分，古代士人的子孙世代为士人，现在，商人的

① 王安石《临川集》卷三十九：“方今制禄，大抵皆薄。自非朝廷侍从之列，食口稍众，未有不兼农商之利而能充其养者也。”

子孙才能够成为士人，这是宋代之后直到明清，最大的变化。”[①]

这段评论可谓是非常的精到，它其实指出了一个十分重要的事实：**中国的经济形态，由先秦到汉初是贵族经济，演进到东汉至魏晋南北朝，成了世族经济，进入隋唐之后，日渐呈现出“士商合流”的趋势，到宋代，终于定型为士绅经济，历 1 000 年左右的演进至此，其后再无进步。这三种经济形态从本质上来说，都是官商经济。**

台湾学者全汉升对宋代经济史有深厚研究，在《宋代官吏之私营商业》这篇论文中，他用大量史料证明，宋代官员利用国有专营制度，以公为名，行私之实，蔚然成风。据全汉升的考据：在茶业方面，“宋代私卖茶的官吏，以主管茶政的人为多”，“宋代边吏常常私营茶叶”；在盐业方面，“宋代官吏私营盐业之风甚盛，其经营者不但有地方官，更有主管盐政的当事人，而且包括当时的宰相及将帅等”；在酒业方面，“北宋官吏私营酒业的风气，以仁宗时为最厉害”，到了南宋，连全国最高财经长官、资政殿大学士叶梦得都私开酒肆；在木材业方面，“当时的达官贵人多半遣人至陕西秦、陇间购买竹木，免税运回汴京，高价出卖，以取厚利”。

全汉升还总结出了官员经商的六个“特异的地方”，包括：以公款做资本，以公物做商品或商品原料，以官船贩运，利用公家的劳动力，籍势贱买贵卖或加以垄断、逃税。这六点当然是古往今来所有官商经济共同的“特异的地方”。[②]

权贵资本的泛滥同样体现在土地上。与汉唐不同，宋代是一个“不抑兼并”的王朝，对土地兼并采取了放纵的政策，因此，权贵家族——所谓

---

① 《落帆楼文集》卷二十四：“士大夫始乃兼农桑之业，方得赡家，一切与故异矣。仕者既与小民争利，未仕者又必先有农桑之业，方得给朝夕，以专事进取。于是货殖之事益急，商贾之势益重。非兄老先营事业于前，子弟即无由读书，以致身通显。是故古者四民分，后世四民不分。古者士之子恒为士，后世商之子方能为士，此宋元明以来变迁之大较也。”

② 参见全汉升《中国经济史研究》，稻乡出版社，1990 年版。

“官品形势之家”——占据了天下一半的土地，一个郡县之中，五到六成的土地及财富集中在少数官宦家族手中。

正因为有如此蓬勃且放肆的权贵经济，所以，宋代高官中的巨商不胜枚举。赵匡胤最重要的谋臣、号称“半部《论语》治天下”的宰相赵普，就靠经商大发其财，他在京师及主要城市广设邸店，以谋巨利，有人多次告他的御状，赵匡胤总是一笑置之。[①] 汪圣铎考据出的“宋代知名度最高的商人”或可谓“北宋首富”朱勔，正是靠公私通吃而发家的。当时是宋徽宗时期，这位写得一手好书法的皇帝痴迷于奇花异石，朱勔就奉皇命到江南一带搜求花石，用船从淮河、汴河运入京城，号称“花石纲”。这一搜求行动连年不绝，百姓备受其苦，导致江南一带的中产之家几乎全都破产，甚至卖子鬻女以供索取，后来在浙南爆发方腊起义，即以“诛朱勔”为号召。朱勔后被皇帝处死，没收家财，金银细软不计其数，单单是名下的田地就有 30 万亩之多。

对于官员经商，赵匡胤放得最宽的竟然是带兵的将领，史书上说，太祖拉拢和控制各路高级将领的办法，就是让他们靠经商来发财。

石守信是赵匡胤帐下最宠信的大将，“杯酒释兵权”时，第一杯酒就是请他喝的。被夺去兵权后，石某就专心于发财一事，《宋史·石守信传》说他多次出任各地的节度使，“专心赚钱，积累财富以巨万计”[②]。他和儿子石保吉曾经动用全副武装的军队为自己运粮营利。[③]

宋初还有一位大将李汉超，常年镇守关南，朝廷给他充足的军饷，还经常予以奖励，可是这位老兄仍然私自经营各类禁榷的专卖商品，还逃漏税金。有人告到朝廷那里，赵匡胤让他把私自经营的数目全部报上来，然后大笔一挥，免除了所有的关税。此后，诸将效法李兄，终不可遏。这样

---

① 《宋会要辑稿·职官》：“及广营邸店以规利。太祖知其事，每优容之。”

② 《宋史·石守信传》：“专事聚敛，积财巨万计。”

③ 曾巩《任将》：“太祖之置将也……富之以财。”《宋史·石守信传》：“（石守信）累任节镇，专务聚敛，积财钜万……（石保吉）尝械以运粮。”

的故事光光鲜鲜地出现在史书中，当然让后人瞠目结舌。

如果说官员经商是一次体制内的权贵狂欢，那么，政府对民间商人的“授权经营”则是官商经济的另外一翼。

在国有专营体制方面，汉、唐两代政府主要实行了两种经营模式，一是桑弘羊式——成立国营企业加以垄断经营，二是刘晏式——国家控制资源，以定向授权的方式向民间开放。到了宋代，则在牌照制度上又有了创新，在当时有两种模式，一曰“买扑”，一曰“钞引”。

“买扑”类似后世的招标承包制，从字面上看，“买”即为买卖，“扑”即为竞争。政府拿出一块资源，向民间公开招标，价高者得。招标办法有很多种，最普遍的是“实封投状法”，也就是现在的暗标制，具体做法如下：官府在闹市区招贴榜单，写明拍卖的内容，任何民众都可以投标，大家把标的写在纸上，投进一个箱子里，过若干天后，公开唱票，投标价格最高的人中标，如果有两个人价格相同，先投标的人胜出。一般而言，承包期限为三年，中标者需每年缴纳一次承包款。[①] 除了这种暗标制，还有明标制，时称“明状买扑法”，那就是大家公开喊价，高者得之。在宋代，实行“买扑”的产业很多，如酒、醋、矿场（坑冶）等，甚至连河渡的税收也进行公开拍卖。

在《宋会要辑稿·食货》中有过这样的一段记载：公元1034年（景祐元年），朝廷下令各地的酒业买卖允许私人承包经营，因为这一业务的承包额较大，必须有10户以上的商客联合起来才可以竞标，而应标者先要把自己的优质资产，主要是闹市中的店铺拿出来抵押，并预交一年的

---

① 《续资治通鉴长编》：“要闹处出榜，召人承买。限两月内，并令实封投状，置历拘管，限满，据所投状开验，著价最高者方得承买。如著价同，并与先下状人。其钱听作三限，每年作一限送纳。”

承包款。[1]从中可以看到，在宋代，资本的所有权与经营权已有分离，合伙制有了有限责任制的某种萌芽，合伙也形成了区别于合伙者个人的团体性。

“钞引”类似于后世的特许经营制，主要出现在暴利性较高的盐业，它是对刘晏盐政的进一步完善，简而言之，就是商人先向官府缴纳一定数量的钱物换取凭证，时称“交引”“盐钞”，拿凭证到指定机构支取食盐，再到指定地点销售，一个比较普遍的比例是，商人交银4贯800文买1钞，凭钞到盐池领盐200斤。官府对盐商的销售区域范围进行严格的管制，所有的食盐都必须被装进官府统一制作的“盐袋”，盐商到仓场装盐时不得自己封口，贩运到指定销售地区后，还须由当地税务“验引验封”，食盐销售完毕后，盐袋必须在5天之内缴纳当地官府，在官员的监视下烧毁。

因为食盐是农业社会最重要的民生必需品，获得经营权的商人就如同得到了一笔财富，所以，“盐钞”成了一种硬通货——以盐为本位的“类货币”，在当时就出现了以买卖盐钞为主的各类交易市场——专业商铺、交引铺和买钞场。后世把货币称为“钞票”，始自于此。

“买扑”和“钞引”的诞生，是工商经济发展的一个制度性进步，它使得政府在获得垄断性利润的前提下，开放流通和开采领域，激活了市场的能量，宋代民间工商业的繁荣与此大有关系。

不过同时，它又是一种十分典型的官商经济，处在被授权地位的民间商人集团彻底丧失了对重要产业的控制权，国有资本在关系到国计民生的支柱性产业中牢牢地掌握了资源权、定价权和分配权。宋史学者姜锡东证明，“钞引制度之下的盐商很不自由，政府仍然程度不同地介入和控制其批发、运输、销售诸环节，从而使盐商的赢利活动和赢利比率大受

---

① 《宋会要辑稿·食货》：“臣僚言：‘诸道州、府、军、监、县、镇等酒务，自来差官监处，乞不以课利一万贯以上，并许衙前及诸色不该罚赎人一户以上、十户已来同入状，依元敕将城廓草市冲要道店产业充抵当，预纳一年课利买扑。’从之。”

限制”。[①]

更为关键的是，这种定向授权的方式营造出了一个巨大的寻租空间，众多学者的研究表明，那些能够获得“买扑”和“钞引”的商人大多与官府权贵有千丝万缕的关系，有很多甚至就是官员的直系亲眷或属下。

由以上叙述，我们可以得到两个重要的结论：

其一，宋代的经济制度创新是前朝所未见的，它在宏观经济、产业经济乃至企业制度方面都出现了重大演进，大一统中央集权制度下的工商制度建设，在此时基本定型。宋代的官商经济模式已经实现了“标本化”，其后 1 000 年，无非是这一“标本”的极端化和恶劣化。

其二，到 12 世纪末，中国人口超过 1 亿，成为地球上第一个亿级大国，也是从此之后，科技创新几乎停滞，“四大发明”全数在之前出现。布罗代尔对此的解释是，“人口的众多导致了中国不需要技术进步”。但这显然是不完整的，一个更重要的事实是，帝国出于统治的需要，实行了大陆孤立主义政策，产业革命再无动力。美籍华裔学者王国斌从“国家形成”的角度给出过如下观点：“从北宋之后的 1 000 年里，统治者面临的最主要挑战，并非创立一个与其他政治对手竞争的全新国家，而是重建和改造一个农业帝国。因此，维持与重建国内秩序，既是国家的主要考虑，又是其行政力量投付最多的方面。”在这样的治理逻辑之下，任何变革都只可能向更加集权的方向发展，其他的、有可能挑战中央威权、引发社会秩序变化的尝试都会被严厉地扼杀在摇篮之中。[②]

王国斌的这个观点，将在发生于北宋中期的一场重大变法中得到验证。

---

① 参见姜锡东《宋代商人和商业资本》，中华书局，2002 年版。

② 参见王国斌《转变的中国：历史变迁与欧洲经验的局限》，江苏人民出版社，2010 年版。

第十章 走到尽头的变法

天变不足畏，祖宗不足法，人言不足恤。

——王安石

1068年8月，大宋熙宁元年，在首都汴京的延和殿上，当世知名度最高的两位政治家当着皇帝和满朝文武之面，展开了一场不留情面的舌战。这是继公元前81年的那场盐铁会议之后，又一次记录在案、关于国营化政策的大辩论。

上一年的1月，宋英宗驾崩，长子赵顼登上皇位，是为宋神宗，他年方二十，血气方刚。此时的宋王朝已开国110余年，农耕社会的“太平病”又发作了起来——土地兼并大量增加，权贵及豪强商人占有了全国一半以上的土地，他们还控制了重要的产业经济，贫富差距显著拉大，国内社会矛盾突出。更糟糕的是，中央财政虽然比立国之初增加了4倍，但还是入不敷出，出现重大危机。宋神宗立志于“富国强兵”，他对宰相文彦博说：“天下的弊

▲王安石

端实在太多，不改革不行。现在最首要的事情是增加收入。”①一个耐人寻味的事实是，历代推行激进主义变革的皇帝大多都是年轻人，如秦孝公、汉武帝、唐德宗、宋神宗以及晚清的光绪帝等。当时朝中重臣都是所谓的“大儒名士，文雅君子”，神宗一个也看不上眼，他选中了地方官出身的王安石（公元1021—1086年）。

王安石是一个官场“另类”。他的文采极好，与韩愈、柳宗元、苏轼等人并称“唐宋八大家”。他常年在基层当官，历任淮南判官、鄞县知县、舒州通判、常州知州、提点江东刑狱等，对行政关节十分娴熟。而平日里，他不修边幅，独来独往，个性十分孤傲，在注重享乐和礼数的士人中显得格格不入，时人讥笑他不通人情世故，戏称其为“拗相公”。

开放—管制—半衰—崩溃，循环往复，轮回重现，这是中国历代治乱的宿命，而每当经济出现重大危机之际，必会出现一位重量级的理财大师，他成为那个朝代的转折点。在宋代，这个人正是王安石，他对宋神宗建言说，要“富国强兵”，就必须“摧抑兼并，均济贫乏”，而唯一可行的办法是效仿伟大的汉武帝，执行国家主义模式，由政府全面管制所有重要的产业领域。

王安石的政策建议遭到朝中众多大臣的反对，延和殿的廷辩就发生在这一时期。与他面对面交锋的是翰林侍读学士、文坛领袖司马光（公元

---

①《续资治通鉴》卷第六十六：“天下敝事至多，不可不革……当今理财最为急务。”

1019—1086年）。因为宋朝对文士从来宽松，所以大家的言论就十分放肆，双方辩锋犀利。

这场辩论是从要不要“辞赏”引起的。神宗登基后，带领众大臣去天坛祭祀，按惯例，皇帝赏赐了大臣们。而大臣们也按例上书辞让赏赐。

司马光请神宗接受大臣们的“辞赏”，他说：“当今国用不足、灾害频繁，首要之举，正是削减政府支出。”

王安石大大地不以为然，他说：“国家富有四海，大臣们的收入有限，靠节省开支，实在起不了大的作用，不是当今的急务。”

司马光反问说：“那你说说什么是当今的急务？”

王安石说：“国家财政不足，主要的原因是没有找到善于理财的人。”言下之意，站在对面的司马光等人都是空口儒生，只知“省钱”，不懂开源。

司马光反讽说：“所谓善于理财的人，不过是把头屑都收集起来，用簸箕扫聚细碎，尽力搜刮民财。如此下来，老百姓困苦不堪，流离成盗寇，这难道是治国之道吗？”

王安石说：“这当然不是善于理财的人，真正高明的人，不在老百姓身上征税而国库却无比充足——民不加赋而国用饶。”

在熟读史书的司马光听来，这一句“民不加赋而国用饶”非常刺耳，他当即反驳说：“这是当年桑弘羊欺骗汉武帝的话，司马迁把它记录下来，讥讽武帝被蒙蔽了。天地之间所能生产的种种货物，只有那么一个数量，不在民间，就在政府，桑弘羊说他能够让国库充沛起来，不从民间获取，那是从哪里得来的？如果真的像他所说的那样，那么，武帝晚年怎么会出现盗寇蜂起的情况？难道不是人民因为穷困而造反的吗？这样的话怎么可以拿来作为国策讨论呢？”①

---

①《续资治通鉴长编拾补》卷三下：“此乃桑弘羊欺汉武帝之言，司马迁书之以讥武帝之不明耳。天地所生货财百物，止有此数，不在民间则在公家。桑弘羊能致国用之饶，不取于民，将焉取之？果如其言，武帝末年安得群盗蜂起，遣绣衣使者追捕之乎？非民疲极而为盗邪？此言岂可据以为实？”

依司马光之见，桑弘羊和王安石所标榜的“不加赋”其实比“加赋”还要坏，因为，“所谓不加税赋而国库充足，不过是想办法偷偷地夺取民间财富，它的害处更甚于公开的征税”。[1]

双方你来我往，辩论了很长时间，“争论久之”。在这场火药味甚浓的大论战中，朝中重臣大多站在司马光一边，神宗徘徊其间，无比为难，在延和殿上，他对司马光说，“我觉得你说的有道理”。转过头去，又同意王安石的主张，“不允”辞赏。

有关延和殿廷辩的记录出现在司马光的文集中，因而看上去，似乎是反对派占了上风，而实际上，这些质疑的声音一点也没有影响到宋神宗和王安石的决心。6 个月后，宋神宗正式任命王安石为参知政事（副宰相），全面负责变法事宜。为了坚定皇帝的决心，王安石就对他讲了一句日后非常著名的话：“天变不足畏，祖宗不足法，人言不足恤。”此言与 1 000 多年前商鞅对秦孝公所说的那句“治世不一道，便国不法古”前后呼应，如出一辙。

王安石在后来的几年里提出了一个整体配套改革方案，相继颁布十余条法令，其中，最重要的三大经济政策[2]，分别是均输法、市易法和青

① 苏轼《司马温公行状》：“不加赋而上用足，不过设法阴夺民利，其害甚于加赋也。”另，苏轼对变法的批评也很有见地，他在一份奏章中写道：“（均输）立法之初，其说尚浅，徒言徙贵就贱、用近易远。然而广置官属，多出缗钱，豪商大贾，皆疑而不敢动，以为虽不明言贩卖，然既已许之变易，变易既行，而不与商贾争利者，未之闻也。夫商贾之事，曲折难行，其买也先期而与钱，其卖也后期而取直，多方相济，委曲相通，倍称之息，由此而得。今官买是物，必先设官置吏，簿书廪禄，为费已厚，非良不售，非贿不行，是以官买之价，比民必贵。及其卖也，弊复如前，商贾之利，何缘而得？”此论与司马光相呼应，其中的“非贿不行”一词切中官商经济的本质，屡为明清两代学者引用。

② “王安石变法”：除了均输、市易、青苗三法外，还有农田水利法、免役法、方田均税法、保甲法、将兵法、三舍法等等。

苗法[1]。

▲司马光

均输法是“王安石变法”的第一招，它的“政策版本”源于桑弘羊，不过，与前辈不同的是，王安石在政策初衷和操作方式上更有递进。

桑弘羊推行均输法的初衷是“徙贵就贱，用近易远”，也就是以促进商品的均衡流通为目标。而王安石明确提出自己之所以要“均输”，根本目的是由政府掌握重要商品的流通权——“轻重敛散之权”，防止富商大贾进行投机活动，国家作为一个经济组织“与商争利”的特征昭然若揭。其次，王安石专设发运使衙门，还从国库中专项拨备出500万贯、300万石大米，作为均输的本钱，这也是桑弘羊及刘晏所没有尝试过的，表明王安石的均输更加具有商业经营的性质。

在推行均输法的两年零八个月后，王安石推出了市易法，由政府全面垄断城市的商品零售，在各地设立市易司，负责平价购买“滞销商品”，到市场缺货时出售，商品价格由市易司划定。各大城市的贸易商人必须到市易司获得核准的身份资格，否则不得擅自经商。市易法推出后，均输业务并入其中，在流通领域构成一个集采购、运输和定价销售为一体的国营垄断体系。

青苗法的提出比均输法晚了两个月，这是王安石的独创之举，也是他最为得意的手笔。据他自己说，这一思想源于《周礼·泉府》——尽管

① 青苗法：青苗法起源于唐朝中后叶，王安石在当鄞县知县时予以试验，取得奇效，实施变法时便将之在全国范围内推行。

他曾说过“祖宗不足法”，不过在后来，他不断地到《周礼》中去寻找变法的理论依据，这一点跟王莽很类似。其具体办法是：在每年夏秋两收前，农户可到当地官府借贷现钱或粮谷，以补助耕作。每笔贷款的利息为20%，一年可贷两次。王安石以现存于各地国有粮仓中的钱谷 1 400 万贯石为青苗本钱。

王安石的这三大政策一举笼罩了国民经济最重要的两大领域——商品流通和农业生产，其对社会秩序的冲击可想而知。就跟所有的计划经济大师一样，王安石的初衷其实就是两个：第一，尽可能多地增加中央财政收入；第二，打击富豪，缩小贫富差距。而其结果也是同样的两个：前者的目标在短期内会迅速地实现，长远看却注定失败；后者的目标则从来不会实现。

为了强力推行变法，王安石还对现有的财政官僚体制进行了变革。宋代财政已实行分权管理，分别由户部司、盐铁司、度支司掌管宏观经济政策、国营事业和财税事务，王安石打破分工，特别成立了一个主持变法的新机构——制置三司条例司，将财政权力重新归于一人。

变法实施之后，国库果然为之一饱，仅仅市易司获得的收入就相当于全年夏秋两税总收入的三成，政府因青苗法而得到的利息也十分惊人，因为征缴上来的钱粮绸帛实在太多了，以至不得不新建 52 个大仓库。国家主义所具有的“集中力量办大事”的效应也充分发挥了出来。王安石还通过推行农田水利法，兴建了大量的水利灌溉工程，仅熙宁二年到熙宁九年的 7 年中，就覆盖了 36.3 万顷农田，粮食产量较前期大有增加。

可是很快，政策弊端也毫无悬念地呈现了出来。

均输法让发运使衙门成了一个权力空前膨胀的“政府型公司”，它到处与民争利，官方的采购价格与市场波动背驰，要么大大低于市场价格几近抢劫，要么大大高于市场价格收受回扣，发运使把大米运到一些缺粮地区，销售价格比之前增加一倍，正常的市场运行被完全地打乱了。宋朝官员本来就乐于经商，均输法正好给了他们一个中饱私囊的好机会。

市易法"尽收天下之货"，让政府成了最大的商店、银行和物流中心，它的经营范围越来越广，连水果、芝麻都被垄断了起来，城市商业秩序被彻底破坏。

以首都汴京为例，多年以来，这里的商品交易被大行会所控制，外来商人饱受欺负。1072 年，王安石就曾向神宗报告说："如今汴京的茶行被十来个大户垄断，外来茶商到京，必须先给他们送礼物，乞求定价，把茶叶卖给这十来个大户，都不能有利润。只有这样，才可能被定下较高的价格，然后再从零售环节中把钱赚回来。其他的行业，大多是这样的状况。"[①] 他还举例说，他家里雇用了一个洗衣服的妇人，她的儿子会做烧饼，可是因为饼业被行会控制，他们又支付不起入会的钱，所以一直无法开张。在王安石看来，这当然是非常不合理、不公平的状况，于是，他决心通过推行市易法，打破大户的垄断。然而，当政府替代大户成为新的市场垄断者之后，情况竟变得更加糟糕。宋代学者郑侠在《西塘集》中记载说，自从实行了市易法之后，商人们都不肯到汴京来做生意，大家都绕开都城而行，因为只要一进城门，货物就可能被全数押送到市易司。[②] 后来，这些情况被反映到宋神宗那里，连皇帝本人也觉得太过分了，有一次，他小心翼翼地对王安石说："市易司连水果都要垄断起来销售，实在太琐碎了，能不能把这一条给罢废了？"王安石正色道："制定法律的关键是看是否有害于人民，不应该因为它的琐碎就罢废了。"[③]

---

① 《续资治通鉴长编》："兼并之家，如茶一行，自来有十余户。若客人将茶到京，即先馈献设燕，乞为定价。此十余户所买茶更不敢取利。但得为定高价，即于下户取利以偿其费……余行户盖皆如此。"

② 《文献通考 · 市籴考》："自市易法行，商旅顿不入都，竞由都城外径过河北、陕西，北客之过东南者亦然。盖诸门皆准都市易司指挥，如有商货入门，并须尽数押赴市易司卖。"

③ 《宋史 · 食货志》："后帝复言：'市易鬻果太烦碎，罢之如何？'安石谓：'立法当论有害于人与否，不当以烦碎废也。'"

对普通农户来说，伤害最大的当然是青苗法。此法的本意是国家拿出一定的款项在地方上放债，以免穷人受富人高利贷的剥削。可是一到执行阶段，就完全地变味了。各级官员把陈旧的霉粮放给农户，收回的却必须是新粮，放的时候斤两不足，收的时候却故意压秤，一来一回，实际利息竟比向富人借贷还要高。中央为了把钱放出去，就下达贷款指标，地方官只好搞摊派，民间苦不堪言，如果发生水灾旱灾，政府为了收回本息，就到处抓人，农民只好卖地卖儿女。青苗法实行几年后，谷价非但没有降下来，反而一路上涨，最终苦的是农户和城市贫民。

种种新政的实施，让宽松的经济环境不复存在，自由工商业者遭到毁灭性的打击，民国学者王孝通在《中国商业史》中一言以蔽之曰，自“王安石变法”之后，“商业早入于衰颓之境矣”。[①]

王安石治理下的国家，又进入了一个“极端的年代”。激烈的变法对民众财富观念造成巨大的冲击，其景象颇与汉武帝发动的“告缗运动”相似。中国商人阶层在财富积累上的不安全感和幻灭感，并非一日生成的，它几乎是一种历史性的强制记忆，在不同的朝代被一次次地强化和唤醒。

王安石的政策实在过于刚烈，在后来的数年中遭到反对派的群起攻击。司马光被外放洛阳长达15年之久，在那里，他一边编撰《资治通鉴》，一边与同道者声气相通，多次发表《与介甫书》，以公开信的方式批评变法。司马阵营非常强大，其中包括苏洵、苏轼父子以及欧阳修等著名人士。

司马光首先反对的是政府机构的改革，他认为，财政该由三司管理，三司失职，可以换人，不该设立制置三司条例司，专断职权。王安石则反驳说，汉唐两代都是由宰相亲自兼领盐铁或度支司（如唐代刘晏），如此才能对财政问题进行最直接的管理。

---

① 参见王孝通《中国商业史》，团结出版社，2007年版。

在具体的变法措施上，双方的分歧更为巨大。在一份反对变法的《革弊札子》中，司马光对多项变法逐一进行了批评，他写道："设立市易司之后，国家强行垄断贸易，连蔬菜瓜果都不放过，导致商贾无利可图。搞青苗法后，导致不善经营的家庭纷纷破产。还增加茶叶和食盐的国营比例，贱买贵卖，老百姓大吃其苦。"当世文豪苏轼在另外一份也是批评变法的奏折《应诏论四事状》中更是惊呼，"自从变法之后，民间所有生财之道，都被公家收走了，所有的利益全部归于常平使这些官府衙门"。①

面对朝野的汹汹反对，固执的王安石当然不甘示弱，他公开发表《答司马谏议书》予以驳斥，同时对质疑人士实行了毫不留情的打压。在他的主导下，几乎所有反对变法的大臣都被贬斥，要么被驱赶出决策层，要么被流放到京城之外，要么被迫辞职或称病不出。当时朝中的主政大臣有五位，时人戏称他们是"生老病死苦"，除了王安石是"生"之外，其他四位则分别是"老病死苦"。

"王安石变法"前后执行了17年，神宗从即位开始，绝大多数时间里都是变法的坚定支持者。1085年4月，神宗驾崩，哲宗即位，司马光执政，尽废新法。

然而，反对变法的人夺得权力后，却又提不出任何有创新的制度建议。晁说之在《晁氏客语》中记载了一个十分耐人寻味的细节：司马光执政后，任命毫无财政经验的李公择为户部尚书，很多人非常惊诧，司马光解释说，"现在天下人都认定朝廷急于敛财，我任命李公择，就是让大家知道政策已经改变了"。从国家治理的角度来看，这样的说辞当然是非常荒唐的，它最生动地表明，经典儒家只知道抱守"重义不重利"的道德原则，在经济变革上却无任何建设性主张可言。

---

① 司马光《请革弊札子》："置市易司，强市榷取，坐列贩卖，增商税色件，下及菜果，而商贾始贫困矣。又立赊贷之法，诱不肖子弟破其家……又增茶盐之额，贱买贵卖，强以配民，食用不尽，迫以威刑，破产输钱。"苏轼《应诏论四事状》："凡异时民间生财自养之道，一切收之公上……凡利源所在，皆归之常平使者。"

在司马光执政的一年后，1086 年 5 月，王安石郁郁而终。4 个月后，司马光随他而去。

反对派的“无能”以及财政状况的现实需求，使得王安石的变法之道并没有随着他的去世和众多朝臣的反对而彻底中止，它竟余波荡漾，一直延续到北宋的灭亡。哲宗执政 9 年后，突然又宣布重新恢复所有新法，他启用的变革大臣正是王安石的女婿蔡卞及其状元哥哥蔡京。

1100 年，哲宗驾崩，传位给他的弟弟宋徽宗。徽宗当了 25 年皇帝，声色犬马，以书画为乐，朝政全部交给了蔡京。蔡京是史上出了名的贪黩人物和独裁权臣，王安石的国家主义在他手上被推向极致，并毫无悬念地转型为权贵经济。他将盐、茶两业完全地实施国家垄断，不与民间分利，成为少数利益集团的独享之物。江淮一带是全国最主要的产茶区，蔡京将之全部变成官市，不许民间经营。有一年，他觉得现行的盐钞制度让民间盐商分到了太多的利润，于是就悍然下令，废止现行的盐钞，那些手中握有旧盐钞的商人在一夜之间变成赤贫，上吊跳河者不乏其人。[①]

从王安石开始变法的 1069 年，到蔡京被罢官的 1126 年（靖康元年），极端的国有专营制度的实施前后长达 57 年，而这又正是北宋帝国由半衰走向灭亡的 57 年。1127 年，北方的金军攻破汴京，掳走徽、钦二宗，史称“靖康之难”。

蔡京的结局是：徽宗禅让给钦宗后，蔡京被罢官流放岭南，他的金银珠宝装满一大船，然而沿途百姓憎恨此人，竟不肯卖给他“食饮之物”，以至于“腹与背贴”，饿极而亡，死前终于感叹说，“京失人心，何至于此”。此句让人不由联想起商鞅在流亡期间所说的那句：“嗟乎，为法之弊，一至此哉。”

---

① 《宋史·蔡京传》：“尽榷、江淮七路茶，官自为市。尽更盐钞法，凡旧钞皆弗用，富商巨贾尝赍持数十万缗，一旦化为流丐，甚者至赴水及缢死。”

在中国历史上，王安石是一个最具争议性的人物，而他所实施的改革是汉武帝之后最重要的一次经济大变法，甚至在之后的800年里，也没有任何一次变革可以与之相提并论。

王安石拥有超出常人的意志力，他对国家治理的思考是非教条和非道德的，是一个彻底的功利主义者，这与西方世界里的马基雅维利非常相似。与一般的儒生不同，他没有“耻言理财”的腐朽观念，公开宣称“管理国家就是要理财，理财就是所谓的义”——“政事所以理财，理财乃所谓义也”。在这一点上，他比桑弘羊说得更直接。在他的经济思想中有一个非常顽固的理念，就是“商民对立”。在他看来，那些富商所得的财富都是从民众那里剥削来的——“兼并积蓄富厚，皆蚕食细民所得”，因此，政府是在代表“细民”与“奸回之家”争利，有天然的合法性与道德性，无论怎样残酷，都不为过。在一首题为《兼并》的长诗中，他甚至抱怨英明的秦始皇居然会为巴寡妇筑什么“怀清台”，实在是不明智的行为——“秦王不知此，更筑怀清台”。

正是出于这样的意识形态，王安石在长达10多年的时间里，“虽千万人吾往矣”，不惜与任何反对变法的前辈、诗友翻脸决裂，在政治上予以无情的打击。同时他又才华横溢，饱读儒家诗书，自称“无书不读”，在为变法辩护时，他常常引用《周礼》为理论依据，当世的儒学大家没有一个能占半点儿便宜。在道德操守上，他勤于国事，节俭清廉，视富贵如浮云，每次发官饷，总是拎了一袋子钱回家，数也不数就上缴给妻子，这又很像唐代的刘晏。即便如司马光、苏轼等人，尽管对王安石的政见深恶痛绝，可是在个人操守和诗文才华上，却无不内心敬佩。

像王安石、刘晏这样的人物，在中国历史上虽然凤毛麟角，却也并非仅见。他们为官清正，工作操劳，办事雷厉风行，行政效率极高，而且不以私利掺杂于国事。他们力主国家主义，不惜以牺牲民间工商自由为代价，换得中央集权制度的恢复与稳定。他们提出的行政口号往往是“均贫富”，可是最终的结果一定是将民间的富人和穷人一起剥夺。从经济历史

角度来观察，这些“理财大师”往往是中国式的“治乱循环”的转折点。

中国人在评价一位政治人物时，常常将个人操守与治国理念混为一谈，正因为如此，王安石式的人物往往得到非常两极的评价，他的死后名声，起伏十分奇特。

有宋一代的史家就已经不知道该如何评价王安石了，不知该把他放进“良臣传”还是“佞臣传”——他所信任和提拔的众多弟子、部属，如吕惠卿、蔡氏兄弟、章惇、林希等人无一例外地被归入佞臣之列，当代史家邓广铭在创作王安石的评传时便感慨说：“找不到一篇记述王安石生平的行状、墓志和神道碑之类的文字，不但见不到全篇，甚至连三言两语的片段的引证也看不到。”明、清两朝，学者对王安石也往往视而不见，最多说说他的诗词，却很少论其政事。[①]

到了晚清，王安石突然“咸鱼大翻身”。钱穆说：“至晚清而主变法者，争言荆公政术（王安石封荆国公，世称荆公）。”1908年，维新派主将梁启超撰写《王安石传》，充分肯定其变法，宣称要“翻中国历史上第一大冤案”。进入民国乃至1949年之后，王安石的声望越来越高，郭沫若认为，秦汉之后第一个大政治家就属王安石。梁启超的弟子、通史学者黎东方则说，“王安石变法”是整个中国历史上最具诱惑力、历久弥新的大题目。

面对这样一个充满争议的人物和历史事件，若我们将之放在中央集权制度的两千年演进史中进行观察，也许会得出一些稍稍清晰的结论。

“王安石变法”，与之前的“管仲变法”“商鞅变法”“桑弘羊变法”“王莽变法”乃至“刘晏变法”一脉相连，是历代治国者在经济集权政策上的一次大试验。就如同桑弘羊欣赏商鞅、刘晏钟情桑弘羊一样，王安石对桑、刘两人也十分推崇，他在与司马光的论战中认定，用国有专营政策来

---

① 参见邓广铭《北宋政治改革家王安石》，生活·读书·新知三联书店，2007年版。

抑制兼并、均和贫富是古代贤君的治国之正道，后世只有桑、刘“粗合此意”。由此可见，历代变法延续的是同一逻辑。[①]

王安石的激进程度与王莽颇为接近，他们前后相隔约千年，是两次分别向两极挑战的变革运动。前者试图回到“周礼”和“井田制”，后者则试图用“计划之手”把每个经济元素都管理起来，他们都同样激烈和充满了理想主义的气质，可是都同样遭遇惨败，并直接或间接地导致了一个帝国的灭亡。

从制度创新的层面来看，“王安石变法”的重要性甚至超越之前的任何一次。

在中国这块土地上，中央集权、大一统的帝国模式并非一日建成，它经历了一个漫长、血腥和充满探索的历程。对于专制者来说，想要维持集权统治，必须在四个方面完成制度建设，它们包括：中央与地方的权力分配模式、全民思想的控制模式、社会精英的控制模式，以及与之相配套的宏观经济制度模式。

可以说，发生在历史上的种种变法无非是对这些制度建设的不断探寻与优化。从秦朝的军爵、郡县制度，到汉初的“独尊儒术”，再到隋唐的科举制度等，帝国的治理体系不断得以完善，到了宋代，以上制度均趋精致，唯独“不如人意”的是经济制度。历经1 000多年的探索，中国人始终没有找到一个与“唯我独尊”的大一统中央集权政体相适应的、能够维持长久持续发展的经济制度模式。

在这个意义上，“王安石变法”是最后一次虎虎有生气的建设性探险，

---

① 《宋史纪事本末》卷八记载王安石的奏章：“周置泉府之官，以榷制兼并，均济贫乏，变通天下之财。后世唯桑弘羊、刘晏粗合此意。学者不能推明先王法意，更以为人主不当与民争利。今欲理财，则当修泉府之法，以收利权。”变法与“国家能力”：将“王安石变法”与管仲、商鞅及桑弘羊相比，最微妙的差别在于，后者试图建立国家“扩张的能力”，而前者则在于重建“稳定的能力”，这中间的理论关节有待进一步的梳理。

是整体配套性体制改革的“终结之作”，它的失败可以说是历史性的。王安石的激进与司马光的“无能”，表明基于法家战略和儒家伦理的治国手段在经济改革领域已经无路可走，进不可得，退亦不可得。

胡寄窗在《中国经济思想史》中对这一事实有过精彩的论述。他认为，到北宋中期之后，多次的、中央集权下的经济制度改革已经一再证明，无论怎样的变法都无法避免社会矛盾的激化，当体制内创新没有出路的时候，以暴易暴的“革命”就成了唯一的选择，“从宋代到鸦片战争的900年中无数次农民起义，剥夺富人财富以济贫穷的革命行动乃是司空见惯的”。与之相对应的是，治国者也放弃了制度创新，开始用更加严酷的管制方式来维持统治，其格局越来越小，经济策略越来越谨小慎微、趋向保守，最终走进了闭关锁国的死胡同。这种停滞同样体现在科学技术和企业制度的进步上，自宋之后的1 000年里，再无重大的、革命性的创新。

也就是说，自王安石以后的中国，真正严肃的经济问题只剩下一个，那就是——稳定。

就在“王安石变法”的同时，在遥远的西方世界也正在发生一场重大而深刻的社会变革，“自由城市”与“自由大学”相继出现。

1085年，宋神宗驾崩的那一年，意大利北部出现了中世纪之后第一个由市民选举执行官的城市——比萨城，这意味着“自由城市”的诞生。

与汴京、临安这些人口超百万的中国城市相比，同时期的欧洲城市要小得多，一般只有数千人，规模最大的威尼斯、那不勒斯和巴黎等，也不过十几万人口而已。可是，其诞生的基因和运转模式却大异其趣。

从11世纪开始，大量失地的欧洲农奴纷纷逃离封建领主所控制的城堡庄园，来到没有人身管制的城市，根据当时的欧洲法律，他们只要在城市里居住满一年零一天，就可以自动成为“自由民”，德国因而有谚语说，“城市空气使人自由”。亚当·斯密在《国民财富的性质和原因的研究》（即《国富论》）一书中对这一景象进行了描述：“在贱奴状态下受领主钳制的贫穷农民，稍有储蓄，必掩藏唯谨，免得领主看见，攫为己有，而且一有机会，即逃往都市。农民只要逃往都市，一年不为领主所获，即可永享自由。因此乡村勤劳居民，一有蓄积，自然会逃到都市来，把都市看作他们唯一安全的避难所。秩序、好政府以及个人的自由安全，就在这种状态下，在各都市确立了。”①

城市自治是商业自由的土壤，自由成为新生市民阶级的合法身份，他们在这里经商，并尝试着建立自治机关，比萨城的自由选举就是在这样的背景下发生的，从此，意大利全境逐级进入城市分治的时期。在这些独立的城市里，工商业者作为新兴成长的阶层顺理成章地控制了城市经济，进而逐渐掌握了管理市政的政治权力。

就在比萨城成为“自由城市”的两年后，1087 年，也是在意大利，博洛尼亚城出现了人类历史上的第一所大学——博洛尼亚大学，众多拥有自由身份的学者聚集在这里，共同评注古老的《罗马法》法典以及研究医学。到了 1158 年，皇帝费德里克一世颁布法令，规定大学作为研究场所享有独立性，不隶属于市政当局，不受任何权力的影响。独立的大学体制的建立，让欧洲的知识精英阶层与国家权力之间达成了平等钳制的关系。

从此，“自由女神”在沉闷已久的欧洲大地上展开了她的翅膀。1209 年，在英格兰出现了英国历史上的第一所大学——剑桥大学。1215 年 6 月，英王约翰与代表工商业利益的贵族们签订了著名的《大宪章》，这份书写在羊皮纸卷上的文件在人类历史上第一次以宪法的方式限制了君主的权力。根据《大宪章》第六十一条的规定，由 25 名贵族组成的委员会有权随时召开会议，具有否决国王命令的权力，并且可以使用武力。这是一个标志性的法律事件，表现君权不再无法扼制，《大宪章》日后因此被称为《自由大宪章》。1231 年，约翰之子亨利三世授予剑桥大学“教学垄断权”。到 14 世纪末，伦敦商人已经完全控制了城市的运转，市长只可由 12 个大

① 参见亚当·斯密《国民财富的性质和原因的研究》，商务印书馆，1972 年版。

行会里选出。[1]

城市自治权的确立、独立的大学制度，以及对君权的法律性限制，是欧洲最终走出“黑暗中世纪”、迈向现代社会的根本性路径，它们分别催生了自由的经济土壤、思想土壤和法治土壤。而在中国，城市与学院一直为政权所牢牢控制，限制君权更是从未被尝试，这是东西方文明走向不同演进道路的重要原因。[2]

相对于欧洲发生的那些新变化，宋代中国尽管拥有当时世界上规模最大、人口最多、商业也最繁荣的城市集群，建立了大大先进于同时期欧洲的经营模式和工商文明，但是，在社会制度的建设上却开始落后了。在欧洲出现的“自由民”“自治城市”“私人财产的合法性原则”“对君主权力的限制”等法权思想，对于强调中央集权的中国而言，根本没有萌芽的土壤。相反，王安石的变法运动更强化了政府的管制能力，逼得商人不得不“绕城而走”。

因此，认为宋代已经出现了“中国近代曙光”的法国学者谢和耐，在《蒙元入侵前夜的中国日常生活》中写道：“这种在欧洲和远东同时表现出来的突如其来的经济活力的增大，却导致了不同的结果。在欧洲，由于划分成了众多的辖区和政权，商人阶级便足以自我维护，使自身的权益受到承认，并形成了自己的实体。凡此种种都对西方世界的未来命运产生了重大影响。而在中国，尽管有了如此规模巨大的发展，但除去商人赚足了钱以外，却什么都没有发生。”接着，谢和耐提出了自己的问题：“世界的这

---

① 参见阿·莱·莫尔顿《人民的英国史》，生活·读书·新知三联书店，1962年版。

② 城市与大学：梁启超在《中国文化史》中指出：“欧洲各国，多从自由市扩展而成，及国土既恢，而市政常得保持其独立，故制度可纪者多。中国都市，向隶属于国家行政之下，其特载可征者希焉。”关于大学，中国从孔子开始就有自由办学的传统，历代出现了众多民间学院，不过，政府通过科举制度规定了它们的学术取向和价值标准。

两个部分有如此不同的演进过程，这该如何解释呢？”

他的答案是：“在中国，从一开始就有一个中央集权政府，任何看上去会威胁到国家至上权威的变化，都是不可想象的。尤有甚者，国家本身还会利用此一时期的活跃经济增长来为自己谋取利益，同时，它还会摇身变成商人，通过专卖制度和对私人交易课税，来获得其大部分岁收。”

北宋灭亡之后，南宋政权偏安于江南，又勉强支撑了100多年。在这期间，尽管工商业有所恢复，甚至首都临安的繁荣一度堪比汴京，可是，在制度进步上已乏善可陈。“多数汉学家认为，大约到公元1200年，中国已出现制度化的停滞和帝国的‘改朝换代的循环’，而没有任何动力。”[①]

在意识形态上，程朱理学兴起，提倡“存天理、灭人欲”，它与科举制度相呼应，把人们的思想创新彻底纳入专制统治的体系之内，最终使得知识阶层挑战集权制度的能力大大减弱。因此，黄仁宇认为，程朱理学“这种拘谨闭塞的作风，与今后700年中国社会之保守与桎梏的性格有密切关系”。[②]

南宋百年，最富有的人竟然是那些带兵打仗的将帅，其经商规模之大及生活之豪奢，更是超越前代。

从现有的史料看，南宋“首富”很可能是名将张俊。他私营海外贸易、开设酒肆及经营田地，成一时巨富，每年收入的田租就有64万斛。皇帝到张府参观，张俊进献的古玩珠宝，每一件都价值巨万。张府的园林声色之美甲于天下，每次宴请客人，都以10位绝色歌妓为一队，表演歌舞，一共要

---

① 语出英国学者迈克尔·曼，参见《社会权力的来源》，上海人民出版社，2007年版。

② 参见黄仁宇《资本主义与二十一世纪》，生活·读书·新知三联书店，2006年版。

轮换10队之后，才算结束。客人走的时候，上百位佳人列队欢送，烛灯引路，香雾缭绕，好比游历仙窟。此情此景，宛如石崇重生。[1]

有人羡慕张俊的豪富，他却谦虚地说自己算不了什么，另外一位名将刘光世更善理财，因为他曾经动用8 000名士兵从事自己的贩运事业，还非常得意地自诩为“当代陶朱公”。

这样的帝国不亡，仅仅是因为它的敌人懒得让它灭亡。

---

① （清）赵翼《陔余丛考》：“南渡诸将帅之豪侈，又有度越前代者……高宗尝驾幸其第，俊所进服玩珠玉锦锈皆值巨万……园池声伎甲天下，每宴，十妓为一队，队各异其衣色，凡十易始罢。客去时，姬侍百余人送客，烛花香雾，如游仙窟。”

第十一章

马可·波罗眼中的中国

人生不愿万户侯，但愿盐利淮西头。
人生不愿万金宅，但愿盐商千料舶。

——杨维祯《盐商行》

泉州商人蒲寿庚昼夜难眠，整日在院子里低回叹息。城门之外，一支丢盔卸甲的残军正急切地等着他做出一个决定。那是1276年的冬天，烽火燃烧长江之南，蒲寿庚的一念之差，即将直接影响南宋王朝的存亡。

13世纪初，一股蒙古族的军事力量崛起于北方，它的杰出领袖叫铁木真。他统一了蒙古高原的各部落，被尊称为成吉思汗，即“天赐蒙古人的坚强大汗”。1271年，铁木真的孙子忽必烈建立大元帝国，定都于大都（今北京市）。5年后，元兵攻陷临安，宋恭帝投降，大臣陆秀夫率残部夺海路南逃，另立年仅7岁的赵昰为皇帝。在元兵的追杀下，陆秀夫窜逃入闽，其目的地就是南方重镇泉州。而蒲寿庚正是泉州的实际控制人。

▲元朝民间的木偶剧院

在血统上，蒲寿庚不是一个汉族人，他眼呈宝蓝，头发微卷，是一个祖籍西域的白种阿拉伯人。

蒲家事迹散见于元、明两代的各种笔记之中，其祖先信奉伊斯兰教，由西域南下到越南占城经商，成了富饶之家，南宋名将岳飞的孙子岳珂曾经到占城蒲宅参观过，其奢富之景给他留下了深刻的印象。后来蒲家又辗转到了广州，不知道因为怎样的缘故成了广州国际贸易市场上的商人领袖（“总诸番互市”），流传至今的《蒲氏家谱》中记载，蒲家在广州港建了第一座灯塔，白天以悬旗为号，晚间以火把为标，指挥进出的经商船舶，这很可能就是他们获得权威和财富的关键所在。[①] 到了蒲寿庚的父亲蒲开宗一辈，举家迁居到了福建的泉州，时间约在南宋末期。

泉州港与明州港（今浙江宁波）、广州港并列为中国南部三大海港。与明州、广州相比，泉州的内陆腹地最大，当时闽江的上游与江西的信江河、浙江的钱塘江相接，跟繁华的江南市场连为一体，其下游则与福州港相连，循海道而达南北洋。除了在地理上的居中便捷之外，泉州的制造业优势最为突出。中国出口海外的大宗商品为瓷器、茶叶和丝绸，泉州的德

① 灯塔是公元前 3 世纪由北非的埃及人发明的，从西域南下的蒲氏是最早将之引入中国的商人之一。《蒲氏家谱》：“倡筑羊城光塔，俾昼则悬旗，夜则举火，以便市舶之往来也。”

化白瓷产量很大，同时与另外两大造瓷中心——江西景德镇和浙江龙泉最为靠近；泉州茶叶自古出名，是铁观音的故乡；另外，泉州的蚕桑生产及丝绸纺织也很发达。因此，泉州有天然的外贸优势。[1] 自唐代之后，西域及南洋商人大量定居泉州城镇南门附近一个被称为“蕃人巷”的居住区，到了 12 世纪的北宋中期，“蕃人巷”中即已拥有 10 万人之众，他们组建远洋船队从事远航贸易，操纵和垄断了本港的海外贸易。蒲家迁居此地后，获得了更大的商业成功。

蒲寿庚自幼以“豪侠无赖”而闻名，他一边经营家族事业，一边积极参与到当地的政治事务之中，南宋朝廷视之为人才，对他颇有倚重。就在元军南下的前两年，1274 年（咸淳十年），他因平定海寇有功而被授为福建安抚沿海都置制使，后来又升任闽广招抚使，主管闽广一带的市舶关税，成为一个名副其实的“官商”。他垄断了泉州地区的香料海外贸易，成为一时巨富。据记载，他有家仆数千人，俨然是一支不可小窥的私人武装力量。有一次，一位安徽籍的军阀南下，一次就抢走了蒲家400 艘货船，由此也可见他拥有的船舶数量之多。

元军渡江攻击南宋之后，东南沿海风声鹤唳，蒲寿庚先是组织力量抗击元军，成为南方重要的抵抗势力。因此，当宋兵被一路追杀之时，小皇帝赵昰（宋端宗）一行首先想到的避难之地就是蒲寿庚控制的泉州，以此为据点，或可再聚力量，负隅反击，因此任命蒲寿庚闽广招抚使。

然而，蒲寿庚在这时却做出了一个重大的选择，他下令关闭城门，不让小皇帝进城。众君臣只好绕道经泉州城郊，继续向东南流窜。1279 年，宋军在广东新会与追兵展开最后的决战，宋兵全军覆灭，陆秀夫背负幼主赵昺在崖山投海殉国。脉衍 300 多年的宋王朝自此终结。

---

① 泉州的优势：泉州的这一历史优势一直未曾丧失，20 世纪 70 年代末的改革开放初期，东南沿海有三大自发的民间外贸基地，分别为浙江的温台地区、福建的泉州地区和广东的潮汕地区。参见《激荡三十年》上卷，中信出版社，2017 年版。

▲元代的刺桐城（今福建泉州）港口

南宋灭亡时，是世界上最富有和最先进的国家，蒙古人的入侵导致华夏文明彻底毁灭，因此有“崖山之后无中国”的叹息。后世学者常常把南宋的失败归罪于统治者的道德沦丧——沉迷于享乐而不思进取。不过，法国学者谢和耐的观点却不同，他认定，“中国崩溃的真正原因其实与道德松弛无关，而似乎更像是在其经济性和社会学的本质之中”。

投靠元朝的蒲寿庚得到了回报，他被忽必烈大汗授予昭勇大将军，任闽广都督兵马招讨使，他在泉州大开杀戒，诛杀南宋宗室 3 000 余人，尸堆成冢。终元一代，蒲家三世显赫，统治泉州达数十年之久，也成为当时最著名的首富家族。[①] 在元人笔记之中，蒲寿庚的女婿佛莲也是一个巨商，他拥有大型海船 80 艘，家藏珍珠 130 石。

蒲寿庚叛宋投元，被汉人和史家唾为不齿，更成了商人见利忘义、随风使舵的范例，对蒲氏家族的诅咒和惩罚甚至延续到 100 多年后。在明朝初年，政府曾明确规定“蒲姓子孙不得参加科举考试、不能入朝当官”。（“禁蒲姓者不得读书入仕。”）

不过，他的这一决定不但保全了上百万生灵，更把泉州带上了一段无比辉煌的历史。由于广东的汉人拼死抵抗，元兵血腥屠杀，“三入广，广

---

① 《晋江县志道光本》卷七十五记载：“元以寿庚有功，官其诸子若孙，多至显达，泉州避其熏炎者数十余年。”

州始平”，广州港自此一蹶不振，泉州取而代之，成为中国最大的港口，与亚历山大港并列为当时世界最著名的两大海港。

蒲寿庚对泉州的崛起居功阙伟。在他的主导下，泉州与上百个国家形成了贸易关系，货物贸易十分繁忙，市舶司管理的海船数量一度有 15 000 艘之多。他还在泉州至杭州之间，专门设置了“海上站赤”(即海驿)15 站，每站备有海船 5 艘，水军 200 人，专门运送从泉州入口的番货及贡品。因商贸之繁荣，泉州商人名闻天下，元代学者吴澄记载，泉州是“富商巨贾之窟宅，号为天下最”。

蒙古人在 13 世纪的崛起，是世界史上的一个重大事件。元朝不但统治了中国，还发动了大规模的西征战争，成为欧洲和东北亚历史的一场梦魇。据国内外学者考证，蒙古大军在全世界屠杀的人数达到 1 亿人左右，其中约有 7 000 万为中国人，这一项纪录被保存在《吉尼斯世界纪录》中。

元朝是中国历史上第一个由少数民族建立起来的帝国，它的统治将延续到 1368 年，前后长达 98 年。在后世的记忆中，这是一个特别黑暗的异族统治时期，在滴血的蒙古战刀的威慑下，汉人战战兢兢地苟活了将近 100 年。不过在一个人看来，当时的中国却是地球上最富有的国度，它的繁荣和生动让人心生向往。

▲马可·波罗身穿鞑靼服装，手持一张弓和一把佩刀，根本不像一个商人

1298年，这个叫马可·波罗的威尼斯商人被关在监狱中，无所事事之余，他向狱友罗斯特·切罗口述了他在1271—1295年之间游历东方的传奇故事，其中很重要的内容是他在元朝的经历。这次讲述被编成一部书，就是日后非常出名的《马可·波罗游记》。

马可·波罗被认为是第一个深入中国的西方人。他自称跑遍了大江南北，还在朝廷中当过官，忽必烈派他护送阔阔真公主去伊利汗国（今伊朗）与阿鲁浑汗完婚，他率14艘四桅十二帆的巨船，从泉州起航，经苏门答腊、印度等地到达波斯。

在《马可·波罗游记》中，他详尽地描述了中国各地的风貌。他曾两次抵达泉州港，在游记中它被称为“刺桐”，马可·波罗描述道：“印度一切船舶运载香料及其他一切贵重货物咸莅此港。是亦为一切蛮子商人常至之港，由是商货宝石珍珠输入之多竟至不可思议，然后由此港转贩蛮子境内。”在这部游记中，马可·波罗对前朝故都临安城的工商繁荣描述得更为精细：

> 按照通常的估计，这座城方圆约有100英里，它的街道和运河都十分宽阔，还有许多广场或集市，因为时常赶集的人数众多，所以占据了极宽敞的地方……据说，该城中各种大小桥梁的数目达12 000座。那些架在大运河上、用来连接各大街道的桥梁的桥拱都建得很高，建筑精巧，竖着桅杆的船可以在桥拱下顺利通过。
>
> ……城内除了各街道上密密麻麻的店铺外，还有10个大广场或市场，这些广场每边都长达半英里。大街位于广场前面，街面宽四十步，从城的一端笔直地延伸到另一端，有许多较低的桥横跨其上。这些方形市场彼此相距四英里。在广场的对面，有一条大运河与大街的方向平行。这里的近岸处有许多石头建筑的大货栈，这些货栈是为那些携带货物从印度和其他地方来的商人而准备的。从市场角度看，这些广场的位置十分利于交易，每个市场在一星期的三天中，都有

> 四五万人来赶集。所有你能想到的商品，在市场上都有销售。
>
> ……居民的住宅雕梁画柱，建筑华丽。由于居民喜好这种装饰，所以花在绘画和雕刻上的钱数十分可观。本地居民性情平和。由于从前的君主都不好战，风气所致，于是就养成他们恬静闲适的民风。他们对于武器的使用一无所知，家中也从不收藏兵器。他们完全以公平忠厚的品德，经营自己的工商业。他们彼此和睦相处，住在同一条街上的男女因为邻里关系，而亲密如同家人。
>
> ……在此处所经营的手工业中，有12种被公认高于其余各种，因为它们的用处更为普遍。每种手艺都有上千个工场，而每个工场中都有10个、15个或20个工人。在少数工场中，甚至有40个人工作。这些工人受工场老板的支配。这些工场中富裕的手工业主人并不亲自劳动，而且他们还摆出一副绅士的风度，装模作样地摆架子。

《马可·波罗游记》中记载的不少数据让后世学者一直不敢相信，比如，他说临安城“方圆约有100英里”，相当于方圆170公里，这一面积比现在的杭州城区面积还要大很多。再比如，他说自己在临安期间，正好碰上大汗的钦差在这里听取该城的税收和居民数目的报告，因此有机会了解临安的人口数目。当时上报的有160个托曼（Toman）的炉灶，所谓炉灶就是指住在同一间屋子里的家庭，一个托曼就是一万，所以马可·波罗推算临安城有160万户人家。按当时每户4人计算，就有640万人，这也是一个十分夸张的数字。[①]

当代西方学界一直在争论马可·波罗到底有没有到过中国。马可·波

---

① 临安的人口：尽管马可·波罗的数据有夸张之处，不过据中国学者的考据，南宋和元初时期的临安确乎是当时世界上第一大城市，也是中国古代史上人口最多的城市，赵冈和陈钟毅在《中国历史上的城市人口》一文中计算得出，临安城内外13厢居民总数超过200万。

▲泉州海船模型

罗说他于1275年到达大都，在中国旅居17年，可是让学者们疑惑的是，他在游记中为什么没有提及长城、茶叶、筷子、书法和女人缠足？中国学者则大多认定马可·波罗确实到过中国。史家钱穆就说，他“宁愿”相信他真的到过中国，因为他对马可·波罗怀有一种“温情的敬意”。泉州的地方学者则提供了更有说服力的证据，他们论证说，《马可·波罗游记》中对泉州海船有细致的描写，他看到的船体底部有二至六层板，而这些细节不见于其他史料，一直到20世纪80年代中期，泉州湾出土宋代沉船，其构造与马可·波罗的描述完全一致。

尽管有种种争议，不过，马可·波罗还是为后人留下了独一无二的“元代记忆”。更重要的是，这本游记为处在中世纪黑暗中的欧洲人打开了一扇用黄金砌成的“东方窗口”。13世纪的欧洲文明水平与东方不在同一阶段，其繁荣不可同日而语，因此，《马可·波罗游记》写成几个月后，就传遍了整个意大利。其后的将近百年时间，欧洲遭受空前的自然灾害，1315年爆发的大饥荒以及1346年开始的黑死病瘟疫，使得全欧洲死亡7 500万人。在空前的惊慌萧条之中，马可·波罗的游记更勾起了人们对东方和财富的无穷想象，日后，它将成为改变人类历史的“地理大发现”的向导书。

元朝因军力强大，统治者心态十分开放，根本不在意任何形式的“入侵”，所以，推行了重商主义的政策，经济开放度超过秦汉唐宋，为历代最高。

与农耕文化的古代汉族不同，游牧民族出身的蒙古人从来有重商的传统，成吉思汗发动西征据称就是因为花剌子模国劫杀了蒙古商队才引起的。蒙古帝国建立后，国境空前辽阔，为国内外贸易创造了需要想象力才能到达的大市场。政府对商人采取了种种保护政策，比如规定商旅所至，“官给饮食，遣兵防卫”，如果所到州郡，失盗而不能捕获者，以官物偿之。凡商旅往来要道及止宿处所，地方官均设置巡防弓手。稍晚于马可·波罗到达中国的摩洛哥学者伊本·白图泰在其游记中写道：“对商旅来说，中国地区是最美好、最安全的地方。一个单身旅客，虽携带大量财物，行程9个月也尽可放心。”

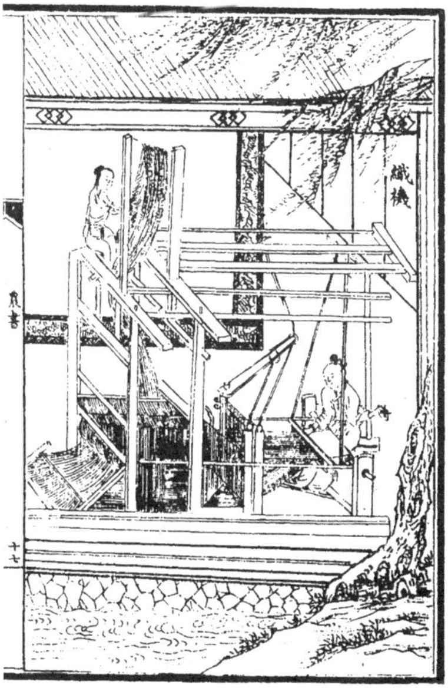

▲（元）王祯《农书》记载的宋元纺织机

元朝的对外贸易也盛极一时，北陆南水，两条“丝绸之路”上车舟繁忙，商贾如潮。

自中唐以来逐渐衰落的中西陆路的商业贸易重新兴盛，不仅旧有的交通线再次畅通，而且还开辟了一些新商路，如由漠北经阿尔泰山西行，以及由南西伯利亚西行的道路等。元朝通过钦察汗国与欧洲建立贸易联系，通过伊利汗国则可沟通阿拉伯及小亚细亚。元代的中西方陆路交通线之复杂，商旅之频繁，都达到了空前的规模。

海路贸易的兴盛尤有过之，且放任主义的色彩极浓。史家公认，宋代海外贸易相当繁盛，远胜汉、唐，不过，宋代比起元代又逊色得多。与宋王朝有海外贸易关系的国家和地区共56个，而元代则达到了140多个。据《岛夷志略》记载，与泉州港有贸易往来的国家更多达220个。元沿宋制，在南方一些主要港口设立市舶司，管理海外贸易事务。忽必烈一朝先后设立7个市舶司，颁布市舶法则20余条，规定外贸货物十分抽一，又另抽三十分之一为商税。后来，到元中期合并为泉州、广州、庆元（今浙江宁波）三处。

元代的众多经济政策延续宋代旧制，比如专营、扑买制度毫无更改，盐税仍然是最重要的国库收入来源，占到整个收入的一半左右。一个重大的创新是，建立了影响千年的银本位制，还进行了当时全球最先进的纸币改革。

中国自秦汉以来主要以铜钱为主要货币，白银和黄金在某些场合取得货币性质，但铜币一直被公认为本位货币。中亚细亚一带一向通用银币，早在进入中原之前，蒙古与中亚国家就有极频繁的商队往来，白银是它们之间的世界货币。元王朝建立之后，就确立了白银为本位的货币体系，中国从此被称为“白银帝国”，这一状况将一直维持到1935年的“法币改革”。[①]

1287年，元朝宣布发行不兑换纸币——至元通行宝钞，这不仅是中国，也是世界货币史上最早实行的纯纸币流通制度。由于元王朝的版图横跨欧亚，据《元史》记载，中亚细亚和南洋一带均有元朝钞币流通，之后的波斯、日本、印度等国也曾仿用过中国式的纸币，所以，其影响非常之大。纸币发行，最容易引发通货膨胀，元初主持之人对此非常小心，就好比日夜捧着一只极易破碎的瓷器一样，生怕稍有不慎，掉落地上，纸币发

---

① 元朝末期，纸钞信用破产，白银成最主要的货币形态。中国的白银最初来自日本、越南、缅甸，然后来自美洲，在接下来的300年里，全球生产的白银，有将近一半流入中国，以满足铸币之需。在英国提出金本位制度之前，白银是一种世界性货币。

行10多年，币值没有下降。[1]因为纸币流通的便利以及政府的有效维持，促进了元朝前期的经济复苏和繁荣。

由于蒙古贵族不善于经商和理财，因此对那些善于经营的商人特别信任和重用，许多人被吸收到政府中担任重要职务。忽必烈曾任命多位商人出身的人出任宰相一职，如回族人阿合马、镇海，汉人卢世荣，吐蕃（藏族）人桑哥，这是自管仲、吕不韦之后，绝无仅有的景象。这些人都颇有敛财之术，对帝国初期的经济重建和财政整顿起到了关键性的作用。不过，一个有意思的史实是，阿合马等人都无一例外地死于非命，或被政敌刺杀，或被皇帝抄家砍头，并在《元史》中被集体列入《奸臣传》。

元代的经济思想也呈现重商特征。被认为是程朱理学在元代的“唯一大师”许衡就明确提出，“士君子大多以务农为生，经商虽然是末业，不过也是可以从事的职业，只要能够恪守义理，即便投身此业，也无不可”。[2]他是继叶适之后，对士君子经商持肯定态度的又一位重要学者。

元代有案可查的商人事迹非常稀少，且大多集中于开国时期，其著名者，除了泉州蒲寿庚之外，还有南方的汉人朱清、张瑄，以及“斡脱商人”奥都拉合蛮。

朱清、张瑄是靠贩运粮食而成巨富的。

宋、元400年中，中国出现了经济重心的区域性转移。据安格斯·麦迪森在《中国经济的长期表现（公元960—2030年）》一书中的研究，在8世纪时，四分之三的人口居住在北部，其主要的农作物为小麦和谷子，到了13世纪末，四分之三的人口居住在长江以南，以种植水稻为主。这一转变带来了一个重要的产业机会：因为帝国的政治中心在北方，所以粮食

---

① 《元代奏议集录》：“讲究扶持，日夜战兢，如奉破釜，惟恐失坠，行之十七八年，钞法无低昂。”

② 《许鲁斋集》卷六：“士君子多以农务为生，商贾虽为逐末，亦有可为者，果处之不失义理，或以姑济一时，亦无不可。”

运输成为有利可图的大商机，元代南粮北调规模之大，之前的任何一个朝代都不能比拟。政府通过海、河两条水运线把南粮大量运往北方，其中商品粮的比重又相当大。

朱清是崇明人（今上海崇明），原来是一个出身卑微的家奴，因不堪虐待，杀其主而避迹海上，与张瑄结伙贩卖私盐，沦为海盗，因此，熟悉东南沿海的各路海道门户。后朱清受南宋朝廷招安，成了合法商人。宋亡后，元廷寻求南粮北调的运输路线，朱清、张瑄建议由海路运输，被采纳。1282 年，两人移居太仓（今江苏太仓），造平底海船 60 艘，自刘家港运粮 4 万石至京师，开创了元代海运的先例。以后，运粮数逐年增加，最高达 300 多万石。太仓因此大为繁荣，与东南亚诸国通商，成为闻名东亚一带的“六国码头”。

朱清、张瑄因主持粮运工作，也让自己成为富甲天下的垄断经营者。《辍耕录》记载：朱、张两家门庭盛时，家族子弟都当上了大官，田园宅馆遍及天下，粮仓连绵成片，巨型的运粮大船穿梭于大海、运河之中。①

可悲的是，朱清、张瑄的富奢生活也仅仅维持了 20 年。1303 年，两人被告发“不法”，朝廷将两家逮捕入京，并查抄家财，没收军械船舶，朱清撞石自尽，张瑄死于狱中。

自朱、张之后的 60 余年间，汉族富商几乎绝迹于史籍，蒙古统治者对汉人势力的死灰复燃非常警惕，全力予以打压。占领了中原疆土的蒙古统治者似乎从来没有试图“融入”汉文化，一个最突出的事实是，元朝皇帝大多不习汉语，这与之后的清朝皇帝成鲜明反差。而他们自己又不擅商业，蒙古贵族甚至被明令禁止直接经商，②于是，一个特殊的代理阶层就出现了，他们便是由色目人组成的“斡脱商人集团”。

---

① 《辍耕录 · 朱张》：“弟侄甥婿皆大官，田园宅馆遍天下，库藏仓庾相望，巨艘大舶，帆交蕃夷中。”

② 《元史 · 本纪》：“禁蒙古人往回回地为商贾者。”

色目人，是指那些随着蒙古军队东来入华的西域人，常见于元人记载的色目人主要有以下几种：回族、唐兀、乃蛮、汪古、畏兀儿、康里、钦察、阿速、哈剌鲁、吐蕃、阿儿浑等。元帝国把国民分成四等，分别是蒙古人、色目人、汉人（北方汉族人）和南人（南宋领土上的汉族人），色目人的地位高于汉人和南人。一些色目商人被蒙古贵族选中，为其打理财务，被称为“斡脱商人”，这是一群拥有特许经营权力的商人，是如假包换的“官商集团”。

“斡脱”的意思是，色目人接受蒙古王爷、公主的金钱委托，以此为本，到市场上去牟取利润。[①] 据日本学者爱宕松男的研究，蒙古贵族收回的年息率约在一成左右，而“斡脱商人”借贷于人，则收年息一倍，这种高利贷被称为“斡脱钱”，又称“羊羔儿息”，“斡脱”的利润之高可以想见。成为“斡脱商人”的色目人主要控制并垄断了三大贸易领域：“课税扑买”——以定额承包的方式买断税收；“斡脱经营”——放高利贷；市舶贸易——国际贸易。也正因此，“斡脱商人”成为元代最富有的一个财富阶层。

在史书上留下名字的“斡脱”大商人并不多，最著名者便是回族人奥都拉合蛮。

据《新元史》载，奥都拉合蛮原本是一个“窭人”——穷苦、浅薄鄙陋之人，靠替王公贵族打理财务而致富。窝阔台（太宗）时期，中原汉地的商税收入总额为22 000锭，奥都拉合蛮出资以一倍的价格买断了征税权，因此被任命为总税务官——蒙古提领诸路课税所官。《新元史》记录了一个细节，以证明此人受到皇帝的宠信：根据蒙古法律，春、夏两季洗澡的人要被处死，有一次，皇帝与皇兄察合台出猎，看见奥都拉合蛮居然在洗澡，察合台想要杀了他，皇帝说：“他好像是丢了金子在水里找，不是在洗澡。”不但免了他的死罪，还让他追随左右，日见亲信。奥都拉合

---

① （元）徐元瑞《史学指南》：“（斡脱）谓转运官钱，散本求利之名也。”

蛮靠特许征税成为北方豪富，在他的治理下，中原地区“科、榷并行，民无所措手足”。

窝阔台时期，除了奥都拉合蛮“扑买”中原商税之外，又有刘忽笃马以银10万两“扑买”全国的赋税徭役（“天下差发”），涉猎发丁以银25万两“扑买”全国官营的廊房、地基和水利，刘廷玉和一个回族人以银5万两“扑买”大都的酒课和葡萄酒课，其他的“扑买”对象，乃至天下河泊、桥梁、渡口等。到了忽必烈至元初年，甚至有“斡脱商人”以增加国库收入为理由（“以增岁课为辞”），要求“扑买”全国的纸钞发行权。

“斡脱”所得之利润归于私人，然而由于是以公权力干预的方式来进行，所以是典型的权贵资本模式。握有政权的蒙古贵族与极具商业头脑的色目人结为利益同盟，成为游离于其他社会阶层之上的权贵资本集团，他们的人数极少，但“政商一体”，不可抗拒。他们不直接从事工商制造活动，但以垄断经营的方式攫取最大规模的财富。在各类史书、诗文中，记载了很多“斡脱商人”欺行霸市的事实，两则如下。

有一位叫扎忽真的妃子派人到杭州索讨“斡脱钱”，却又拿不出全部借贷人的花名和贷款数额依据，于是派官吏强指三人借贷，三人又指告他人，追征蔓引，使140余民户招致横祸。时人有诗证曰：“十千债要廿千偿，债主仍须数倍强。定是还家被官缚，且将贯百寄妻娘。”

蒙哥时期，磁州人民无力交纳税收，“斡脱商人”乘机以年息借额为条件放高利贷，来年无法赔偿，又“易子为母”。不到10年，全郡民众集体破产，欠债数以百万计，基层官吏催讨无力，也只好纷纷挂印出逃。①

“斡脱商人”阶层的存在，还意味着汉人被集体性地排斥在垄断商业利益集团之外，只能在中下层的产业领域苟且存活，这也是元代企业史

---

① （元）姚燧《高泽神道碑》：“阖郡委积，数盈百万，令长逃债，多委印去。”

上最为独特之处——在将近100年时间里，汉族人失去了对工商业的控制权。

元朝末期，纲常败坏，财政负担越来越重，治国者却没有理财之能，蒙古贵族、色目商人与汉族民众的对立情绪无法化解，这个迷信战刀的政权花了将近100年时间，却始终没有让国家成为血肉不分的整体。1351年前后，天下终于大乱，历经10余年战事，元朝覆灭，乞丐出身的安徽凤阳人朱元璋夺得政权，于1368年建立了明朝。

第三部
公元 1368—1869 年
（明）　　　　（清）

超稳定的夕阳期

第十二章

“男耕女织”的诅咒

当农事甫毕，男妇老幼共相操作，或篝灯纺织，旦夕不休，或机声轧轧，比屋相闻。

——《汉川县志》

1373年前后的某一天，江南首富沈万三与当上皇帝不久的朱元璋侃侃而谈，有过一番很精彩的对话，他当时的心情一定非常的愉快和得意。不过，他不会想到，仅仅10多年后，他将家破人亡，他的儿子沈文度将爬着去见一位官府新贵。

沈万三是元末名气最大的商人，民间流传一句谚语：“南京沈万三，北京枯柳树，人的名儿，树的影儿。”他出生在吴兴（今浙江湖州）南浔镇的沈家漾，后迁居苏叶昆山的周庄。从各种笔记资料看，沈万三成为巨富的原因有三个。一是粮食生产和土地兼并，“躬稼起家”继而“广辟田宅，富累金玉”，以致“资巨方万，田产遍于天下”，有野史说，沈家拥有苏州府三分之二的田亩[①]。二是继承了一位巨富的财产，据杨循吉《苏谈》记载，吴江富商陆道源富甲江左，晚年意兴阑珊，决心出家为僧，就把所有的资产都赠给了沈万三。三是从事海外贸易，他以周庄为基地，利用白砚江（东江）西接京杭大运河、东入走浏河的便利，把江浙一带的丝绸、陶瓷、粮食和手工业品等运往海外，《朱元璋传》的作者、历史学家吴晗考据说："苏州沈万三一豪之所以发财，是由于做海外贸易。"沈万三的豪富之名，在当时就流传全国，民间传说他家藏一个"聚宝盆"，因此有取之不尽的金银珠宝。

江南士民反抗元朝之时，江南一带众多汉族富商地主都给予了积极的支持。沈万三先是资助张士诚，助其购粮扩军。后来，他又投靠了更有势力的朱元璋。出身于草根的朱元璋广泛吸纳这些富商当官，甚至还与他们称兄道弟，沈万三就是最重要的金主之一，民间传说，他与朱元璋曾结拜为金兰兄弟。明政权定都南京后，要修筑城墙，财政捉襟见肘，于是，沈万三出巨资，独力修建了三分之一的城墙——洪武门至水西门城墙，还献出白金 2 000 锭，黄金 200 斤，助建了南京的廊庑、酒楼等，朝廷上下对之称颂不已。

有一次，君臣闲聊，春风满面的沈万三突然提出，愿意拿出一笔钱来犒劳三军。

朱元璋冷冷地说："朕有兵马百万，你犒劳得过来吗？"

沈万三应声答道："我每人犒劳一两黄金如何？"

沈首富在说这句话的时候，内心应该非常明快得意，他可能没有注意到朱皇帝脸色的莫测变幻。

《明史·后妃传》中记录了此次对话之后，朱元璋与皇后马秀英的交谈。皇帝忍着怒气说："一个匹夫要犒劳三军，他是想要犯上作乱呀，朕一定要杀了他。"皇后劝说道："这种不祥之民，老天自会杀他，何须陛下

① 《梅圃馀谈》："苏州府属田亩三之二属于沈氏。"

动手。”[1]

在“朕即天下”的皇权年代，谁是老天？当然还是皇帝。马皇后的意思其实是，您还没有到杀沈万三的时候。

中国的每一个朝代，在开国之初都会展现宽松气象，任由工商自由，恢复民间元气，明代也不例外。朱元璋登基之后，提出了一个大规模的减税计划，减轻民众负担，同时还明令不得扰商，官府不能以节庆为名，低价强买民物。[2]

然而，当政权稍有稳定，统治者对工商的态度立即会发生微妙的变化。每次朝代更迭，新的建政者都会反思前人的失误，朱元璋的反思心得是：“元氏阇弱，威福下移，驯至于乱。”也就是说，中央集权涣散，民间的势力强大，才造成了祸乱。因此，当他听到沈万三要犒劳三军后会勃然变色，正是这种心理的条件反射。

朱元璋深感豪族在地方盘根错节，必成尾大不掉之势，一定要予以割除。在登上皇位的洪武初年，他就下令把江南14万户民众迁到他的老家安徽凤阳，其中有很多就是富商地主。据明代学者贝琼的记载，三吴地区的巨姓大族离开故土后顿成离水之鱼，资产全数流失，在数年之内，或死或迁，无一存者。[3]这些人留恋昔日的豪华生活，便常常扮成乞丐回家扫墓探亲，沿途唱着他们自编的凤阳花鼓：“家住庐州并凤阳，凤阳本是好地方，自从出了朱皇帝，十年倒有九年荒。”

定都南京后，朱元璋又先后分两次，把天下6.73万户富商迁居到南京，这几乎是对商人阶层一次围歼式的打击，明初名臣方孝孺对此的评论

---

① 《明史·后妃传》：“（沈万三）又请犒军，帝怒曰：‘匹夫犒天子军，乱民也，宜诛。’后谏曰：‘……不祥之民，天将灾之，陛下何诛焉！’”

② 《全明文·大诰·庆节和买第七十六》：“天下府州县，今后毋得指以庆节为由，和买民物。往往指此和买名色，不还民钱者多，此弊虐吾民久矣。”

③ 《清江贝先生文集》：“三吴巨姓，享农之利而不亲其劳，数年之中，既盈而复，或死或徙，无一存者。”

是："大家富民多以逾制失道亡其宗。"

对于商人阶层"先用之，后弃之"，朱元璋非第一人，前可见两汉的刘邦、刘秀，后可见1928年的蒋介石，几乎是所有造反成功者的共同"秘籍"。对于这种做法，朱元璋自己有一段话讲得非常明白，他说："以前汉高祖刘邦把天下富商都迁到关中，我一开始还觉得不可取，可是现在想来，京师是天下的根本，才知道必须要这样，这也是没有办法的办法。"①

当剪灭豪族成国家战略之后，沈万三的命运就无从更改。1373年（洪武六年），沈万三被安了个莫须有的罪名，充军云南，他死于何年已不可考。1386年（洪武十九年）春，沈家又因为田赋纠纷而惹上官司，沈万三的两个孙子沈至、沈庄被打入大牢，沈庄当年就死于狱中。到了1398年（洪武三十一年），沈万三的女婿顾学文被牵连到一桩谋反案中，顾学文一家及沈家六口被"同日凌迟"，80余人被杀，没收田地。沈家从此衰落。

《明史·纪纲传》记载了沈万三之子沈文度的一段故事：朱元璋驾崩后，其四子朱棣夺位登基，是为明成祖。纪纲是朱棣心腹，担任特务机构锦衣卫的指挥使，此人极善敛财，曾构陷上百个富豪之家，将其资产全部抄收。当时，沈万三家族已经被抄家，不过还有一点家底留存，万三之子沈文度匍匐在地上，爬着去求见纪纲，进献了黄金、龙角等珍贵之物，恳求当他的门下之客，年年供奉，岁岁孝敬。纪纲就派沈文度帮他寻找江南美女，沈家靠上这棵"大树"之后终于"重振家门"，沈文度将搜刮来的金钱与纪纲五五对分。②

一个时代或国家，商人阶层的地位高低如何，只要看一个景象就可以了：当商人与官员在一起的时候，是站着的，还是坐着的，或是"跪"着

---

① 《明太祖实录》卷二百一十："昔汉高祖徙天下豪富于关中，朕初不取。今思之，京师天下之本，乃知事有当然，不得不尔。"

② 《明史·纪纲传》："吴中故大豪沈万三，洪武时籍没，所漏赀尚富。其子文度蒲伏（匍匐）见纲，进黄金及龙角、龙文被、奇珍异锦，愿得为门下，岁时供奉。纲乃令文度求索吴中好女。文度因挟纲势，什五而中分之。"

的。从沈万三的“犒劳三军”，到沈文度的“蒲伏见纲”，明初商人地位之演变，可见一斑。当帝国最著名的商人之子只能爬着去见一个新晋权贵的时候，工商业的政治尊严已无从谈起。

钱穆曾说：“现代中国大体是由明开始的。”此论颇有深意。

明帝国初建的14世纪中期，正是世界政治史和经济史上的一个转折时刻，可以用“翻天覆地”来形容。

在西方，黑暗的阴霾正被“自由女神”一点点地驱散，由自由民组成的新兴商业城市成为欧洲的新希望，教皇和各国君王的权力受到控制，一场伟大的、以“文艺复兴”为主题的启蒙运动拉开了帷幕。同时，北欧和西欧各国开始海外大冒险，欧洲的经济轴心由南而北，从地中海沿岸向大西洋东岸地区转移。在政治革命、文化革命和科学革命的综合推动之下，“世界时间”的钟摆终于从东方猛烈地摇向西方。①

而在东方，从皇帝、知识分子到草民百姓，竟没有一个人察觉到这一历史性的变局。在这里，成熟的农业文明正达到前所未见的繁荣高度，与之相伴随的是，中央集权制度也历经千年打磨而趋于精致。朱元璋悍然取缔了沿袭千年的宰相制度，将一切国政大权均集中于皇帝一身，政治的专制化和独裁化达到了新的峰值。② 钱穆因此说：“可惜的是，西方历史这一

---

① 世界时间：费尔南·布罗代尔发明的一个历史新概念，按他的观点，我们如果将时间划分为各种各样的时段，并使之条理化，将能够推导出一种世界规模的经验时间，虽不是人类历史的总和，但它是人类进步的一种逻辑性体现。这种“世界时间”不可能渗透到历史的每一个角落，在一张简化了的世界地图上，很多地点是无声无息的空白，它们完全地处在轰轰烈烈的历史之外。参见布罗代尔《15至18世纪的物质文明、经济和资本主义》第三卷，读书·生活·新知三联书店，1993年版。

② 皇帝与奏折：有人统计1384年（洪武十七年）9月14日到21日的8天中，57岁的朱元璋披阅了1 160件奏折，共有3 291件国事，即便不眠不休，朱先生每小时也要决断17件事。可见，独裁对于国家和皇帝本人都是一种低效率的折磨。

阶段是进步的，而中国这一阶段则退步了。”

退步的最大特征是保守。

当汉人从蒙古人手中重新夺回统治权柄之后，他们首先想到的是如何不再旁落。于是，“稳定”成为一切政策的出发点。与宋代相比，明代的格局同样狭小并愈发缺少宽容度，在治国策略上，一切以内向孤立和向往静止为治理的目标，而其手段则必然是自我封闭。

“稳定”是一个政治概念，而非经济概念，它几乎是宋、明之后的中央集权制度追求的唯一目标，其他都无关紧要。以研究明史而著名的黄仁宇如此描述独裁者的心理：“稳定性的地位总是超越发展和扩张。”“从一开始，明太祖主要关心的是建立和永远保持一种政治现状，他不关心经济的发展……就明人所关心的问题来说，虽然认为中国向来是世界的中心，但是必须保持其农业特点，不能兼容并包发展商业和对外贸易。中华帝国对外并不寻求领土扩张。同时出于安全的角度考虑，明王朝当局非常想把国土与世界隔离开来。只要可能，同世界各国的交往和联系减少到最低程度。”①

对于一个专制型政权而言，影响“稳定”的因素有两个，一是外患，一是内忧。控制前者最可行的办法是杜绝对外的一切交流，与各国“老死不相往来”；实现后者的办法，则是让人民满足其温饱，而民间财富维持在均贫的水准上。

明代治国者分别找到了两个办法，那就是：对外，实施闭关锁国的“大陆孤立主义”；对内，追求“男耕女织”的平铺型社会模式。②

与元代积极鼓励海外贸易截然相反，明朝从创建之初就推行对外封

---

① 参见黄仁宇《明代的漕运》，新星出版社，2005 年版。

② 稳定与竞争：晚清时期，睁开眼睛看世界的知识分子开始反思中国文明的核心价值观，严复说是“防争泯乱”，王国维说是“求定息争”，总而言之，是以稳定为治国的第一要义，为了维持大一统，必须遏制社会的新生事物，将其视为异端。相对照，欧洲文明则通过试错、竞争、示范、扩散，从而走出了黑暗的中世纪。

闭的政策，具体而言，就是“北修长城，南禁海贸”，把帝国自闭为一个铁桶。

在北方，为了防止蒙古势力的卷土重来，明朝在秦长城的基础上修筑了东起鸭绿江、西至嘉峪关的明长城，全线长达万余里，划分为九个防备区，由重兵驻守，时称“九边”，这些边关成为被官府严密管制起来的边贸集散地。从此，自汉唐之后就绵延不绝的“丝绸之路”日渐堵塞，中国与欧洲的大陆通道上驼马绝迹、鸿雁无踪。

在南边，朝廷下令禁止民间出海，朱元璋在登基的第四年，公元1371年12月，就下达了“海禁令”，禁止临海的民众私自出海——“禁滨海民不得私出海”。随后20余年中，多次颁布禁止海外经商的敕令。

公元1381年（洪武十四年），禁止民众私通海外诸国。（“林示濒海民私通诲外诸国。”）

公元1384年（洪武十七年）正月，禁止民众下海捕鱼。（“禁民入海捕鱼。”）

公元1390年（洪武二十三年）十月，户部重申不得与外商贸易的禁令。（诏户部“申严交通外番之禁”。）

公元1394年（洪武二十七年）正月，禁止民间使用国外的任何香料和商品。（“禁民间用番香、番货。”）

朱元璋制定律法，对于违禁者及私行放禁的滨海军卫官兵都处以严刑。明成祖朱棣登基后，仍然遵循“洪武事例”，宣布“不许沿海军民人等私自下番交通外国，遵洪武事例禁治”。

在如此严厉的海禁政策之下，唐、宋、元以来的海外贸易遭到毁灭性打击，已经繁荣数百年的泉州、明州等大型港口城市迅速从世界级港口的序列中退出，民间的海外贸易从此成为非法生意。

在国门徐徐关闭之际，还发生过一个很突兀的“意外事件”，很多年后，它的意义一再被放大，以证明我们是一个多么开放和强大的国家，那

▲郑和下西洋所使用的“宝船”

就是“郑和下西洋”。

1405年（永乐三年），朱棣委派他最信赖的太监郑和率领一支由63艘大船、27 000多名随员组成的舰队远航南太平洋地区，这是当时世界上无与匹敌的巨型舰队。在随后的28年里，郑和先后七次出洋，是中国古代史上规模最大的远洋活动。[1]据《明史》记载，此次行动的表面理由是宣示国威，而实际上是寻找失踪的明惠帝。[2]郑和远航所用的海船，由南京宝船厂和苏州府船场所制造——它们无疑是当时世界上最大的造船工厂，所有军储粮草集中于太仓的刘家河港，出发地点则是泉州港。史载郑和舰队的旗舰长四十四丈四尺，宽十八丈，折合现今长度为151.18米，宽61.6米。船有四层，可载千人，船上9桅可挂12张帆，锚重有几千斤，要动用200人才能起航，船上配有航海图、罗盘针。这艘“海上巨无霸”是当时世界上最大、最先进的木帆船，比100年后的欧洲海船也要大10倍左右，可见中国造船技术之发达。郑和舰队的规模从一

① 西洋与东洋：明代以婆罗洲（加里曼丹岛，是世界第三大岛）为中心，以西地区为“西洋”，以东地区为“东洋”。

② 《明史·郑和传》：“成祖疑惠帝亡海外，欲踪迹之，且欲耀兵异域，示中国富强。永乐三年六月，命和及其侪王景弘等通使西洋。”郑和本姓马，小字三保，云南回族人。少年时就随燕王朱棣起兵，因功赐姓为郑，他去世于第七次远航途中，归葬南京牛首山。

个侧面证明了明朝海军的实力。据考证，在1420年前后，明朝拥有1 350艘战船，其中包括400个大型浮动堡垒和250艘设计用于远洋航行的船舰，海军实力为全球第一。

从1405年至1433年，郑和率庞大船队七下西洋，经东南亚、印度洋远航亚非地区，最远到达红海和非洲东海岸，航海足迹遍及亚、非30多个国家和地区。远航船队满载瓷器、丝绸、麝香、铁器和金属货币等，所以又称为“宝船”。郑和所到之处，一方面宣扬明朝国威，邀约各国委派使臣到中国“朝贡”，同时与当地进行贸易。①

在区域经济史上，郑和的远航行动表明中国在当时的东亚和南亚地区建立了一种以“朝贡”为特征的区域性政治、经济合作体系。

在14世纪末、15世纪初，随着蒙古帝国瓦解和元朝的灭亡，中国与欧洲的陆地联系中断，处于中世纪的欧洲此时尚未强大起来，明帝国成为东方最为强大的帝国，也是实际上的第一大经济体。明朝皇帝习惯性地将海外各国视为藩属，将其与明朝的外交活动称作“朝贡”。在外交政策上，明朝以“厚往薄来，怀柔远人”为宗旨，热衷于政治上万国臣服的独尊。根据《明会典》（万历朝重修本）的记载，被明朝认定为“朝贡国”的国家包括“东南夷”的62国，含朝鲜、日本、安南（越南）、锡兰（斯里兰卡）等；“北狄”的鞑靼八部；“东北夷”的女真二部；“西戎”的七十二国，含吐蕃（西藏）等。朱元璋还将日本、琉球、朝鲜和安南等15个邻

---

① 西洋商品：从有关史料看，郑和船队从西洋运回的商品在很长时间内一直被堆放在仓库里，也就是说，下西洋的经济动机并不存在。在郑和去世的三年后，南京官库中至少还存有300万斤以上的胡椒、苏木。《明英宗实录》卷十五记录：“正统元年（1436年）三月甲申，敕王景弘等，于官库支胡椒、苏木等300万斤，遣官运至北京交纳，毋得沿途生事扰人。”

国划定为“永久不予攻伐”的国家。[①]

根据日本学者滨下武志的研究，明朝主导下的东亚“朝贡秩序”有三个特点。

第一，由宗主国（中国）提供国际性安全保障，朝贡国因而不必保持常设性军事力量，这意味着区域内部的纠纷不必诉诸武力解决。第二，朝贡体系所保护的交易进行“无关税”特别恩典，为外部世界提供了极富魅力的商业机会。第三，多元化前提下的文化认同，朝贡秩序所奉行的理念，就中国方面而言，意指皇帝的恩德教化四海因而囊括不同质的文化，这同时也意味着中国在事实上充当着异质要素之间交流的媒介。[②]

由滨下武志的研究可见，在15世纪前后的西太平洋地区出现了一个以中国为中心、以白银为统一货币、无关税壁垒的政治经济联盟，这也是当时世界上覆盖面最大、人口最多和结构最稳定的区域性国际体系。它同时表明，中国与周边各国不存在武力征服的关系，而是形成了一个具有“中心—边缘”结构的共荣体系。若没有欧洲人的强行进入，这又是一个超稳定的国际秩序。

美国学者彭慕兰在《贸易打造的世界》一书中也印证了滨下武志的研究结果。他认为，朝贡制度的主要目的在于政治和文化方面，但它协助提供了一个“国际性”的货币制度。在这种制度的影响下，不同地区的人形成了相同的奢侈品品位，各国商品的品质标准也趋于一致。这些商业网与

---

① 中国与日本：《大国的兴衰》的作者保罗·肯尼迪认为，在上古、中古和中世纪，世界上只有区域性大国，而没有全球性大国，后者的出现正是工业革命和全球化的产物。明史中常常把日本视为“朝贡国”之一，这其实是一厢情愿的看法，中日之间从未形成真正意义上的藩属关系，保罗·肯尼迪便认为，德川幕府时期的日本是东亚的一个“权力中心”。

② 参见滨下武志《近代中国的国际契机——朝贡贸易体系与近代亚洲经济圈》，中国社会科学出版社，1999年版。

国家密切相关，但它们也有自己的独立生命。[1]

郑和的七次远航，其实是对这一联盟体内“东南夷”南部诸国的一次大规模巡检，庞大舰队所呈现出的军事实力和丰富商品进一步巩固了明帝国在南亚地区的宗主国地位。朱棣在委派郑和出洋的同时，在京城设立会同馆以待国宾，还设四夷馆，专掌翻译各国及少数民族语言文字。在永乐一朝中，先后有四位海外国家的国王泛海而来，其中三位乐而不归，留葬于中土。

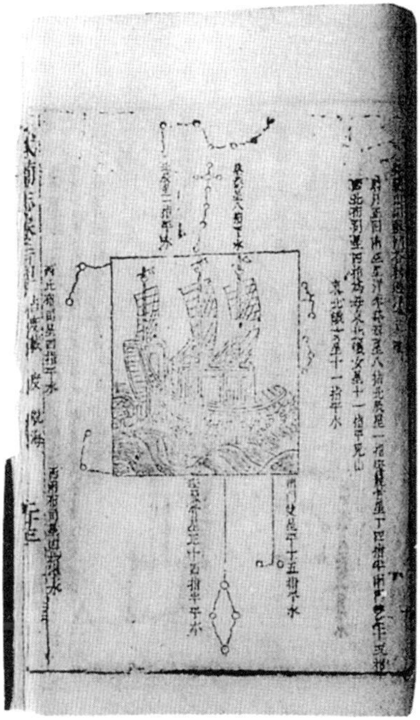

▲郑和下西洋所用的航海牵星图。把航海天文定位与导航罗盘的应用结合起来的定位术叫作牵星术，用牵星板可以通过测定天的高度，来判断船舶位置、方向、确定航线。这项技术代表了那个时代天文导航的世界先进水平

这一国际联盟维持了将近100年的时间。从世界史的角度来看，它的松散与瓦解，正是亚洲与欧洲实力陡转的关键所在，而让人无比叹息的是，对其的率先破坏者，竟是明帝国自身。

历史的转折时刻出现在1492年。

这一年——也就是郑和最后一次下西洋的59年之后，明朝政府下令“闭关锁国”，沿海人民从此不得与来华的番船发生任何交通、贸易行为。第二年，明朝政府敕谕今后百姓的商货下海，即以“私通外国”治罪。郑和历

---

① 参见彭慕兰、史蒂夫·托皮克《贸易打造的世界》，陕西师范大学出版社，2008年版。

次航海留下的所有官方文档均被兵部尚书刘大夏下令烧毁。[1]据《大明律集解附例·附录》记载，朝廷在1585年甚至发布过一道命令，声称谁要建造双桅杆以上的船只，就视同叛乱，处之以死刑。中国人在造船技术上的进步从此戛然而止。终明代一朝，海禁政策时松时紧，但基本上没有开放禁令。

也是在1492年的8月，意大利航海家哥伦布带着西班牙国王给中国皇帝和印度君主的国书，向正西航行，去寻找那传说中“香料堆积如山、帆船遮天蔽日的刺桐港（泉州）”。在哥伦布的行囊中正有那本流传了将近200年的《马可·波罗游记》，他详读此书，在书上做了近百处眉批，凡是有黄金、白银、丝绸、瓷器和香料字样的地方，都画了特别的记号。出航两个多月后，他到达了美洲的巴哈马群岛，伟大的“地理大发现”时代开始了。[2]1493年，梵蒂冈教廷颁布敕令，将世界一分为二，东边是葡萄牙的势力范围，西边则属于西班牙。[3]

历史总是充满了巧合与悲剧的意味。在海洋文明到来的前夜，早慧而拥有先进技术及强大区域领导优势的中国，以坚定而骄傲的自闭方式拒绝参与。后人读史至此，莫不掷书而起，面壁长叹。

在西方史学界，1500年往往被看成是近代与现代的分界线，如保罗·肯尼迪在《大国的兴衰》中所描述的：“16世纪初期，中西欧诸国能否在世界民族之林脱颖而出，显然未见端倪，东方帝国尽管显得不可一世，组织得法，却深受中央集权制之害。”他还曾用充满了吊诡的笔调描写中国的闭关锁国：“郑和的大战船被搁置朽烂，尽管有种种机会向海外

---

① 烧毁文档：也有学者考据，刘大夏只是隐匿了郑和文档的存在，而真正的烧毁者是清朝的乾隆皇帝。参看陈国栋《东亚海域一千年——历史上的海洋中国与对外贸易》，山东画报出版社，2006年版。

② 参见史景迁《大汗之国》，“台湾商务印书馆”，2000年版。

③ 葡萄牙与澳门：16世纪中叶，葡萄牙人到达了中国东南沿海，1553年，葡萄牙人以“借地晾晒水浸货物”为借口，通过行贿明朝官员，获准在澳门暂时居住，这里成为欧洲人进入中国市场的最早据点。

召唤，但中国还是决定转过身去背对世界。”

那道转过身去的背影，成为未来 400 年的一个东方定格，中国将为此付出难以计算的代价。“郑和下西洋”留给后人的，与其说是赞美和惊叹，倒不如说是一声悠长而没有着落的叹息。许倬云在《历史大脉络》一书中评价说：“郑和出航是元代海运畅通后的最后一次大举。其航线所及，都是元代各国商舶常到的地方……这一次海上大举，空前盛大，但并非凿空的探险，因此在历史上并不具有哥伦布、麦哲伦、达·伽马等人开拓新航线的意义。”

闭关锁国让中国与世界隔绝，重新成为一个“孤立的天下”。在对内政策上，明代统治者向往和追求的境界则是——男耕女织。

乞丐出身的朱元璋是一个很特别的皇帝，他的治国策略只有两个字，一是“俭”，二是“严”。

所谓俭，他痛恨商人，视之如国贼，曾下令“如果有不从事农耕，而专门做买卖生意的，全部看成是游民，把他们统统抓起来”。就在当上皇帝的洪武初年，他颁布法令，规定商贾之家不许穿戴绸纱，民间百姓的房子大小，不能超过三间、五个间架，不准用彩绘的斗拱。[1] 所谓严，就是实行了很严酷的法律来惩治贪官污吏，根据明初法令，官员如果贪污达到 60 两白银，就会处以扒皮的酷刑。朱元璋下令把各州府县的土地庙，作为剥皮的场所，俗称“皮场庙”，扒下来的人皮，添之以稻草，立于衙门一侧，以警示继任者。[2]

---

① 《明太祖实录》：“若有不务耕种，专事末作者，是为游民，则逮捕之。”明太祖诏：“商贾之家止穿绢布。”《明史·舆服志》：“庶民庐舍：洪武二十六年定制，不过三间，五架，不许用斗栱（拱），饰彩色。”

② （清）赵翼《廿二史札记》：“记明祖严于吏治，凡守令贪酷者，许民赴京陈诉，赃至六十两以上者，枭首示众，仍剥皮实草。府州县卫之左，特立一庙以祀土地，为剥皮之场，名曰皮场庙。官府公座旁各悬一剥皮实草之袋，使之触目警心。”

朱元璋平生读书无多，最喜欢的是《道德经》，尤其是关于“小国寡民”的那一段。在他的理想中，一个完美的帝国就应该是无贫无富、男耕女织的小农社会，“男力耕于外，女力织于内，遂至家给人足”，每个人都安于眼前，一生不出家乡，老死不相往来，如乡野之草，自生自灭，帝国将因此绵延百世，千秋万代。这种朴素的治国理想当然非他一人所有，从老子的《道德经》，到陶渊明的《桃花源记》，无一不与此前后呼应。[①]

为了建设这个“人间桃花源”，朱元璋剪灭了天下豪族，然后在“耕”和“织”两个产业上进行重大的变革。他进行了一次土地革命，大地主阶层被消灭，形成了一个以小自耕农为主的农耕经济。1397 年，据户部的报告，全国有田 700 亩以上的只有 1.434 1 万户。同时，朱元璋大力推广种棉技术。

在中国经济史上，有两种植物彻底改变了国家的命运，一是宋代的水稻，二是明代的棉花。

棉是一种外来植物，原产于印度，在汉字中第一次出现是南朝的《宋书》。宋末元初，它已经在南方地区得到一定面积的普及。元代元贞年间（公元 1295—1297 年），松江府乌泥泾（今上海华泾镇）的妇女黄道婆在海南学到了一种新的纺织技术，回到家乡教人制棉，改革研制出一套捍、弹、纺、织的工具——去籽搅车、弹棉椎弓、三锭脚踏纺纱车等，使得棉纺织技术得到重大突破。[②]

朱元璋建国之后大力推广棉花种植。他下令，农民有田 5~10 亩的，

---

① 《道德经》第八十章云：“小国寡民。使有什伯之器而不用，使民重死而不远徙。虽有舟舆，无所乘之，虽有甲兵，无所陈之，使人复结绳而用之。甘其食，美其服，安其居，乐其俗。邻国相望，鸡犬之声相闻，民至老死，不相往来。”

② 最早的棉布：据唐长孺考据，早在南北朝时，西北的高昌已生产棉布，所谓“白叠布”。梁武帝最喜欢戴的皇冠就是用棉布织成的。晚唐时期，岭南一带草棉种植已较发达，满朝文武一度以穿棉布衣服为时尚。参见唐长孺《魏晋南北朝隋唐史三论》，武汉大学出版社，1992 年版。

俱令种桑、麻、棉各半亩，10亩以上倍之，地方官不督促的要处罚。这些政策的推行，不仅使荒废的土地尽量被利用，粮食产量大增，也为棉纺织业的发展提供了更多的原料。《明史·食货志》记载：洪武二十六年（公元1393年），全国共有田地850万顷，比元末增长了4倍多，其中棉田的增加最为显著。

棉花种植和棉纺织技术的革新，彻底改变了中国人以丝绸和麻布为主的穿着传统，服装产量为之大增，棉纺织迅速成为全国第一大手工制造业。据吴承明的研究，明清两代，中国每年生产约6亿匹棉布，商品值近1亿两白银，其中52.8%是以商品形式在市场出售的，总产量是英国在工业革命早期时的6倍。黄道婆的家乡松江是棉布生产最集中的地区，《松江府志》记载，“在旺销的秋季，每天出售的松江布达15万匹之多”[①]。这个数据稍有夸张，不过据吴承明的计算，全年估计约有2 000多万到3 000万匹，这也是一个十分惊人的产量了。[②]

明代的这场“棉花革命”，如同之前的“水稻革命”一样，再一次刺激了生产力的发展，正如现代经济学理论所提示的那样，只有当单位投入的产出增加时，一个国家的宏观经济和人均收入才会持续增长。很显然，“水稻革命”和“棉花革命”都符合这一定律。《明史·食货志》中就曾这样描写朱棣时期的情况：“计是时，宇内富庶，赋入盈羡，米粟自输京师数百万石外，府县仓廪蓄积甚丰，至红腐不可食。”

如果将明代棉纺织业的发展放在全球经济史中进行观察，我们将看到一个颇可参照的现象：发生于欧洲的工业革命其实也是以纺织业为启动点的，而它最终引爆了机械技术的革命性创新，同时带来社会组织的颠覆性

---

① 《松江府志》：“松之为郡。售布于秋。日十五万焉利矣。”

② 见吴承明的论文《论清代前期我国国内市场》。根据他的计算，明清中国的棉布产量与19世纪初期的英国相比，是后者的6倍。另，自从“棉花革命”之后，中国的产粮中心从江浙转移到了湖南、湖北地区，“苏湖熟，天下足”改成了“湖广熟，天下足”。

变化，最终诞生了资本主义，改变了人类文明的方向。

至此，所有的读者均会生发出一个重大的疑问：为什么同一个产业的创新，在中国却没有引发与英国相同的革命性效应？

更让人吃惊的是，根据中外学者的研究，到现在为止，还没有发现任何史料可以肯定地显示，从 14 世纪一直到 19 世纪 80 年代以前，在中国曾经有过一家棉手工业纺织场！赵冈和陈钟毅在《中国经济制度史论》中十分确凿地写道："中国传统手工业各大部门都曾有过工场雇用人工操作生产的记载，唯独棉纺织业没有任何手工工场的确切报道。"

那么，在一个小小的松江府中，每年 2 000 多万到 3 000 万匹的棉布到底是怎样制造出来的？比英国产量大出 6 倍之巨的产能规模，为什么没有形成集约式的企业化生产？

在一朵小小的棉花里，藏着一个巨大的"明代秘密"：每年 6 亿匹的棉布居然绝大部分是由一家一户的农村家庭所织就的。

在明代的众多地方史志中，我们一再读到这样的记录——

▲男耕女织之女织

▲男耕女织之男耕

“四乡之人，自农桑而外，女工尚焉。摧车蹋弓，纺线织机，率家有之。村民入市买棉，归诸妇女，日业于此，且篝灯相从夜作。”（《南浔镇志》）

“女红不事剪绣，勤于纺织，虽六七十岁老亦然。旧传有夜完纱而旦成布者，谓之鸡鸣布。”（《温州府志》）

“当农事甫毕，男妇老幼共相操作，或篝灯纺织，旦夕不休，或机声轧轧，比屋相闻。”（《汉川县志》）

这些记录呈现了14世纪中国乡村的生产景象：每个农家都有织机一部，耕作之余，无论妇幼老小都从事纺织，全家动手，机声不休，通宵达旦。每户所织之布虽然数量甚微，但是因户数众多，聚合之后，却成惊人的亿万之数。

棉纺织业的家庭化与当时的人口过剩现象有关：自明之后，中国人口迅速膨胀，建国之初的人口约为6 500万，到1600年时已在1.5亿左右，人地比率日渐恶化，即便在水稻技术最为普及和发达的江南地区，农户一年耕作也仅仅能满足8个月的口粮[①]。棉花的大面积推广及棉纺织技术的成熟，恰好为过剩劳力提供了一个绝好的出路。更“巧合”的是，适于栽培棉花的长江中下游一带正是人口最为稠密的地区。

这种“一户一织”的家庭纺织与规模化的工场化生产相比，最大的特点，或者说优势是，前者的从业者几乎没有劳动成本支出，老幼妇女都可从事，而且时间也是几乎没有成本的，任何人都可利用闲暇时间单独操作。在这种生产模式的竞争之下，规模化的手工业工场当然就没有任何生存的空间了。

这就是拥有6亿匹产能的棉纺织产业竟然没有培育出一家手工棉纺织场的原因，也是引发了西方工业革命的纺织业在中国没有产生同样变革的根源。在现代经济研究中，早期的乡村工业常常被称为“工业化原型”，

① 《嘉兴府志》：“田收仅足支民间八月之食。”

它为工业革命的诞生提供了市场和技术前提。然而在中国，乡村工业则变成了工业化的障碍，它发挥无比的抗拒力，来阻止工厂的兴起与工业化进程。正因为棉纺织业在制造环节被家庭作坊所控制，所以在技术进步上无法向工厂化和机械化进步，这是一个历史性的悲剧，甚或它竟有宿命的意味。[①]

而这种戏剧性的状况，又是中央集权体制最为渴求和推崇的，它十分完美地符合了“男耕女织”的社会理想，每一个社会细胞都被打散，在经济上缺乏聚合的必需性，因而得以保持低效率前提下的“超稳定结构”。王亚南就曾很敏感地指出：“西欧在近代初期，织造业原本有许多就是由手工业者或商人转化来的。但在中国，这条‘上达’的通路，又遇到了集权的专制主义的障碍。”[②]由此我们可以清晰地发现，经济制度的变革与政治制度有最密切之关系，“均贫灭富”的小农经济和高度专制的中央集权制度有着天然的契合性，当一项技术革命发生之际，后者会本能地将之“异化”。

一个能够“闭门成市”的国家，必须具备两个重要的条件：一是土地之广袤和粮食之充沛足以养活全体国民，二是人口之众多足以满足工商生产的市场供求。如果这两个前提成立，那么，技术的进步很可能会强化——而不是减弱——这个国家的内向与封闭。

在学术界，只有很少的学者观察到这一规律。从来没有到过东方的法国历史学家布罗代尔在《文明史纲》中曾简短地提及，“人口的众多导致了中国不需要技术进步，内需能够满足供应，而不必追求海外市场”。对农业文明状态下的民生而言，最主要的内需产品只有两个，一是吃，二是穿。而水稻和棉花的引进与推广，在“耕”和“织”两大领域分别解决了技术性的问题，创造了闭关锁国的必要条件。

---

① “工业化原型”：美国经济史学家小艾尔弗雷德·钱德勒认为：“现代工业企业充分利用规模、范围和交易成本经济的能力，是其产生三个最重要的历史特征的动力。”参见《规模与范围：工业资本主义的原动力》，华夏出版社，2006年版。

② 参见王亚南《中国官僚政治研究》，中国社会科学出版社，1981年版。

于是，自宋代之后日渐奉行的“大陆孤立主义”，终于在明代找到了现实而顽固的落脚之处。14至15世纪的那场“棉花革命”是中国农业经济的最后一次革命，是小农经济兴盛的关键性因素，它将古典的中国经济推拱到了一个新的高峰，并终止于此。从此之后，在长达400年的漫长时间里，中国成为一个不再进步、超稳定的小农社会，一个与“世界公转”无关的、“自转”的帝国。据英国学者安格斯·麦迪森的计算，中国在1301年（元朝大德五年）的人均国内生产总值为600“国际元”，此后增长全面停滞，一直到1701年（清康熙四十年）的400年中，增长率为零。而欧洲则从576“国际元”增加到了924“国际元”。[①]

在这个意义上，“男耕女织”是一个“唯美主义的诅咒”。

如果从静态的角度来看的话，这是一种效率与管理成本同步极低的社会运行状态，若没有外来的“工业革命”的冲击，竟可能是中国历史的终结之处。自宋代的“王安石变法”之后，帝国的治理者已经找不到经济体制变革的新出路，于是，通过推广“男耕女织”的民生方式，将整个社会平铺化、碎片化已成为必然之选择。社会组织一旦被“平铺”，就失去了凝聚的力量，从而对中央集权的反抗便变得微弱无力。

这样的治国策略在明代看上去是成功的。黄仁宇论述说：“在明代历史的大部分时期中，皇帝都在没有竞争的基础上治理天下。在整个明代，都没有文官武将揭竿而起反对国家。此外，普通百姓对国家的管理不当极为容忍……由于这些条件，王朝能以最低的军事和经济力量存在下来，它不必认真对待行政效率，王朝的生命力不是基于其优势，而是因为没有别的对手替代它。”[②]

---

① “国际元”：学术界以1990年的美元购买力为参照所形成的货币计算单位。安格斯·麦迪森的数据，参见《中国经济的长期表现（公元960—2030年）》，上海人民出版社，2008年版。

② 参见《剑桥中国明代史》的第二章《明代的财政管理》，中国社会科学出版社，1985年版。

黄仁宇所谓的“替代的对手”，仅仅是站在竞争的角度观察，而如果从制度的角度来看，又存在两种可能性。其一，新的“替代者”继续延续明帝国的模式，让社会在静止的、超稳定状态下缓慢地“自转”。其二，则是出现一种根本性的、新的制度将之彻底地推翻并更换之。这两种状况后来都发生了。第一次的替代出现在1644年，而第二次则出现在遥远的1911年。当然，这些都是后话。

在明史研究中，有一个重大理论分歧，迄今没有定论，那就是，明代中国到底有没有跟西方一样，出现资本主义的萌芽，而中西国运的分野，究竟是什么因素造成的。

在正统的史学界占主流地位的是“萌芽自发论”。早在1939年，毛泽东在《中国革命和中国共产党》一文中认为：“中国封建社会内的商品经济的发展，已经孕育着资本主义的萌芽，如果没有外国资本主义的影响，中国也将缓慢地发展到资本主义社会。”[①] 围绕这一著名的论断，中国学者用众多史料证明“资本主义萌芽在中国和西欧几乎是同时出现的”。在现行的中学、大学教科书中，编写者仍然持有此论。

2003年，中国社会科学院历史所明史研究室完成了题为“晚明社会变迁研究”的国家社会科学基金项目。该研究认为：在明代，“就国家与社会的关系而言，由于货币经济极大扩展，商业性行为成为几乎全社会的取向，中央集权专制国家权力由此严重削弱”。他们的结论是：货币经济的扩大发展，在中国和西方几乎是同步的。东西方货币经济发展的趋同，为世界形成一个整体奠定了基础。晚明社会变迁与世界变革联系在一起，中国不是被动地卷入世界，而是积极参与了世界历史成为一个整体的过程，并对世界市场的初步形成起到了举足轻重的作用。

在西方学界，也有人对这一观点予以应和。20世纪90年代之后，美

① 参见《毛泽东选集》第二卷，人民出版社，1991版。

国加利福尼亚大学的彭慕兰以及他的同事弗兰克等中国史专家形成了一个“加利福尼亚学派”，以反对“欧洲中心论”而著称。2000 年，彭慕兰出版《大分流——欧洲、中国及现代世界经济的发展》一书，认为：至 18 世纪以前，在“重要日用品市场及生产要素市场的广度及自由度”上面，中国经济制度与欧洲并没有根本的区别，而中国所以没有能够走上类似英国工业式的发展道路，主要是因为不具备英国那样地理位置优越的煤矿，以及不具备能够提供棉花、木材、谷物等集约产品的殖民地。彭慕兰因而断定说：“那种认为中国或是由于人口压力，或是由于社会所有制关系的性质而闭塞并极为贫穷的观点，如今在我看来完全处于守势地位。”①

同时，与上述观点形成鲜明对立的学者也大有人在。

在中国学者中，最早对“萌芽自发论”提出异议的是顾准。他在 20 世纪 60 年代就反思说：“我们有些侈谈什么中国也可以从内部自然生长出资本主义来的人们，忘掉资本主义并不纯粹是一种经济现象，它也是一种法权体系……资本主义从希腊罗马文明产生出来，印度、中国、波斯、阿拉伯、东正教文明都没有产生出来资本主义，这并不是偶然的。中国不少史学家似乎并不懂得这一点。”②

顾准之后，海外的黄仁宇、赵冈、费维恺等人也从各自的专业方向认定，在明代没有发生资本主义的萌芽，而且在高度专制的皇权制度之下，绝无这种可能性。黄仁宇在《中国大历史》一书中说：“支持现代商业的法律程序以私人产权作基础，首先即与孟子道德观念相反，而后者正是官僚体系奉为天经地义的……当这么多必要的因素全付之阙如，现代商业如何能在中国发展？”在另外一部《资本主义与二十一世纪》的书中，他进而认为：“为什么中国不能产生资本主义？因为她志不在此。她不仅不能

① 参见彭慕兰《大分流——欧洲、中国及现代世界经济的发展》，江苏人民出版社，2004 年版。

② 参见顾准《顾准文集》，贵州人民出版社，1994 年版。

产生，而且一向无意于产生。”

学界观点如此对立，概括而论，源于学术立场的不同。“萌芽自发论”及“加利福尼亚学派”以物质文明的发展为立论基础，认为“经济基础自动地会决定上层建筑”，而顾准、黄仁宇等人则把考评的重心放在法权制度的建设上，认为没有社会制度上的决定性突破，经济制度的变革都不可能发生质变。因立论不同，双方的结论自然南辕北辙。在这场争论中，布罗代尔的观点比较折中，在他看来，明清两代的中国肯定已经出现了“市场经济”，但是并没有出现“资本主义”。也就是说，他认同明代经济的市场化程度并不落后，但在社会制度上没有进步。

将发生在明代的这些变化放之于全球环境中进行观察，我们将清晰地发现，貌似繁华的中国其实正飞驰在一条“反世界潮流”的轨道之上。

当全球海洋贸易即将兴起的前夜，拥有地球上最强大海军的帝国却选择了自毁战舰和内向封闭。

在产业经济上，“家纺户织”的乡村工业阻碍了工业化的进程，使得工业革命的火星无法从棉纺织业中迸发出来。

市镇经济的发达让城市化步伐全面停滞。与此相对照，欧洲的自由城市如雨后春笋，其规模越来越大，终而成为工业革命的摇篮。

在政治制度上，西方的公民社会胚胎初成、宪政思想渐成共识，而在东方，君权却更加地强悍和专断。

总而言之，在贸易全球化、工业化、城市化和王权制度瓦解这四个方面，明代中国与同时期的欧洲恰成鲜明对照，历史的拐点因此出现。我们几乎可以确定地说，中国与世界潮流的分道扬镳，的确是在 14 到 15 世纪期间发生的。

第十三章

晋徽争雄

富室之称雄者，南则推新安，江北则推山右。

——谢肇淛《五杂俎》

明代工商经济与前朝相比，最大的变化有两个，一是专业化市镇的出现，二是商帮的崛起。

从先秦之后的1 000多年里，中国的政治和经济运行中心都被放置在若干个大都市之中，人口和工商活动也颇为集中。唐代还有法令限制县级以下的商业市集之发展，宋代之后，市集禁令取消，非官营的“草市”、墟市以及庙院集市日渐扩张。不过，它们的功能都非常传统，无非为方圆几十里的农户提供日常消费品的交易场所，“布粟蔬薪之外，更无长物”。到了明代，情形陡变。

改变由人口增加和产业衍变所导致。

“水稻革命”和“棉花革命”让中国的人口繁衍速度大增，尤其以江南地区的增长最快，原有的中心都市无力接纳，于是地理条件较好的农村便向市镇演化。人口增加很多，土地却越来越紧张，漫溢出来的人口就顺着棉业的发展而从事家庭纺织劳作，在这些农户的周边又自然地出现了大型交易集市。这些新型市镇与传统市镇的最大不同之处是，它们兴起的功能不是为农民消费服务，而是为农村生产服务，参与贸易的不是“以物易物”的小农户，而是大商贩和巨额资金，他们的利益所得，来自于规模化经营和远途贩运。有人统计江南地区苏州、松江、常州、杭州、嘉兴和湖州六府境内的市镇数目变化发现，在宋代，这里有市镇 71 座，而到了明代，则增加到了 316 座。①

我们不妨将这一转变归纳为中国城市化的“离心现象”——在其他国家，城市人口比重愈来愈高，也愈来愈集中，小城市变大，大城市变得更大；但是在中国，宋代以后城市人口的集中程度逐次减弱，大中型城郡停止扩充，明清两代的几个大都市，从人口到城区规模都比两宋和元代时缩小许多，人口反而向农村靠拢，形成江南地区的众多市镇。②

自明初到清末，中国的城市化进程陷入停滞，城市总人口之绝对数几乎没有增长，但是全国总人口则在不断增加——从明代初期的 7 000 万人，至 16 世纪时达到 1 亿至 1.3 亿，至清代乾隆年间已将近 3 亿，城市人口比重日趋降低，这种趋势到 19 世纪中叶达到谷底。据赵冈的计算，两千年来中国城市化的人口比重呈现由低到高，再由高到低的曲线形态：战国时期的城市人口比重为 15.9%，西汉为 17.5%，唐代为 20.8%，南宋达到高峰，为 22%，此后迅猛下降，明代进入 10%的区间，而到了 19 世纪 20 年代，仅为 6.9%。

---

① 见樊树志的论文《明清长江三角洲的市镇网络》，《复旦学报》社会科学版，1987 年 2 期。

② 城市与人口：在明清两代，中心城市的规模及人口总量从来没有超过两宋的汴京与临安。欧洲的城市发展路径恰恰相反，据罗兹曼的计算，在 1500 年前后，欧洲最大的 4 个城市是米兰、巴黎、威尼斯和那不勒斯，人口在 10 万 ~15 万之间，到 1800 年，巴黎人口超过 58 万，伦敦则达到了 86.5 万。

这种人口和经济重心向农村下放的现象，最为真实地表明中国社会的平铺化和碎片化态势。它既是人口增长和产业经济发展的客观结果，同时也是中央集权制度的必然引导。钱穆在《中国历代政治得失》中认为，“中国历史上的经济与文化基础，一向安放在农村，并不安放在都市”。此论并不适用于整部经济史，至少在两汉、唐宋各代并非如此，而是从明代才开始的事实。

在城市离心化的大趋势之下，进而出现了“油水分离”的社会景象：政治权力集中于城市，为政府及权贵全面控制，城市从此成为权钱交易中心和奢侈消费中心，而非生产制造中心。经济力量则集中于数以万计的市镇，为民间势力所掌握，大量的手工业分散于众多的村庄，这使得资本、人才和资源的集聚效应根本无法发挥。

棉纺织业的繁荣以及专业化市镇的崛起，催生了一个重要的商业力量——靠棉布贩销为主业的江浙商帮。

江浙布商的财富膨胀与棉纺织业的家庭化有关。如前所述，一家一机的生产模式每年生产出6亿匹棉布，而零散的农户无法完成规模化的销售。于是，围绕着千万家庭织机形成了一个庞大的产业链条和销售体系，它们主要由布号商人、染坊与踹坊商人、远途贩售商人组成。

▲缫丝

布号商人负责棉花和棉布的收购，他们先是从棉农手中把棉花收购进来，然后分发给织户，再把织成的棉纱或棉布回收，从中渔利。自明初之后，华北、华东等地广植棉花，然而华北因气温与湿度过低，不适于棉纺织工作，所以大量的棉花被运到江南销售。江苏南部的苏州、无锡、常州和浙江北部的湖州、嘉兴、杭州是织户最集中的地区，布商就大量活跃在接近农村的市镇中，以最小的距离，向分散的织户收购棉布，这一带因此成为全国纺织业的中心，仅松江、枫泾两地就有数百家布号。《浙江通志》记载曰："小民以纺织所成，或纱或布，易棉花以归。"一般而言，织户每领取二两棉花，日后缴棉纱一两，以为代价，余者为薄利。而布商则因量大而获利颇丰，许仲元在《三异笔谈》中记录了一位张姓布商的情况："其家产达巨万之多，每到五更时分，张家就灯光通明，把收上来的上千匹布运送到苏州的阊门，每匹布可赚到五十文，也就是说，一个清晨就可得五千金。"①

棉布和棉纱收购上来之后，需要进行印染和后整理，于是就有人投资经营染坊和踹坊，这些作坊大多开在城市的郊区，以就近销售。《长洲县志》《明实录》和《木棉谱》等书记载了苏州的景象：大江南北的棉布源源不断地运抵苏州，染坊和踹坊开设在阊门外的上塘和下塘，其中，染坊的分工很细，大多只专于一色，分为蓝坊、红坊、漂坊及杂色坊等，棉布被染色完成后，送进踹坊进行后整理，然后就制成了"布质紧薄而有光"的"苏布"，贩销天下。到明末清初，阊门一带的踹坊多达450家，踹匠不下万人，其繁荣景象可以想见。

因棉布收购的市场化特征而不适合国家垄断，所以棉纺织业成为一个完全竞争性的领域，从而诞生了一大批真正意义上的自由商人，苏南和浙北——苏锡常和杭嘉湖——也成为民间资本最为充沛和活跃的地区。

江浙布商之富见诸众多史籍。《木棉谱》的作者褚华本人就出身于富

① 《三异笔谈》："太翁已致富，累巨万。五更篝灯，收布千匹，运售阊门，每匹可赢五十文。计一晨得五千金，所谓鸡鸣布也。"

足的布商家庭，据他自述，褚家六代从事布业，门下有数十人，四处开设布号收购棉布，获利丰厚，以至于富甲一邑——“其利甚厚，以故富甲一邑”。叶梦珠在《阅世编》中更形容说，布商的财力雄厚，动辄可以使用数万两乃至数十万两白银。

商帮的出现，是中国企业史上的一件大事。它兼具血缘性与地缘性之和，植根于偏远的宗族乡村，以市镇为生产和销售基地，以城郡为生活和消费中心，构成一种独特的经营模式。明代商帮中最出名的还不是江浙商帮，而是晋商和徽商，他们的崛起都与盐业有关。

自管仲以降，中国历代政府都视盐业为经济命脉，其专营所得在年度财政收入中占很高比例，明代也不例外。朱元璋建国之后，为了防范蒙古人卷土重来，把国防重点放在北方，他重修万里长城，长年驻扎80万雄兵和30万匹战马。其中驻军最密集的是“内迫京畿，外控夷狄”的山西大同一带，明政府在这里修筑长城323公里，驻守马步官兵13.5万多人，配马、骡、驴5万余匹。要维持这等庞大的军备，如何提供充足的粮草供应就成了极棘手的难题。据《大明会典》记载，仅大同镇就需屯粮51万余石，草16.9万余束，每年花在边防的银子达上千万两，让中央财政不堪重负。1370年（洪武三年），山西省行省参政杨宪向朝廷上书，建议实行“开中制”。

“开中制”脱胎于宋代的“钞引制”，其改革之处是，商人要获得盐引，必须运粮和其他军需物资到北方边疆，以粮换“引”，然后凭盐引到指定盐场支取食盐，再到指定的地区销售，其实质是“以盐养兵”。按当时的规定，每在大同纳粮一石或在太原纳粮一石三斗，可换取盐引一份，一份盐引可支取食盐200斤。[①]

这一制度的实行，让山西商人迅速崛起。山西地处北疆，有“极临边镇”的地利之便，更重要的是，以运城为中心的河东盐场自古是产盐重

① 《明史·食货志》：“召商输粮而与之盐，谓之开中。”

地。“开中制”推行后，山西商人收粮贩盐，横行天下，成为势力最大的区域性商人群体，是为晋商之始。

到了明代中期，最出名的晋商家族是蒲州（今山西永济市）的王家和张家。

王家的创业鼻祖是王现、王瑶兄弟。他们的父亲是河南邓州学政，相当于县教育局局长。王氏兄弟少年时屡考不中，转而经商。他们先在西北的张掖、酒泉一带从事粮食贸易，后来便专注于盐业。王现客死于经商途中，其弟侄两代，历40余年，终于积累起不菲的家业。王瑶生有三个儿子，其中，老大王崇义随父经商，三子王崇古考中进士，先是在刑部当郎中，后来外放为官，一路迁升，当上了地位十分重要的宣大总督，成了帝国北方国防的最高指挥官。王家兄弟，一官一商，很快控制了河东盐场，成为全国第一大盐商家族。

张家的致富路径与王家如出一辙。其创业鼻祖是张允龄，他自幼丧父，在大江南北从事长途贩卖，据说他的经商天分很高，对市场波动的判断非常准确，以至于有人怀疑他怀有“异术”。张允龄生有二子，老大张四维考中进士，后来高迁至礼部尚书，在张居正去世后还当过一人之下的内阁首辅。张四维的胞弟张四教则在山西经商，在兄长的帮助下，他控制了北方的另外一个大盐场——长芦盐场。

王、张两家，同处蒲州，结成了一个极其显赫的家族联盟：张四维的母亲是王崇古的二姐，其女儿嫁给了另外一位陕西籍的内阁大臣马自强之子，马家也是著名的大盐商；此外，张四维的三个弟媳妇（除胞弟外，其后母又生有两子）分别出自晋商王家、李家和范家，王崇古的大姐则嫁到了蒲州另外一个大盐商沈家。

历经数十年的经营，王、张两家实际上成了北方盐业的寡头垄断集团。明人王世贞就说，“张四维的父亲控制了长芦盐场，家产多达数十百万，王崇古家族则掌握了河东盐场，两家互相控制，各得其利”。[1]1571 年，河东巡盐御史部永春曾上奏说，“因为有势力的家族操控，河东的盐法已经被彻底败坏，大盐商独享盐利”。[2] 他因此明确要求“治罪崇古，而罢四维”。这份奏折不出意外地石沉大海。

传统意义上的商帮有三个特征，一是来自同一地理区域，二是在某一领域形成相对垄断的势力，三是信奉统一、独特的经商信条。明代之前并没有典型意义上的商帮出现，而因“开中制”发达的山西商人则清晰地呈现出上述三个特征。首先，他们主要来自晋北和晋南地区。其次，他们因盐引政策的特殊性，形成了垄断的势力，当时由政府划定的产盐地区主要有五个——当时称为纲，分别是蒲州之纲、宣大之纲、泽潞之纲、平阳之纲和浙直之纲，前四纲均地处山西而被当地商人控制。[3] 最后，晋商在文化上形成了一种认同性，他们奉三国时期蜀国大将、山西运城人关羽为神，讲求义、信、利，以仁义和诚信为经商之准则。明清两代，关帝庙遍布天下，与晋商的崛起和不遗余力的推广大有干系。[4]

晋商独享盐业之利长达 120 年之久，成为明代中叶之前实力最强的商人集团。到了 1492 年（弘治五年），他们终于遭遇到一支新兴的南方商人集团的严峻挑战。

这一年，淮安籍的户部尚书叶淇实行盐政变法，他提出新的“折色制”，从而一改“开中制”所形成的利益格局。按照新的制度，商人不用再到北部边疆纳粮以换取盐引，而是可以在内地到盐运司纳粮换取盐引，

---

① 王世贞：“四维父盐长芦，累资数十百万，崇古盐在河东，相互控制二方利。”

② 《明史·张四维传》：“言盐法之坏由势要横行，大商专利。”

③ 浙直之纲：指浙江和淮河的盐场，在明代，安徽和江苏合为南直隶。

④ 关羽与朱熹：晋商的偶像崇拜对象是关羽，徽商则是朱熹，一武一文，各以“义”和“礼”为道统主旨，这种价值观上的微妙差异对两大商帮的后世发展有很大的影响。徽商文风鼎盛，而晋商在有清一代从未出过一位状元。

这就是所谓的以“纳银运司”代替“中盐纳粟供边”。

“折色制”与“开中制”相比，不同之处貌似仅在于纳粮的地点不同，然而，正是这一点造成了利益上的重新分配。自洪武之后，南方的淮河、浙江地区的盐场产量日渐增加，淮盐每年的盐引总量达到57万道，占全国发行总盐引数量的二分之一。在“开中制”时期，晋商从北方的边关得到大量仓钞票，然后南下换为淮浙盐引，从而控制了盐业销售。改行“折色制”后，盐商不再需要向北方运粮，晋商的地理优势便全然丧失。

也就是说，在叶淇和“折色制”的背后，站着一群虎视眈眈的南方商人，他们主要来自徽州地区。

徽州——又称新安，地处现今安徽省的南部，北依黄山，南靠天目山，这里地狭田少，民众自古就有离乡背井的经商之风，《徽州府志》记载曰：“徽地瘠人稠，往往远贾以逐利，侨居各大都邑。”在明代中前期，徽商主要经营徽墨、生漆、林木和茶叶生意这四个产业，棉纺织业兴起后，徽商在这一产业中也非常活跃，据考证，在盛产棉布的嘉定县南翔镇和罗店镇，来往最多的商人就是徽州人。“徽商”一词，最早出现在明代的成化年间，记载的就是在松江一带从事布业的徽州商人。不过，这些生意都无法与暴利的盐业相比，“叶淇变法”事实上正是南方商人对北方晋商的一次致命的挑战。

“折色制”推行之后，天下盐商便自动地分成了“边商”和“内商”两类，后者渐渐控制了主动权。从此，太原、大同黯然失色，邻近两淮盐场的一些市镇起而代之，一马当先的正是叶淇的家乡淮安，《淮安府志》载：“淮安城北为淮北纲盐屯集地，任盐商者皆徽州、扬州高资巨户，役使千夫，商贩辐辏。”而地理条件更为卓越的扬州更是一飞升天，成为新的交易中心和名副其实的“盐商之都”，大批晋商不得不举家南迁，落户于扬州，其中著名的有太原贾家、代州杨家、临汾亢家、大同薛家等等。与此同时，徽商则轰然崛起，从此与晋商并肩，雄飞于中国商界。

晋、徽争雄，势必造成惨烈的博弈。为了划分彼此的利益，并防止新的竞争者进入，政府又“适时”地推出了“纲盐政策”，即把盐商分为10个纲，按纲编造纲册，登记商人姓名，并发给各个盐商作为“窝本”，册上无名、没有“窝本”者，不得从事盐业贸易。

“折色”加上“纲盐”，就构成了官商一体、结合了特许与准入特征的承包经营制度，这是明人一大发明。它对后世的影响非常深远，到了清代，在外贸领域发展出了“行商模式”，一直到20世纪70年代之后的中国，它仍在被广泛采用。**在企业史的意义上，承包制是一种最显著的“中国特色”，它是国营经济体制的一个衍生型制度，力图在不改变国家控制重要资源的前提下，激发民间的生产积极性。从实施的效果看，它确实部分地达到了这一初衷，而最终，它彻底败坏了市场的公平性和法治化，并为官商经济提供了肥沃的土壤和无穷的寻租空间，这一制度的刚性化实际上成为阻碍一国经济走向真正意义上的市场经济的重要障碍之一。**

叶淇的“折色制”让晋商颇不情愿地切出了“半壁江山”，不过他们很快又在另外一个领域中形成了垄断的优势。

1570年（隆庆四年），与明朝长期对峙的蒙古政权发生了内讧，蒙古俺答汗的孙子把那汉吉率部弃蒙投明，边关之患为之一松。当时，在北京的朝堂发生了一场激烈的政策争论，大多数朝臣主张杀死把那汉吉，利用蒙古内部的矛盾发动决定性的攻击，从此征服蒙古。而少数官员则建议用和平的办法解决，晋商集团的实际领袖、当时正担任宣大总督一职的王崇古向朝廷提出了“封俺答、定朝贡、通互市”的“朝贡八议”，建议开放边关贸易。他的动议受到了首辅张居正，他的外甥、时任内阁大臣张四维等人的极力鼎助。

这是明朝国际政策的一个重大转折点，同时又是山西商人基于新的政治局势下的一次商业布局的机会。

在张居正、张四维以及晋商人士的朝野推动下，王崇古的“朝贡八议”获得准许，明政府封俺答为顺义王，并宣布开放北方的边市。在其后的6年里，在长城沿线的张家口到大同一带共开设13处贸易市场，此外在辽东开放与女真人交易的东马市，在西域开设与西番人交易的西茶市，拉开了大规模边疆贸易的序幕。也是从此之后，历时300余年的汉蒙对抗彻底平息，其和平相处一直维持到20世纪初期的清朝末年。清末思想家魏源曾评价说，王崇古的和议政策“为我朝（指清朝）开二百年之太平”。

而在15处边贸市场中，拥有地理、资本和官府背景三大优势的晋商无疑又成了最大的受益者。据《明史》记载，在开放边市的前12年，仅马匹交易就增长了7倍之多，晋商相继渗透进入粮食业、棉布业、茶业、颜料业、烟草业及药材干果等行业，成为最重要和最活跃的边贸经营者，他们在盐业中失去的利益又从边贸中夺了回来。

▲明代夜市

在明代经济史的研究中，一直有人在争议，晋商与徽商到底谁更富有。

一种被普遍接受的观点是：在最具暴利性的盐业，徽商后来居上，所以在扬州的商人群体中，以徽商最富，山西和陕西商人次之——“以新安最，关西、山右次之”。而就全国财富而言，则仍然以晋商最有实力。

明代学者谢肇淛就说：“就富豪而言，南方以徽商最富，北方则是晋商。徽商靠贩盐为主业，有累积白银超过百万两的，至于拥有二三十万两的仅是中等富豪。晋商则从事贩盐、丝绸、远途贸易及粮食仓储等多项产业，其财富之巨更大于徽商。”[1]

明代进入中期之后，也就是16世纪以降，日渐由一个倡导俭朴、以农为本的社会，转而崇尚经商、奢靡放纵。

此时的明帝国，是一个看上去没有任何危机的国度：北方的蒙古之患终于告解，外患似乎已全部排除，而在南方，“片木不得下海”的政策让帝国与外部世界从此隔海相望。在国境之内，男耕女织的社会理想正在变成现实，士人、商人各得其所，一切都歌舞升平。到了嘉靖（公元1522—1566年）之后，朱元璋建国时所规定的“庶民庐舍，不过三间、五架”早已不被遵循，徽州商人“盛宫室、美衣服、侈饮食、拥赵女”，奢靡得一塌糊涂，人们追求世俗财富的热情远远高于之前的任何朝代。顾炎武在《天下郡国利病书》中说，商贾之利可三倍于农事，所以从商者趋之若鹜。[2]明人何良俊曾统计说，现在放弃务农而从事商业的人比之前多了三倍，天下百姓之中，十分之六七都不再务农。[3]

受到这种社会风气的影响，知识阶层对财富的理解也发生了悄然而重大的变化。值得记叙的事实有两个：一是对传统的国有专营制度的反思，二是对“农本商末”思想的修正。前者以丘濬的思想最为先进，后者则以王阳明和顾宪成的言论为标志。

---

① （明）谢肇淛《五杂组》：“富室之称雄者，江南则推新安，江北则推山右。新安大贾，鱼盐为业，藏镪有至百万者，其他二三十万则中贾耳。山右或盐，或丝，或转贩，或窖粟，其富甚于新安。”

② （明末清初）顾炎武：“农事之获利倍而劳最，愚懦之民为之；工之获利二而劳多，雕巧之民为之；商贾之获利三而劳轻，心计之民为之。”

③ （明）何良俊《四友斋丛说》：“今去农而改业为工商者，三倍于前矣。昔日原无游手之人，今去农而游手趁食者，又十之二三矣，大抵以十分百姓言之，已六七分去农。”

在明代学者中，出现了一些对国有经济体系有过认真和理性思考的人，丘濬（公元1421—1495年）是最杰出的一位。

他是明代中叶的理学名臣，弘治年间官至太子太保、户部尚书、武英殿大学士，主管过一国财政。与宋代的司马光、苏轼等人相比，丘濬也反对国家过多干预经济，不过他从体制的角度思考得更为深刻。在传世的《大学衍义补》一书中，丘濬有几段非常精彩的论述，他写道："自从桑弘羊变法开始，国有专营体制的弊端就存在了，而后世的人在才干上无法与桑弘羊相比，所以执行起来怎么可能有成效呢？一般而言，老百姓从事自由买卖，商品的优劣、价格的高低，都可以通过公平、透明的交易来取舍，到了政府与老百姓做买卖，东西要好的，价格却又是定死的，再加上执行者掺杂私心，而要能够公平顺畅，实在是太难了。执政者还不如不要做这些事情为好。"①

进而，丘濬明确反对官府经商，他说，经营商业活动，是商人们的事情，作为政府，只需要制定便利人民的法律，让民众自由贸易，何必要官办什么企业呢？②

中国的经典儒家一直以"抑商"为基本的治国理念，特别是对富商大贾，从来主张坚决打压。丘濬则认为，富家巨室，是平民的生计所仰赖的，是国家藏富于民的一个标志。因此，他提出了"安富"的思想，"那种把富人的钱财夺走、均分给贫穷人的治国之策，是没有什么道理的"。③

---

① （明）丘濬《大学衍义补》："弘羊自立法而自行之犹有其弊，况后世之人不及弘羊而又付之庸庸之辈，使之奉行乎？大抵民自为市则物之良恶、钱之多少，易以通融准折取舍，官与民为市，物必以其良，价必有定数，又有私心诡计百出其间，而欲行之有利而无弊，难矣。政不若不为之为愈也。"

② （明）丘濬《大学衍义补》："昔人谓市者商贾之事……大抵立法以便民为本，苟民自便，何必官为？"

③ （明）丘濬《大学衍义补》："富家巨室，小民之所依赖，国家所以藏富于民者也……乃欲夺富与贫以为天下，乌有是理哉？"

有人认为官营商业可以使“商贾无所牟利”，而所得到的利益就归于国家了，丘濬也反对这种观点。他反驳说：“如果商人没有办法获得利润，而由至高无上的皇帝来获取商人之利，这样可以吗？政府经营商业，就是以君王的身份去做商人的事情，这是极其丢脸的。”①

从上述言论，我们可以从中看出丘濬反对政府干预市场的坚决态度，与司马光、苏轼等人相比，丘濬的思想更接近商人阶层的立场。前者看到了“王安石变法”之弊，不过仍然陷在经典儒家的善恶道德评判中，没有进行制度性的思考。丘濬则不然，他明确地将政府职能与工商规律进行了分辨。

丘濬提出的“安富”之说，显然不是无本之源，它是社会思潮转变的一个生动体现。据当代新儒学的代表人物余英时的考据，明代社会变迁的一个重大表现正是“士”与“商”的界限变得模糊起来。约从 16 世纪开始，在晋商、徽商和江浙商帮云集的地方，流行一种“弃儒就贾”的趋势，而且渐渐地，这种风气愈来愈明显。

在唐宋年间，一个家族中的青年子弟投笔经商，是迫不得已且颇为耻辱的事情。不过进入 16 世纪之后，人们不再这样认为，商人阶层首次得到知识阶层的认可，“工商为末”的社会价值观出现瓦解迹象，士商互动成为常态，甚至发生了“儒贾合流”的现象。

这种景象的诱发，倒未必是人的意识有了先天的进步与觉悟，而是首先与人口增长有关。苏州名士文徵明在《三学上陆冢宰书》中曾经做过一个统计：苏州一郡共有 8 个州县，三年之中，参加科举考试的有 1 500 人，考上贡生或秀才的，不过 50 人而已，成功率只有 1/30。

在科举上没有收获的年轻人便只有务农或经商两条路可走了。因此，

---

① （明）丘濬《大学衍义补》：“商贾且不可牟利，乃以万乘之尊而牟商贾之利，可乎？……是以人君而为商贾之为矣。……以人君而争商贾之利，可丑之甚也。”

民间便流传一句谚语曰："士而成功也十分之一，贾而成功也十分之九。"明代小说家凌濛初在《二刻拍案惊奇》中也说，许多地方"以商贾为第一等生业，科举反在次着"。余英时推断说，"弃儒就贾"在16世纪、17世纪表现得最为活跃，商人的人数也许在这个时期曾大量地上升。

那么多读书人奔上经商之路，自然引发知识界的"思想地震"，于是，为商人正名的言论便开始涌现。

1525年，当时的大儒王阳明（公元1472—1529年）为一位名叫方麟的江苏商人写了一个墓志铭《节庵方公墓表》。他写道：江苏昆山的方麟开始是一个儒生，还考上了举人，后来放弃科举，跟从他的妻家朱氏做生意。友人问他："你为什么不当儒生而去当一个商人？"方麟笑着说："你怎么知道儒生不能从商，而商人又不可能是一个儒生呢？"继而，王阳明亮出了自己的观点："古代的贤哲提出四民分业，遵循同一道理，不同的职业都各尽其心，是没有高下的。"①

王阳明是有明一代最显赫的儒学重镇，以"知行合一"和"致良知"为学理基础开创了涤荡明清两代的"阳明心学"。以他的宗师身份为商人写墓表并且提出"四民异业而同道"的观点，如果放到汉唐或者宋元，都是一件不可思议的事情。这篇文章是宋明理学思想史的重要文献，是商人阶层的社会价值第一次得到明确的肯定。

为商人写墓志铭，王阳明大抵是开先河的"第一人"。稍晚于王阳明的大儒学家唐顺之在一封《答王遵岩》的信中写过这样一段话："宇宙间有一二事，人人见惯而绝可笑者。其屠沽细人，有一碗饭吃，其死后则必有一篇墓志……此事非特三代以上所无，虽唐汉以前亦绝无此事。"屠沽细人者，中小商人也。按唐顺之的看法，给商人写墓志铭是前代从未发生

---

① 《节庵方公墓表》："苏之昆山有节庵公麟者，始为士业举子，已而弃去，从其妻朱氏居。朱故业商，其友曰：'子乃去士而从商乎？'翁笑曰：'子乌知士之不为商，而商之不为士乎？'……古者四民异业而同道，其尽心焉，一也。士以修治，农以具养，工以利器，商以通货，各就其资之所近，力之所及者而业焉，以求尽其心。"

过的事情，从言辞可见，他对王阳明之举显然不以为然。

到了万历年间，继王阳明之后的又一位文人领袖顾宪成（公元1550—1612年）再出惊人之举，他也为一位名叫倪景南的江南大商人写了一篇洋洋洒洒的墓志铭。

顾宪成在当时的文名之盛，无出其右，“风声雨声读书声，声声入耳；家事国事天下事，事事关心”即出自其手。顾宪成本人就出生于一个小商贩之家，父亲在无锡的一个小镇上开了一间豆腐作坊。他是进士出身，曾任吏部员外郎，因上疏冒犯龙颜而遭罢官。回到无锡老家后，主持东林书院，被尊称为“东林先生”，他与高攀龙——也是商人之子，其祖父和父亲都是经营高利贷的——以及众多弟子们讽议朝政，朝野应合，声势浩大，时称“东林党人”，连阉党都对之畏惧三分。在这篇墓志铭中，顾宪成对司马迁的《货殖列传》大加嘉许，认为是“千古绝调”。他直言道：“世间之人都不太愿意谈论财富，这有什么可忌讳的呢？”进而，他对“利义之辩”进行了一番自己的解读：“以义佐利，以利佐义，合而相成，通为一脉。人睹其离，翁睹其合。”①

宋代之前，中国主流知识界一直秉持“利义分离”的理念，如《论语·里仁》所提倡的“君子喻于义，小人喻于利”。南宋永嘉学派的叶适始有“义利并举，以义为先”的观点。进入明朝之后，从王阳明到顾宪成，逐渐抬升商人地位，最终提出“义利交合”。从中可见，明代主流社会的财富观已然发生了悄然而重大的转变。余英时因此认为，15世纪以后的明朝，商人阶层已经明确地形成了自己的意识形态，商人在中国社会价值系统中正式地上升了，“士农工商”的传统秩序渐渐转变为“士商工农”。

从种种史料可以发现，王阳明、顾宪成的举措虽然遭到了唐顺之们的

① （明）顾宪成《明故处士景南倪公墓志铭》：“昔司马子长著《货殖列传》，谈文者以为千古绝调，予特嘉其取善之周，不择巨细。乃世人卒讳言富……夫此何足讳也。”

嘲讽，可是，却已算不上是异端邪说，在那一时期，发表过类似言论的学者、官员不在少数。

汪道昆是嘉靖年间一个名气颇大的人物，曾当过福建巡抚，以抗击倭寇而闻名。他还是非常知名的戏曲家，写过很多杂剧，后人甚至考据他就是《金瓶梅》的真实作者。汪道昆出身徽商世家，家族子弟多有经商者，他写了大量文字，将商贾的地位大大抬升。他说，古代的时候，儒优于商——“右儒而左贾”，而在我的家乡徽州则是商优于儒——“右贾而左儒”。两者之间，其实没有什么优劣，那些没有经商能力的人，去学儒走仕途，而在读书上没有天分的人，则去赚钱经商，情形大抵如此。经商的人求的是高额的利润，学儒的人求的是世间的名气，所以，求儒不得，就去经商，反之亦然，儒与商，一张一弛，二者各有功用，各随所愿。[①]

在汪道昆看来，儒、贾已无高下之分，甚至在他的家乡徽州还是贾稍稍高一些。他的这一观点似乎在徽州一带成了共识，万历年间修纂的《歙县志》中便赫然写道，经商之道“昔者末富，今者本富”，这显然是对管仲、司马迁以来的“农为本富，工商为末富”理念的一次颠覆。

与汪氏身份近似、观点相同的，还有山西的晋商们。

王崇古的伯父王现去世时，曾给子孙留下遗训，其中写道：“商人与士人，掌握了不同的技能，而其本质是一样的。善于经商的人，身处财货之场，却可以修炼高明的情操，虽然日日与金钱打交道，却能出淤泥而不染。所以，用儒家的义来指导商业的行为，仍然能够成为受尊重的人，这是上天指明的道路。”[②] 王现所提出的“以义制利”，日后成为晋商最重要的

① （明）汪道昆《太涵集》：“古者右儒而左贾，吾郡或右贾而左儒。盖诎者力不足贾，去而为儒；赢者才不足于儒，则反而归贾，此其大氐（抵）也……夫贾为厚利，儒为名高。夫人毕事儒不效，则弛儒而张贾；既侧身飨其利矣，及为子孙计，宁弛贾而张儒。一弛一张，迭相为用。”

② 《故王文显墓志铭》：“夫商与士，异术而同心。故善商者，处财货之场而修高明之行，是故，虽利而不污……故利以义制，名以清修，各守其业，天之鉴也。”

处世原则。

兼有盐业大亨、内阁大臣双重身份的张四维也在一篇文章中表达了类似的观点。他认为，商人和文人并没有什么差别，无非每个人的选择不同而已，商人是求利的，所以遵循利益的规律行事，而文人是服务于人的，无论士商，如果都从本心出发，各自都可以追求到道。[①]

汪道昆以及王、张两氏，分属徽、晋二脉，其观念激进超前，显然与他们所处的地域及家族背景大有关系。

---

① （明）张四维《条麓堂集·送展玉泉序》："夫士贾无异途，顾人之择术如何耳。贾，求利者也，苟弗以利络行……士，利人者也，而于此兴贩心焉，市道又岂远哉。"

利玛窦（公元 1552—1610 年）是一个瘸子。

1592 年的夏天，一群中国书生袭击了利玛窦在韶州的住所，他从窗口跳出时扭了脚。澳门的大夫们无法治愈他的腿伤，使他从此落下残疾。这位虔诚的耶稣会传教士在中国前后居住了 27 年，他的传教事业也是一瘸一拐的，一只脚拖着失望，另一只脚拖着希望。

在中西文明交流史上，传教士是一个被忽视、更多的时候被脸谱化的群体，而事实上，撇开宗教意义上的执着，他们确乎在科学技术的传播上起到了至关重要的作用。从晚明到清朝中期，先后有 500 多位耶稣会教士来到中国，中国人从他们那里学习了西方的大炮铸造术、历法、地理、算术、天文、代数、绘画、建筑和音乐。同时，教士们也将中华文明介绍到了欧洲，比如，把孔子哲学翻译成了意大利文，教会了英国人饮茶，让整个欧洲王室疯狂地喜欢上了中国的瓷器和丝绸。

最早到达中国的耶稣会传教士是范礼安，他于 1577 年抵达澳门，接着他委派两位意大利籍传教士进入中国内地传教，他们是罗明坚和利玛窦。

罗明坚和利玛窦于 1583 年定居于广东肇庆，他们改穿中式服装，学习汉语，采用中国式的行为规范。他们首要的目的不是争取信徒，而是为基督教争取一个在中国社会中被接受的地位。

利玛窦在肇庆和韶州共住了 15 年，在南昌和南京住了 5 年，在士大夫名流中结识了不少朋友。在很多人的眼里，他首先是一位喜爱中国文化的外国人，著名的算术、天文学者以及世界地图绘制者，最后才是一个天主教传教士。

利玛窦画过两张世界地图——《坤舆万国全图》，从中可以读出他善于妥协的智慧。

在第一张地图上，美洲和亚洲分别被画在图的左右，欧洲居于中间。很显然，这是一个严重的失误，它挑战了中国乃“中央之国”的概念，看到这张地图的中国人没有一个表示喜欢和认可。利玛窦很快改正了“错误”，他知道地球是圆的，而不是中国人所坚信的是方的，中国在地图的哪个方位仅仅是视角的不同而已，他改而把中国画在了地图的中间。情形马上有了改观，有人将此图献给了万历皇帝，万历皇帝非常喜欢，吩咐钦天监用丝线织出，放进屏风里。

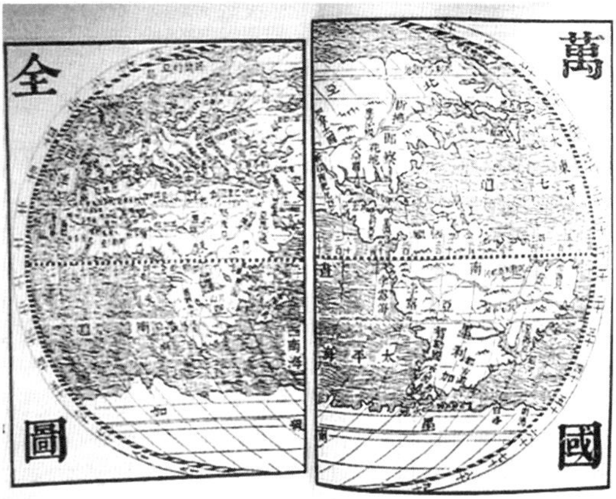

▲利马窦于明万历三十年（1602 年）绘制的《坤舆万国全图》

在赢得了相当的民间知名度后，利玛窦赶到北京，想要直接拜见万历皇帝。他结交、奉承太监，进献了很多礼品，其中包括耶稣画像、十字架、报时钟和望远镜等。他最终没有能够见到万历，不过却被恩准在北京居住。在这里，他结识了不少达官贵人，也发展了一些皈依者，其中最著名的是翰林院学士、后来当过内阁大学士的徐光启（公元 1562—1633 年）。

徐光启是松江府上海县人，出身于商人家庭。1593 年，屡试不中的徐光启南下到广东韶州当教师，在这里，他接触到了耶稣教士。正是从这些人口中，他第一次听说地球是圆的，有个叫麦哲伦的西洋人乘船绕地球环行了一周；还听说意大利科学家伽利略制造了天文望远镜，能清楚地观测天上星体的运行；他还第一次见到一幅世界地图，惊奇地发现在中国之外竟还有那么大的一个世界。

所有这些，对于一位从小读四书五经长大的上海书生来说，实在是闻所未闻的新鲜事。不过，徐光启并没有视之为异端邪说。在他所处的时代，中国的经济总量占全世界的三分之一，欧洲十四国的经济总量之

▲利玛窦（左）与徐光启（右）

和约占四分之一，无论在经济还是在心态上，明朝人都不可能有自卑感。就如同欧洲人羡慕中国的印刷术和瓷器一样，徐光启也对来自异域的一切充满了好奇。他对当时的学风很不以为然，认为“空疏之学”无济于事，而西方知识则为他打开了另外一扇窗口。他得知耶稣会的会长是一个叫利玛窦的大胡子，便四处打听他的踪迹，两人见面是在1600年的南京。三年后，徐光启接受洗礼，全家加入了天主教，他的教名是保禄。又过了一年，徐光启考中进士，从此步入仕途。

徐光启是一个才华横溢的人，在农业、数学、天文和军事上都有很深的造诣，而很多知识正来自于利玛窦等耶稣教士。

在京为官期间，他向利玛窦学习西方数学知识。中国古代数学源远流长，汉代有《周髀算经》和《九章算术》，宋元时期达到发展的高峰，但进入明朝之后，宋元数学后继无人，竟至衰废。徐光启对此至为焦虑，他说：“算术之学在近代数百年中被彻底荒废，原因有两个，一是儒生都去谈名理之学，没人关心实务，二是算术被神秘化，都用来算命卜卦。”[①]利玛窦教徐光启的教材是希腊数学家欧几里得的《原本》，1607年，他们合力译出了这部著作的前六卷，徐建议把书名译成《几何原本》，“几何”

① 《同文算指》序：“算术之学特废于近代数百年间耳。废之缘有二：其一为名理之儒士苴天下实事；其一为妖妄之术谬言数有神理，能知往藏来，靡所不效。”

一词从此诞生。在这本书中，他们还定命了众多数学概念，比如“平行线”“三角形”“对角”“直角”“锐角”“钝角”“相似”等等。徐光启毕生热衷于翻译工作，在他看来，“欲求超胜，必先会通。会通之前，必先翻译”。

▲汤若望

利玛窦在1610年就去世了，徐光启与耶稣会的关系却从未断绝。1612年，他与传教士熊三拔合译《泰西水法》，书中介绍了西洋的水利工程做法和各种水利机械。1613年，因为庇护传教活动及与其他官员的朝见不合，徐光启辞职，在天津置地从事农业试验，他做了大量的笔记，日后写成《农政全书》，这是一部百科全书式的农学巨著。

1629年，徐光启受命组建历局，主编《崇祯历书》。该书凡137卷，引进大量的欧洲古典天文学知识，构筑了此后200多年间中国的官方天文学体系。汤若望（日耳曼人）、罗雅谷（葡萄牙人）、龙华民（意大利人）等传教士先后参与了编制工作。

徐光启晚年深受崇祯信任，被任命为礼部尚书。在他的努力下，一直被压抑的耶稣会渐渐进入了主流社会，很多有学问的传教士为朝廷服务，行走于朝堂之上，其中最出名的是汤若望（公元1592—1666年）。跟利玛窦一样，汤若望是一位狂热的、受过良好科学训练的传教士，他在协助徐光启完成《崇祯历书》的同时，还翻译了德国矿冶学家阿格里科拉的《矿冶全书》，中译本定名为《坤舆格致》。后来，他受命以西法督造战炮，并口述有关大炮冶铸、制造、保管、运输、演放以及火药配制、炮弹制造等原理和技术，由中国学者整理成《火攻挈要》二卷和《火攻秘要》一卷，为当时介绍西洋火枪技术的权威著作。明灭清兴之后，汤若望仍然得到重用，被任命为国家天文台的台长（钦天监监正），受封“通玄教师”。年轻的顺治帝非常信任汤若望，称他为“法玛”（老爷爷），1656—1657年的两年里，顺治曾24次到汤若望的住所登门请教，甚至在那里度过了自己的19岁生日。

从利玛窦进入中国，到汤若望去世，前后80余年，在西方传教士和徐光启等人的努力下，天主教得到了较广泛的普及，众多的西方科学知识也在知识阶层得到认可和应用。这是中西方历史上的第一次“知识大交易”。可惜的是，进入康熙朝后，汤若望遭到中国官员攻击，他本人侥幸逃过处罚，而与他一起参与天文工作的传教士则大多被处死。

在中国科技史上，如何看待明末清初的这场中西科技“蜜月”，一直是一个有重大分歧的课题。李约瑟认为这是一场中国式的科学革命，“西方与东方的数学、天文学、物理学一旦发生接触就很快结合。到了明末即公元1644年，中国与欧洲的数学、天文学和物理学之间已经再也没有任何可觉察的分别，它们已经完全熔结，它们融合了”。而持反对意见的学者则反问说：“如果这真是一场革命，那么，为何利玛窦等耶稣会传教士所传入的西方科学没有触发中国科学更剧烈、更根本的巨变？”①

利玛窦和汤若望均葬于北京阜成门外，两墓前后相望，古木拱卫。徐光启去世后回葬于家乡上海，他在法华泾一带曾建家庭农庄，从事农业实验并著书立说。其后裔在此繁衍生息，渐成集镇，得名为“徐家汇”。

① 香港中文大学教授陈方正对这一课题有过深入的研究，参见他的作品《继承与叛逆：现代科学为何出现于西方》，生活·读书·新知三联书店，2009年版。

第十四章

权贵经济的巅峰

方今国与民俱贫，而官独富。既以官而得富，还以富而市官。

——丘濬

16 世纪中期的嘉靖年间，无锡人邹望是一位全国闻名的巨商。他拥有 30 万亩田地，记录钱财的会计簿竟有 600 本之多，粮仓里的米谷以百万计，家中的珠宝多到数不胜数，连床铺之下都是装钱的柜子。有关邹望的名字，出现在两本明清笔记中。

在花村看行侍者撰写的《花村谈往》中，讲了一则邹望与一位退休尚书斗法的故事，情节颇为生动。

有一年，邹望跟同乡的大官——退休尚书顾荣僖因事发生诉讼，邹望下令无锡城内外十里之中的所有商铺全数关门歇业，以至于堂堂顾尚书在家里竟无法买到鱼肉下饭。顾荣僖有一枚非常喜欢的玉质图章，日夜系在腰间，从来不曾摘下。一日，他想要给无锡当地官员写信，取出图章，居然变成了一块瓦砾，他大惊之下，不敢告诉别人。第二天早晨起来，向腰间一摸，图章赫然又在了，取出一看，外面包了一张绵纸，上面写了“邹望封”三个字。顾荣僖大骇，惊呼说，“这样弄下去，我的脑袋可能丢掉了”。于是，马上与邹望讲和。

邹望这个名字，另外一次出现是在王世贞的《国朝丛记》中，在那段笔记中，他被列入全国17位大富豪的名单之中。王世贞的记载如下：

1560年前后，权臣严嵩之子严世蕃夜宴宾客，席间突然兴致大发，评点天下富豪。他屈指细数，共列出17位“首等富豪”，这相当于是一张“嘉靖富豪榜”。据严世蕃的计算，他自己积累的家产超过百万两白银，其他被列入第一等富豪的最低标准是家产50万两白银，其中包括蜀王、黔公、贵州土司安宣慰、太监黄忠和黄锦及成公、魏公、都督陆炳，还有京师一位叫张二的锦衣卫官员，他是太监黄永的侄子。除了这些人之外，还包括三个晋商、两个徽商，以及无锡的两个商人。其中，邹望的财产将近100万两白银，安国则超过50万两白银，他的财富也都来自于土地——“以居积致富”。

从这张严世蕃版的“嘉靖富豪榜”中，可以读出明代财富分配的三个最重要的特征：

其一，官员比例非常高。17个“首等富豪”中有10个是纯正的官员身份，他们中有内阁大臣、宗室、军阀、太监和土司。晋商三位，严世蕃没有列举其名，不过几乎可以肯定的是，他们应该就是王崇古家族、张四维家族和马自强家族（陕

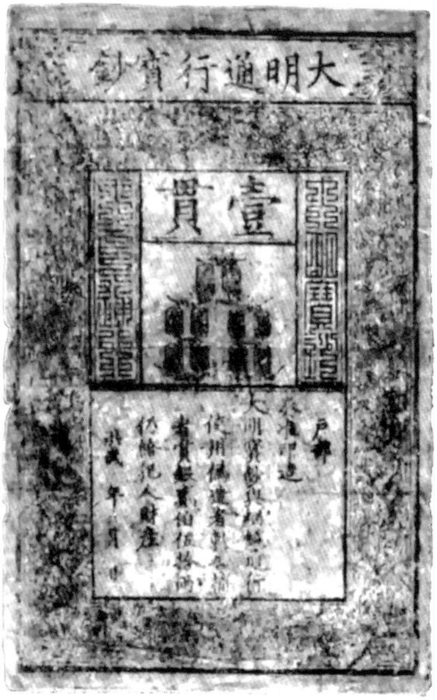

▲明代纸币

西），全数属于官商一体。

其二，晋商、徽商以及江浙商人分享其余的七席，凸现三大商帮在民间商人集团中的显赫地位。

其三，财富的分配彻底地向三个方向倾倒：官权、特权和土地。

一个最具讽刺性的事实正是：历代治吏以明朝最为严酷——《明律》明确规定四品以上的官员禁止经商，贪污60两白银就要被扒皮示众，可是，历代官员经商之盛、家财之富，又以明代为最。弘治年间（公元1488—1505年），皇室宗族、功勋之家已纷纷插手经商，到了嘉靖之后，此风终不可遏。据吴晗的考证，“从亲王到勋爵、官僚士大夫都经营商业，而且官愈大，做买卖愈多愈大，16世纪中期的这种现象，是过去所没有过的”。王亚南在《中国官僚政治研究》中也认为：“帝国模式特别容易产生官商经济，因为无法监督，太大了，随便弄一点就是大数目……统观历朝贪污史录，愈接近近代，贪污现象亦愈普遍，贪污技巧亦愈周密，而与惩治贪污刑典的宽严似无何等重大关系。明代立法最严，但明代贪污实较任何前朝为烈。”与吴晗和王亚南的观点几乎相同，王毅在《中国皇权制度研究》一书中也说：“权贵工商业形态虽然是汉代以后两千年间始终沿袭不替的传统，但是它竟然发展到如16世纪前后这种烈火烹油一般的炙盛程度，却是前代制度环境下所难以实现的。”

到底怎样的景象才算得上是“烈火烹油”？试以史料证之。

首先是自首辅以下的大小官员蜂拥经商，蔚然成风，其手段无非三种：利用职权，形成垄断专卖；欺压民间，贱买贵卖；大肆走私，获取暴利。

《明史·外戚传》记载，弘治年间，外戚经营私利，周彧与寿宁侯张鹤龄聚众相斗，“都下震骇”，于是，尚书屠滽与九卿联名上疏，陈述当时贵戚开店经商的巨大规模和横行无道：“功勋、外戚们不能恪守先皇的教训，放纵家人在闹市中经商，侵夺商贾利益，京城内外，到处可见。”他们恳请弘治皇帝下令，“凡是有店肆的勋戚之家都要停止所有的经营活动，有扰乱商贾、侵夺民间利益的，交给有关司法部门惩治”。[①]

嘉靖年间的翊国公、太师郭勋在京城开了 1 000 多间店舍，规模非常惊人。他的商队外出经商时，都高悬“翊国公”的金字招牌，招摇过市，无人敢管，而且他的族叔郭宪又同时掌管东厂，“肆虐无辜”，成了京城商业的一霸。

嘉靖、万历年间的多位首辅大臣，如严嵩、徐阶、张居正、张四维等人都因经商而成一时之富。严嵩的老家在江西袁州，当地一府四县的田地，严家独占了七成，而且严家有的都是良田，平民则是贫瘠地，严家的田一概免去税收，平民则赋税沉重。[②] 徐阶一边在北京主理朝政，一边在家乡华亭（今上海松江）大肆经商，拥有 20 多万亩良田，佃户不下万人，而且还开了一间规模很大的织场，养了很多织布女工，每年生产大量织物，在市场上进行交易。[③] 首相开织场，徐阶算是开了先河。

张居正是明代知名度最高的首辅，也是中国历史上的名相之一，他推行“一条鞭法”，对土地制度进行了大胆的改革，史称“张居正变法”。而在家庭理财上，张居正也是一等一的敛财高手，他喜欢享乐，日常生活奢靡，颇有管仲遗风。在他去世之后，万历查抄张家，得黄金 1 万多两、白银 10 余万两，也是颇为富足的。

庞大的宗室集团是另外一支可怕的牟利力量。据明史学者田培栋的计算，朱元璋开国之初，朱姓宗室加在一起不过 58 个人，到万历年间，就繁衍到了 20 万人，明末达到 30 万人。这些人如果每年平均花费 100 两白银，30 万人就是 3 000 万两，超过了全国财政收入的总和。《明史》中便

---

① 《明史·外戚传》：“勋戚诸臣不能恪守先诏，纵家人列肆通衢，邀截商贾，都城内外，所在有之……凡在店肆，悉皆停止……扰商贾、夺民利者，听巡城巡按御史及所在有司执治。”

② 《皇明经世文编》卷三百二十九：“今袁州一府四县之田，七在严而三在民，在严者皆膏腴，在民者悉瘠薄，在严则概户优免，在民则独累不胜。”

③ （明）于慎行《谷山笔尘》：“多蓄织妇，岁计所积，与市为贾。”

记载，在嘉靖年间，宗室一年从国库中支取的大米为853万石，相当于全国田赋收入的三分之一，比军粮（800万石）还多。嘉靖名臣俞大猷就直接把宗室与北方兵虏、黄河水患并列为“国之三大害”。[①]

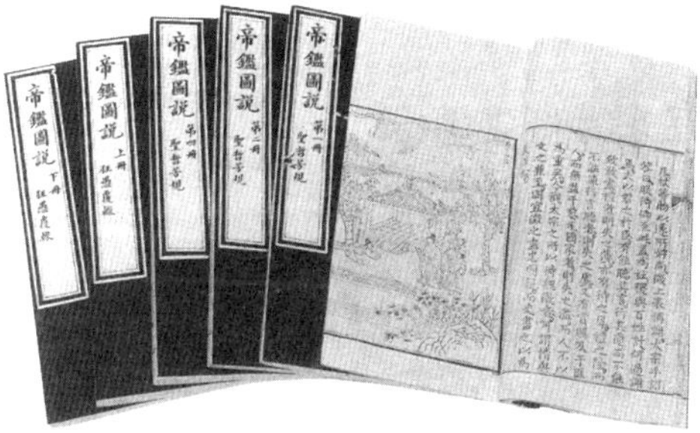
▲张居正为皇帝编著的《帝鉴图说》

明末清初的大思想家顾炎武在《日知录》中写道：“天下水利、碾硙、场渡、市集无不属之豪绅，相沿以为常事矣。”顾炎武所提及的这些产业无一不是公共事业，且与公权力有关。**他的这段文字其实指出了中国官商模式中的一大特征——“渡口经济”：大凡国营或权贵资本，一般不会直接进入生产领域，而是寻找流通环节中的交易节点，以政府的名义和行政手段进行管制，然后以特许经营（牌照、指标）的方式加以“寻租”，这类节点好比一个“渡口”，占据其点，则可以雁过拔毛，坐享其利。所以，官商经济的获利实质不是创造价值，而是通过增加（分享）交易成本来实现的。**

明代官员经商之风，不但历代罕见，而更独特的一个事实是，其中最贪婪和最卖力的那个人，居然是皇帝自己。

中国自汉代之后，就清晰地划分了皇室与政府的收入分配，其中，皇室的财务由少府管理——在官职上，少府位列九卿之一——独立于政府财政之外，这在法理上一直非常分明。历代尽管也有不少皇帝家国不分、挪公为私，然而，却从来没有哪位直接通过经商来牟利的，明代是一个例

① 参见田培栋《明代社会经济史研究》，燕山出版社，2002年版。

外，其重要的办法是开办皇店。

据王世贞的记录，“发明”皇店模式的是正德皇帝（公元1506—1521年在位）。他在北京的九门关外、张家湾以及山西宣州、大同等地广办皇店，派出太监经营，每年上缴内库8万两白银，其余则归于太监。此例一开，怨声载道。同时，皇家还经营寺院、田庄，动辄收入数十万两，这是前所未见的景象。[①]

仅在北京城内，太监们开的大型皇店就有六间之多，分别是宝和店、和远店、顺宁店、福德店、福吉店和宝延店，经营各处客商贩来的杂货。其中以宝和规模最大，而太监首领——司礼监提督——的办事衙门就设立在此店内。[②]

从种种史料来看，正德皇帝是真的喜欢金钱，他也许是历代君王中商业细胞最发达的一位，有两个细节可作佐证。

据明末清初的毛奇龄记载，正德皇帝曾经扮成商家，到这六家皇店与人做买卖，争吵喧哗一整天，折腾累了，就在长廊之下休息一番。[③]

除了亲自上阵贩卖货物，正史之中甚至还有这位皇帝开妓院的记录。《明史·齐之鸾传》记载：1516年冬天（正德十一年），正德在京城的西边开了一家皇店，是喝花酒的娱乐中心，大臣齐之鸾上书说：“最近听说开了一间花酒铺子，有人说皇上将亲自驾车临幸，也有人说朝廷靠它获取利

---

① （明）王世贞《弇山堂别集·中官考》：“开皇店于九门关外、张家湾、宣大等处，税商榷利，怨声载路，每岁额进八万，外皆为己有。创寺置庄，动数十万，暴殄奢侈，乃前此所未有者。”

② （明）刘若愚《明宫史·木集》：“（皇店）经营各处客商贩来杂货。一年所征之银，约数万两。除正项进御前外，余者皆提督内臣公用，不系祖宗额设内府衙门之数也。店有六：曰宝和，曰和远，曰顺宁，曰福德，曰福吉，曰宝延。而提督太监之厅廨，则在宝和店也。”

③ （清）毛奇龄《西河文集》：“武宗尝扮商估，与六店贸易，争忿喧诟。既罢，就宿廊下。”（明）陈洪谟在《继世纪闻》中也记录说，武宗“开张市肆，货卖物件”。陈是正德年间之人，所言应是信史。

润，陛下贵为天子，已经富有四海，怎么还想要赚这样的倡优之钱？”[①]

自正德之后，皇店模式一直延续百年，而且规模越来越大，直到明朝覆灭。万历年间，曾有廷臣奏称：太监张诚经营的皇店分支遍于北京城内，其销售的商品非常丰富，都城里的人都管它叫“百乐川”。刘若愚还记录了天启年间（公元1621—1627年）北京皇店经营货物的细目，其中包括：每年贩来貂皮约1万余张，狐皮约6万余张，平机布约80万匹，粗布约40万匹，棉花约6 000包，定油、河油约45 000篓，荆油约35 000篓，烧酒约4万篓，芝麻油约3万石，草油约2 000篓，南丝约500驮，榆皮约3 000驮，北丝约3万斤，串布约10万筒，江米约35 000石，夏布约20万匹，瓜子约1万石，腌肉约200车，绍兴茶约1万箱，松萝约2 000驮，杂皮约3万余张，玉约5 000斤，猪约50万口，羊约30万只。其中，仅香油一项，皇店每年的经销量就达约3万石（合400万斤）。由这张细目可见，皇店的总体规模之巨大实在让人咋舌。

皇店模式一开，至少造成三大恶果：一是皇帝经商，与民争利；二是所得暴利，不入国库；三是太监当权，成特权暴富阶层。史家均有定论，历朝太监乱政以东汉、唐和明代最为严重，清代学者赵翼就曾指出：“东汉及唐、明三代，宦官之祸最烈。”其中，明代太监不但严重干涉朝政，而且在经济上也最为富有。2001年，美国《华尔街日报》亚洲版评选1 000年以来世界上最富有的50个人，正德年间的大太监刘瑾是入选的6个中国人之一，也是唯一的太监。他公开“拍卖”官职，很多官员要靠向京城富商举债才付得出行贿的钱，时称“京债”。他被籍没其家产时，“得金二十四万锭又五万余两，元宝五百万锭又百余万两，宝石二斗，其他珠玉金银器皿无数”。

---

① 《明史·齐之鸾传》：“十一年冬，帝将置肆于京城西偏。（齐）之鸾上言：‘近闻有花酒铺之设，或云车驾将临幸，或云朝廷收其息。陛下贵为天子，富有四海，乃至竞锥刀之利，如倡优馆舍乎？’”

在明朝的历代皇帝中，最喜欢赚钱的是正德皇帝，不过论到经商能力之强的，则是他的孙子万历皇帝、明神宗朱翊钧（公元1563—1620年）。

这位皇帝是明朝十七帝中最独特的一人，他执政48年，是两千年帝制时期，执政时间很长的皇帝之一，而他创下的另外一个纪录是，在长达27年的时间里，他把自己关在皇宫里拒绝接见大臣、不批一份奏章。而同时，他在聚敛财富上却从来没有空闲过，如历史学家孟森所说，“神宗怠于临政，却勇于敛财”。通过政府的正常渠道开辟财源，只能归户、工、兵等部控制，而万历的用意是想增加宫廷内库的收入，由自己直接支配，这就不能不委托内宫的太监进行，由此生出无穷患乱。民国学者王孝通在《中国商业史》中说，“明代弊政，无过万历之时”。

在工商政策上，万历做过几件事情，对民间打击最大。

首先是破坏盐政，动摇财政制度的根本。盐务专营是基本经济政策，历代都不敢在盐政上掉以轻心，特别是严禁权贵染指。可是到了万历年间，这个规矩也被败坏了，《明史·诸王》记载万历之子福王开盐店的故事。

▲明万历元年铁砣，计量用

福王朱常洵是万历最喜欢的三儿子，为了把他立为太子，万历与朝廷众臣常年对峙，后终因反对汹汹，而不得不把他分封到河南洛阳。万历为了补偿他，先是给了两万顷良田，然后把没收的前首辅张居正的家产给了他，接着又把江都到太平沿江的杂税以及四川的盐税、茶税也给了他。然而，福王还不满足，请求每年再给他1 300引的淮盐，由他在洛阳设店销售，万历竟也爽快地答应了。河南地区原本吃的是河东盐，福王获得淮盐专营权后，下令河东盐一律不准销售，从而把运营上百年的盐政一举扰乱。河东盐销量锐减之后，与之挂钩的军需边饷也没有了着落。朝臣向万历上奏，希望改赐福王河东盐，而且最好不要与民争利，万历不准。

国营事业的权贵化是专制政体下的必然趋势，不过在万历之前，权贵大多以贪污、与盐商勾结等方式获利，到了“福王开盐店”便已是公然化公为私了。在这样的示范之下，各州府县衙门前的那个“皮场庙”便成为一个最最残酷而可笑的摆设了。

而所有这一切，还不是最恶劣的。

1597 年前后，心思已经完全钻到钱眼儿里的万历干出了一件动摇国本的乱政之事，他向全国广派矿监、税使，从而惹下“矿税之祸”。

此时的万历，执政已经长达 25 年，因平定宁夏、播州叛乱以及东征援朝，朝廷耗费上千万两白银，再加上宫廷靡费日增，一时国库大空。1597 年，紫禁城发生大火，三殿两宫——皇极殿、建极殿、中极殿、乾清宫、坤宁宫遭灾难性破坏，万历大急，就想出了开矿、征税的敛财招数。一时间，手握皇令的矿税太监奔驰大江南北，所谓“天下在在有之”。[①]

派太监们去开矿、征税原本就是一件很荒唐的事情。开矿是一个技术性很强的工程，不是几个太监在短时间内就能完成的。有些地方名曰有矿，实际开采不出什么东西，太监们强令富户承包，不足之数由富户赔偿；或由地方政府承包，不足之数动用地方财政抵充。这样一来，开矿徒有其名，不过是以此为幌子的一种摊派而已。而征税太监的派出，则意味着在原有的钞关之外增设新的征税点，造成了对行商货物的重复征税。于是，矿监税使成了“合法的强盗”。吏部尚书李戴记载了当时的恐怖景象：

---

① 《明史·陈增传》载：“其遣官自二十四年始，其后言矿者争走阙下，帝即命中官与其人偕往，天下在在有之。”另据《明史·诸王五》载：“帝所遣税使、矿使遍天下，月有进奉……搜括羸羡亿万计。”

矿监、税使们指着一个屋子恐吓说："这户人家有矿！"这一家应声就破产了，指着另外一个屋子说："这户人家漏税！"这一家马上就钱财全空了。[①]

矿税太监们所到达的地方，往往是工商经济比较发达的地区，他们的野蛮苛敛很快造成了"贫富尽倾，农商交困"的景象。税监鲁保在浙江征税搞得"家家闭户割机"，那些"贫匠倚织为命"的也失去了生计。闻名全国的山西潞绸最盛时，长治、高平、潞州三卫共有绸机 13 000 余张，经矿税太监们的劫掠，只剩下 2 000 余张。

从制度的角度来看，矿税大兴，实质上是万历对国家财政制度的一次大破坏。矿税太监由皇帝直接委派，又直接向内库进奉，不受中央与地方政府财政监督，这等于把政府的钱扫入皇室。矿税大兴期间，"凡店租、市舶、珠榷、木税、船税、盐茶鱼苇及门摊商税、油布杂税，无不领于中使"，对此，主管财税的户部尚书赵世卿愤怒地说，自矿税大兴以来，户部的各项税收为之大减，地方的税缴不上来，国库几乎空掉了。[②]

因此，"矿税之祸"是权贵经济的一个极端案例，而主导者竟然是皇帝本人。

后世学者曾一再统计，如此大动干戈的横征暴敛到底所得多少。据计算，从万历二十五年到万历三十四年的 10 年间，矿税太监向内库共进奉 569 万两白银，平均每年进奉 50 余万两白银。在这个数字的背后，存在两个相关的结果：万历拿到的矿税收入约等于全国关税和商税的总额，而太监们所得则是万历的 9~10 倍。[③]

---

① 《明史·李戴传》载："指其屋而恐之曰'彼有矿'，则家立破矣；'彼漏税'，则橐立罄矣！"

② （明）赵世卿："求财镪而财镪销，稽关税而关税微，取契镪而契镪分，搜库藏而库藏竭，诛盐而盐薄……自采榷一兴，以致年来，催掩欠绌，外库一空。"

③ 以万历六年（1578 年）为例，全国财政收入为 367 万两白银，其中农业税为 208 万两，盐税为 100 万两，主要城市的关税收入为 23.4 万两，商税为 11.2 万两。

很显然，太监成了这场敛财运动的最大受益者。据时任内阁辅臣赵志皋说，矿税太监以官府的名义剥削百姓，将公家财富据为私有，上缴给皇帝的不过十分之一，落入自家囊中的则占到十之八九。也就是说，贪污率高达 80%~90%。也正因此，太监成为明代中期最富有的一个群体。[①]

以广东税监李凤为例子，据揭发，他“明取暗索，十不解一，金玉珠宝堆积如山，玲珑异物充塞其门”，贪污白银达到 5 000 万两，其他珍宝还不计在内。他从万历二十七年到三十四年，向内库进奉的税银仅仅 36 万两，贪污的银两是 8 年间进奉税银的 139 倍，令人瞠目结舌。

可能万历自己都心知肚明，矿税政策不是治国的正道，所以，他多次公开下诏，承诺紫禁城里的几个宫殿修复之后，就立即停止。然而，“矿税之祸”前后绵延长达 10 年之久，算得上是一场“十年浩劫”。

在朝堂之上，它遭到众多官员的抗议和抵制，《明史·华钰传》说，自矿税兴，中使四出，凡阻挠矿税太监横行的地方官，都遭到诬陷，万历一闻谤书，圣旨立下，先后惩处的地方官不下 25 人。1606 年，云南官民不堪税监杨荣的滋乱，把他抓住处死，投尸于烈焰之中，万历闻讯后怒气冲天，竟至绝食数天，直至皇太后劝解，阁臣上疏安慰，才消气进食。

在民间，“矿税之祸”弄得天怨人怒。自古富足的江南水乡流传一首《富春谣》，词曰：

> 富阳江之鱼，富阳山之茶。鱼肥卖我子，茶香破我家。采茶妇，捕鱼夫，官府拷掠无完肤。昊天胡不仁，此地亦何辜？鱼胡不生别县？茶胡不生别都？富阳山，何日摧！富阳江，何日枯！山摧茶亦

---

① （明）赵志皋：“挟官剥民，欺公肥己，所得进上者什之一、二，暗入私橐者什之八、九。”

死，江枯鱼始无。山难摧，江难枯，我民不可苏！[①]

“山摧茶死、江枯鱼无”，老百姓已经发出了这样的诅咒，受祸之深，可以想象。

10年之间，在摧残逼迫之下，民间爆发了多次市民和商人的反抗事件，有史可查的有临清民变、湖广民变、苏州民变、江西民变、辽东民变、云南民变和福建民变等，这是中国古代史上极少见的、不属于“农民暴乱”范畴的市民反抗行动。

山东临清自古是中国北方的商贸中心，京杭大运河穿城而过，是南北商品转运的重要通道，号称“漕挽之喉”“萃货之腹”。明宣德年间，政府在全国最重要的商贸中心设置了七个钞关，分别是河西务、临清、苏州、九江、杭州、淮安和扬州，其中，临清每年所得关税遥居各大钞关之首。

对于这样一个财税重地，万历自然不会放过，他派出最信赖的太监之一马堂坐镇此地。马太监急于表现，在临清的新城旧城内遍布税吏，凡遇背负肩挑米豆杂粮的小贩统统要缴纳杂税，以致小商小贩不敢到城里做买卖。他还鼓励富户家庭的奴仆举报主人，告密者可得到抄没家产的3/10。马堂的暴行导致“中人之家，破者大半”，终于在万历二十七年（1599年）四月二十四日激发民变。

▲山东临清西洋画，临清是典型的靠大运河繁荣的城市

当日下午，有商贩小民三四千人，聚众包围了马堂的税监衙门，大声抗议，衙

① 《富春谣》引自明末清初人谈迁的《枣林杂俎》，据考据，它的作者是地方官员韩邦奇，他因此被万历逮到北京，投入监狱，“帝怒，逮至京，下诏狱”。

门兵丁手持弓箭、木棍杀害数人，于是众心忿激，一齐冲进门内，放火焚烧，衙门尽被烧毁。在内外互殴及践踏中，死亡30多人。此次暴乱的发起者是临清商贩王朝佐，他向衙门自首，被公开处死，“临刑神色不变”，围观者数千人，无不为之叹息泣下。

《明史》记载了王朝佐被处死后的一个细节：临清知府李士登亲自前往抚恤他的母亲和妻子，当地市民立祠堂祭祀他。这是一个不同寻常的举动，表明矿税政策不但遭到民众反抗，甚至连地方官员也公开站在了太监们的对立面。

临清民变是“矿税之祸”造成的第一个公开反抗事件，在朝野引起很大的风波，连传教士利玛窦也注意到了。他在《利玛窦中国札记》中记录道：“皇帝派太监们出去收税，其实就是掠夺。其中一个名叫马堂，住在著名的临清港。当地的居民和驻军奋起反对他，烧毁了他的家，杀死他所有的家奴。他若不是化装逃跑，避开了愤怒的人群，自己也会遭遇同样的命运。但是恐惧并没有结束他的贪婪，人们说他自从遭了那场灾难后，变得比以前更坏了。”

在马堂的治理下，临清工商业饱受蹂躏，民变发生三年后，户部尚书赵世卿向朝廷报告：临清原有缎店32家，关闭了21家；布店72家，关闭了45家；杂货店65家，关闭了41家；商业极度萧条。

在明史上，比临清民变更出名的是发生在两年后，即1601年的苏州民变。

被万历派到苏州的太监名叫孙隆，他勒令苏州丝织业机户，凡织机一架加征税银三钱，纺织品每匹抽税银三分，一时人情汹汹，讹言四起，机户们纷纷关门罢织，转而从事其他生意，他们雇用的织工因此失业，人数多达几千，受其影响，下游的印染业也裁员萎缩，又造成数千染工的失业。孙隆还在苏州的六门水路孔道设立税卡，一只鸡、一把蔬菜过去，都要缴税——“只鸡束菜，咸不得免”。六月，苏州爆发民变。文秉的《定陵注略》和沈瓒的《近事丛残》详细记载了整个经过。

时年 33 岁的葛成是昆山的丝织商贩，他见商贾、织工都苦于孙隆的盘剥，就挺身而出说，“我愿意带头，为苏州民众剿乱”。他约了几十个人聚会于苏州玄妙观，大家约定，“所有人的举动，都以葛成手中的芭蕉扇为指挥棒”。

六月六日那天，苏州街头突然出现 27 个蓬头赤脚的人，穿着白布短衫，每人手中都持着一把芭蕉扇。他们跑遍城内的税官住宅，焚烧、捣毁所有家具，把税官绑扯到大街上殴打，税官黄建节等人被当场击毙，有的税官跳进河里逃命，也被抓起，打得两眼突出，到死为止。闹事的人逐渐增多到上千人，四周围观者更多达万人，带头的葛成提出“罢税”要求，还贴出告示晓谕大众说：“税官作恶，民不堪命。我等倡议，为民除害。今大害已除，望四民各安其业，勿得借口生乱。”俨然是一场有组织的抗议行动。苏州知府不敢派兵镇压，与葛成谈判，好言相慰。

这场风波持续了三天，整个苏州城“若狂三昼夜”，孙隆吓得连夜逃往杭州。到了第五天，道府才出面平定民变，葛成前往自首，说：“我是带头的，杀我一人就可以，不要牵连别人，如果株连平民，一定会引发更大暴乱。”最后，官府判葛成死刑，却一直不敢杀他，关了 13 年，就把他悄悄放了。葛成到 1630 年才去世，这已是崇祯三年。葛成活着的时候就成了江南一带的民间英雄，时人称之“葛贤”“葛将军”，在他死后，苏州市民在虎丘山前建葛将军庙祭祀他。

在后世的很多史书中，苏州民变和葛成的事迹被看成是明代中后期市民社会成熟的佐证。另外特别值得记录一笔的是，在反对矿税政策的行动中，以顾宪成为首的东林党人表现得非常积极和勇敢。在万历派出税监矿使的两年后，1600 年，李三才就上《请停矿税疏》，直接质问皇帝：“皇上爱珠玉，老百姓也爱温饱，可是皇上却把黄金看得比天理还要高，皇上想要让子孙传续万代，难道不想让百姓过上一天平静的日子吗？”① 高攀龙在《上罢商税揭》中也提出：“靠剥夺百姓的财产，不是生财之道，正确的办法只有两个，一是促进生产，二是力行节俭。”② 被列为“东林党人榜”中第二号人物的叶向高多次上疏要求万历撤回矿监税使，他还利用给太子讲课的机会，大讲东汉的太监之祸，以古讽今。1578 年，安徽婺源的 15 个生员更是联名共同反对税使增加丝捐，“几于作乱”，为首的汪时等人受到严惩。在两千年国史上，这是仅见的知识分子对商人阶层的集体声援行动。③

然而，无论是发生在底层的民变还是知识界的声援，对制度和法理的挑战都是羸弱的，对社会进步并没有产生决定性的推进——它们都没有终止“矿税之祸”，也没有引发制度变革，因而，最终是悲剧性的。

如果放眼世界经济、政治史，我们可以发现，从 14 世纪以后，批准税收被列为英国议会和法国三级议会的一项重要职能，它成为长期限制王权的重要手段，对资本主义的发展起到了十分有利的作用。与万历年间的这场苏州民变几乎同时，在英国伦敦发生了一场著名的请愿运动，从中，也许可以得出更让人深思的结论。

1610 年，英国国王为了加强对经济的控制，颁布了种种限制性政策，其中包括对伦敦建筑的管制以及禁止从面粉中提炼淀粉。这些举措引起了商人阶层和议院的强烈反弹，民众上街示威，向国王提起请愿，王室

---

① （明）李三才：“皇上爱珠玉，人亦爱温饱；皇上爱万世，人亦恋妻孥。奈何皇上欲黄金高于北斗，而不使百姓有糠？比升斗之储？皇上欲为子孙千万年，而不使百姓有一朝一夕？”

② （明）高攀龙：“夺民之财，非生财之道也；生财之道，生之，节之，两端而已。”

③ 商人对文人的支援：1626 年（天启六年），大太监魏忠贤派人到苏州抓捕东林党人周顺昌，苏州两万余人聚集保护周宅，打死校尉一人，带头闹事的五人中，有四位是“市人”，据日本学者岸本美绪的考据，至少有两人确定是商人。

与民间的矛盾空前激化。在这种情形之下，英国下议院经过激烈的辩论，最终通过了一份《控诉请愿状》。在这一著名的请愿书中，议员们明确指出，在英国臣民的所有传统权利中，“没有一项权利比这项权利赋予他们更宝贵更有价值的东西，那就是，以确定无疑的法律传统为指南，并被其支配，而不受那种不确定、专断的统治形式支配……正是从这一根据中产生了这个王国的人民无可置疑的权利，除了这个国家的普遍法或是由议员们共同投票赞成的规章规定的惩罚之外，他们不受任何扩大到他们的生活、他们的土地、他们的身体或他们的财产上的任何其他惩罚”。

这份《控诉请愿状》以鲜明的宪政立场，抵制了国王对经济的干预，成为西方政经史上的一个标志性文本。自由经济学派的哈耶克在创作《自由宪章》一书时专门引证了这个事件，他论述说，17 世纪初期，发生在国王与议会之间的这场尖锐斗争，其副产品就是个人自由。极为重要的是，这场斗争的焦点一开始就主要集中在经济政策所涉及的一系列问题上。随着时间的推移，渐渐又在应当如何保障上述基本理想的方面形成了两个至关重要的观念：一是成文宪法的观念，二是权力分立的原则。

在临清、苏州和云南等地的民变中，尽管万历皇帝的霸道遭到了市民和知识阶层的双重挑战，连中央及地方的很多官员都隐约地站在了民众一边，矛盾甚至激化到皇帝不得不绝食抗议的地步，可是，这些行动都没有激发出全社会的制度性反思，终而也不可能动摇专制集权制度的根本。

将伦敦请愿运动与万历年间的多场民变相对比，我们可以得出一个显而易见的结论：**资本主义的萌芽以及工业革命之发生，除了客观条件及技术因素之外，更重要的决定性力量，其实是法治精神的诞生与成熟。对此，王毅在《中国皇权制度研究》一书中有一段十分精辟的论述，他写道：能够真正禁止统治者对被统治者实施“抢劫”的，不可能仅仅是任何一种不甘压迫、呼唤自由的“思潮”，而主要是一套具有刚性和可操作性的制度、规则和法律体系，对旧制度的言辞抨击无论多么激烈尖锐，都不能必然导致新的制度形态的产生。**

“矿税之祸”拉开了明帝国覆灭的序幕，《明史》评论说：“太监们从紫禁城里跑了出来，祸害天下，闹得民不聊生，明王室的灭亡就是在这一刻被决定下来的。”[①]

在万历当政的将近半个世纪里，皇权专制恶性膨胀，皇帝与大臣“冷战”，朝廷与民间对立，制度完全失控，权力阶层对国民财富的贪婪日益不可抑制，除了极少数的权贵阶层，绝大多数民众生活在均贫的状态之下，正如之前的所有王朝一样，贫富差距的拉大成为暴力革命的导火线。万历驾崩于1620年，其后又历两帝，到1627年，他的孙子朱由检登基，次年改年号为崇祯。

在人类历史上，17世纪被称为“小冰期”，这一时期，整个世界的农耕区都受到寒冷气候的困扰。在17世纪的最初几十年里，中国的北方异乎寻常地寒冷和干旱，气候突变使得农作物的生长季节缩短两周，粮荒日益频繁，饥民造反此起彼伏，终于酿成席卷全国的李自成、张献忠农民起义，而在东北松花江外的一角，一个叫满洲的部落轰然崛起。内外交困之下，如恐龙一般的明帝国终于被拖垮在地。崇祯手忙脚乱地当了17年的皇帝，1644年，北京城被攻破，他自缢于煤山的一棵歪脖子槐树之上。

---

① 《明史·华钰传》：“珰使四出，毒流海内，民不聊生……明室之亡，于是决矣。”

1662年，郑成功（公元1624—1662年）在台湾去世的时候，年仅38岁，此时他被南明的永历帝封为延平郡王，是无数遗老光复大明的唯一希望。在中国正史上，郑成功因收复台湾而成为当之无愧的民族英雄。不过在企业史上，他的身份则比较微妙，他和他的家族在很多时间里是中国南方最大的海盗商人集团。

明朝自开国之后，就颁布了“海禁令”，1492年之后更是强调“片木不得下海”。当海外贸易的正常渠道被全面封杀之后，非法的海盗事业就变得十分蓬勃且难以遏制。种种史料显示，从15世纪到19世纪末的400多年里，跨越明清两代，中国南部海域是全世界海盗最为盛行的地区之一，极盛时多达15万人。

浙江、福建、广东一带地狭人稠，从来有涉海经商的传统，海禁实施之后，沿海民众无所得食，于是铤而走险，从事非法贸易。他们将硫黄、兵器、铜等违禁物资以及丝绸、茶叶、棉布还有瓷器等，长途贩运到南洋，与那里的葡萄牙人（占据马六甲）、西班牙人（占据吕宋岛）和荷兰人（占据巴达维亚）交易，再由他们转销至欧洲、非洲和美洲市场，同时将海外出产的苏木、胡椒、象牙、银币等输送回国。因为官方限制，所以走私的利润就非常之高。《明实录》中说：“其去也，以一倍而博百倍之息，其来也，又以一倍而博百倍之息。”

明中期，最出名的海盗竟是一群来自徽南的商人。最早在江浙东南沿海从事走私的是歙县人许辰江、许本善等。嘉靖初年，歙县许村的许家四兄弟组成了一个势力庞大的海盗集团，他们以宁波附近的双屿岛为基地，把商品贩销到泰国和马来西亚的马六甲，浙江官员在给朝廷的报告中称许氏集团为“海上寇最称强者”。

到了嘉靖中期，许氏集团被击溃，其部下、同样是歙县人的汪直起而代之。他的贸易基地是舟山烈港，拥有数万之众和载重量达120吨的海船上百艘，其贩运区域更扩大到了北部的日本、朝鲜，一度控制了萨摩州的松浦港。汪直还自封为“徽王”，凡“三十六岛之夷，皆其指使”，俨然是一个独立的割据王国。据记载，汪直能够造出超级大海船，“造巨舟方一百二十步，木为之城，楼、橹四门备具，上可驰马，容二千人”。从这一描述看，汪直大船堪与郑和的“宝船”相比，其集团实际上是一个“军事—商业复合体”。

除了徽商背景的海盗之外，另外一个人数庞大的走私集团，来自福建的漳州、泉州一带。这些中国籍的海盗与日本浪人纠结在一起，成了让明政权头痛不已的“倭寇之祸”。他们游弋于浙闽沿海，有商机则交易，乘人不备则劫掠。对于“寇商一体”“中日混合”的事实，明人其实非常清楚，嘉靖年间的抗倭名将胡宗宪就曾统计过，福建沿海数万倭寇之中，漳州、泉州人就占其大半。他继而写道，“倭寇与海商其实是同一个人，如果开放海禁，倭寇就转身变成了海商，如果实施海禁，海商就立即变成了倭寇”。[①]

崇祯年间，因北方战事不断，朝廷无暇顾及海事，走私成公开之势，拥有雄厚资本的“豪门巨族”“湖海大姓”纷纷私造大船，经营外贸。明末屈大均追述说“在昔全盛时，番舶衔尾而至……豪商大贾，以其土所宜相贸，得利不赀”。1642 年（崇祯十五年），万历名臣海瑞的孙子海述祖，在海南岛自造一艘首尾约长 28 丈、桅高 25 丈的大舶，“濒海贾客三十八人凭其舟，载货互市海外诸国，以述祖主之”，这一年从广州扬帆出海，“次年入广州，出裹中珠，鬻于蕃贾，获赀无算，买田终老”。像海述祖这样，经不住暴利诱惑，捞一票就走的人估计不在少数。

郑成功出生在一个海盗家庭，他的父亲郑芝龙是中国南部海域一个海盗集团的首领。他的母亲是一个日本人，而他的出生地是日本九州平户川

① （明）胡宗宪《筹海图编·嘉靖平倭通录》：“寇与商同是人，市通则寇转为商，市禁则商转为寇，始之禁禁寇，后之禁禁商。”

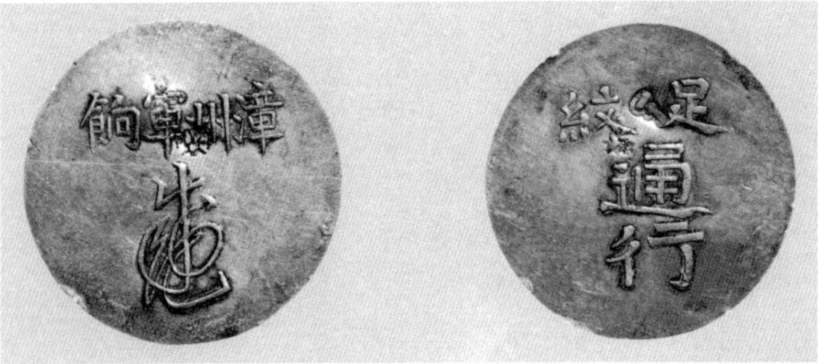

▲“漳州军饷”银币，郑成功军队使用，20 世纪 60 年代开始在福建漳州一带时有发现

内浦千里滨。

郑芝龙会讲日语和葡萄牙语，与荷兰人非常熟悉，他还皈依了天主教，教名尼古拉。他原本是海盗李旦的部下，李死后，继承其地盘和势力，经过数年的攻伐和机缘巧合，成为中国南部沿海地区最强悍的海盗集团。明朝军队曾与郑芝龙多次开战，却屡战不胜，甚至被他占领了厦门。1624 年，明朝政府不得不采取招安政策，任命郑芝龙为“五虎游击将军”，此时，郑芝龙有部众 3 万余人，船只千余艘。在后来的几年里，郑芝龙扫荡各路海盗，成了唯一的海上霸王。他除了从事走私，还向其他商船征收“保护费”，史载，“凡海舶不得郑氏令旗，不能来往，每舶例入三千金，岁入以千万计，以此富敌国”。也就是说，凡是悬挂了郑家旗号的，即可太平无事，郑家向每只商船征收每年 3 000 两白银的保护费，每年因此可得收入上千万两，富可敌国。若以私人财富计，郑家应是明朝的首富家族。

清军入关之后，郑芝龙先是拥立唐王称帝于福州，受封平虏侯、平国公，掌握军政大权。旋即清军入闽，他又投降了清朝。而他 18 岁的儿子郑成功却率部出走金门，在其后的 15 年里，成为最重要的反清势力。1661 年，郑成功率将士 25 000 人、战船数百艘，击败了占据台湾岛的荷兰人，收复宝岛。

在抗击清军的10余年中，郑氏集团仍然牢牢控制了东南沿海的外贸事业。清政府为了切断其财源，三度颁布“迁界禁海令”，实施了严酷的禁海政策。到1683年，清军收复台湾，两年后宣布开海贸易，随后又确立了“一口通商”的政策。此后近200年间，再没有出现像汪直集团和郑氏集团那样庞大的海盗势力。

在正统的中国经济史上，从来没有为海盗留一席之地。然而，近世的史料发现，自16世纪之后，正是非法的海盗活动造就了南太平洋地区的贸易繁荣。据严中平的研究，从1550年到1600年前后，海盗商人把大量商品贩运到马尼拉，进而通过西班牙商人远销到欧洲和美洲。全汉升对晚明马尼拉港的研究更显示，1586—1590年，中国商品进口税在全部进口税中占36%，到了1611年，这一比例上升到91.5%，“中国特产商品遍销西班牙本土和它的各殖民地，棉麻匹头为西属殖民地土著居民所普遍消费，早在16世纪末叶，中国棉布已经在墨西哥市场上排挤了西班牙货”。[①]

与此同时，海盗商人还把出产于日本和墨西哥的白银大量运回中国市场。根据计算，明朝末期由日本流入中国的白银为1.7亿两，西属美洲流向中国的白银为1.25亿两，合计2.95亿两。1621年，一位葡萄牙商人写道：“白银在寰宇之内四处流动，最终皆集于中国，就如同是江河入海一般，一去不归。”[②]严中平因此认为，“实际上，中国对西班牙殖民帝国的贸易关系，就是中国丝绸流向菲律宾和美洲，白银流向中国的关系”。葡萄牙学者马加良斯·戈迪尼奥更将晚明时期的中国形容为“吸泵”——一个

① 参见全汉升《明代中国与菲律宾间的贸易》，樊树志《晚明史》下卷，复旦大学出版社，2003年版。

② 参见纳扬·昌达《绑在一起》，中信出版社，2008年版。

强劲地吸纳了全球白银的“大泵”。[①]

海盗经济是中国经济历史上十分重要而隐晦的一页，如果我们要为海盗商人设立一座“纪念碑”，确乎很难找到合适的代表人物，也无法用简洁的文字来记录他们的功过。

① 根据彭慕兰的研究，白银大量流入中国的原因有两个：第一，除了白银，当时欧洲商人几乎没有什么东西可以与中国交换；第二，当墨西哥白银流入中国时，中国的金银比价为 1∶6，欧洲是 1∶11 或 1∶12，波斯是 1∶10，印度为 1∶8，白银交易有巨大的套汇利益。参见《大分流——欧洲、中国及现代世界经济的发展》，江苏人民出版社，2004 年版。

第十五章

寄生动物

吾取诸于商贾，非取诸民也。

——钱大昕《大学论·下》

清军入关，以数十万铁骑征服上亿人口的帝国，看上去很像是一个“小概率事件”。所以在长达几十年的时间里，对反抗势力的暴力征服是压倒一切的任务。清军在江南和广东地区遭到的抵抗尤其激烈，因此屠杀也最是残酷，“扬州十日”“嘉定三屠”“血洗岭南”，从这些名词中分明可以嗅出当时的血腥，繁华百年的工商经济再度遭到毁灭性打击。

政权初建时，满人对汉人极端不信任，在商业上只肯依赖和扶持与自己有特别关系的人，因此也出现了类似于元代斡脱集团那样的商人群体。不过，这些人不是其他少数民族，而是汉族中的早期归顺者，他们被称为皇商，当时共有八姓家族，分别是范永斗、王登库、靳良玉、王大宇、梁嘉宾、田生兰、翟堂、黄云发，史称“皇商八大家”。

山西介休的范家是八大皇商之首，当家人名叫范永斗。

明崇祯年间，范永斗在张家口开设商号，从事马匹买卖，他与王登库等八个来自山西的商人家族控制了当地的马市贸易。往来商客之中，来自东北的满人是最大买家，他们用皮毛、人参等特产换回马匹、铁器、盐和粮食。范永斗做生意非常讲求信誉，“与辽左通货财，久著信义”，在这过程中，他与满族上层建立了友好的关系。满人攻入中原后，马匹、军械等需用大增，范永斗等人便成了最重要的采购商之一。

清王朝建立之后，厚赏八大家，顺治专门在紫禁城设宴款待，并许以官职，范永斗等人竭力推辞。于是，顺治封他们为“皇商”，也就是专门为皇家服务的商人，籍隶内务府。清政府把张家口附近的五百里地赐给他们开垦，义务是“每年办进皮张，交内务府广储司库”，以供皇家专用。其中，最大的得益者是范永斗，他受命主持贸易事务，还垄断了东北乌苏里、绥芬等地的人参采购业务，由此，范家又被民间称为“皇家参商”。

“战争是造就超级富豪的重要路径”，介休范家是这条定律的重要实践者。范永斗靠依附满人，成为家产百万级的富豪，而到了他孙子一辈，则靠发战争财成了千万级富豪，也是实际上的清初首富。

康熙执政时期，多次出兵平定新疆叛乱，由于路途遥远，且经沙漠地带，运送军粮成了一个突出的困难，每石米运到军中需 120 两白银。1720 年（康熙五十九年），准噶尔部再次叛乱。范永斗的两个孙子范毓馪与范毓馪根据自己从小随父在塞外经商、熟悉道路的有利条件，认真核计，联名呈请当朝，自愿以低于朝廷运粮三分之一的费用运送军粮。康熙闻奏，立即批准。

从此，康熙、雍正、乾隆三朝，范家成为最重要的军粮运输商，他们多次受命于危难，在沙漠万里中辗转运输粮草，不惊动地方官府和百姓，所运军粮都能准时抵达。[①] 军粮的价格，包括粮价和运杂费在内，开始时

---

① 《清史稿·范毓馪传》：“力任挽输，辗转沙漠万里，不劳官吏，不扰闾阎，克期必至，且省国费以亿万计。”

每石为40两白银，以后主动降为25两、19两。不仅如此，范家还承担了运粮的风险，《清史稿》记载，1732年（雍正十年），因敌寇侵袭，军粮在运输过程中损失13余万石，范家自掏腰包补运，为此花费144万两白银。在康雍乾三朝，范氏总计运输军粮百万余石，为政府节省费用600余万两。

范家对朝廷的报效当然也得到了政治和经济上的补偿。1729年，雍正特赐范毓馪为正二品的太仆寺卿衔，成为名副其实的"红顶商人"——后世另外一个更出名的"红顶商人"胡雪岩被授从二品的布政使衔江西候补道，在官衔上尚不及范家。范毓𮮝考上了武举，从千总干起，当过天津镇总兵，累官至广东提督，1750年（乾隆十五年）去世，在《清史稿》中有一段500来字的小传。

据山西籍的经济学家梁小民考证，范毓𮮝也是唯一一位被写进了《清史稿》的晋商。换一个角度来说，煌煌《清史稿》凡536卷，只留了区区500个字给清朝最重要的商帮集团——而且还因他是总兵、提督之故，不得不说是商人阶层被正统史家边缘化的一个佐证。

除了政治上的表彰之外，范家在经济上的实惠当然更大，最重要的一项是，获得了北方中国最主要的两大盐场——河东与长芦的引盐经营权，范家摇身而成盐商之首。仅在长芦一地，范家就持有盐引10 718道，按每道引200斤计，就控制了食盐214.36万斤。而且，限定的销盐地区条件十分优越，靠盐场近，人口稠密。范氏在潞安、泽州、直隶、河南建立了庞大的销售网。1732年（雍正十年），原来在大兴等八州县承办盐业的皇商李天馥积欠30多万两盐课银，面临破产，范氏收购之。最兴盛时，范氏供给1 000多万人口的食用盐。

范家还进入了当时获利甚丰的铜业贸易。清初以白银为本位货币，但民间交易多用铜钱。国内只有云南产铜（"滇铜"），矿源缺乏，康熙年间起从日本进口"洋铜"。最初由沿海民商承办，用国内的丝绸、茶叶、瓷器、药材及其他杂货换取日本铜，利润极高，据记载，"大抵内地价一，至倭可得五，及回货，则又以一得十"。范家联络张家口的五个皇商，要求承办对日铜贸易。从乾隆三年到乾隆二十九年，范家每年贩铜 60 万斤，占进口量的 1/5，乾隆三十一年后，年贩铜 140 万斤，占进口量的 1/3 强。

作为清朝早期最出名的皇商家族，范家极盛之时，家产遍布南北各地：在山西、直隶、河南有盐店近千家；在天津沧州有囤积盐的仓库；在苏州有管理赴日船只的船局，洋船 6 艘；在北京有商店 3 座，张家口有商店 6 座，归化城有商店 4 座；在河南彰德府有当铺 1 家；在张家口有地 106 顷，各地房产达千余间。此外，范氏还从事木材、马、皮毛、人参等贸易，并与英商进行玻璃贸易，开采铅矿。范氏家族有 50 多人被授予官职，行走政商两道。范毓馪在老家介休张原村修筑范家大院，极尽奢华，被当地人尊称为“小金銮殿”。

范家因官而兴，所做生意也大多与政府有关，所以，其命运的把柄自然也握在官家手中。雍正晚年，北方军情动荡，运粮业务遭遇损失，户部追缴 262 万两银子，范家一时拿不出那么多白银，约定分五期偿还，由此种下衰败的祸根。到了乾隆后期，四海安定，范家的利用价值已然耗尽，就成了被围猎的对象。1782 年（乾隆四十七年）前后，日本幕府政权以铜矿开采殆尽为理由限制出口，曾经暴利的铜业突然变得无利可图，以皇商身份承包铜进口贸易的范家一时间进退失措，朝廷的官员们乘机催讨官铜，范家只好到市场上去高价收购，由此欠下巨额债务。

两年后，朝廷以欠款 340 万两白银为由，抄办范家。至此，“狐兔死，走狗烹”，风光无二的皇商模式走到了凄惨的尽头。在这一部企业史上，介休范家的兴衰史似乎已经成为一个标本，“看它起高楼，看它宴宾客，看它楼塌了”，这样的故事一再重演，并且情节相近，结局类似，从来没有什么新意，这是最让后人沮丧的地方。

大清帝国前后延续了 268 年，总共有 10 位皇帝。位居二、三、四位的康熙在位 61 年、雍正在位 13 年、乾隆在位 60 年（实际执政 64 年），从 1661 年到 1799 年，凡 138 年，占了清朝的一半，这段时期被称为“康乾盛世”。

盛世的标志有三：一是人口的迅猛增加，清朝初建时全国人口约在1亿到1.2亿之间，乾隆晚年时已超过了3亿；二是中央财政日渐丰腴，康熙去世时，国库盈余有800万两白银，雍正留下了2 400万两，乾隆留下了7 000万两；三是百年太平造成民间生活的安逸，商人阶层由俭入奢，工商繁荣。

然而在社会进步的意义上，“康乾盛世”其实是大一统中央集权制度下的周期性复苏，中国社会仍然在超稳定的状态下平铺式地演进，在经济制度、政治制度和科学技术上没有发生任何本质性的突破。民国学者傅斯年曾对此有深入研究，根据他的观察，中国只要有70年稳定期，必定重获繁荣，从秦末大乱到文景之治，从隋文帝统一到唐太宗的贞观之治，从宋太祖结束五代十国到范仲淹一代的中兴，其间均不过两三代人，“康乾盛世”无非是这一周期的再次重演。

如果站在人类发展史的角度上，我们更会发现，这所谓的“盛世”实在是一个莫大的讽刺。

在西方史上，17世纪是一个智力大爆发的时代，英国哲学家阿尔弗雷德·怀特海称之为“天才的世纪”。在这100年里，出现了开普勒（德国）、伽利略（意大利）、笛卡儿（法国）、牛顿（英国）、费马（法国）、莱布尼茨（德国）、帕斯卡（法国）等天才级大师，他们在天文学、物理学、数学、社会学、哲学等多个领域进行了开创性的工作，并集体奠定了现代科学殿堂的基石。

在科学启蒙的推动下，历史开始跑步前进，速度达到了令人头昏目眩的程度。其后的100多年，正好是英国经历了工业革命的全过程，新的生产力像地下的火山，猛然喷涌出来，洗荡天地，工农业产量成百倍地增加。与此同时，政治文明的进步同样迅猛，西方各国人民通过立宪制和“代议制”实现了对统治者的驯化，把他们关到了法律的笼子里。

在清帝国的北方，一个叫俄罗斯的国家也开始了自己的近代化之旅。

1703年，比康熙皇帝小12岁的年轻沙皇彼得一世力排众议，决定将首都从莫斯科迁移到芬兰湾和波罗的海边的一块沼泽地上，日后证明这是一个伟大的决定，它使得落后的俄罗斯由一个内陆国家变成了面向大海的帝国。彼得几乎把全欧洲最时髦的建筑都搬到了这座被命名为圣彼得堡的新城市中，在那个马车年代，圣彼得堡的街宽已达20多米。彼得日后以“大帝”名垂历史，他以及他的子孙们让俄罗斯成了一个新崛起的大国。

与西方相比，东方的情景则恰成对比。

清代的皇权专制尤胜于明代。明王朝取缔了宰相制度，集独裁于皇帝一身，不过它还有内阁制，大臣尚能公开议政，而到清代，则以军机处取代内阁，办公地点就在紫禁城隆庆门墙脚边的一排小平房里。从此，一国政事被全然包揽在皇室之内，皇家私权压抑行政公权，无复于此。①

对于社会精英，清代初期的政策是全面压制。入关不久的1648年（顺治五年），清政府就下令在全国的府学、县学都树立一块卧碑，上面铭刻三大禁令：第一，生员不得言事；第二，不得立盟结社；第三，不得刊刻文字；违犯三令者，杀无赦。而这三条，恰好是现代人所要争取的言论自由、结社自由和出版自由。清代皇帝多次大兴“文字狱”，使得天下文人战战兢兢，无所适从。《清稗类钞》记载的一则故事最为生动：某次，雍正皇帝微服出游，在一家书店里翻阅书籍，当时“微风拂拂，吹书页上下不已”，有个书生见状顺口高吟：“清风不识字，何必来翻书。”雍正“旋下诏杀之”。在“文字狱”的高压恐吓下，清代在工商思想上的开放远不如明代，类似丘濬、顾宪成这样的人物竟无出现，知识分子愈来愈蜷缩在狭隘的“学术羊圈”之中，穷首皓经于训诂之学，格局和胸襟越来越小，大多成了寻章摘句的老雕虫。

如果说，在15世纪的明代中期，徐光启与利玛窦还能在科技知识上

---

① 军机处：始设于雍正年间，政府的政令从此不经内阁而由军机处发出，按钱穆的分析，“顾名思义，内阁还像是文治，而军机处则明明是一种军事统治的名称”。

平等对话，那么，到了康乾年间，中国学者已经无法与西方分庭抗礼，双方完全处在两个无法沟通的知识和话语体系之中。金观涛和刘青峰在《兴盛与危机：论中国封建社会的超稳定结构》一书中对这一现象进行过研究。他们分别绘制了中国与西方的“科学技术水平累加增长曲线”，从这两张图中可以清晰地看出，**到了15世纪之后，中国的增长曲线呈现长波段的水平停滞状态，而西方则进入爆发性增长阶段。金观涛和刘青峰因此得出了一个十分重要的结论：无论对于西方还是中国来说，科学技术结构和社会结构之间都存在着适应性。也就是说，制度大于技术，中国的经济和科技落后首先体现在政治体制和社会制度的不思进取。**①

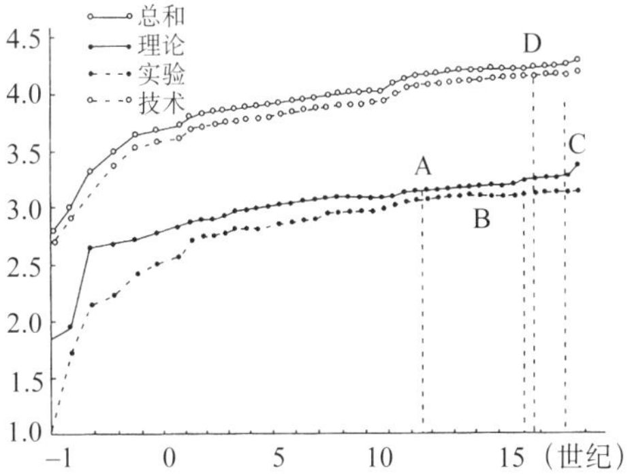

▲中国古代科学技术水平累加增长曲线

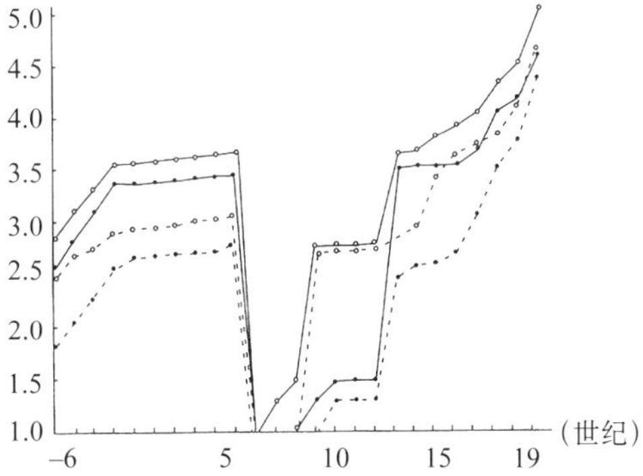

（纵轴表示科学技术成果积分对数值）

▲西方科学技术水平累加增长曲线

当然，上述的分析都是后人站在历史高地上的俯瞰，那些生活在17

① 参见金观涛、刘青峰《兴盛与危机：论中国封建社会的超稳定结构》，湖南人民出版社，1984年版。

▲晋商乔家大院

世纪的中国人是根本感觉不到那份焦虑和超越的。在余英时看来，“就朝代的兴替而言，1644 年满族征服中国固然是一个重要的事件，但是若因此而说其完全改变了中国的发展进程也是太过夸张”。据他的观察，自晚明到清代，中国社会的基本衍变轨迹是缓慢、持续，并且一以贯之的，只是“活在这两个世纪的大多数中国人都未察觉到自身已经历了中国历史上最重要的社会与文化变迁时期之一”。[①]

就经济而言，随着人口的倍增，边贸和内需市场庞大而旺盛，促进了工商业的繁荣。经济重心继续向长江中下游和珠江流域倾斜，东南的权重越来越大，形成了北、东、南三大商帮，分别是晋商、徽商和广东十三行。

家底雄厚的晋商仍然强悍。属暴发户性质的“皇商八大家”全数是山西人，其余世家的财力也不容小觑，他们控制了北方边贸和京城商贸，还推动了长江中游地区的繁荣。

① 参见余英时《儒家伦理与商人精神》，广西师范大学出版社，2004 年版。

祁县乔贵发是靠边贸发家的典型案例。他出生在一个贫困家庭，从小父母双亡，雍正初年，出走到塞外的归化城（今呼和浩特市）谋生闯荡，先是在一家店铺当伙计，常年赶着骆驼往返于大漠戈壁之中，稍有积蓄后，就跑到山西商人众多的包头城自立门户，卖蔬菜、磨豆腐、开草料铺，十余年后独资开设广盛公杂货店，渐渐又兼营钱庄、当铺，成了一个小有名气的商人。

乔贵发真正发家靠的是做粮食期货，时称“买树梢”。当时包头涌入大量开荒农民，种粮缺少本钱，而这一地区靠近黄河，常有水涝之灾，粮食收成很不稳定。乔贵发发挥晋商在粮食贸易和钱庄经营上的双重优势，做起了冒险生意。他在春耕时节发放贷款，与农民签订收购合同，秋后结算，这种做法很像后来的订单农业。乔贵发算过账，只要 5 年之中有两年丰收，他就会有几倍之利。这种“买树梢”的做法被学界认定是中国最早的粮食期货。自乔家之后，山西商人在北方边疆地区大做买空卖空的粮食期货交易，据山西籍的大学士祁寯藻在《马首农言》一书中记载：“更有甚者，买者不必出钱，卖者不必有米，谓之‘空敛’。因现在之米价，定将来之贵贱，任意增长。此所谓‘买空卖空’。”

乔贵发一世而兴，是众多晋商故事中的一个典范。他在老家祁县建造了一座富丽精致的乔家大院。1991 年，电影导演张艺谋在此处拍摄《大红灯笼高高挂》，乔家名声因此大隆，成为知名度最高的清代晋商。有清一代，与乔家一样靠边贸致富的，还有榆次的常家、太谷的曹家、祁县的渠家和汾阳的牛家等。他们各自组建了庞大的、集贸易与金融于一体的家族集团，控制了清朝与蒙古、俄国的双边贸易。

以边贸为基础，晋商进而在北方一些中心城市建立了自己的货物集散网络，最重要的有恰克图、天津、张家口和汉口等。其中汉口是深入到内地的一个后方基地。在 16 世纪中期的明嘉靖年间，汉口还仅仅是一个人口不过 2.5 万的小镇，而到 18 世纪初期的康熙年间，汉口周围已有“户口二十余万”，号称“九省通衢”，山西商人在这里贩粮运茶，颇为活跃。

即便在长江中下游地区，晋商的踪影仍然四处可觅。1689年，游历江南的康熙皇帝发现，在商业繁荣的苏州、杭州和绍兴一带，从事市井商贸的人，大多是山西籍人士，当地人经商得富的反而较少。他分析原因说，“可能是山西民风俭朴，喜欢积蓄而致富，南方人个性奢靡，所以存不了多少钱”[①]。若康熙的观察真是一个普遍现象，倒是出乎后人一般的印象。

尽管从清朝开国之后，晋商就一直非常风光，然而它的大辉煌时期竟还没有到来。

康乾年间，帝国的金融中心不在京城，而在南方的扬州，这当然与盐业和徽商有关。

自明代叶淇变革盐法之后，两淮盐场就成了全国最大的盐业产地和交易中心，垄断的盐利之高让人咋舌。康熙时期的大臣郭起元就统计说，一包盐在江南一带的收购价为二三文，到了江西、湖广，零售价就抬高到一二十文，即有七八倍的利润。根据《两淮盐法志》做一个量化计算，可以得出：康乾年间，淮盐每年行销190万引，每引平均为200~300斤，销盐1斤就可获利30文，一引即可得白银9两，以此推算，两淮盐商每年的利润为1 200万两之巨，累以时日，其财富之大无以复加。据地方志记载，两淮大盐商的家产均在千万两以上，百万两以下的都只能算是“小商”——“百万以下，皆谓之小商”。当代史家估算，清代两淮盐商的资本约为7 000万两左右，相当于乾隆年间国库存银的总额。因此连乾隆帝都叹息说，“富哉商乎，朕不及也”。正因如此，作为盐商的大本营，扬州就成了天下最大的销金窟，康熙、乾隆多次下江南，均以扬州为目的地。[②]

---

① 《东华录》记载康熙上谕：“今朕行历吴越州郡，察其市肆贸迁，多系晋省之人，而土著者盖寡……良由晋风多俭，积累易饶，南人习俗奢靡，家无储蓄。”

② 盐税与财政收入：据《清史稿·食货》记载，1766年（乾隆三十一年）财政总收入为4 854万两，最大的三块收入是地丁2 911万两、盐课574万两和关税540万两，盐税占11.83%。到1900年前后，中央财政收入8 000万两，其中盐税1 300万两，加上地方政府提留的盐税，全国盐税收入约为4 300万两。

为了更加有效地管理盐商，清政府推出了“首总制度”，即从20多位总商中选拔出一位首总，三年为一任期，由他来协调官商关系，此人就成了最显赫的盐商领袖。在历任首总中，最出名的是江春（公元1720—1789年）。[①]

江春祖籍歙县江村，他的盐行名叫江广达。江春的曾祖父江国茂是一个晚明秀才，清初时放弃举业成为扬州的盐商，到了儿子江演一辈，积少成多，渐有积累。江演生有二子，江承玠因为怡亲王的举荐而成为嘉兴知府，江承瑜，也就是江春的父亲则成了有名的总商之一。江春20岁就因父亲早逝而继承了总商一职，因才干出众，很快崭露头角。1751年（乾隆十六年），乾隆帝第一次下江南，在扬州城北郊的蜀冈御码头接驾的有四位大盐商，他们都是徽州歙县人，领头者正是时年30岁的江春。此后几十年间，江春纵横官商两场，成扬州城里首屈一指的风云人物，时人称他“身系两淮盛衰垂五十年”。

江春熟悉盐法，为人干练，行事公道而能协调各方关系。据说每次只要他发言，或提出一个策略，一众商人只有拱手赞成的分儿——“每发一言，画一策，群商拱手称诺而已”。更重要的是，他特别善于巴结官员和皇帝。《扬州画舫录》记载一事：两淮盐运使卢见曾好文善诗，有一年春天，他突发雅兴，仿效王羲之“兰亭修禊”，召集一帮骚客聚会饮唱，他当场作了四首七律诗，在江春等一干盐商的“运作”下，竟然有7 000多人“和修禊韵者”，成扬州文坛一大盛事，哄得卢大人笑逐颜开。

《清稗类钞》记录的另外一则故事更加出名：乾隆南巡到扬州，江春作为盐商代表承办一切接待事务。某日，乾隆到大虹园游览，行至一处，随口对左右说，这里的风景很像京城南海，可惜没有一座白塔。江春听到了，当即贿赂内官，把南海白塔的模样画了出来。当夜，组织工匠建造。

① 盐商与首总：据王振忠的考据，首总制度的出现最迟不晚于1768年（乾隆三十三年），参见《明清徽商与淮扬社会变迁》，生活·读书·新知三联书店，1996年版。

第二天，乾隆又来园中，远远看到一塔巍然而立，无比惊诧，以为是错觉，上前细看，果然是砖石所造，乾隆叹息说："盐商之财力伟哉！"

因善于奉承、办事利落，江春深得乾隆欢心，先后六次南巡，都要接见他，到他的家里做客，有一次还面赐给他七岁的幼儿一个金丝荷包。每当有两淮巡盐御史上任，乾隆总会在奏章中提及："江广达人老成，可与咨商。"江春在盐商中的威望也因此树立。

盐商与各级官府——从中央到地方，表面上看一团和气，其实利害关系非常微妙，江春居中斡旋，很是吃力。康乾年间，盐商对主管衙门的进贡已成制度，仅补贴盐运司衙门的饭食银和笔墨纸张杂费就达每年 4.3 万两之多，这些还是记录在册的，其余的孝敬和贿赂不在话下。1768 年（乾隆三十三年），一起轰动全国的"两淮提引案"可生动地呈现出当时的官商局势。

乾隆登基以来，因人口猛增而导致用盐需求旺盛，朝廷规定的官盐销售指标不够用，因此每年都会预提下一年的盐引，也因用盐日巨，盐商大赚其钱。1768 年，江苏巡抚彰宝上书朝廷称：从乾隆十一年到三十二年，两淮盐商共多引了纲盐 442 万余道，除了正常的纳税和获利之外，另得"余利"1 092 万两，这部分利益应该全数上缴朝廷。

"两淮提引案"是一起公开的政府勒索事件，中国官商之间从来缺乏平等契约，以此最为典型。彰宝的奏章获得批复后，盐商们叫苦连连，联名上书乞求减免。他们也算了一笔账：在过去的 20 余年间，商人交纳的辛力、膏火银、历任盐政购办器物用银、各商办差用银总计 927 万两，其余替历任盐政官员代购的物品费用近百万两，其中便包括为卢见曾代购了上万两的古玩，合计下来，与彰宝所算出来的"余利"基本相当。

盐商的陈请当然不被采纳，多位总商的职衔被革掉，有人还被逮到京城审讯，时任首总黄源德"老疾不能言"，其他盐商惶惶不可终日。《橙阳散志》记录了江春在当时的表现："当提引案爆发的时候，盐商人人自危，江春作为代表前往京城对质。在朝堂之上，他说明实情，把责任都揽在自己身上，皇帝了解他的诚信，不再追究其他盐商，大家得以保全。”

这段文字所呈现的事实其实是：盐商们害怕乾隆帝以汉武帝式的“暴力清算”来重新分配财富，江春在当时起到了居中斡旋、缓解的作用。经双方谈判，盐商答应在当年度缴纳127万两白银，其余800多万两分为8年缴清。两年后，乾隆利用一次庆祝场合，把盐商们被革掉的职衔又还给了他们，大家“谢主隆恩”，不快的一页算是就此翻过。

“两淮提引案”是清代官商博弈的生动案例。在强势而毫无契约观念的政府面前，因特权而寄生的盐商集团毫无话语权，在乾隆、嘉庆两朝，盐商因军事、天灾、河防工需或巡幸典庆等理由而被勒令上缴的“纳捐”就达3 826万两，相当于他们所拥有财富的一半左右，其他名目的“纳捐”更不可胜数。**更耐人寻味的是，中国的有产者从来没有在法理和制度层面上确立私人财产所有权不容统治权力侵犯的权利。相反，从统治阶层到知识界均认为，对富有者的剥夺带有天然的合法性与道德威势，是维持社会稳定、“均贫富”的必然要求。清代思想家钱大昕将这种理念总结为——“吾取诸于商贾，非取诸民也”。在这里，“商”不在“民”的范畴之内，并与“民”俨然构成对立的利益集群。**[①]这一景象与中世纪之后的欧洲社会进步恰成鲜明的对比，后者开始重视私人财产的神圣不可侵犯，并在法理和制度上进行保证，由此推动了资本主义的发生以及现代化转型。

在各类笔记野史中，有关江春的记载不在少数，比如在《扬州画舫录》中，提及江春的地方就达18处之多，他去世之后，著名文人袁枚还专门为他写了一篇极尽赞美之词的墓志铭。但是，特别耐人寻味的是，如此多的文字中，竟然没有一处与经营管理有关，甚至连“江广达”这个盐号也几乎未被提及。从记录中可见，江春每天主要的工作是：邀宾宴客、大造园林、应酬官员、接待皇帝、修桥建庙做慈善。

---

① （清）钱大昕《大学论·下》：“阴避加赋之名，阳行剥下之计，山海关市之利，笼于有司，日增月益，曰：‘吾取诸于商贾，非取诸民也。’”

江春的钱赚得很轻松，花得也很慷慨，史书形容他“非常喜欢结交朋友，四方文人墨客，只要到了扬州的，一定要延请至家中，他的家里有一个很大的客厅，可以容纳一百个人，常常是座无虚席”。[①] 他最大的嗜好是箭术与斗蟋蟀，曾以千两白银的高价收购一只蟋蟀，还用昂贵的宋代瓷缸来饲养它。他在扬州的私家园林多达八处，每处都以精致宏大而著称。江家还养了两个徽戏班子，昼夜歌弦不断，每年仅此一项开销就要三万余两白银。江家子弟大多沉迷于文化，起码有 15 人成为诗人、艺术家与艺品行家等。

据《两淮盐法志》载，从乾隆三十八年至乾隆四十九年的 11 年中，江春与他人“急公报效”“输将巨款”达 1 120 万两之多，算得上是广散善款，挥金如土。到了晚年，江广达盐行竟已奄奄一息，他的“老朋友”乾隆帝实在看不下去，只好借给他“帑银”25 万两以维持营运。为了支撑庞大的日常开销，江春不得不靠变卖金玉古玩来应付，到去世的时候，几乎没有留下什么家产，其子孙“生计艰窘”。当代学者何炳棣在研究扬州盐商时，曾很感慨地发现，“虽然江春风风光光地高居总商一职，但是他似乎羞于让后代知道他行盐的旗号——江广达，除了袁枚为他所写的墓志铭中曾提到此名之外，其他地方都见不到他的这个名字”。

江春的“速富急衰”，只是盐商集团的一个戏剧性缩影。他的财富因垄断授权而得到，终其一生也在为维持这一授权而陪人欢笑，在半个世纪的岁月中，我们看到的是一个虚浮变形和全然扭曲的商人生涯。

---

① 《两淮盐法志》：“雅爱交游，四方词人墨客，必招致馆其家，家有厅事，容百人坐，坐常满暇。”

清代商帮更发达于明代，著名者有10个，除了晋商、徽商和广东十三行，还有陕西帮、福建帮、江西帮、洞庭帮、宁波帮、龙游帮及山东帮。

商帮流转于大江南北，其聚居交流的场所，就是商人会馆。

1560年（明嘉靖三十九年），两位旅京徽商杨忠、鲍恩在宣武门外购得一地，建了一座歙县会馆，这是史料记载的最早的徽商会馆。6年后的1566年，广东商人在京集资建岭南会馆。此后，商人建馆之风吹遍全国。

会馆是“异乡之家”，商人们在这里议事、祭祀、娱乐、暂居。各地会馆规模大小不一，有的只有几间房子，有的则富丽堂皇，占地上百亩，宛若一座精美宫殿。一般而言，会馆内设有议事厅、神殿、戏台、客厅、客房、厨室等，有的还有义冢，专门埋葬死于他乡的商客。

一个地方有了某一商帮的会馆，就好比树木生下根来，从此枝繁叶茂，自主成长。江西吴城镇是清代重要的口岸市镇，来此经商的广东商人想要建立一个会馆，当地商人势力百般阻挠，不让他们买到一砖一瓦。粤商只好在粤糖运赣的船里，每袋中均夹带一块砖瓦，不到两年时间竟建成一座规模宏敞的会馆。从此，其他商帮也纷纷建馆，小小吴城镇内先后出现了48个会馆。河口镇是江西省另外一个繁荣的口岸市镇，该镇有10万人口，开设了16处商人会馆。

▲位于山东聊城古运河西岸的山陕会馆，建于1743年，是山西、陕西客商合建的一处神庙与会馆相结合的古建筑群

没有史料告诉我们，在明清两代，全国到底有多少个商人会馆。按全国 1 700 多个城邑郡县，加上 3 万个市镇，粗略计算，起码不下 1 万处。它们成为商人活动的重要场所，同时也因此形成了新的工商规范。

会馆的功能有三个：奉神明，立商约，联乡谊。潮州的《汀龙会馆志·馆志序》曰：“会馆之设，有四善焉：以联乡谊明有亲也，以崇神祀明有敬也，往来有主以明礼也，期会有时以明信也。”从中可见，亲、敬、礼、信，是会馆存在的规范基础，它与宗族社会的道德观一脉相通。

各商帮所供奉的神明不同，基本上是出生于当地的历史人物。晋商供的是关羽，徽商供的是朱熹，江西帮供的是许逊，福建帮供的是妈祖（林默娘），浙江商人供的是伍子胥和钱镠，广东商人供的是慧能六祖，云贵商人供的是南霁云，两湖商人供的是大禹。也因此，很多会馆以“宫”定名，比如，四川曰惠民宫，两湖曰禹王宫，两粤曰南华宫，福建曰天后宫，江西曰万寿宫，贵州曰荣禄宫。这种祖先崇拜构成了一种乡土特征很重的集体象征。

▲明清工商的环状形态变化图

会馆建成后，必须有商约予以约束，从而形成了各具特色的民间契约版本。1784 年（乾隆四十九年），潮州商人在苏州建潮州会馆，确立以下约定：“会馆专门聘请董事经理，三年更换一次，由潮州地区的七地商人轮流任职，会馆所有的契据档案都交由董事经理管理，前后交替，账目必须清楚，这一规定，永世不改。”[①] 会馆还对商业规则进行了公约，防止内部的恶性竞争。留存至今的《北京药行会馆碑记》就记载，所有在册的会馆成员都必须遵守相关条规，有违犯者，不得参与会馆举办的祭祀活动，会内成员也不得与其有生意往来。

商人会馆数量的多寡，可以看出当地工商业的发达程度。乾隆年间，各省在京建立的会馆多达182所，到了光绪年间，数量更增加到392所，其中，20%为商人会馆。而在苏州，商人会馆的比例则远高于京城，总计48家会馆中，有27家为商人出资兴建，其余21家为官商合建及合用，当地史料记载，各省在这里做生意的商人无一不建立自己的会馆。[②] 日后成为全国最大工商业城市的上海，在清初只是一个渔村小码头，在这里出现的第一个会馆始建于1715年（康熙五十四年），是由航运商人组建的商船会馆，因此可见，上海之兴起得益于长江及东海贸易。

市镇经济的崛起，是明清工商业的一大特征，会馆之盛在这里体现得最为显著。

广东佛山镇是明末清初发展起来的专业化市镇，以铁器铸造著称，与景德镇、汉口镇、朱仙镇并列为“天下四大镇”。此地的会馆更是发达，呈现出专业化的态势，仅铸造业就有熟铁行会馆、炒铁行会馆、新钉行会馆、铁锅行会馆、金丝行会馆、金箔行会馆、土针行会馆等等。其余的各行各业都有会馆组织，如纽扣行会馆、当行会馆、绸缎行会馆、颜料行会馆、洋纸行会馆、西土药材行会馆、参药行会馆等等。这些以行业为主题的会馆已经超出了地域的特征，而更多的带有行业协会的性质，这是一个十分显著的进步。

---

① 苏州《潮州会馆碑记》：“延请董事经理，三年一更，七邑轮举，一应存馆契据，递交董事收执，先后更替，照簿点交，永为定例。”

② 苏州《嘉应会馆碑记》：“各省郡邑贸易于斯者莫不建立会馆。”

自康乾以来，一些地方甚至出现了由产业工人组成的会馆，这是工会组织的雏形。夏仁虎在《旧京琐记·市肆》中记载，在京城从事泥瓦和木工的工人有一个“九皇会馆”，这些工人大多是东部蓟州一带的人，有很严密的行规，凡是有徒工的地方，都有会馆，其总会就叫作九皇，每当九皇诞生日，就一定要休假，名叫“关工”。另据史料显示，道光年间，南京丝织业的机匠设立了数十个公所，苏州的踹匠则有自己的踹匠会馆，他们向资方提出了增加工钱的要求（“索添工银”），此外，还拥有自己的育婴堂、普济院，带有鲜明的自助性质。①

在会馆专业化程度最高的佛山，甚至出现了东家行和西家行。前者由业主、作坊主组成，后者则是手工业工人的组织，很多劳资矛盾通过两行的“通行公议”来解决。东家行和西家行还通过共同祭祀的方式来调适双方的关系。

商人会馆的兴盛，意味着明清商人在组织化程度上已超越前代，其运作模式呈现出非常鲜明的自治特征，是非政府组织（NGO）在中国的最早试验，因此也有人将之视为中国进入近代化的一个重要标志。到了20世纪初期，随着工业化运动的萌芽，各地商人开始打破地缘局限，组建新的商会组织，会馆商人正是商会筹建的重要组成部分。譬如在1902年，上海创建商业会议公所（两年后改名为上海商务总会，后又更名为上海总商会），在沪的60个会馆就以团体代表的身份集体加入，成为“合帮会员”。

一个十分耐人寻味的现象是，数以万计的明清会馆在史书上很少有准确而详尽的记载。曾对会馆史做过深入研究的王日根在《乡土之链：明清会馆与社会变迁》一书中便说，商人会馆不同于一般官方的公馆或宾馆，

① （清）夏仁虎《旧京琐记·市肆》：“京师瓦木工人，多京东之深（滦）、蓟州人，其规约颇严，凡属工徒皆有会馆，其总会曰九皇。九皇诞日，例得休假，名曰关工。”俞德渊《默斋存稿》：“南京丝织业的机匠‘拜盟结党，私设公所，竟有数十起之多’。”

属于民间的自发性组织，故在正史中无人论及，即使在明清地方志也都多有缺略。

会馆在史书上的“缺席”，就如同它的主人们被刻意忽略一样，是中国工商文明的一大特征。

第十六章

爬满虱子的“盛世”绸缎

至少在过去的一百年里没有改善，没有前进，或者更确切地说反而倒退了；
当我们每天都在艺术和科学领域前进时，他们实际上正在成为半野蛮人。

——马嘎尔尼爵士

1653年，大清顺治十年，刚刚坐稳紫禁城不久的清朝廷接到了一份来自广州的奏折，内称，有一个叫荷兰的国家近日派船停泊在虎门港，并向市舶司提出要与我国进行通商贸易。

大臣们为此事展开了一场争论。对于荷兰，有的人很陌生，说它从来没有出现在典籍之上——“乃典籍所不载者”，是一个来路不明的小国；也有的人比较熟悉，隐约听说它是一个新崛起的西方强国，在几年前（1642年）击败了西班牙人而独占台湾岛。

应不应该与这样的国家做生意，意见分歧很大。广东布政司持乐观其成的态度，提出对荷兰的通商请求要“不以例限”，甚至提出“不必拘拘刻舟求剑”，也就是不要纠缠荷兰商人是否有“金叶表笺”之类的凭据，应当开放通商。与布政司意见相反，包括礼部尚书、广东巡抚在内的众多大臣都反对与之做生意，理由是：“荷兰人长得红须碧眼，非常可憎，而且船上的铜炮好像很厉害，应该警惕。我国与荷兰一向不通贸易，而它又与澳门的葡萄牙人不和，彼此争斗，动辄就开炮打枪，是边疆的隐患，不能轻易与它有商业往来。”①

面对大臣们的分歧，顺治皇帝的态度有点摇摆。他先是站在反对派一边，认为，“荷兰通贡，从来无例，况又借名贸易，岂可轻易开端”。他最讨厌的是“贸易”这个词汇，因为它与“朝贡”不同，在态度上显得非常不恭，他因此特意批示说，“贸易二字不宜开端”。

不过，后来他的态度又有了改变。荷兰人对广东官员大肆行贿，还送了很多珍贵的礼物给京城的太监们，此外更游说顺治非常信赖的耶稣会教士汤若望，拜托他在皇帝面前多说好话。据荷兰人信函上记载：“皇帝和宫廷官员对我们带至的所有礼物极为满意，甚至礼品尚未全拿出来，鞑靼人似乎已经出奇地满意，并愿向我们提供各种方便。汤若望见到我们的人把大量的物品，特别是武器、马鞍、大毛毯、红珊瑚、镜子众奇珍异品一件件摆出来时，从内心里发出一声长叹。”1653年的10月2日，顺治皇帝正式接见了荷兰使团。使臣进入皇宫后，遵照中国礼仪向顺治帝行了三跪九叩之礼。这些行动当然让顺治非常满意，三年后（顺治十三年），皇帝下达诏书，特许荷兰国每八年来中国朝贡一次——“八年一贡”，不过每次的来人不能过百，而且只允许20个人到京城。

---

① 广东巡抚李栖凤及广东巡按御史杨旬瑛的奏折：“其人皆红须碧眼，鸷悍异常，其舡上所载铜铳，尤极精利，此即所谓红毛彝也。前代每遇其来，皆严饬海将厉兵防之，向不通贡贸易，而又素与澳彝为难，彼此互争，动辄称戈构斗。封疆之患，在所当防，市贡之说，实未可轻许，以阶厉也。”

从顺治年间的这次荷兰通商事件可以读出，帝国对国际通商一直持非常保守而高高在上的姿态，视天下各国为自己的藩属，不仅不承认平等的“贸易”，而且连“朝贡”也只能八年一次。对于这样的态度，西方各国在很长时间里委曲求全，无可奈何，而到了200年后，随着局势陡转，西方国家终而枪炮相向，凌厉报复。

清廷之所以对国际贸易如此苛刻谨慎，除了“大国情结”之外，还与开国初期的海禁政策有关。为了防御郑成功集团对大陆的攻击，清廷在1661年、1662年和1664年先后三次颁布“迁界禁海令”，强迫山东至广东的沿海居民皆内迁数十里，凡界外的村庄、田宅、船只，一律烧毁，规定“片板不许下水，粒米不许越疆”，使界外变成无人区。三次内迁造成东南沿海的工商经济遭到重大破坏，数百万难民流离失所。

海禁政策执行了20多年，直到清政府统一台湾、平定“三藩”之后，才稍有宽松。1685年（康熙二十四年），康熙皇帝正式宣布开海贸易，设粤、闽、浙、江四大海关。这标志着自唐代以来，中国对外贸易的市舶制度的终结和海关制度的创始。

与“朝贡贸易”的市舶制度不同，海关制度建立之后，政府将对外贸易的管理与经营活动完全分离开来，从而催生出一种迥异以往的外贸模式和一个全新的商人阶层。

▲珠江三角洲广河灯塔

根据历代的市舶制度，各国以朝贡的方式与中国展开贸易。贡使将贡物献给中国皇帝，同行的商人则将更多的货物交与市舶司，在特定的馆地临时招商叫卖，并无专设的买卖机构。海关设立之后，外商被允许在中国境内的四大海关自建商馆，自主买卖。

在广东，粤海关在广州城门以西的珠江边专门辟出一块土地，作为外商囤货、居住之地，各国纷纷在此建造房屋，外商称之为“商馆”，中方则称之为“夷馆”。每个商馆的占地面积为21英亩，年租金为白银600两。它们都有一个中国式的名称，比如荷兰馆叫集义行，丹麦馆叫得兴行，英国馆叫宝和行，美国馆叫广元行，瑞典馆叫瑞行。这些商馆朝南而建，面江排列，带有浓郁的异国风情，如一道极其怪异而突兀的风景线。它们实际上也是中国国土上的第一批西洋建筑群。

一位叫斯当东的英国人曾描述了夷馆区的景象：作为一个海港和边境重镇的广州，显然有很多华洋杂处的特色。欧洲各国在城外江边建立了一排它们的洋行。华丽的西式建筑上面悬挂着各国国旗，同对面中国建筑相映，增添了许多特殊风趣。货船到港的时候，这一带外国人熙熙攘攘，各穿着不同服装，操着不同语言，表面上使人看不出这块地方究竟是属于哪个国家的。[①]

清政府对夷馆商人进行了严格的行动管制：他们未经批准不能进入广州城，也不得擅自离开夷馆四处活动。在不同时期，政府还颁布过诸多限制性的法令，譬如，禁止外商在广东过冬、外商不得乘轿、不得乘船游河、妇女不得带进夷馆、禁止中国商人向外商借贷资本、禁止外商雇用汉人婢仆等等。外商曾提出申请，希望能够到广州的一些景点参观，政府特许在每月的初三、十八两天到海幢寺、陈家花园（后来增加了花地）游玩，每次只限10人，而且要随带中方委派的通事，日落之前必须报明回馆，不准在外过夜。这些限令一直到1816年前后仍在严格执行中。

---

① 商馆区：广州夷馆区遗址在今广州文化公园及十三行路一带。斯当东是1793年马嘎尔尼英国使团的副特使。

▲广州十三行

当外商被严格管制并“圈养”起来之后，政府便以发放牌照的方式，允许获得资质的中国商人与之展开交易。就在粤海关开设的第二年，1686年4月，广东发布《分别住行货税》文告，规定：国内贸易作为“住”税，赴税课司纳税；对外贸易作为“行”税，赴海关纳税。同时设立“金丝行”和“洋货行”，分别办理国内贸易和对外贸易业务。这便是行商的起源。那些被特许从事洋货贸易的商人史称“十三行商人”。

“十三行”这个称谓的由来，有多种说法。有人认为第一批获得特许资质的商人共有十三家，因此得名。也有人认为是广东经营商业的三十六行中有十三个与外贸有关。还有人则认为，这是明代沿用下来的俗称，据《粤海关志》载，开设海关的时候，每年远航而来的外国船只仅仅二十来艘，到了之后，中方以肉酒款待，然后派牙人居中交易，沿用明代的习俗，称之为“十三行”。[①]

无论如何，十三行商人的出现是外贸制度变革的产物。

1720年11月，康熙五十九年，广州十三行商人聚会，在祖坛前杀鸡以血盟誓，成立公行，并共同缔结十三条行规，对行商行为进行多重规范，这些行规包括：

---

① 《粤海关志》：“国朝设关之初，番舶入市者，仅二十余舵，至则劳以牛酒，令牙行主之，沿明之习，命曰十三行。”

定价同盟：行商与外商相聚一堂，共同议价，具有单独行为者应受处罚。

行业公积：所有行商都要拨出每年利润中的2%，充作储备金，时称“公所费”。此外，在买卖古瓷时，卖者无论赢亏，都要把卖价的30%上缴给公行。

分享利益：无论哪一家行商与外商交易，只能承销全部货物的一半，其余则须平均分配给公行内的其他行商销售。

入行会费：公行内的行商，根据规模大小，分为头等行、二等行和三等行，新入行者要交纳1 000两白银为公共开支经费，并列为三等行。

这些行规有“对外一致行动”“对内垄断利益”的双重特色，在一开始，它遭到了外商的激烈对抗。就在公行成立的第二年，英商“麦士里菲尔德号”抵达广州港，船长拒绝接受公行行规，两广总督居中调解，十三行商人不得不做出妥协，让其他商人也参与茶叶生意。1725年，英商在一封信中还说：“我们希望他们不再试图恢复（公行），假如他们已经恢复或一定要这样做，而你们又适在该地，你们必须尽力用最有效的办法进行反对。”

尽管如此，十三行商人似乎在对抗中渐渐占到了上风。在公行成立的8年之后，1728年（雍正六年），政府依照扬州盐商的“首总”模式，制订了商总制度。所谓“商总”者，由十三行商人共同举荐，经粤海关监督批准，负责统领各行商对外贸易，评定货价，解决纠纷。

公行、商总制度的形成，让十三行商人日渐成为一个组织严密、行为划一的垄断型商帮。

在清代外贸史上，发生重大转折性事件的年份是1757年（乾隆二十二年），乾隆帝取缔闽、浙、江三大海关，宣布广州“一口通商”。

事情的缘由要从1689年说起，它与一家英国公司有关。

这一年是清政府取消海禁后的第四个年头，在广州港，第一次出现了一艘悬挂着英国国旗的商船。按照规定，它应缴纳 2 484 两白银的管理费，但是经过与粤海关官员的讨价还价，费用降至 1 500 两，其中 1 200 两为船钞，其余是付给海关监督的“感谢费”。

这艘商船看上去没有什么特别之处，它的船舱里装满了图案奇怪的毛纺织品，这在天气炎热的广州似乎并不受欢迎。不过，它的到来却是一个历史性的事件，因为它属于大名鼎鼎的英国东印度公司。

在世界企业史上，英国东印度公司是最早的股份制有限公司之一，1600 年 12 月，英格兰女王伊丽莎白一世授予该公司皇家特许状，给予它在印度贸易的垄断性特权。在相当长的时间里，这家公司作为英国政府和商业利益集团的“全权代表”，成为印度的实际统治者。在对华贸易中，英国东印度公司同样扮演了十分重要的角色，从 1689 年的悄然进入到 19 世纪 30 年代，140 多年间，这家亦官亦商的巨型公司对亚洲贸易和企业发展产生了难以估量的影响，它主导了西方世界的对华贸易，也从而直接打破了东西方的贸易均衡。对于中国企业史来说，英国东印度公司第一次引进了“公司”的概念，它的业务总负责人被称为“大班”，这也是外资企业职业经理人的第一个标准称呼。它所执行的汇票结算制度改变了企业资金的运作模式。

进入中国之初，英国东印度公司的买卖一直比较被动，它贩卖到中国来的是并不受欢迎的毛纺织品，而采购的是“独一无二”的茶叶。

欧洲人从 18 世纪开始兴起喝茶的风气，这与当时的“中国风尚”有关。从明末以来，透过传教士及欧洲知识分子对中国文明的阐释，欧洲人产生对中国人生活方式的向往。喝茶就是体现这一思潮的方式之一。而当时世界上只有中国产茶和出口茶叶，欧洲人原来的无酒精饮料只有白水。到 18 世纪中后期，英国成为欧洲饮茶最多的国家，而英国东印度公司则控制了对华的茶叶进口业务。

在将近 120 年的时间里，英国东印度公司扮演的是一个采购者的角色。它向中国贩卖的毛织品一直亏本，平均每年亏损10多万到20多万两白银。不过，它在茶叶贸易上赚到了不少的钱。1700年前后，英国东印度公司每年从中国进口茶叶30万磅，可从中获取20%~50%的利润。在抵消了毛纺品亏损之后，每年还有40万到100余万两的盈余，盈余率常在26%以上。为了做茶叶生意，英国东印度公司不得不把巨量的白银运到中国，史料显示，来到广州港的船只上装载的九成是白银，商货每每不足一成。

在相当长的时间里，英国东印度公司想要解决两个棘手的难题，一是扩大对华贸易的市场据点，二是找到能赚更多钱的对华商品。

英国东印度公司在广州的生意一直很清淡。1698年，英国人又跑到华东的宁波设了一间贸易办事处，想到华东市场碰碰运气，可是生意还是不好，因为宁波附近的江浙地区正是帝国纺织业的中心。一直到18世纪50年代中期，英国东印度公司的来华商品仍然无法真正打开市场。1754年，到达广州港的商船有27艘，到1757年就降到了7艘。

1756年（乾隆二十一年），英国东印度公司派出洪仁辉（James Flint）到宁波港从事茶叶和生丝生意。洪仁辉是英国人，从少年时就被派在广州当译员，粤语、福建话和官话都说得很流利。在他的努力下，浙江对外贸易日增，这影响了粤海关的税收，两广总督提出强烈反对。清政府先是把浙江海关的关税提高了一倍，可是仍然无法遏制英商北上的冲动。于是，在1757年，乾隆下诏关闭浙、闽、江三地海关，指定距离帝国中心最为遥远的广州为唯一的通商口岸。

1759年7月，洪仁辉突然北上到了天津，向朝廷递交了一份告状信，内称："我系英吉利王国四品官，一直在广东、澳门做买卖，因为商人黎广华欠我本银五万余两不还，曾在海关衙门告过状不准，又在总督衙门告状也不准，还曾到浙江宁波海关呈诉仍不准。今奉本国公班衙派我来天津，要上京师。"乾隆皇帝看到告状信后，认为此事"事涉外夷，关系国体”，特派福州将军把洪仁辉带回广州处理，结果将粤海关监督解了职，查抄黎广华家产以还清洪仁辉的欠款。

洪仁辉告“御状”竟获成功，这让英国东印度公司大为高兴，于是再派洪仁辉率船去舟山，并申言“皇上天恩，我还要到天津叩谢”。这一回，他终于尝到了“天意难测”的味道，乾隆皇帝认为英船“舍粤就浙”是对“一口通商”政策的蔑视，对于洪仁辉“非严惩不可”。他下诏书说，因为洪任辉是一个外国人，所以就从宽处理，把他在澳门关三年，期满后赶回他的国家，不许再逗留惹事。[①]就这样，洪仁辉在澳门吃了3年的牢门饭。替洪仁辉代写呈词的四川人刘亚匾则更加倒霉，他被判了个“为夷商谋唆”的罪名，即行正法示众。

因为毛纺织品的滞销、茶叶的刚性需求以及清帝国的强硬，造成英国东印度公司在相当长的时间里处于被动的境地。在19世纪的初期，英国每年对华贸易逆差高达300万两白银。1781—1790年，流入中国的白银为1 640万两，1800—1810年则达到了2 600万两。对华贸易的情势陡变，是从鸦片贸易的兴起才开始的，这当然是后话。

对洪仁辉事件的处理，表明朝廷在“一口通商”政策上的决心，外国商船从此不再尝试北上。而这一政策也让中国自宋元以来所形成的外贸格局陡然改观，繁荣数百年的泉州、宁波等海港城市彻底萎缩，广州一港独大，风光无二。

与此相关的是，早已初成气候的十三行商人迅猛壮大，他们初则偏居南国一隅，随着外贸规模之扩大，渐渐成为一个足以与晋商、徽商相抗衡的重要商帮。

---

① 乾隆诏书：“洪仁辉因系夷人不便他遣，姑从宽在澳门囚禁三年，期满逐回本国，不许逗留生事。”

在十三行历史上，出现了众多杰出的、具有国际视野和运营能力的外贸商人家族。在早期，声名最隆者，是潘启家族和他的同文行。

潘启（公元1714—1788年），又叫潘振承，是福建漳州人氏，早年家贫，靠积蓄购置了三只私人小帆船出南洋做生意，往来三次，稍有积累。后来，他到了广东，在陈姓洋行中做经理，因才干出众，深得主人喜欢。陈氏年衰归乡后，把整个生意都盘给潘启，到30岁那年，他向粤海关申请，开出了同文行。

从年纪和资历来看，潘启不是第一代行商，不过，正是在他这一辈，把事业做到了风生水起。十三行商人的公行自1720年成立之后，曾经历过几次废立，到1757年，广州被确立为“一口通商”的地位，潘启敏锐地抓住了大爆发的机遇。他于1760年联合其他八家行商向政府呈请复组公行，作为发起人，他被举荐为公行的第一任“商总”，在中方文件中他被称为“首名商人”，英国东印度公司则认定“他是公行的大人物，行商中的巨头”。

在经营上，潘启精于计算又非常敢于投入，是一位经商的天才。

据潘氏后人编著的《潘同文（孚）行》一书披露，潘启因出过南洋，所以会讲西班牙语、英语和葡萄牙语，甚至能用外文写信。在美国的博物馆中还存有一封潘启用西班牙文写的信函，其笔触流畅，显然精于书写。因语言上的无碍，让潘启获得了更多的商业机会，时人称，“夷人

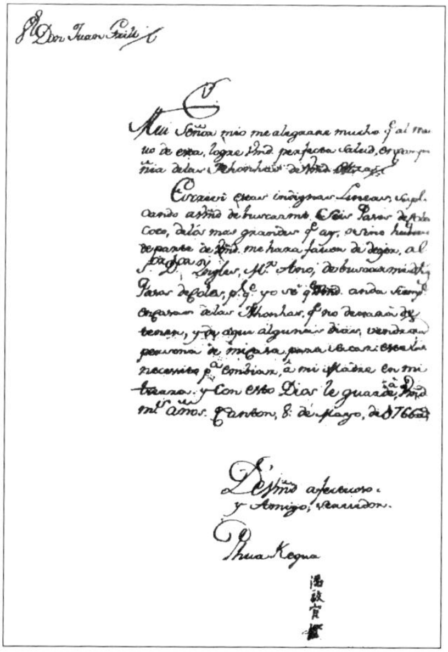

▲潘启用西班牙文写的信函

到粤，必见潘启官”。[1]

18世纪中期之后，正值“康乾盛世”的上升阶段，来华外国商船大增。英国东印度公司因国势强大而渐渐成了对华贸易的主角，潘启与英国东印度公司达成了战略合作的关系。在当时的对外贸易中，茶叶是第一大宗商品，而茶叶贸易最大的风险是受潮霉坏，行商与外商常常就责任问题纠缠不清。潘启做出一个很冒险的决定，承诺无论是什么原因，都如数接受茶叶的退货。仅此一招，同文行就抢走了大半的生意。为了保证质量，他还在茶产地福建武夷山购买大片的茶园，自产自销，严管流程。在当时的欧洲市场上，只要贴有潘家“同文行”字样的茶叶就是品质的保证，可以卖出高价。英商在信函中写道：“在整个贸易过程中，潘启官从未有过掺杂欺骗行为，他的作为是诚实的。”

同时，精通官场潜规则的潘启又在官商关系的处理上游刃有余。他通过行贿的方式从粤海关获得超定额的生丝出口特许，外商几乎无法从其他地方找到货源。《东印度公司对华贸易编年史》就记录了这样一件事：1781年12月，有一位海关监督新官上任，他规定每艘洋船出口生丝不得超过100担，这让英国东印度公司非常紧张，可是很快潘启就拿到了大量的生丝特许额度，因为，“他为此又付出了4 000两银子”。

潘启还非常善于接受新的商业观念。英国东印度公司在对华贸易中使用了汇票制度，潘启目睹了这种新的金融汇划结算方法的优点，便大胆引入到经营运作之中。1772年，同文行在一笔巨额生丝贸易中，第一次接受英方的建议，使用伦敦汇票接受货款，这对于只知以现银为支付手段的中国商人来说是不可想象的事情。在同文行的示范下，到1823年前后，异地汇票在英美对华贸易中已得到普遍的使用。

---

① 姓名中带一“官”字，是广东一带对男士的尊称。关于十三行商人的记录，多存于外商信函和报告中，他们均以“官”字缀之，如潘启官、卢茂官、伍浩官、叶仁官、刘章官等等。甚至一个家族，只以一个名字记录，潘启之子潘有度，被写成潘启官二世，有度之子潘正炜，是潘启官三世。

如此精明大胆、善于钻营又敢于接受新事物的潘启很快成了行商中的老大，同文行售出的茶叶和生丝总量超过了英国东印度公司采购量的一半，因此也获利最丰。

在出任公行的“商总”之后，为了维持和巩固行商的垄断地位，潘启又着力推动了两个制度的确立。

其一是保商制度。1775 年（乾隆四十年），粤海关规定外船驶入广州时，必须有一位十三行商人予以担保，凡入口税均须经行商之手，行商承担的责任还包括：商品价格的制定，为外商代缴关税，代理英贸易事务，负责管束洋人行为等。如果外商在华期间有任何违法行为，海关将对行商实施追究。这种独特的保商制度让十三行商人成为政府与外国商人之间的一个媒介，其职责加大，与政府和外商的关系进一步紧密，而权力和获利能力也随之迅速膨胀。

其二是“公所基金”。1776 年筹建的这个基金规定，公行的每个成员要把他贸易利润的十分之一交作基金，在必要时用于互助和应付官方的勒索。到 1780 年，公行还以附加税的方式向外商征收 3% 的“规礼”。

潘启在商业上的卓越才干，让他在 20 余年中一跃成为中国南方最富有的商人，到他去世时，家族资产已超过 1 000 万两白银。在英国东印度公司的历史档案中，一再出现对他的高度评价，他们认为潘启“调度得法，是一位最可信赖的商人”，又称“他的能力与官员的关系，使他成为此处最有用的人。他善于玩弄权术，多年来曾给大班以极多的帮助与麻烦”。1776 年，英国东印度公司的职员还在一份报告中写道：“这时我们见到一种新现象，即我们已经发现高级商人，他们善于经营，坚持要获得好的价钱，但当价钱已达到极限时，他们立即让步，尊重他们的对手大班，而大班亦尊重他们，从这个时期起，双方不断冲突，但在整个过程中又是亲密的朋友。”

十三行商人的崛起，是清代企业史上的一件大事。它表明在 17 世纪到 19 世纪初的 100 多年间，帝国以独特的外贸授权制度牢牢地控制住了国际贸易的主动权。而作为这一制度的唯一受益集团，十三行商人获得了惊人的财富，他们与北方的晋商、长江流域的徽商并列，号称“天子南库”。

同时，从诞生的第一天起，十三行商人就带有鲜明的官商特征。从资产所有权来看，他们属于自由商人，但实际上受到官府的严密控制和盘剥，这与晋商、徽商相比，几乎如出一辙。精明如潘启，为了保持生意上的特权，也不得不多次向政府捐献银两，得到了一顶三品官的顶戴。他有7个儿子，长子潘有度随他经商，次子潘有为则被安排苦读诗书，后来终于考中进士，当上了内阁中书，算是在官场内撑起了一顶保护伞。陈国栋根据官方档案统计，从1773年到1835年，十三行商人向朝廷“主动报效”或“捐输”了508.5万两白银，而这仅仅是见诸史册的记录罢了，他因此评价说：“对绝大多数行商而言，破产根本是必然的，早在他们一当行商的时候就已注定了。”

从这三大商帮的行迹，我们可以清晰地发现，进入17世纪之后，中国的工商业已经深深地陷入官商模式之中而不能自拔。这是一种在运作设计上十分精致、在伦理上实现了“自我论证”的中国工商模式。

所有开展对华贸易的西方列国，其兴衰起伏，又与它们各自国力的变化有关。在17世纪初期，西班牙人、葡萄牙人以及有“海上马车夫”之称的荷兰人是最活跃的主角，随后，它们被英国人超越，进入18世纪的后期，来自北美的美国商人成了一支新兴的力量。

与英国人相比，美国人到中国来做生意则晚了将近100年。1784年2月，一艘名为“中国皇后号”的商船从纽约港出发，横渡大西洋，绕道好望角，经印度洋、太平洋，于8月28日抵达广州，商船的船长是约翰·格林，货物经理是时年29岁、曾经当过陆军少校的山茂召。

此时的美国刚刚结束了历时8年的独立战争，成为一个独立的国家。这一事件又与那家著名的英国东印度公司有关。早在1773年，英国东印度公司游说英国政府，成为英国在北美地区的利益总代理人，它获得了销售中国茶叶的专利权，禁止殖民地商人贩卖“私茶”。这一法令引起北美民众的愤怒，终于引爆了著名的“波士顿倾茶事件”，这成为美国独立战争的导火线。美国宣布独立后，英国为了报复，取消了美国在英帝国范围内所享有的一切贸易优惠，禁止美国船只进入英国的主要海外市场。

为了扩大贸易，特别是出于对茶叶的市场需求，美国人不得不到远东来碰碰运气。“中国皇后号”载来了 40 多吨棉花、铅、胡椒和皮货，它受到了十三行商人的欢迎；4 个月后回程时，装走了数百吨茶叶、40 多吨瓷器，以及丝织品、漆器、南京紫花布和福建肉桂等。

它的首航成功，在北美地区引起了轰动，船上的货物被抢购一空，连开国总统华盛顿也专程前去挑货，购买了一只绘有飞龙图案的茶壶，据计算，此次远航为船主带来了 3 万美元的利润，获利率高达 15 倍。美国国会兴奋地认为，“中国贸易可能开辟一条美国财富的巨大发展道路”。纽约的报纸对这次航行进行了详尽的长篇报道，它记录道，在那些日子里，美国人的“一切谈话，都是以中国贸易为主题”，“每一个沿着海湾的村落，只要有能容 5 个美国人的单桅帆船，都在计划到广州去”。

两年后，美国国会正式任命了第一位驻广州领事，他就是“中国皇后号”的货物经理山茂召，很快，一个名叫广元行的美国商馆也在珠江边的夷馆区开张了。从此，一条新的贸易通道被打开了，数以百计的、大大小小的木帆船往来于两大洋之间，其中吨位最轻的“实验号”竟只有 84 吨，以至于到了广州后，没有人相信它来自 1.13 万海里外的地球另一端，美国人的冒险精神可见一斑。

对于北美的商人来说，在很长的时间里，广州的英文名称—— Canton 成了财富的代名词。在 1789 年，马萨诸塞州东部福克县的一个小镇被命名为广州镇，乔治·斯蒂华特在一本研究美国地名的著作中提到，在美国 23 个州里，都有以 Canton 命名的城镇或乡村。

从 1786 年到 1833 年，美国来华的商船达到 1 004 艘，仅次于英国，成为对华贸易的第二大国。

发生在 18 世纪中国东南沿海的这些故事，最生动地呈现出一个伟大的事实：一个全球化的新时代已经在地平线的远端露出了壮丽的桅杆，世界被贸易“绑在了一起”。正如詹姆斯 · 沃森在《大英百科全书》中对全球化所下的定义：“日常生活的经验，经由物品与理念的传播，最终在全世界形成一个标准化文化表达的过程。”

在这一过程的黎明年代，东方的中国无疑处在一个非常有利的位置上，它有无以替代的成瘾性商品——茶叶，有制作精美的丝绸和瓷器，同时，它还有全球最大的消费者市场，它的商人集团也表现出了强大的竞争能力。在任何一个意义上，它都是不可战胜的，甚至理所当然地应该是最大的全球化得益者。

然而，历史的悲剧正埋在这里。当数以千计的帆船带着“狼人般的饥饿”（卡尔 · 马克思语）远航至此的时候，帝国的决策者仍然无动于衷，他们背过身去，拒绝一切的变化。

1792 年 9 月，乾隆五十七年的秋天，也就是英国东印度公司的商船驶进广州港的 103 年之后，英国派出的第一个官方访华使团从朴次茅斯港出发驶往中国，团长是英王乔治三世的表兄马嘎尔尼勋爵。

在本书所描述的两千多年里，总体而言，相对于西方文明，中国的两千年历史是一个独立的事件。《中国近代史》的作者、华裔历史学家徐中约说，“东西方文明各自处在光辉而孤立的状态，相互间知之甚少，的确，东方和西方迥然不同，两者没有碰撞”。可是，当时光之钟走到 18 世纪末期之际，延续了两千多年的“光辉而孤立”的状态终于要被打破了。马嘎尔尼使团就是这两大文明在官方意义上的第一次“非亲密接触”。

在一开始，英国人对这个神秘的国度充满了景仰和好奇，尽管他们已经与中国做了 100 多年的生意，可是几乎没有人在这片国土上自由地行走过十里路。他们相信，中国就像《马可 · 波罗游记》中所描述的那样，黄金遍地，人人都身穿绫罗绸缎，是“世上最美、人口最多、最昌盛的王国”。使团中的斯当东、约翰·巴罗等人详尽地做了日记，这就是流传至今的《英使觐见乾隆纪实》一书。[①]

“不管是在舟山还是在运河而上去京城的日子里，没有看到任何人民丰衣足食、农村富饶繁荣的证明——触目所及无非是贫困落后的景象。”这是英国使团成员的真实观感。

清政府委派了许多老百姓来到英使团的船上，端茶倒水，洗衣做饭。英国人注意到这些人“都如此消瘦”。“在普通中国人中间，人们很难找到类似英国公民的啤酒大肚或英国农夫喜洋洋的脸。”“他们每次接到我们的残羹剩饭，都要千恩万谢。对我们用过的茶叶，他们总是贪婪地争抢，然后煮水泡着喝。”

在英使团的船只行驶于中国内河时，官员们强迫大批百姓来拉纤，拉一天“约有六便士的工资”，但是不给回家的路费。这显然是不合算的，许多百姓拉到一半往往连夜逃跑。“为了找到替手，官员们派手下的兵丁去附近的村庄，出其不意地把一些村民从床上拉下来加入民夫队。兵丁鞭打试图逃跑或以年老体弱为由要求免役的民夫的事，几乎没有一夜不发生。看到他们当中一些人的悲惨状况，真令人痛苦。他们明显地缺衣少食，瘦弱不堪。他们总是被兵丁或什么小官吏的随从监督着，其手中的长鞭会毫不犹豫地抽向他们的身子，仿佛他们就是一队马匹似的。”英国人分析说，这是中国统治者精心塑造的结果：“就现在的政府而言，有充分的证据表明，其高压手段完全驯服了这个民族，并按自己的模式塑造了这个民族的性格。他们的道德观念和行为完全由朝廷的意识形态左右，几乎

---

① “中国幻想”：一直到18世纪中期，欧洲人仍然沉浸在对中国的向往之中，法王路易十五（公元1710—1774年）曾向大臣们征询治国方略，有人就提议说：“陛下，您得给法国人灌输中国人的公众精神。”欧洲最重要的启蒙思想家伏尔泰甚至向路易十五提议应当全盘借鉴“中国模式”。参见弗朗斯瓦·魁奈《中华帝国的专制制度》，商务印书馆，1992年版。

▲英国使团觐见乾隆皇帝

完全处在朝廷的控制之下。”

在经历了整整一年的旅行之后，英国使团抵达乾隆皇帝的行宫——承德狩猎场。双方就礼品称呼及宫廷礼仪等细节展开了激烈的争吵。在英国人的眼中，中方表现得非常傲慢，“为了表示国家的尊严，他们似乎决心避免以平等的精神回复特使的敬意”。

马嘎尔尼带来了英王送给乾隆的很多礼物，共有19种590件，其中有当时世界上最先进的天文地理仪器、枪炮、车船模型和玻璃火镜。不过让这位英王表兄不满的是，中方把英王的礼品写成了“贡品”，他希望不要发生混淆，中方对此不置可否。这些礼物后来被当作好看的摆设陈列在北京的皇家宫苑里，有些甚至到1900年八国联军攻进紫禁城时仍未开拆。

更大的分歧出现在面见皇帝时的礼仪上。清廷要求马嘎尔尼像1653年的荷兰使节一样，对皇帝行三跪九叩的大礼，而马嘎尔尼断然拒绝，他表示，自己觐见英王时行的是单腿下跪之礼，他也准备以同样的礼节见中国皇帝。这当然让中方非常愤怒，谈判一度陷入僵局。在多番斡旋之后，清廷才勉强同意马嘎尔尼单膝下跪。

接下来，在最重要的贸易通商方面，双方几乎没有达成任何实质性的共识。英方提出了七项具体的要求，其中包括：开放宁波、舟山、天津和广州为贸易口岸，允许英商在北京开办一个贸易公司（行栈），允许英商在舟山和广州附近分别有一个存货及居住的地方，恳请中方公布税率，不得随意乱收杂费，允许英国传教士到中国传教等等。乾隆全数予以回绝，理由是："这与天朝体制不合，断不可行。"他还让马嘎尔尼带了一封信给英王乔治三世，其中写道："其实天朝富有四海，种种贵重之物，无所不有，你派来的使节都亲眼看到了。我们从来不稀罕奇巧之物，也没有什么需要向你们国家购买的。"[①] 这当然不仅仅是他一个人的看法，而是代表了全体精英阶层。

法国学者阿兰·佩雷菲特在《停滞的帝国：两个世界的撞击》一书中将这次冷淡的访问看成是"两个文明的冲突"，他写道："双方都认为自己是至高无上的。中国人认为它的文明从来都是最优越的，希望能将它的文明广为传播，替代吃烘烤食品的、劣等的野蛮人的文明。英国人则认为，它的文明是最优越的，因为它是现代的，建立在科学、自由思想的交流和贸易优势的基础上。"[②]

马嘎尔尼对中国政权的结论在日后广为人知："这个政府正如它目前的存在状况，严格地说是一小撮鞑靼人对亿万汉人的专制统治。"这种专制统治有着灾难性的影响。"自从北方或满洲鞑靼征服以来，至少在过去的一百年里没有改善，没有前进，或者更确切地说反而倒退了；当我们每天都在艺术和科学领域前进时，他们实际上正在成为半野蛮人。"

马嘎尔尼的结论充满了因反差过大而形成的偏见，不过，他确实看到了一块无比硕大、爬满了虱子的"盛世"绸缎。

---

① 乾隆回复乔治三世的信："其实天朝德威远被，万国来王，种种贵重之物，梯航毕集，无所不有。尔之正使等所亲见。然从不贵奇巧，并无更需尔国制办物件。"

② 参见阿兰·佩雷菲特《停滞的帝国：两个世界的撞击》，生活·读书·新知三联书店，1998年版。

第十七章

夕阳下的工商图景

百年原是梦，廿载枉劳神。

——和珅《绝命诗》

1799 年，世纪交替的前夜，注定是一个巨人出没的年份。在欧洲的法国，拿破仑发动“雾月政变”，历时 10 年的法国大革命宣告落幕，这个小个子的军事强人让整个欧洲战栗不已。而在亚洲和北美洲，则相继失去了两位巨人，一个是中国的乾隆皇帝，一个是美国的华盛顿总统。

刚刚过了正月，87 岁的乾隆就在紫禁城养心殿安详驾崩了。当他去世时，没有一个人会料想到，帝国盛世的幻象将在短短的 40 年后就被击破。乾隆当了 60 年的太平皇帝，史上执政时间第二长，仅次于他的爷爷康熙。他留给儿子嘉庆两个重要的遗产：一是百年“康乾盛世”的巨大光环；二是中国历史上的第一大贪官，也是当时的“全球首富”和珅（公元 1750—1799 年）。

和珅是乾隆晚年最信任的大臣。自乾隆四十年始，不知因为什么机缘，26岁的和珅在短短半年时间里由一位乾清门的普通侍卫被提拔为军机大臣、内务府大臣，后来又当上了领班军机大臣，封一等忠襄公。

和珅发财，靠的当然是贪污，只是他贪的能力实在惊人。有学者考据，乾隆执政最后5年的税收被他贪掉了一半。乾隆驾崩的15天后，嘉庆就以“二十大罪”，把他给赐死了。临终前，和珅写下数首绝命诗，其中一句曰“百年原是梦，廿载枉劳神”。嘉庆查抄和家，得土地8 000顷、当铺银号等130座、藏金3万余两、银300余万两，财产总值约2.23亿两白银，当时清廷每年的财政总收入约为四五千万两白银——乾隆五十六年的总收入为4 359万两白银，和珅的财产竟相当于5年的国库收入，人称“和珅跌倒，嘉庆吃饱”。

一个人，既是国家的首相，又是国家的首富——我们不妨称之为“双首”现象，大抵是中央集权到了登峰造极的恶质时期才可能出现的“超级怪胎”。和珅是史上最典型的“双首”样本。在其之后，还有民国的孔祥熙和宋子文。“双首”人物的出现必基于两个前提：第一，政府权力高度集中，权钱交易的土壤相当丰腴；第二，贪污必成制度化、结构性态势，整个官吏阶层已朽不可复，清朝自乾隆之后，纲常日渐败坏，民间遂有“三年清知府，十万雪花银”的讥语。

在地球的另一端，1799年12月14日，乔治·华盛顿在弗农山庄的祖屋中去世，他留下的是另外一份遗产。

他领导了一场独立战争，让北美地区摆脱英国统治，成为一个独立的国家。他本有机会做一位皇帝，至少是终身制的独裁者。可是，他却选择当一个民主选举出来的总统，并在两届任期结束后，自愿放弃权力不再谋求续任。他主持起草了《独立宣言》和《美利坚合众国宪法》，在后一部文件中，起草者宣布，制定宪法的目的有两个——限制政府的权力和保障人民的自由，基于这两个目的，国家权力被分为三部分，立法权、行政权和司法权，这三部分权力相互之间保持独立，这就是现代民主社会著名的三权分立原则。

在 1799 年，乾隆的名声、权力和财富都远远大于乔治·华盛顿。据英国学者安格斯·麦迪森的统计，到了 1820 年，中国的人口总数为 3.81 亿，美国为1 000万人，相差38倍，中国的经济总量为228.6亿“国际元”，美国为 12.5 亿“国际元”，相差 18 倍，两国几乎不在同一个竞争层面上。可是，随着时间的推演，不同的遗产让他们个人以及各自的国家在历史的天平上获得了新的评价。

如果有机会重新回到 18 世纪末期的中国，人们将看到一番怎样的工商图景？也许，我们通过一位商人的眼睛，可以完成一次小小的“穿越”。

他的名字叫鲍志道，生于 1743 年，1801 年去世，一生走过了整个“乾隆盛世”。

鲍志道是江春的歙县同乡。鲍家世居歙县棠樾村，早在晋太康年间，鲍氏始祖就从中原南下到偏远的徽南，从此耕读人间，聚族而居。从明洪武年间开始，鲍家有人外出经商，十二世祖鲍汪如和很多徽商一样从事盐业，运米贩盐于南部的云南一带，家业稍富。明嘉靖年间，鲍家又有人在科举上有了收获，十六世祖鲍象贤考中进士，累官至兵部右侍郎，相当于现在的副部级官员，算是光宗耀祖的第一人。从此，经商、科举，鲍家子弟兵分两路，各取所需。

徽南有民谚曰：“前世不修，生在徽州，十二三岁，往外一丢。”鲍志道是鲍象贤的九世孙，幼年读过私塾，到 11 岁时，就跟他所有的同族子弟一样，背着一个小包裹，出外经商，飘荡于江湖间。

此时的中国如一个在日渐拥挤的平原上悠闲前行、失去了任何进取心的老者。鲍志道所看到的民众生活，与千年前的汉唐以及数百年前的宋元相比，除了人口急速膨胀之外，几乎没有什么差别。在广袤的乡村，农户使用的生产工具仍然是汉代就已普及的水排，而纺织技术从黄道婆以来就没有得到改进。自 1368 年朱元璋建立明朝至今，跨越明清两代，前后

400 余年，在 10 多位汉人和满人皇帝的不懈努力下，开放坦荡的中国“如愿以偿”地转型为一个封闭固守、对外部世界毫不关心、如散沙般平铺的社会。

少年鲍志道到过中国南方的很多地方。与汉唐相比，他所看到的清代城市的规模不是扩大了，而是在缩小。西汉时候，全国包括县、邑、道、国四类的县级单位共 1 587 个，其后两千年间，到清代中后期，府、州、县级单位也只有 1 700 个，几乎没有增加，其中超过万人的县城仅 289 个。[①]

大量的手工业生产和商品交易发生在那些更靠近乡村的市镇，全国各地出现了一些专业化的大型市镇，比如制瓷的江西景德镇、冶铁的广东佛山镇、织布的江苏盛泽镇、纺纱的浙江南浔镇等，各类市镇估计总数有 3 万个之多，有些市镇的规模超过了府城，出现了“镇大于市”的现象，如浙江湖州府就有民谚曰，“湖州整个城，不及南浔半个镇”。在这些繁荣的市镇里，鲍志道四处可以遇到徽南老乡。从清初开始，就有“无徽不成镇”的说法，他们控制了长江流域的米业、木材业、制墨业，还与浙江及山陕商人在布庄、钱庄、盐业上展开竞争。很多年后，鲍志道的一位徽州老乡、民国思想家胡适还曾很自豪地写道：“一个地方如果没有徽州人，那这个地方就只是个村落；徽州人住进来了，他们就开始成立店铺，然后逐渐扩张，就把个村落变成个小市镇了。”[②]

20 岁时，鲍志道来到了扬州。他应聘到一个吴姓盐商家做学徒。考试当日，吴盐商请大家吃了一碗馄饨。第二天，他突然向众考生出题：昨日吃了几只馄饨？有几种馅？每种馅各几只？众人都答不出，唯有鲍志道给出了答案，其人心细如丝，让吴盐商大为赏识。在当了几年学徒后，鲍

---

① 城市人口比重：赵冈在《中国城市发展史论集》一书中比较了中国、英国、日本的城市人口比重，其中英国在 1801 年，城市人口比重占到了 30.6%，日本在 1868 年，城市人口比重为 16.5%，中国到 1893 年时，全国人口 4.26 亿，城市人口 3 266 万，仅占人口比重的 7.7%。

② 参见胡适《四十自述》，台湾远流出版社，2005 年版。

志道自立门户，终于在老乡云集的盐业打出一片天地，成了一位总商，任期长达 20 年。据载，他曾经发明过一种类似“保险金”的“津贴制度”，当时淮盐水运各地，常常发生盐船沉没事件，鲍志道倡议设立一项基金，“以众帮一”，对遭到沉船损失的盐商进行补贴，此议一出，就得到了众商的响应，鲍氏名声传播两淮。

鲍志道的钱赚得越来越多，可是他的安全感却越来越少。**千百年来，尽管每代都有很多像他这样的成功商人，然而他们却始终没有培育出一种“商人精神”。而造成这一景象的最根本原因是，从知识精英到他们自己，都不认同商人是一个独立的阶层。他们从来没有形成自己的阶层意识，这是最具悲剧性的一点。如费正清所言，“中国商人最大的成功是，他们的子孙不再是商人”**。

鲍志道所生活的扬州，是全国最奢靡的城市。据谢肇淛的《五杂俎》记载，从明万历到清乾隆的约 200 年间，徽商的商业资本规模足足增加了 10 倍，然而，这些资本却没被用于扩大再生产，商人们把大量资金从产业领域中撤出，用于日常消费。晚明以及清代中期之后的奢豪之风远胜过前朝，有人甚至称之为“纵欢的时代”。《扬州画舫录》记录过两个故事：有人为了炫耀富有，竟花 3 000 两银子把苏州城内所有商店里的不倒翁统统买走，“流于水中，波为之塞”。还有人以万金尽买金箔，载至金山宝塔上，向风扬之，顷刻而散，沿江水面草树，四处漂漾。在某种意义上，中国的商人阶层似乎从来有一种自我毁灭的倾向。

鲍志道发达之后，将主要精力投注于几件大事：一是构筑错综复杂的官商网络，二是培育同族子弟攻考科举，三是重建宗族世家。

在当总商的 20 年间，鲍志道热心于政府的各项工程，无论军需、赈济还是河工，均踊跃捐助，他总计向朝廷捐银 2 000 万两之巨，超过了江春的记录。朝廷“投桃报李”，也给了他一顶接一顶的红顶戴，从文林郎内阁中书、中宪大夫内阁侍读到朝仪大夫掌山西道监察御史等等。

"以商致富，以宦贵之"，这是鲍志道深信不疑的保全之道。早在明代，学者王士性就曾总结说："缙绅家非奕叶科第，富贵难于长守。"也就是说，当一个商人获得财富的原始积累之后，必投入大量资金于其子弟，促使他们走向科举，成为体制内的权势者，唯有如此才能"保卫"既得的荣华富贵。鲍志道生有两子，长子鲍漱芳跟从他经营盐业，次子鲍勋茂则刻苦读书，考中举人，后来当上了正三品的通政使，鲍家从此横跨政商两道，无人可撼。他还出资重修了扬州的徽商会馆和歙县当地最大的书院——紫阳书院，大力培育同宗子弟攻读科举。他们一旦"跃入龙门"，自然又会对当年的"投资者"投桃报李。

鲍志道的做法是徽商最为骄傲的传统。他们以"程朱阙里"自诩，明清两代，徽州共出了28个状元，占这两个朝代状元总数（共203位）的1/8强。其中，鲍志道的家乡、徽商最集中的歙县在清代共出现了5个状元、4个大学士、7个尚书、21个侍郎、15个内阁学士和296位进士。[①]"贾而好儒"为官商经济提供了绝好的营生土壤，时人对徽商的评价正是："官员与商人互相依附，各取所需，无论是京城或过往的名士都成了结交的对象，甚至与朝堂重臣结为联姻，鼓励自家的子弟考取科举，只要能够达到这些目标，不惜采取贿赂的方式。"[②]除了结交官府、培育子弟之外，鲍志道还有一项重大的使命是光大宗族荣耀。尽管他的经商场所在扬州

---

① 状元与商业：自唐至清，全国共出了653位状元，其中，江苏最多，49名，浙江次之，20名，山西则无一人。雍正时期的山西巡抚刘于义有奏折云："山右积习，重利之念，甚于重名。子孙俊秀者，多入贸易一途，其次宁为胥吏，至中材以下，方使之读书应试，以故士风卑靡。"清朝覆灭之后，既有的官商利益链瓦解，晋商比徽商衰落得更为迅速，与此大有关系。

② （清）杨钟羲《意园文略·两淮盐法要序》："官以商之富而朘之，商以官之可以护己而豢之。在京之缙绅，过往之名士，无不结纳，甚至联姻阁臣，排抑言路，占取鼎甲。凡力之能致此者，皆以贿之。"

▲安徽歙县棠樾牌坊群

城，然而他的“精神家园”却在偏远的歙县棠樾村，他花了大量精力和金钱于棠樾鲍家的宗族建设。

中国从来有“一族聚居”的传统，尤以魏晋南北朝时达到高峰，到了明清，又有演进。明嘉靖年间，朝廷采纳礼部尚书夏言的建议，准许天下臣工建立自己的家庙，从而打破了“庶人不得立家庙”的古制，此后，民间建祠堂、置祠田、修宗谱、立族规迅速成为全社会的风尚。

这些宗族村落往往远离中心城市，从而避免了战乱和官府的侵扰。它们如同一个个只求自保的“蜗牛式组织”，各大族都按一家一族来建立村落，形成一村一族的制度，村内严禁他姓人居住，哪怕是女儿、女婿也不得在母家同房居住。具有主仆名分的佃仆一类“单寒小户”，则于村落的四周栖息，时人称颂这一景象是——“聚族成村到处同，尊卑有序见淳风”。①

在这个宗族“小宇宙”里，读过私塾、靠经商而拥有大量田地的乡绅商人成了实际的管理者，这就是所谓的“以族为基，以帮聚之”，“以末致财，用本守之”。他们在城市里有自己的工商产业，但是他们的精神家园

① （清）赵吉士《寄园寄所寄》：“新安各姓聚族而居，绝无一杂姓搀入者，其风最为近古。出入齿让，姓各有宗祠统之；岁时伏腊，一姓村中千丁皆集，祭用文公《家礼》，彬彬合度。父老尝谓：新安有数种风俗胜于他邑：千年之冢，不动一抔；千年之族，未尝散处；千载之谱系，丝毫不紊；主仆之严，数十世不改，而宵小不敢肆焉。”

和财富仓库则安放在此间。当他们在盐业、钱庄、贩布等产业赚到很多钱后，不再用于扩大再生产，而是源源不断地运回宗族乡里，在这里大量购置土地，建造房屋，修桥补路，制定乡约，奢侈享受，留存至今的徽南民居、晋商大院均因此而成。[①]

与几乎所有的徽商一样，鲍志道在家乡投入了大量的资金。为了赈济族内的贫穷家庭，鲍家购置的义田多达千亩，这些田地都归宗族祠堂收租，每年以平赊方式卖粮给族内贫户。棠樾鲍家最有特色的一处，是历代修建了以“忠”“孝”“节”“义”为主题的大型牌坊，迄今留存七座，成为国内知名度最高的牌坊群。

鲍志道一生完成的最后一项重大工程，是重修鲍家祠堂——敦本堂。这座祠堂始建于明嘉靖末年，至清嘉庆时已“晦昧摧剥”，鲍志道和儿子鲍漱芳鸠工重建。他亲手设计了祠堂的每一个细节，它坐北向南三进五开间，进深 47.11 米，面阔 15.98 米，门厅为五凤楼式，前后檐用方形石柱，左右两壁分刻乡贤朱熹所书写的“忠孝节廉”四个大字。

遥想 19 世纪开初的某一个黄昏，夕阳西下时，即将走到生命尽头的鲍志道行走在白墙黑瓦、牌坊林立的棠樾村，他的心境是宁静而自足的。商人鲍志道深信，当他离开这个世界的时候，能让他受到后世尊重和怀念的，不是他的产业有多么的庞大、他生产出了多少有质量的商品，而是他的子孙中有多少人考中了进士，他对鲍家血脉的存续做了哪些努力，以及有哪位知名的文士愿意为他写一篇辞藻华丽的墓志铭。

敦本堂赶在 1801 年完工，正是在这一年，鲍志道去世，他是新祠堂迎入的第一块新牌位。在鲍漱芳和鲍勋茂的恳请下，当时名气最大的文豪、礼部尚书纪晓岚亲笔为他作传并撰写墓表。纪大才子所写的题目为

---

① 产业资本大量向消费领域转移，是明清工商企业无法做大的原因之一。张正明在研究山西票商史时也发现，“票号只注重分红、不重视积累的传统，造成它们缺乏与银行竞争的能力”。参见《晋商兴衰史》，山西经济出版社，1998 年版。

《中宪大夫鲍公肯园暨配汪恭人墓表》，肯园是鲍志道的号，从标题中，你完全看不出这是一位商人的墓表，而这正是鲍志道所渴望的。

这是一个中国商人“完美”的一生。他少贫而有志，壮富而好善，家足而子贵，在官府和同道中均受尊重，而最后的名声则留在了生兹葬兹的家乡。他的一生，与他所处的时代一样，最重要的事情是，没有任何重要的事情发生。

与“超稳定”的鲍志道相比，同时代的西方人却似乎要不安分得多，英国人培根提出的“知识就是力量”成为19世纪的社会共识，贯穿那100年的是对科技进步坚定不移的信念。事实上，正是在鲍志道生活的那些年里，世界开始摆脱沉闷的惯性，焕然一新。

在1776年，比鲍志道年长7岁的英国人詹姆斯·瓦特（公元1736—1819年）制造出世界上第一台带有分离冷凝器的蒸汽机，这标志着工业革命的开始。而在美国，本杰明·富兰克林（公元1706—1790年）则发明了避雷针，提出了电流理论，创立了邮信制度并参与起草《独立宣言》。跟鲍志道一样，富兰克林也非常关心自己的“墓表”，不过他拟定的墓碑文字更为简捷——“印刷工富兰克林”。

19世纪初期，蜷聚在扬州的两淮盐商，如江春、鲍志道辈，尽管富可敌国，可是已完全丧失了进取的能力。当其时，帝国最著名、最有创新精神的两大商人分别出自北方的山西和南方的广东，他们的年纪相差一岁，各自从事的是金融和对外贸易。

1823年（道光三年），山西平遥西裕成颜料庄的北京分号经理雷履泰（公元1770—1849年）向东家李大成提出一个大胆的建议：能否把颜料庄关掉，转而从事一项名为票号的生意？

才华横溢的雷履泰是从一个顺手人情中发现的重大商机。西裕成是当时京城内最大的颜料商，常常有山西同乡拜托雷履泰，从京城往老家捎银两，他们把银子交给西裕成北京分号，由分号写信通知平遥总号，然后在平遥提取，西裕成从中赚取一些汇费，时称“内贴”。雷履泰向东家建议，将颜料庄改为一家专营汇兑的金融性机构。李大成是一位三十岁出头的年轻人，很有冒险的精神，他觉得此计可行，便出资30万两，雷履泰附资2万两，创办日升昌票号。当时他们可能并不会预料到，正是这个票号业务，让晋商再放光芒。

▲日升昌的掌柜房

雷履泰发明出一套“法至精密”、以汉字代表数字的密码法，即用汉字作为签发汇票银两数目的10个数字及一年中365天的代码。

试举一例：全年12个月的代码为“谨防假票冒取，勿忘细视书章”，每月30日的代码为“堪笑世情薄，天道最公平。昧心图自利，阴谋害他人。善恶终有报，到头必分明”。分别银两的10个数目为“赵氏连城璧，由来天下传”，而“万千百两”的代码为“国宝流通”。假如票号在6月20日为某号汇银4 000两，它的暗号代码就是“取人城宝通”。这类密码组合时常更换，严防泄漏。

日升昌成立后，生意如水入壑，汹涌而至。作为全球最大，也是历史最悠久的银本位制国家，自古以来，银两的长途搬运从来是一个难题。唐代和宋代虽曾有过“飞钱”“飞票”，但一直没有被广泛应用。与之相关，武装护送银两的镖局成为一大产业，中国民间武林风俗即因于此。票号的出现，让货币流通现状为之一改。

晋商的商业嗅觉非比寻常，当然不会让日升昌独享其利。就在西裕成转型的三年后，平遥最富的商人、有“侯百万”之称的侯荫昌当机立断，将蔚泰厚绸缎庄改为票号，总号就与日升昌在同一条街上，比肩而立，仅隔一墙。侯荫昌还把日升昌的二掌柜、正跟雷履泰大闹矛盾的毛鸿翙挖到蔚泰厚。毛氏也是一位不世出的奇才，为了与日升昌竞争，他把侯家的蔚盛长绸缎庄、天成亨布庄、新泰厚绸布庄和蔚丰厚绸缎庄一口气都改为票号，组成“蔚字五联号”，马上形成了分庭抗礼的局面。雷、毛两人一生交恶，雷把自己的孙子改名为雷鸿翙，而毛则把一个新生孙子起名为毛履泰，意思无非都是把对方看成是“孙子”，斗气之际，就各自抱了小孩，当街遥骂，对打屁股。

在李、侯两家的引导下，平遥先后出现了22家票号，他们在全国各商埠设立分号400余个，涉及城镇77个，极远之处，北边到了包头、张家口，西边到了迪化（今新疆乌鲁木齐）、凉州（今甘肃武威），南边到了香港，构成一张无远弗及的金融网络，号称“汇通天下”。其中，日升昌的分号有35家，“蔚字五联号”的分号更多，其中蔚泰厚33家、蔚盛长22家、蔚丰厚26家、新泰厚和天成亨分别为26家和23家，合计130家，为各家之最。

平遥票号的示范效应让晋商找到了新的致富机遇，其近邻的太谷、祁县也随即冒出了众多声名显赫的票号。其中最出名的是太谷曹家，他的创始人叫曹三喜，早年闯关东，在辽宁朝阳县种菜、养猪和磨豆腐，当地人称“先有曹家号，后有朝阳县”，后经营绸缎铺和茶庄，业务遍及北方各地，最远在莫斯科都开了商号。票号兴起后，曹家及时转型，迅速做大。当时的票号界有所谓的“标期之约”，也就是票号与商人彼此之间结算清账的日期，因曹家票号的资金流实在过于庞大，所以他家约定的标期就成了太谷商界的共同标期，时称“太谷标”，其影响波及整个华北地区。在祁县，最大的票号集团是靠“买树梢”起家的乔家，开有大德通、大德恒两大票号，合计共45家。

经营票号是一个非常专业的工作，而且分号遍及各地，管理难度极大，一家票号之盛衰，完全取决于经理层的忠诚与才干，所以在经营过程中，作为投资者的东家往往赋予大掌柜（总经理）以绝对的权限，同时在股权上予以激励性设计。

其一是股俸制。票号从日升昌开始，就设立了“以股分俸”的制度，每个票号无论独资或合资，都要将资本按一定单位额划分股本，以此为分红的依据。以平遥渠家的百川通票号为例，初始资本为 16 万两，一共分成 10 股，每股俸为 1.6 万两。这一股份安排及权责设计已与后世的股份制和有限责任公司非常相似。

其二是顶身股。每个票号都根据掌柜、管事、伙计的才能及表现，确定其在企业中拥有的股份份额，以此参与年终的分红，是为“顶身股”。在利益分配上，顶身股与实资的“财股”为同权同利。唯一不同的是，顶身股不得转让，拥有者去世后，东家仍会在一定时间内照旧给予分红，称“故身股”，一般而言，掌柜故后享受 8 年的红利，二掌柜者享受 7 年的红利，其他高级职员享受 2~6 年不等的红利。这一制度近似于后世的经理层分红权激励。

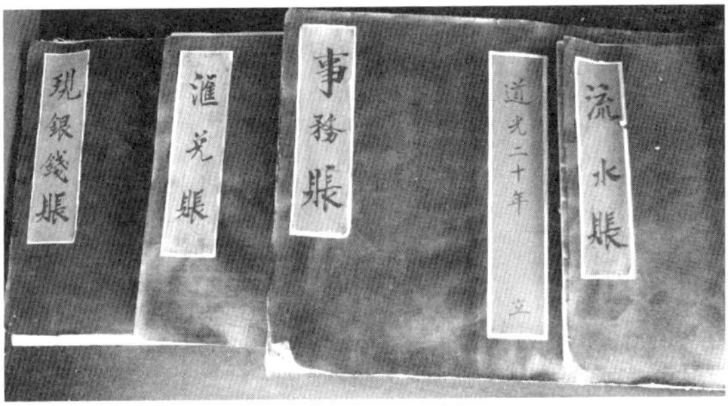

▲日升昌票号收藏的账本

在票号由盛而衰的近 100 年中，山西商人表现出了令人吃惊的诚信精神，这显然与“以义制利”的商帮传统有关。在数以百万计的汇票交易中，竟从来没有发生过一起冒领事件，可见其制度之有效及信誉的可靠。根据票号规则，所有的汇票必须在兑付后当即焚毁，这一规则从来没有被违背过，以至于到今天，学者们找不到一张使用过的汇票。19 世纪 40 年代，上海汇丰银行的一位经理回忆说，“25 年来，汇丰与山西商人做了大量的交易，数目达几亿两，但没有遇到一个骗人的中国人”。[①]

山西票号是中国工商业进入19世纪之后的最后一次重大创新。票号的出现以及富有新意的企业管理制度的实施，让晋商成了名副其实的天下第一商帮。地处北方偏僻一角的“平太祁”地区一举替代被徽商控制了上百年的扬州，俨然成为中国金融业的“金三角”，而平遥城中心的一条长200余米、宽5.1米的青石板大街上林立着10多家名声显赫的票号，成了帝国的金融心脏，堪比后世的华尔街。据黄鉴晖的统计，在票号发展史上，共计出现过51家票号，其中平遥22家，太谷7家，祁县12家，太原2家，其余8家为南方各省商人所开，由此可见“平太祁”票商的势力之大。极盛之时，山西票号每年汇兑的银两总数约在4亿~5亿两，实际控制了全国金脉。王孝通在《中国商业史》中认为，晚清的金融业由北方的晋商票号与南方的江浙钱庄所分享，其中，票号掌控了国库和省库，钱庄则控制了道库和县库。

清代晋商的资产到底有多少，一直没有确数。咸丰年间，广西道监察御史章嗣衡在一份奏折中统计说：“山西太谷县之孙姓富约二千余万，曹姓、贾姓富各四五百万。平遥之侯姓，介休之张姓，富各三四百万。榆次之许姓、王姓聚族而居，计阖族家资各千万。介休县百万之家以十计，祁县百万之家以数十计。”

清人徐珂在《清稗类钞》中曾排出光绪年间的晋商排行榜，共15个家族，排名第一的是临汾亢家，资产数千万两；第二是平遥侯家，资产七八百万两；第三是太谷曹家，资产六七百万两；第四和第五是祁县乔家和渠家，资产在四五百万两之间；第六位是榆次常家，资产百数十万两；第七位是太谷刘家，资产百万两内外；第八位是榆次侯家，资产八十万两；第九位是太谷武家，资产五十万两；第十位是榆次王家，资产五十万两；十一位是太谷孟家，资产四十万两；十二位是榆次何家，资产四十万

---

① 参见高春平《晋商学》，山西经济出版社，2009年版。

两；十三位是太谷杨家，资产三十万两；十四位是介休冀家，资产三十万两；十五位是榆次郝家，资产三十万两。

若以章嗣衡、徐珂的统计为准，晋商的资产总数约在 5 000 万 ~6 000 万两白银之间，接近于清政府一年的财政收入。梁小民认为他们的统计有点“缩水”，据他的统计，晋商的资产总量应在1亿两白银左右，他在《小民话晋商》一书中写道：“徐珂的排行表显然大大低估了我们晋商的资产实力，像侯氏、曹氏、常氏、乔氏等资产应该在千万两白银以上。排列的顺序也有点问题，如冀氏不该那么靠后，还有些该进入的没进入，如日升昌的东家李氏。”

1839年，雷履泰70岁大寿，众票商齐聚平遥贺寿，联合送上一块金字大匾，上书“拔乎其萃”四字。当时的票号正处在花开多枝之际，雷履泰去世于10年之后，他没有看到极盛的景象。

票号最初的功能，是为旅外的晋商解决银两搬运的难题，属于民间金融服务，而它最终能够控制全国金融业，却是因为获得了中央政府的种种特权，而这些特权又成了晋商最终衰落的原因。

第一个特权是获得京饷及协饷的汇兑权。

京饷是地方上缴中央的财税，协饷是各省之间的官银往来，这两笔金融业务无疑是最大而最为丰厚的，自汉唐以来，官银押解均由军人执行，不容私人染指。1851年太平军起事之后，各地商路断绝，朝廷不得不于1862年（同治元年）同意各省督抚选择票号设法汇兑，这为晋商打开了一道获得大利的口子。从此，票号进入快速发展期，在后来的10年中，山西票号从14家增加到28家，业务由经营民间银两汇兑，转为大额公款汇兑。这些存放在票号的公款都是不计利息的，因而为票商带来巨额利润。

晋商获得的第二个特权是行业准入资质。

在票号出现的前60余年间，设立票号不需向政府申请注册。1884年（光绪十年），在晋商集团的多方游说之下，清廷出台政策，规定票号在开业前须向当地的道台衙门呈请批准，领取“部贴”（营业执照）。而这一“部贴”必须得到同业者的联保，由户部派人调查股东的籍贯、保证人的地位以及经营方针。由于此前的票号多由晋商开办，所以很“自然”地形成了进入壁垒，票号产业渐成晋商专利。

这显然是一项“魔鬼交易”。聪明的晋商通过与政府“结盟”的方式，屏蔽了其他商帮的进入，同时也将产业的规则裁判权上缴，票号从此披上官商经济的外袍。

清帝国的最后10年，是山西票号的“黄金时代”。1900年，北京爆发“庚子国变”，慈禧太后携光绪西逃至山西境内，祁县乔家的大德通票号率先得到密报，设法将老佛爷一行迎入大德通留宿一夜，还献上了30万两白银作为孝敬。慈禧大为感动，下令各省将京饷改解山西票号总号。后来，清廷与各国签下《辛丑条约》，慈禧将规定的赔款本息共10亿两白银交票号汇兑，各省每年把应交赔款解付给票号，再由票号汇给汇丰银行。

公款汇兑业务的开拓以及票号开办的准入垄断，让晋商的势力和财富得到几何级的增长，各家票号都赚得盆满钵满。日升昌最兴盛的时候，各地设30多个分号，年营业额达2 000万两，每股可分得年红利1.7万两，按总股本60余股计算，年赢利超过百万两。

因为利润均来自于官家，所有票号的经营日渐失去了创新的动力，票商的精力全部投掷于公关和钻营。史料记载，票号“在京师则交结内府，走动各部，在外省则应酬仕宦，出入衙门，借势借财，能益自丰，措置裕如”。另据陈其田在《山西票庄考略》中描述，各大票号都找到了自己的靠山，其中，侯家的蔚盛长与庆亲王最为亲密，李家的日升昌与伦贝子、振贝子、粤海关监督以及赵舒翘等走动频繁，大德通投靠端方，百川通交好张之洞，协同庆拉拢董福祥，如此等等，各显神通。票号商人对官府的打点可谓无微不至，每到年关，从旧历十二月二十到三十止，每天要拉两三车的礼物，去打点相关官府的上上下下，从管事到老妈子，都有名单，按名奉送。

与向来崇尚享受的徽商相比，北方的晋商一向“以俭为美”，可是自从票商发达之后，也“由俭入奢”，极尽奢靡之能事，一位在太谷任教的私塾老师记录道：“此间生意奢华太甚，凡诸富商，名曰便饭，其实山珍海错，巨鳖鲜鱼。”《太谷县志》中也记载，“风俗数十年而一变，而其迁移渐染，转厚而为薄，转俭而为奢”。

“极炫耀处，即衰落处”，这似乎是万物轮回的公理，票商之没落也因他们的既得利益过大，与政府的“交情”太深。

▲富商用餐时歌妓演奏

票号极盛之时，正是西方银行模式引入中国之际。1904年，朝廷筹办户部银行，奉谕主事的户部尚书鹿傅霖与票商素来亲密，盛邀入股。平遥的各票号总号开会商议，集体决定不入股，并禁止山西籍经理参与其事，鹿傅霖不得不改让浙江绸缎庄商人参与筹办。四年后的1908年，户部银行改组为大清银行，再邀票号每号出二人协办，票商大股东不愿与江浙财团“同台分利”，又予拒绝。

此时，在一线经营的北京票号经理们已经察觉到银行对票号的致命冲击，他们意识到，“现在风气大开，银行林立，各处设立甚多，我帮等隐受其害，若不易弦改辙，将有不堪立足之势，此处时局，非立银行不可”。蔚丰厚京城分号经理李宏龄率先倡议，提出票号联合组建晋省汇业银行，驻京的各票号经理在一年内给平遥总号连发了数十封信函，急催此事。然而，蜗居在平遥大院里的大股东们仍然无动于衷，他们指斥李宏龄等人是企图“自谋发财耳”，如果各地再来信函游说，总号将不予讨论，直接束之高阁。

1911年，辛亥革命爆发，庙堂崩解，王公星散，以公款业务为支柱的票号生意顿时断流，不可一世的山西票商成了帝国的殉葬品。1914年10月，日升昌宣布破产，清查账簿，其最大的京城分号存款额为80万两，放款则只有四五万两，与兴盛时不可同日而语。就在日升昌破产的8个月后，留美归国的风华青年陈光甫在上海创办了第一家与国际金融惯例全面接轨的民资银行——上海商业储蓄银行。

票号之衰，其实蕴涵着一个十分简单而朴素的规律：任何一个产业和企业，如果靠与政府的特权契约来获取利润，那将是非常危险而缺乏自主性的，无论多么丰厚的利益，得之忽焉，失之亦忽焉。它永远只能是一项“生意”，而不可能成为一个永续的事业。

这个规律，在数千年来的中国企业史上屡试不爽，然而信之者少而又少。

第十八章

被鸦片击溃的帝国

在英国的武力面前，清王朝的权威倒下成为碎片；天朝永恒的迷信破碎了；与文明世界隔绝的野蛮和密封被侵犯了，而开放则达成了。

——卡尔·马克思

正当雷履泰在北方空拳打出一片“票号江山”的时候，在炎热的广东，一个比他年长一岁、尖脸瘦小的南方商人正让自己的财富像泡沫一样急速膨胀。

这位名叫伍秉鉴（公元1769—1843年，又叫伍浩官）的人，是当时极少数在世界贸易舞台上拥有声望的中国商人，他的个人财富超过任何一个晋商或徽商家族，是帝国当之无愧的首富。一位在广州居住了20多年的美国商人亨特在《广州番鬼录》一书中说：“伍浩官究竟有多少钱，是大家常常辩论的题目。1834年，有一次，浩官对他的各种田产、房屋、店铺、银号及运往英美的货物等财产估计了一下，共约 2 600 万银元。”在西方人的眼中，伍氏就是当时世界上的首富，在《华尔街日报》亚洲版，评选出的 1 000 年以来世界上最富有的 50 个人中，伍秉鉴是 6 个入选的中国人里唯一的商人。[①]

伍家并非老字号的十三行世家，他的父亲伍国莹曾是潘启家族同文行的账房先生，后来在英国东印度公司的扶持下自立门户，创办怡和行，伍秉鉴在 32 岁时继承父业，历 20 余年，终于超越同文行成为行商的领袖——“商总”。

伍秉鉴的成功主要得益于二：一是诚实谦顺、敢于吃亏的经商个性；二是与英美外资公司超乎想象的密切关系。

流传至今的伍秉鉴故事大多与“吃亏”有关。1805 年，一家外国商号按照约定将一批棉花运到广州，货到港后发现是陈货，行商们都不肯碰，然而伍秉鉴却收购了这批棉花，也因此亏了 1 万多银元，他对外商只说了一句话：“以后要多加小心。”还有一次，一位欠了伍秉鉴 7.2 万银元的波士顿商人，因为经营不善无力偿还债务，欠款在身，离家多年却不能回国，伍秉鉴撕掉了借据，让他放心地回去。这些“小故事”让西方人印象深刻，在他们的很多来往信函中，都

▲晚清商行

① 银元与银两：乾隆年间，外国银元主要是西班牙银元和墨西哥银元，在中国南方广泛流通，成为通用货币，银元与银两的比价随市波动，大约为一银元兑 0.75 两库平银。

称伍秉鉴“在诚实和博爱方面享有无可指摘的盛名”，是一位非常值得信赖的商业伙伴。当时，行商与外商的交易虽然数额巨大，但双方的贸易经营全凭口头约定，从不用书面契约，人格信用自然成了做生意最重要的前提。

伍秉鉴与英国东印度公司的交情延及父辈，双方都在长期贸易中获得了最大利益。英国东印度公司的大班在每年结束广州的交易前往澳门暂住时，总是将库款交给伍秉鉴经营，公司有时资金周转不灵，还向伍家借贷。而伍氏在经营上的才干也让洋人非常钦佩，有记载说，某次，双方要盘点一笔百余万元的期票利息，英商先是计算清楚了，然后到伍家对账，伍秉鉴根据核对出来的数据，当场就算出了兑付利息，竟与英商的数目不差分毫，这让对方极为惊讶和折服。外商们都把精明而大度的伍秉鉴看成最可靠的贸易对象，尽管伍家的怡和行收费较高，但仍乐意与他交易。

在过去的100多年里，英国东印度公司在对华贸易中赚得钵满盆满，引起了英国自由商人以及其他国家的不满，垄断地位被打破似乎只是时间问题，伍秉鉴似乎预感到了这一很可能出现的变化。因此，他在新崛起的、年轻的英美商人身上大力投资。

威廉·查顿是英国东印度公司的一位随船医生，后来独立门户创办洋行，伍秉鉴与之合作，查顿在广州注册的洋行名称就是貌似与怡和行“一胞双胎”的怡和洋行。1833年，英国的国际贸易政策终于发生重大变化，国会剥夺了英国东印度公司对中国茶叶贸易的垄断权，此后，英国东印度公司逐渐退出对华贸易。[①] 在伍秉鉴的扶持下，怡和洋行迅速做大，很快占有了广州对外贸易总额的三分之一。在广东商界，查顿有“铁头老鼠”的诨号。

伍秉鉴扶持的另外两家洋行，一是英资的宝顺洋行，它是英国东印度

① 英国东印度公司的结局：1858年，在印度民族起义的压力之下，维多利亚女王发表了《告印度人民书》，宣布英国东印度公司在印度所占领的土地和对印度的统治正式转移到英王政府手里，这家公司被宣布解散。此后，与英国东印度公司有关的众多涉华企业仍然存在，它们后来成了香港英资财团的雏形。相关资料参见冯邦彦《香港英资财团》，三联书店（香港）有限公司，1996年版。

公司的一家关联企业，英国东印度公司退出后，它继承了与怡和行的大部分业务关系，其核心合伙人是托马斯·颠地，此人个性张扬，桀骜不驯。还有就是美资的旗昌洋行，伍秉鉴与它的关系尤为密切。

旗昌的创办人是罗密欧·罗素，1818年创办于广州，它一开始很不起眼，“只是一家聊有薄资的代理行，靠替大老板打杂、跑腿起家”。1830年，来自波士顿的两个年轻水手——约翰·福布斯和罗伯特·福布斯兄弟加入了旗昌，其中约翰·福布斯当时只有16岁，聪明伶俐，深得伍秉鉴喜欢，便收他为义子，怡和行为旗昌的所有业务做担保，旗昌很快风生水起，据一些史料的记载，伍家在这家洋行中拥有60%的股份。1837年，福布斯兄弟分道扬镳，罗伯特·福布斯继续留在广州，约翰·福布斯则回到美国，他把在中国赚到的钱全部投资于铁路，成为北美地区最大的铁路承建商，福布斯家族也一跃成为美国最显赫的商业世家之一，2004年的美国总统大选候选人约翰·福布斯·克里就是约翰·福布斯的曾外孙。

自1833年英国东印度公司淡出中国之后，怡和洋行、宝顺洋行和旗昌洋行，成为势力最强、控制对华贸易的三大外资企业，而伍秉鉴与它们都有着非同寻常的渊源关系。

除了在对外贸易上翻手覆云，伍秉鉴在官商关系的处理上也与前辈潘启一样的高明，他跟广东的地方官员保持了非常良好的互动，《广州府志》记载，“伍氏先后所助不下千万，捐输为海内之冠”。1811年到1819年期间，受经济景气影响，十三行商人陷入集体低迷，伍秉鉴先是将他在羽纱业务中的利润所得全数拿出来，按比例分给全体行商，然后又向濒临破产的行商放债200余万银元，使多数资金薄弱的行商不得不依附于怡和行，他本人的威望也无可撼动。

从一张油画肖像来看，伍秉鉴长得非常清瘦，宽额、凹眼、细脖，一副南亚人的典型模样。他个性低调，不苟言笑，据说“一辈子只讲过一句笑话”。他靠捐钱得到了一个三品的顶戴，不过，除了极少数的日子，从不穿戴官服。他的西方合作者对他的评价是：“诚实、亲切、细心、慷慨，天生有懦弱的性格。”

然而，就是这样一位充满了商业智慧的低调商人，在有意无意中，扮演了“帝国掘墓人”的角色。

伍秉鉴的生意，从表面上看主要是茶叶和生丝的出口，而实际上，又与另外一项十分隐秘的进口业务有关。正是这项业务，导致了中国对外贸易情势的“天地变色”，并进而造成国运陡转。它就是鸦片贸易。

提炼鸦片的罂粟早在公元7世纪就由阿拉伯人传入了中国，它被当成是治疗疼痛的药物原料。从17世纪60年代开始，在台湾、广东和福建一带，有人把鸦片与烟草混在一起吸食。早期，它属奢侈品，吸食者为追求刺激的政府官员、无所事事的军人和沉迷享乐的贵妇人。清帝国在1729年（雍正年间）明令禁止销售和吸食鸦片。根据英国东印度公司的记载，这一年输入中国市场的鸦片为200箱。1796年（嘉庆年间）再次重申取缔进口和种植鸦片，这时候，年销售量已经达到了4 000~5 000箱。在对华鸦片业务中，英国商人出于利益的考虑，扮演了走私者的角色。从1729年到1800年，中国的鸦片进口增长超过20倍，成瘾者约为10万人左右。到1818年，英国科学家研制出更廉价、药效更强的混合鸦片，它迅猛地扩大了消费市场。

▲伍秉鉴

一向以文明人标榜的英国人当然知道鸦片对中国的伤害性，然而在诱人的现实面前，他们还是选择了利益。慑于清帝国的鸦片禁令，英国东印度公司在公开的航运指令中禁止贩运鸦片，“以免牵连本公司”，可是在实际经营中，则将鸦片的销售权让给持有该公司执照经营航运的走私快船去做。[①]

▲吸食鸦片的女子

徐中约在《中国近代史》中形象地描述了当时鸦片走私的繁忙景象：做鸦片交易的机构，即所谓“窑口”，通常拥有一万到两万银元不等的资金，他们在外国商馆中付清购买鸦片的货款，然后驾驶航速极快的小型走私艇，到停泊在伶仃岛的“趸船”上提货，这些走私艇也被叫作“快蟹”和“扒龙”。这些船艇全副武装，由六七十个水手划桨，每边有20来支橹桨，其航速令人吃惊。1831年时，大约有一二百艘这种走私艇穿梭于广州周围水域。鸦片从广州向西运往广西和贵州，向东运往福建，向北运往河南、江西、安徽甚至远达山陕、京城。鸦片贩子经常与黑道结交，也与山西票商们保持联系，以便周转资金。[②]

这种庞大的鸦片销售体系的最上游，则由英国东印度公司所实际控

① 道义与利益：英国人在国际关系上的现实性，是一种根深蒂固的传统。印度总督劳伦斯勋爵曾有名言：“每个人在理论上都高谈公道、温和以及高尚品质，可是如果有人要实行这些原则，以致影响到任何人的利益，他们就变卦了。”第二次世界大战时期的英国首相丘吉尔更直白地认为：“在国际政治中，没有永远的敌人，也没有永远的朋友，只有永远的利益。”

② 票商与瘾君子：据《晋商兴衰史》记载，票商家族多吸食鸦片，很多人因此耗尽家财，终至没落。如平遥侯家，子弟及家眷几乎全部是瘾君子，甚至用钱票点火与人斗富，偌大家财被“吸食一空”，票号倒闭后，侯家子弟流落街头，几成乞丐。

制。创办怡和洋行的查顿在一份报告中直言不讳地承认，“所有走私和走私者的始作俑者，乃是东印度公司”。1833 年英国东印度公司退出市场后，继而代之的英美洋行承接了所有的鸦片业务。对于这种不道德的阴阳做法，英国政府甚至公开予以支持，主持国政的惠灵顿公爵在 1838 年 5 月宣称，“国会不仅不对鸦片贸易表示不快，而且还要爱护、扩展和促进这项贸易”。

后世学界一直有争论：十三行商人，特别是伍秉鉴的怡和行到底有没有参与到鸦片生意之中？

从一些史料上看，怡和行向来做的是正经生意，茶叶贸易是伍家最主要的业务，尽管鸦片走私可以获取暴利，十三行行商们却都避之唯恐不及。《东印度公司对华贸易编年史》记载，“没有一位广州行商与鸦片有关，他们无论用什么方式，都不愿意做这件事”。美国商人亨特在他的著作中写道：“没有一个行商愿意去干这种买卖。”1829 年，两广总督李鸿宾在一份“章程”中明确要求四大行商对所有洋轮严加巡查，“如有夹带鸦片，即将该夷船驱逐出口”。被点名的行商中，伍家名列第一。[①]

然而，更多资料显示，伍秉鉴对鸦片泛滥难辞其咎，由他一手扶持起来的怡和、宝顺和旗昌三大洋行正是鸦片生意的最大从事者。

医生出身的查顿从创办洋行的第一天起，就参与了鸦片走私。1830 年，他在一封信中写道，鸦片生意是“我所知道的最稳妥又最合乎绅士风格的投机。在好的年头，我估计每箱鸦片的毛利甚至可达 1 000 银元之多”。到 1837 年，怡和洋行拥有了 12 艘鸦片走私快船，它们穿梭于加尔各答到广州的航线上，甚至还雇用德国传教士沿海北上，贩销到渤海湾一带。

宝顺洋行是仅次于怡和洋行的第二大鸦片商，颠地在加入宝顺之前就是闻名中国南部沿海地区的海盗型鸦片贩子，他所拥有的“水妖号”是当

---

① 参见故宫博物馆文献处编《清代外交史料》道光朝第三册。

时最大的鸦片走私快船。旗昌洋行的贩毒能力也不弱于怡和与宝顺，它的“玫瑰号”“气精号”“西风号”“妖女号”走私船均经过特制改造，以速度快、火力强而著称。

在鸦片生意如此猖獗的情景之下，以伍秉鉴的精明，不可能不知道他最亲密的商业伙伴们都在从事这个非法的业务。早在1817年，一艘由怡和行担保的美国商船私运鸦片被官府查获，伍秉鉴被迫交出罚银16万两，其他行商被罚5 000两，罚金相当于鸦片价值的50倍。由这些细节可见，怡和行即便没有直接参与鸦片业务，也至少起到了掩护和包庇的作用。或许，商人的赚钱本能以及性格中懦弱的一面，是事实的真相。

数据显示，从1826年开始，一向出口大于进口的中英贸易出现戏剧性的逆差，1831年到1833年期间，有将近1 000万两白银由中国净流出。从英国东印度公司退出的1833年到1837年，英资洋行从66间增加到156间，它们绝大多数从事鸦片走私。到1838年，输入中国的鸦片增加到可怕的4万箱，比1834年大幅增长一倍，是20年前的100倍，其数量已经足供1 000万瘾君子吸食。在徐中约绘制的“鸦片贸易路线图”中，能够清晰地看出，非法的鸦片贸易已经蔓延到长江以南的广大地域，毒素渗透至每一条毛细血管。与此同时，白银外流的速度同样惊人，仅广州一地，每年流出的白银就达到3 000万两，白银外流造成了银贵铜贱的局面，一向稳如泰山的中央财政遭到巨大威胁。

在展开疯狂的鸦片贸易的同时，英国人还试图摆脱对中国茶叶的进口依赖。他们在印度东北部人烟稀少的阿萨姆地区成立了茶叶公司，颁布开垦法案，承诺凡是到这里种植茶树并外销的欧洲种植园主，可获得本地区多达3 000平方米的土地。英国人在阿萨姆地区野蛮驱逐从事游牧业的原住民，并大量砍伐森林、开辟茶山，同时还投巨资建立铁路、公路等运输网。从此以后，印度红茶取代中国茶叶成为欧美市场的主要供货基地。

由上述陈述可以发现，贸易的天平是怎样倾斜的。

也正是在这样的严峻形势下，朝廷委派最有才干的重臣、福建籍官员林则徐（公元 1785—1850 年）南下禁烟。

1839 年（道光十九年），农历正月二十五（公历 3 月 10 日），钦差大臣林则徐只带了几名贴身随从，悄悄抵达广州。非常巧合的是，这一天，正是伍秉鉴的 70 岁寿辰，满城官员、商人和文士都赶去为这位财势熏人的十三行“商总”暖寿。

可以想象的是，在那次盛大的寿宴上，钦差大臣的到来是一个最热烈的耳语话题，人们都在猜测即将开始的禁烟运动将以怎样的方式展开并结束。所有人都清楚地知道，夹在林则徐与洋人之间的，正是眼前这位 70 岁的首富寿星。

伍秉鉴久闻林氏官声，知道此行非同小可。第二天的清晨，他早早安排儿子伍绍荣去各大商馆，警告外商们不要往刀尖上撞。然而，那些鸦片商人却不以为然，他们既不返航，也不销毁，而是把装满鸦片的趸船开到大屿山南部藏了起来。情报很快传到了林则徐的耳朵里。

▲背砖茶的四川男子

从禁烟的第一天起，林则徐就把伍秉鉴和十三行商人看成了烟商的同谋。伍绍荣将外商上缴的 1 037 箱鸦片交给林则徐，希望能就此结案。而在林则徐看来，这显然是企图蒙混过关。他认定怡和洋行的查顿和宝顺洋行的颠地是最重要的敌人，前者“盘踞粤省夷馆，历二十年之久，鸦片之到处流行，实以该夷为祸首”，后者是“著名贩卖鸦片之奸夷”、“诚为首恶，断难姑容”。林则徐下令提拿二人，传讯他们听候审办。“铁头老鼠”查顿见局面不妙，先行躲回英国去了，而颠地却非常强硬，竟然提出要林则徐颁发亲笔护照，担保他能 24 小时内回来作为条件。盛怒之下的林则徐当即派人锁拿伍绍荣，将他革去职衔，投入大牢。伍秉鉴派人前去说项，林则徐断然拒绝说：“本大臣不要钱，要你的脑袋尔！”

伍家一再与颠地协商，劝其交出鸦片，平息争端。但是，对立的事态并未因此平息。在英国驻华商务监督义律的支持下，颠地逃出广州城。林则徐下令封锁外国商馆，断绝粮、水等供应。而伍秉鉴则让人偷偷给外国人送去食品和饮用水。3 月 28 日，还没有做好战争准备的义律，不得不将鸦片悉数交出，总计 21 306 箱，其中，怡和洋行缴出 7 000 箱，宝顺洋行缴出 1 700 箱，旗昌洋行缴出 1 540 箱，三大洋行的缴出量占总数的一半。6 月 3 日，林则徐主持了震惊世界的“虎门销烟”，将两万余箱鸦片全部销毁。11 月，道光皇帝下旨永久性地停止中英贸易。

禁烟事件发生后，回到伦敦的查顿通过下议员史密斯晋见首相巴麦尊，力陈对华开战，他还带去了大量的地图和情报资料。后来，巴麦尊在一封给史密斯的信中说，“基本上是借助于你和查顿先生那么慷慨地给我们提供有帮助的情报，我们才能够获得如此满意的结果”。与此同时，在印度的鸦片市场上，受禁烟消息的影响，鸦片价格狂跌至每箱 200 银元，怡和洋行乘机购入囤货，后来在中国市场上以每箱 800 银元的价格售出。

一年后的 1840 年 6 月，英国远征军封锁珠江口，鸦片战争爆发。据一位美国商人的记录，伍秉鉴当时“被吓得瘫倒在地”。7 月，英军攻陷浙江定海，9 月，林则徐遭革职处分。

1841 年 5 月，英军长驱攻至广州城下，伍绍荣受命前去与义律谈判，双方签订《广州和约》，按协议，英军退至虎门炮台以外，清军于一个星期内交出 600 万银元赔款。这笔巨款，有 1/3 由十三行商人出资，其中伍秉鉴所出最多，计 110 万银元。

赔款赎城只是暂时保住了广州的平安。在后来的一年里，中英军队多次交锋，清军屡战屡败，接连失去厦门、宁波、上海等重要城市。1842 年 8 月，清政府被迫签下丧权辱国的中英《南京条约》，内容包括赔款 2 100 万银元（换算成库平银为 1 491 万两），割让香港岛，开放广州、厦门、福州、宁波和上海为通商口岸，以及中方必须与英国协商英商进出口货物需缴纳的关税，这意味着中国失去了重要的关税自主权。

有史料记载，就当清政府与英军在南京展开谈判的时候，曾有朝廷官员举荐伍绍荣北上参与谈判，而就在他赶赴南京的途中，清代表已经匆匆签下了《南京条约》。在条约签署后，十三行成为 2 100 万银元赔款的重点捐缴对象。1843 年春天，广东官府要求行商缴纳 300 万银元，限 6 日内全数交清，其中伍家认缴 100 万银元，行商公所认缴 134 万银元，其他行商摊派 66 万银元。

对十三行打击最大的还不是赔款，正如伍秉鉴从一开始就非常担心的，鸦片战争的爆发同时意味着十三行商人的命运终结。根据《南京条约》的规定，从此之后，广州行商不得垄断贸易，开放五口对外通商，十三行的外贸特权不复存在。十三行的子弟们后来相继投靠洋行，成为一个新的、同样充满了争议的买办商人阶层。**作为清朝三大商帮之一，十三行率先退出历史舞台似乎是一个信号，它意味着中国市场的开放是外来的、被迫的和外商优先型的。这也是人们理解中国现代化路径的一个角度。**

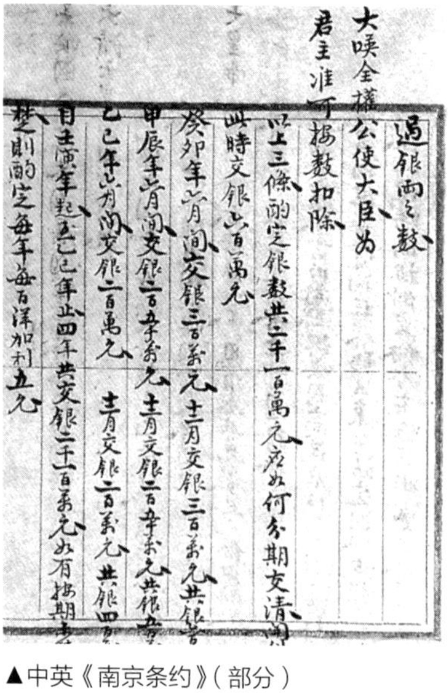
大英全權公使大臣爲
君主准可按數扣除
還銀兩之數
以上三條酌定銀數共二千一百萬元應如何分期交清開
此時交銀六百萬元
癸卯年六月間交銀三百萬元 十二月交銀三百萬元共銀
甲辰年六月間交銀二百五十萬元 十二月交銀二百五十萬元共銀
乙巳年六月間交銀二百萬元 十二月交銀二百萬元共銀四百
自壬寅年起至乙巳年止四年共交銀二千一百萬元如有按期
之則酌定每年每百洋加利五元

▲中英《南京条约》（部分）

历史以最残酷的方式对“精

明而懦弱”的伍秉鉴实施了报复。1843年9月，一代世界首富伍秉鉴在内忧外患和责备辱骂声中去世，终年74岁。在此前几个月，他还写信给在马萨诸塞州的美国友人J. P. 库森说，若不是年纪太大，经不起漂洋过海的折腾，他实在十分想移居美国。在广州的民间传说中，伍绍荣则被雷电劈死，而事实上，他一直活到了1843年，但在民众的心中他早已“死”去。为商者，心中若无国家，再多的财富无非是压在身体上的一坨土而已。[①]

爆发于1840年的鸦片战争，在沉重而锈迹斑斑的国门上轰开了一个血腥的缺口。这是中国历史的一个转折时刻，是中国现代化的起点。

后世的中西方学者对于鸦片战争的评价有微妙的差异。中国学者大多数将这场战争看成是彻头彻尾的侵略战争，是导致中国衰落的罪魁祸首。而西方学者则倾向于将战争看成是中国衰落的结果，而不是原因，正是这场战争让中国“摆脱”了闭关锁国的状态。

卡尔·马克思在1853年7月22日给《纽约每日论坛报》写的文章中论述：“无论他们认为是什么社会、宗教、朝代或国家形态的原因，导致了中国过往10年来的慢性反抗，以及现在聚为一体的强大变革，这个暴动的发生，无疑得益于英国的大炮将一种名叫鸦片的催眠药品强加给中国。在英国的武力面前，清王朝的权威倒下成为碎片；天朝永恒的迷信破碎了；与文明世界隔绝的野蛮和密封被侵犯了，而开放则达成了。”

进入当代之后，即便是一些非常同情中国的学者，也从经济史的角度提出了这场战争的“不可避免性”。彭慕兰写道：“仔细研究可知，鸦片是促进世界贸易、加速经济增长最重要的动力，对中国是如此，对欧洲、美洲也是如此。”费正清等人也认为，“战争如果没有因鸦片而爆发，可能也同样会因棉花或糖蜜而爆发”。

很多人带着复杂而惋惜的心情解读这一个影响世界走向的转折。

---

① 参见章文钦《广东十三行与早期中西关系》，广东经济出版社，2009年版。

根据安格斯·麦迪森的统计，从1300年到1820年，中国的人均国内生产总值增长率一直为零，经济总量的增加全部来自人口倍增，在这500多年里，欧美列国相继实现了对中国的超越，从1700年到1820年，美国的人均国内生产产值增长率为72%，欧洲为14%，全世界的平均增长率为6%。据此，日本人杉原熏做了一个有趣的“历史隔断”，在他看来，如果世界结束于1820年，一部此前300年全球经济史的主体就会是东亚的奇迹：人口迅速增长，生活水平有节制而稳定地提高，结尾的简短一章可能提到遥远的大西洋沿海有相当少量的人口似乎享有甚至更快的人均增长率。

与麦迪森的统计和杉原熏的观点类似，彭慕兰和王国斌认定，欧洲与中国之间经济命运的大分流是在18世纪相当晚的时候才出现的。而在这个时间点之前，“在我们能够对其进行计量的范围内，大多数人的生活水平、在经济因素中占关键地位的劳动生产率、重要日用品市场及生产要素市场的广度及自由度等，看起来都大致相同”。甚至根据彭慕兰等人的研究，中国比较富裕的地区——主要是指江南地区——迟至18世纪中后期，在相当意义上极具经济活力，相当繁荣。可是，到了19世纪和20世纪之后，一个单一的北大西洋核心成为变革的发动机，世界其他部分以不同方式做出反应。

彭慕兰等学者所得出的结论，在史界引发的争论一直没有停歇。他们至少从一个非常机巧的角度复原了历史的两个侧面：

其一，在工业革命中，一个国家的财富水平和财富总量，与其工业化的时机、速度以及成功之间并不是简单的对应关系，也就是说，既有的经济总量绝不是唯一的决定因素。与之相比，技术革新构成了工业化进程的核心，然而在清代中国，总体上缺少推动生产方式发生根本性变革的激励机制。

其二，工业革命和西方式的资本主义是以一种非常突然的方式“空降”到东亚地区的，它在社会和经济制度上都与原有的“基因”格格不

入，作为被接受方，中国乃至所有东亚各国在心理、制度上所遭到的打击都是巨大而惨烈，甚至是毁灭性的。

本书叙述至此，读者已经隐隐听到了越来越近的历史跫音，它的左足系着明亮的进步，右足携着黑色的灾难，步步艰辛，步步惊险。

对于摇摇欲坠的帝国而言，幡然觉醒还需要一段痛苦的时日。鸦片战争之后的中国，先是陷入了一场内乱，1851 年，洪秀全在广西发动太平天国运动，不久占领南京，惨烈的战火席卷十六省，一直到 1864 年才被残酷镇压下去。为了打赢这一仗，朝廷支出的军费高达 8.5 亿两白银，中央财政已实质性破产。这期间,1856 年，英法发动了第二次鸦片战争,4 年后，英法联军攻入北京，劫掠并焚毁了西方工程师参与建造的圆明园，清政府被迫签下《天津条约》《北京条约》等条约，俄国人则乘乱蚕食了超过 100 万平方公里的北方领土。

内乱和外辱，让中央权威遭到了空前的挑战。在对太平军作战的时期，由满蒙八旗和绿营组成的朝廷的军队屡战屡败，朝廷不得不允许下层汉族官员组织地方武装力量抵抗，曾国藩、左宗棠、李鸿章等人乘机崛起。这些地方军阀为了筹集军饷，在各商业市镇“设局劝捐”征收“厘金”，这一制度的推行实际上是地方自治力量强大之始，可怕的“藩镇现象”重新出现。大一统的中央集权模式在帝国覆灭的前夜仍然没有找到与之相配套的、有持续效率的经济治理制度。①

同时期的西方各国，在超越了中国之后，并未稍作停歇，而是以更快的速度呼啸前行。1844 年，美国画家莫尔斯发明了电报。1848 年，法国爆发“二月革命”，成立“第二共和国”，民主风潮如暴风雨般席卷欧洲大

---

① 厘金制：始于咸丰三年，为一种地方通过税，占晚清各省收入之大部。厘金税率由地方督抚自定，原以货物原价的 2% 抽取，后来任意评定，成为一种没有法度可守的税制。厘金制的推行，虽然增加了地方税收，但造成“干弱枝强”“以邻为壑”的诸侯割据现象，民间流通成本为之日增，终成一大弊税。厘金制一直到 1931 年才被南京国民政府废止。

陆。1851 年，万国工业博览会在英国伦敦举办，这是世界博览会的开端，有 600 多万人参观了一万多种最新发明的工业品，其中包括轨道蒸汽牵引车、高速汽轮船、起重机和收割机。《泰晤士报》评论说，“这是有史以来，全世界各族群第一次为同一目的而动员起来”。1855 年，法国巴黎人承办了第二届世博会，人们看到了橡胶和混凝土。1859 年，达尔文发表伟大的《物种起源》，以生物进化的思想推翻了“神创论”和“物种不变”的理论，从此，进化论成为社会科学的基础性原创理论，“物竞天择”成为新的文明共识。1860 年，新当选的美国总统林肯宣布废除奴隶制度，让 400 万黑奴获得了自由。1861 年前后，瑞典科学家诺贝尔开始研制液体炸药硝化甘油；而更年轻的美国人爱迪生当上了报务员，在未来几十年里，他将发明留声机、电灯、电话，并合作创办通用电气公司。在此时的欧美大陆，铁路、火车、电报和大型电动机械已得到广泛的普及。

所有这一切，对于 19 世纪中期的中国人来说，都闻所未闻。

在世界文明史和经济史的宏大背景下，重新审视中国工商业的衍变，是一件十分惊心而具挑战性的工作。在很长的时间里，这是两个有着各自轴心的车轮，它们偶尔有交集，但紧接着就以激烈的方式相互排斥，它们对彼此的好奇和窥探都被蒙上了神秘的气息。

在长达两千年的时间里，中国人控制了东亚地区的政治和经济活动，它将周围列国都视为“藩属”，提供了一整套基础于农耕文明的文化准则和工商规范。当欧洲人进入这一片领域的时候，他们并没有特别的优势，甚至在一开始，仅仅是一些好奇的、充满了崇敬之心的采购者，中国人也只是把欧洲人视为必须容忍的竞争对手，而不是一个入侵者，这与世界其他地区发生的景象非常不同。这种均衡一直到 19 世纪的中期才被彻底击破。

而这正是本书终结的地方。